4판

가족상담

김유숙 저

FAMILY COUNSELING

학지사

📖 4판 머리말

대학원에서 임상심리를 전공하던 중 그 당시에는 새로운 모델이었던 '가족치료'를 알게 되었고, 그때부터 나는 가족상담자로서 이 분야에서 지금까지 활동하고 있다. 가족상담은 어떠한 문제를 각 개인의 것으로 보지 않고 가족 전체나 가족 상호작용의 관점에서 접근하는 상담방법이라는 점이 참으로 매력적이었다. 그러나 일반인들이 가족상담이라는 상담방법을 받아들이기까지는 오랜 시간이 걸렸다. 가족상담을 알릴 수 있을 것이라는 기대를 품고 1988년에 귀국하였으나 오랫동안 제대로 된 임상현장을 구할 수 없어서 대학에서 이론만으로 가족상담을 알려야 했다. 그 시절과 비교하면 지금은 가족상담의 환경이 상당히 좋아졌다. 가족상담을 실시하는 공적·사적 기관이 크게 늘면서 상담자나 내담자 모두 가족상담을 하겠다고 결심하면 찾아갈 수 있는 곳이 많아졌다.

가족상담의 현장에 30년 이상을 머물러 오면서 최근에 '부모가 변했다' '가족이 변했다'라는 표현을 자주 들었다. 실제로도 내가 관여하는 상담기관이나 수퍼비전, 자문회의를 통해서 오늘날의 많은 가족이 해체 위기를 겪고 있음을 보여 주는 수많은 사건을 만난다. 그러나 나는 가족의 그러한 위기뿐만 아니라 항상 같은 자세로 묵묵히 쌓여 가는 가족의 또 다른 면모도 발견할 수 있었다. 그것은 친밀한 관계를 맺을 수 있는 누군가를 끊임없이 찾고 있다는 것이며, 그들과 공동 작업의 장을 넓혀 가면서 약한 구성원을 돌보고자 하는 가족에 대한 변함없는 사랑과 기대였다. 시대가 요구하는 변화와는 상관없이 변하지 않는 가족의 요소가 어우러져서 또 다른 가족관계로 수정되거나 재편성해 가는 과정에 함께한다는 것은 보람된 일이다.

이 책은 가족 및 가족과의 관계 속에서 일어나는 역동을 이해하고 싶은 사람, 나아가 어려움이 있는 가족들과 함께 작업하고 싶은 열망을 가진 사람들에게 도움이 되었으면 하는 바람에서 집필하였다. 먼저, 오랫동안 후학들에게 가족상담을 가르치고, 임상현장에서 다양한 가족을 만나 온 나의 경험을 토대로 가족에 대한 이론과 개념, 가족상담의 각 모델을 소개하였다. 덧붙여 실천적 임상을 구현하기 위해서 필요한 기술들도 제시하였다.

이 책은 총 3부로 구성되어 있다.

제1부는 '가족상담의 이해'로 가족을 만나는 상담자들이 알고 있으면 도움이 되는 가족상담의 역사, 가족의 개념, 가족생활주기, 가족 스트레스 이론 등을 포함하고 있다. 특히 결혼을 통한 새로운 가족 탄생에서부터 배우자의 죽음에 의한 가족 상실까지의 일련의 생활주기에서 드러나는 변화나 발달, 스트레스를 이해하는 것은 다양한 가족을 만날 때 많은 도움이 될 것이다.

제2부는 '가족상담 모델'로 가족상담의 여러 모델을 소개하고 있다. 가족상담 모델들을 이해하기 위해서는 가족체계이론과 사회구성주의 관점을 아는 것이 중요하다. 사이버네틱스, 순환적 인식론, 담론과 같은 용어에 익숙하지 않은 독자들이라면 처음에는 다소 생소해하면서 이해하는 데 어려움을 느낄지도 모르겠지만 이 이론들을 자신의 것으로 만든다면, 기존에 자신이 가지고 있던 패러다임을 전환할 수 있으므로 상담자로서뿐만 아니라 개인적 성장에도 큰 도움이 될 것이다.

제3부는 '가족상담의 실제'로 가족상담을 실천할 때 도움이 되는 다양한 기술을 제시하고 있다. 가족들을 만나기 전에 가족상담자로서 가져야 하는 임상적 태도와 순환적 질문 기법을 소개하고, 가족평가의 여러 가지 방법과 이를 통한 가족사례개념화를 언급하였다. 또한 구체적인 상담과정에서 염두에

두어야 하는 여러 가지 상황에 대한 설명과 사례를 제시하여 독자들의 실천 가능성을 높이고자 하였다.

2000년에 초판이 출간된 이후 이번에 4번째 판으로 거듭나는 과정을 돌이켜 보니 감사를 전하고 싶은 분들이 많다. 특히 당시에는 충분히 농익지 않았던 이론들을 모아서 책으로 출간하는 것을 주저하던 내게 용기를 주면서 이 책이 세상에 나올 수 있도록 애써 주신 학지사 김진환 사장님께 감사한 마음을 전한다. 출간된 책에 대한 책임감으로, 나는 지금까지 새로운 동향에 대한 연구나 임상적 실천을 게을리하지 않으려 애썼고, 그 결과 진행형의 상담자로 성장할 수 있었다. 이번 4판의 작업을 함께해 준 편집부 이영봉 과장님에게도 고마움을 전한다. 그리고 20년이 넘도록 한결같이 이 책을 아껴 준 독자들에게도 진심으로 감사드린다. 그분들이 없었다면 이 책은 4판까지 이어지지 못했을 것이다.

2022. 2.

김유숙

▣ 차례

제2부

가족상담 모델

제1부

가족상담의 이해

가족상담자라면 가족에 대한 충분한 이해를 가지고 있다고 생각하기가 쉽다. 그러나 실제로는 가족의 개념이나 정의에 대한 충분한 이해를 가지고 있지 못한 상담자들이 많다. 그 이유는 가족은 시대나 사회, 문화에 따라 다양한 의미를 가지고 있어서 간단히 언급하기 어려운 영역이기 때문이다. 상담자들은 자신이 만나는 가족들이 "이게 우리 가족이에요."라고 말하면 그들이 소개한 가족의 모습에서 출발하기 때문에 보편적인 가족의 모습을 그려 볼 기회가 많지 않다. 이를 바꾸어 말하면, 상담자들이 가족을 만날 때마다 다른 형태와 다양한 가치관을 가진 가족을 만나고 있다는 의미이다.

　　상담자들은 자신이 만나는 다양한 가족과 좋은 상담관계를 가지기 위해서는 기능하는 가족의 특성이나 발달주기, 가족이 겪게 되는 스트레스와 같은 가족 전반에 관한 지식이 필요하다고 생각한다. 그리고 이것들이 '가족상담'이라는 새로운 접근방법의 발전에 어떤 역할을 하고 있는지를 이해하는 것도 중요하다. 이러한 지식을 통해 상담자는 임상현장에서 만나는 가족들의 다양성을 선입관 없이 받아들일 수 있다.

제1장

가족상담이 필요한 가족

1. 가족상담의 역사

우리나라에 가족상담이 알려진 것은 1990년대 서구의 가족치료[현재 한국에서는 다양한 문제를 가진 가족을 상담의 대상으로 하면서 가족치료와 가족상담을 혼용하여 사용하고 있지만, 보웬(M. Bowen)이 가족치료(family therapy)로 처음 명명하였기 때문에 역사를 다루는 이 장에서는 가족치료로 표현함]가 소개되면서부터이다. 그 시기 서구사회의 가족치료는 1980년대를 기점으로, 그 이전의 일반체계이론에 기반을 둔 인식론에 사회구성주의 관점이 더해지면서 과도기적인 변화를 맞고 있었다. 한국의 경우에는 서구의 과도기 속에서 등장한 다양한 모델이 여러 학자에 의해 동시에 소개되었기 때문에 한국 가족상담의 초기 역사를 정리하는 것은 쉬운 일이 아니다. 따라서 여기서는 서구사회에서 가족치료가 어떻게 발전되어 왔는지를 소개함으로써 가족상담의 발전과정을 정리하고자 한다.

1) 정신의학에서의 가족연구

정신질환에 대한 사회문화적 요인이 구체적으로 언급된 것은 18세기 말이다. 근대화가 시작되면서 정신질환이 증가하자, 연구자들은 근대화가 덜 이루어진 문화권의 경우에는 정신질환자가 상대적으로 적을 것이라는 가설을 세우고 문화권 간의 비교 조사를 시작하였다. 그리고 이런 연구들은 정신질환자뿐 아니라 가족으로 확대되었다. 그런데 유럽과 미국의 연구 방향은 다소 달랐다.

유럽에서는 정신질환의 원인을 내인성으로 인식하여 가족을 대상으로 한 연구에서도 유전적인 요인을 찾는 가계연구에 몰두했다. 이것은 1930년대 나치들이 민족순수혈통을 지키기 위해 많은 정신질환자를 학살하는 명분이 되기도 했다. 그 후 정신질환을 유발하는 환경적 요인에도 관심을 가지면서 다른 환경에서 자란 입양된 일란성 쌍생아를 연구하였다. 연구를 통해 유전적인 소인을 가진 사람이라도 가족환경의 차이에 따라 발병률이 달라진다는 것을 밝혔다. 이것은 정신질환의 발병요인으로 가족을 인식하는 계기가 되었다.

유럽과는 달리, 여러 민족이 모여 하나의 국가를 건립한 미국에서는 처음부터 환경적 요인에 많은 관심을 가졌다. 미국의 경우에는 정신질환에 대해 처음부터 내인성보다는 외인성, 즉 환경과 개인의 통합을 강조하면서 치료보다 예방이나 적응에 힘을 기울였다. 그러나 이때 미국 정신의학의 대부라고 불리는 마이어(A. Meyer)가 『꿈의 해석』을 저술한 프로이트(S. Freud)를 미국으로 초대하면서 미국 정신의학계에서도 정신분석적 연구가 활발해졌다. 조현병 가족에 대한 연구는 이 같은 배경을 가지고 시작되었다.

1940년대는 조현병 가족연구가 유행한 시기이기도 하다. 설리번(H. S. Sullivan)은 조현병 환자의 부모자녀 간 의사소통 왜곡의 병리성에 대해서 지적하면서 조현병 가족연구를 발전시켰다. 프롬 리히만(F. Fromm-Reichman)은 개인인 어머니가 조현병을 유발한다고 보았다. 그리고 다른 이들은 가족의 특성에서 이를 이해하고자 하였다. 리츠(T. Lidz)는 조현병 환자 가족의 관계를 분열(marital schism)과 왜곡(marital skew)으로 나누었으며, 윈(K. C. Wynne)은 거짓 상보성(pesudo-mutuality), 베이슨(G. Bateson)은 이중 구속설(double-bind theory), 보웬(M. Bowen)은 미분화된 자아덩어리(undifferentialted egomess)로 조현병 가족에 대한 개념이나 가설을 제창하였다. 이처럼 가족치료는 조현병 가족 연구와 무관하지 않다. 그러나 이런 연구들은 치료나 예방으로 이어지지 못한 채, 오히려 가족을 '조현병을 유발시킬 가능성이 높은 집단'으로 인식하게 하여 환자 가족에게 큰 부담을 주었다.

　조현병에 대한 가족연구가 가족치료에 직접적인 영향을 주지는 못했다. 그러나 1970년대에 일반체계이론이 도입되면서 그동안 조현병 가족병리 연구를 했던 다수의 연구자가 자신들의 임상에 가족치료를 적용하였다. 그리고 이들은 초기 가족치료의 선구자로서 자리매김하게 되었다.

　초기 치료자들이 대부분 조현병 가족연구에서 시작한 것과 달리 아동정신분석가인 애커먼(N. W. Ackerman)의 행보는 다소 달랐다. 그 당시 아동분석은 분석가가 아동을, 사회복지사는 아동의 부모와 부수적인 면담을 하는 치료구조가 일반적이었다. 그런데 애커먼은 성인의 분석치료와 같은 비중으로 아동을 면담하는 것으로는 아동의 문제행동을 해결하는 데 효율적이지 않다고 판단하였다. 그는 가족 전체를 치료단위로 보는 새로운 임상활동을 시작하였다. 안타깝게도 그 당시 애커먼의 접근은 많은 지지를 받지 못했다. 1970년대에 정신분석이 쇠퇴하고 일반체계이론이 임상에 응용되기 시작하였고, 그 동안 경시되었던 애커먼의 가족개입이 재조명되면서 가족치료의 초석을 이루었다.

　초기에 활동했던 대표적인 치료자 중 한 사람인 보웬은 조현병 가족연구와 가족치료를 실천할 때 자신의 특유한 이론을 정립했다. 그는 개인의 정동이나 감정이 쉽게 반응하여 인지적으로 자신의 상태를 제어할 수 없으며 주요한 타인(가족)과의 관계에 의존하는 것을 융합(fusion)이라고 불렀다. 그리고 가족 내에서 이런 대인관계를 유지하는 가족을 자기 분화(self differentiation)가 낮은 가족이라고 했다. 그는 자기 분화가 낮으면 여러 세대에 걸쳐 전수되면서 조현병이 발병한다고 주장하였다. 이런 이론은 처음에는 조현병 가족에게 국한하여 적용했으나, 그 후 다른 정신질환이나 문제행동까지 폭을 넓히면서 치료적 성과를 거뒀다.

베이슨과 조현병의 공동연구를 하면서 이중 구속설을 발표했던 헤일리(J. Haley)는 그 후 가족 내 대인관계에 대한 증상의 기능이나 의미에 대해 탐색하면서 증상을 일으키는 가족관계의 변화를 초래하는 방법을 고안했다. 그는 자신의 이 같은 방법을 전략적 가족치료(strategic family therapy)라고 칭하면서 여러 가지 문제행동의 해결이나 증상 소거에 적용하였다.

애커먼에게 임상훈련을 받는 과정에서 가족치료에 입문한 아르헨티나 출신 미누친(S. Minuchin)은 뉴욕 빈민가 청소년의 비행 문제에 가족이나 지역사회를 적극적으로 포함하면서 성과를 이뤘다. 그 후 필라델피아 아동병원으로 자리를 옮겨 신경성 식욕부진증의 청소년을 치료할 때 자신이 개발한 적극적 치료 개입방법을 적용하여 환자와 가족의 적응에 큰 도움을 주었다. 미누친의 이 같은 실증적 치료는 치료대상을 조현병에서 비행이나 신경성 식욕부진증과 같은 다양한 문제행동으로 폭을 넓혔다. 미누친의 구조적 가족치료(structural family therpy)는 다양한 문제에 개입이 가능하다는 새로운 장을 열었다는 점에서 높은 평가를 받았다.

가족치료와 또 다른 움직임으로 1920년대부터 커플의 성문제나 결혼의 어려움을 도우려는 결혼 및 예비결혼상담 분야가 발전하였다. 1924년 보스턴대학교에 가족생활준비 과목이 개설되면서 최초의 예비결혼 개입프로그램이 제공되었다(Goldenberg et al., 2016). 그 후 미국 결혼상담학회(American Association of Marriage Counselors)가 결성되었지만 1960년대까지 소극적으로 운영되었다. 따라서 결혼 및 예비결혼상담 분야에 국한되어 실천적 활동을 이어 갔다.

2) 서구 가족치료의 전개

1950년대부터 가족을 대상으로 임상적 활동을 할 때, 가족을 체계로 보고 사이버네틱스의 개념을 응용하여 문제를 이해하는 치료자들이 생겼다. 1970년대 이후부터는 체계론적 가족치료의 여러 학파가 생기면서 가족치료의 황금기를 맞게 되었다. 그러나 1980년대에 들어서면서 가족치료에 대한 회의적 시각이 대두되었고 이로 인해 변화가 일어났다. 이것은 1990년대의 포스트 모던에 기반을 둔 가족치료로 이어진다.

(1) 1970년대: 가족치료의 정착

1960년대에 가족치료의 대가라고 불린 가족치료자들이 자신만의 치료적 기반을 중심으로 활발한 임상활동을 했다. 이들은 주로 체계론적인 관점을 기반으로 가족치료의 이론을 발전시켰다. 그러나 이 시기에는 정신분석을 비롯하여 여러 가지 치료적 배경을 가진 임상가들도 가족치료에 참여했기 때문에 이론적 배경은 다양했다.

이 시기의 발전모델은 다세대 모델, 구조적 모델, 의사소통 모델, 전략적 모델, 체계론적 모델(밀란모델), 정신분석적 모델, 대상관계 모델, 경험적 모델, 행동주의/인지행동적 모델이 있다.

이 같은 치료모델 이외에도 1970년대에 영국의 레프(L. Leff) 등의 감정표출(Expressed Emotion: EE) 연구는 그 후 가족심리교육에 영향을 주었다. 조현병 가족연구는 더 이상 가족을 조현병의 원인 제공자로 보지 않고 가족 전체를 염두에 둔 체계론적 이론을 받아들여서 상호작용에 관심을 가졌다. 즉, 증상인 문제의 원인을 한 개인이나 가족들이 아닌 가족 내의 관계에서 찾기 시작한 것이다.

1970년대에 들어서면서 올슨(D. H. Olson)은 결혼상담과 새롭게 부각된 가족치료 분야가 통합되어야 한다고 주장하였다. 이를 계기로 학회명도 미국 결혼가족치료학회(American Association of Marriage and the Family Therapy: AAMFT)로 바뀠는데, 이후 결혼상담은 보다 역동적인 가족치료 활동에 밀려 정체성을 유지하지 못했다(Goldenberg et al., 2016).

한편, 조현병의 연구로부터 꾸준히 활동해 온 임상가들은 결혼상담과는 차별화된 가족의 병리적 문제만을 다루는 미국가족치료학회(American Family Therapy Assocoation: AFTA)를 설립하면서 가족연구와 치료의 발전에 기여하였다.

(2) 1980년대: 가족치료의 전환

1980년대에 들어서서 가족치료는 여성주의, 환자가족 모임의 비판 등 사회변화의 영향을 받으면서 지금까지 전제로 해 온 인식론적인 기초가 흔들리게 되었다. 1970년대부터 체계이론의 자기조직화(autopoiesis)의 영향이 가족치료에도 미치면서 당시의 전제가 되었던 근대과학적인 인식론에 대한 회의가 일기 시작하였다. 기존의 근대 과학적 사고는 관찰자와 대상 세계라는 이원론적인 근거를 가지고 대상을 인식했다. 그런데 이 같은 관점으로는 관찰자가 대상에게 영향을 미칠 수 없다는 점을 깨닫게 되었다. 또한 어떤 현실을 인식할 때 관찰자 자신이 완전히 분리될 수 없다는 자성의 목소리도 나오게 되었다. 결국 근대과학의 전제인 객관성, 보편성, 절대적 진실이라는 것에 회의를 가지면서 구성주의(constructivism)의 관점에 관심을 가지게 되었다. 이러한 시대적 사조로 가족항상성 등 지금까지의 가족치료에서 주목을 받아 왔던 인식론이나 기초개념에 대한 반론도 제기되었다. 이 과정에서 이차질서(second order)의 사고, 사회구성주의(social constructionism)의 관점이 도입되었다. 이것은 지금까지의 체계론적 인식의 한계를 지적하면서, 치료체계를 언어체계로서 이해하는 방향으로 전환되었다(Anderson & Goolishian, 1988).

또한 1970년대 이후 지금까지의 남성우위의 가치관에 근거한 여러 개념을 비판하는 여성주의 움직임도 가족치료에 큰 영향을 미쳤다. 가족치료의 치료구조나 이론 중에 녹아 있는 성차별이나 힘의 문제 등 젠더에 관한 논의가 활발하게 이루어졌다. 특히 상담 장면에서 상담자가 힘이나 통제를 사용하여 가족체계를 변화시키는 치료방법에 의문을 제기했다. 이런 논의가 활발해지면서 빈곤층, 소수 민족, 동성애자 등 사회적 소수계층에 있는 내담자를 통제하는 것이 아니라 임파워먼트(empowerment), 즉 힘을 부여하는 것에 초점을 맞춘 치료적인 자세가 주목받게 되었다.

환자가족 모임에서 가족치료에 대한 비판이 일기 시작했다는 점도 미국의 가족치료에 영향을 준 또 다른 움직임이었다. 1970년대까지 가족치료에서는 환자는 가족체계 병리의 희생자라는 견해가 있었는데, 이것은 자칫 가족을 비난하는 것으로 이해될 수 있다. 당시 활발하게 전개되던 소비자 운동을 배경으로 미국 환자가족들은 가족치료의 이 같은 견해에 대해 문제를 제기했다. 가족치료의 이용자인 가족들의 비판은 그 후 가족치료에 적지 않은 영향을 미쳤고, 1980년대 후반의 가족치료는 치료자와 내담자, 가족과의 관계가 동등하고 협력적(collaborative)이라는 점을 강조하게 되었다.

(3) 1990년대: 가족치료의 혁신

인식론이나 이론적인 변화, 사회적 가치관의 변동의 영향을 받아서 가족치료의 흐름도 큰 변혁을 가져왔다. 1990년은 가족치료의 포스트모더니즘 시대라고 불렸으며, 다양한 변화를 거친 가족치료에서는 인식론이나 치료적 행위에서 치료자와 내담자의 관계가 크게 달라졌다. 가족을 전체적인 체계로 보며 사이버네틱스에 근거하여 상담을 진행했던 형태에서 개인, 가족이라는 대상에 국한하지 않고 내담자를 심리적으로 돕는 치료과정 그 자체에 초점을 두었다. 또한 언어적인 대화의 과정이나 새로운 스토리를 만드는 것을 촉진하는 형태로 변화했다. 이러한 사람과 사람이 언어적인 교류를 하면서 새로운 현실을 구성해 가는 상담과정의 새로운 모델을 넓은 의미에서 사회구성주의 관점을 가진 치료라고 불렀다.

1990년대에 새롭게 주목받은 가족치료의 모델로는 협동적 접근, 반영적
모델, 내러티브 모델, 해결중심 모델 등을 들 수 있다.

　　그러나 가족치료가 많은 변화를 거쳤다고 해도 기존의 체계이론을 기반
으로 한 가족치료가 도태된 것은 아니다. 포스트모더니즘 시대의 가족치료
는 협력적이며 동등한 관계를 특징으로 하기 때문에 윤리적으로 위배되지 않는
한, 어떤 생각이나 이론도 배제하지 않았다. 동등하게 상호작용하면서 서로
에게 영향을 주고받으려는 것을 추구하지만 사회구성주의라는 새로운 흐름
이 생긴 이후에도 임상현장에서는 계속 체계론적 가족치료가 근간의 모델로
서 자리매김하고 있다.

(4) 2000년대: 가족치료의 통합

　　가족에 대한 견해와 치료적 개입에 대한 가족치료자들의 이견은 지속되었
다. 그러나 임상현장에서는 특정 학파의 이론에 충실하기보다는 내담자나
가족이 가진 문제에 초점을 맞추어 그것에 도움이 되는 모델을 선별적으로
조합하여 사용하기 시작하였다. 즉, 이 시기는 각 이론 간에 덜 배타적이며
모델 간의 통합을 추구하는 통합적 가족치료(integrative family therapy)의 흐름
이 특징적이다.

　　체계론적 이론의 바탕에 사회구성주의적 관점이 더해지면서 가족치료는
보다 다원적인 측면이 강해졌다. 이론적으로도 배타적인 것에서 통합적인
것으로 변하는 경향이 있다. 때로는 '지금, 여기'라는 과정 중점의 가족치료
에 심리적인 측면을 강조하는 이론을 포함하여 치료적 개입이 시도되기도 했
다. 커플 간의 친밀함을 등을 주제로 한 애착이론에 관심을 보인 존슨(S. M.
Johnson)의 정서중심커플치료(Emotional Focosed Couple Therapy: EFT)가 대
표적인 예이다.

　　또한 최근에는 의학적으로 국한하지 않고 심리학, 사회복지학, 간호학 영
역에서 과학적 근거에 기반한 실천(Evidence-Based Practices: EBP)의 중요성

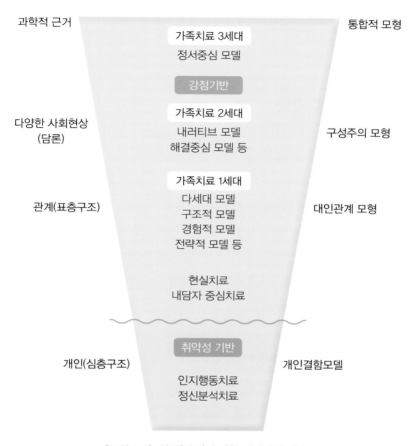

과학적 근거

통합적 모형

다양한 사회현상
(담론)

구성주의 모형

관계(표층구조)

대인관계 모형

개인(심층구조)

개인결함모델

[그림 1-1] 상담(치료)에 대한 패러다임 변화

을 강조하고 있다. 무작위 비교 실험집단에 의한 유용성을 입증하는 실증적
으로 지지된 치료(Empirically Supported Treatment: EST)에 대한 관심도 높아
지고 있다. 가족치료의 분야에서는 실증연구가 아직 충분하지 않지만 최근
EST로서 인정받은 가족치료로는 EFT를 비롯하여 약물남용이나 비행의 문
제를 가진 청소년과 가족에 대한 치료적 접근인 다중체계치료(Multi Systemic
Therapy: MST)가 있다. 앞으로는 새로운 치료이론을 창출하는 것보다 지금까
지의 가족치료 이론을 통합하여 임상적 상황에 적용하는 모델이 많아질 것

이라고 예상된다(日本家族研究, 家族治療學會, 2013).

2. 전체로서의 가족

　　사람들은 자신이 속한 문화를 통해 습득한 가치관을 토대로 가족의 개념을 언급하기 때문에 시대나 사회, 문화에 따라 사람들이 그려 내는 가족의 모습은 다를 수밖에 없다. 그럼에도 불구하고, 많은 학자는 사람들이 제각각 그리는 다양한 가족의 모습 속에서 '상호작용'이라는 공통점을 발견하고, 이것이 가족의 핵심요소라고 말하고 있다. 구체적으로 언급해 보면, 가족 정의의 고전적 인물인 사회학자 버거스(E. Burgess, 1928)는 가족을 '상호작용하는 인격체의 조화(unity of interacting personality)'로 정의하였다(김유숙, 2014에서 재인용). 한편, 현대적 가족의 정의로 자주 인용되는 올슨과 드프레인(D. H. Olson & J. DeFrain, 1994)은 가족이란 "둘 또는 그 이상의 가족원들이 서로 돕고 나누면서, 애정과 친밀감, 가치관과 의사결정, 그리고 자원을 서로 나누는 집단"이라고 설명하였다. 버거스의 추상적인 정의가 올슨에 이르면서 정교화되었지만, 이들은 가족이 개인의 개별성과 동시에 각자의 영향력이 하나로 묶이는 공통체적인 성향을 가지고 있다고 보았다. 이 같은 가족의 개별성과 공동체적 특성을 잘 드러내는 것이 '체계(system)로서의 가족'이라는 개념이다. 앤더슨과 사바텔리(A. Anderson & R. Sabatelli)는 체계로서의 가족은 공유된 역사를 지니면서 정서적 유대를 경험하며, 집단 또는 개인으로서의 가족의 욕구를 충족시켜 주기 위해 다양한 특성을 가진 상호의존적인 개별 구성원들로 이루어진 복잡한 구조라고 보았다(정현숙 외, 2001에서 재인용).

　　여기서는 초기 가족상담자인 사티어(V. Satir)가 자신이 가족체계를 지향하는 임상을 하게 되는 과정을 설명한 부분을 소개하려고 한다(龜口憲治, 2003). 사티어의 설명은 체계론적 가족치료를 이해하는 데 많은 도움이 될 것이다.

"저는 오늘 이 자리에서 지금까지 다양한 것들을 어떤 경로를 통해 통합해 왔는지에 대해 간단히 말하려고 합니다. 지금부터 언급할 사례에서 배운 것이 오늘날 저의 치료방법의 기초가 되었습니다. 그것은 1951년 봄으로 거슬러 올라갑니다. 28세의 여성이 조현병이라는 진단명을 가지고 제게 왔습니다. 그 여성을 6개월 정도 만나자, 치료에 변화가 보이기 시작했습니다. 그런데 이때 그녀의 어머니로부터 제가 딸과 자신의 관계를 악화시키고 있기 때문에 소송을 걸겠다는 위협적인 전화를 받았습니다. 저는 어머니와 통화를 하면서, 어머니의 말에는 두 가지의 메시지가 포함되었다는 것을 알았습니다. 어머니의 말은 위협적이었지만, 목소리는 애원을 하고 있는 것 같았습니다. 그래서 저는 앞부분의 위협적인 것은 무시하고 그녀가 보내는 애원의 메시지에 집중했습니다. 그래서 딸과 함께 치료에 오도록 권유했습니다. 어머니는 주저하지 않고 제 제안을 받아들였습니다. 그런데 어머니의 치료가 시작되자, 딸은 제가 그녀를 처음 만난 날의 상태로 되돌아가 버렸습니다."

사티어는 어머니와 딸의 만남을 통해 증상의 변화와 가족 내 의사소통 사이에 어떠한 상호작용이 있다는 것을 알게 되었다.

"이러한 기묘한 일이 일어나자, 저는 한발 물러서서 관찰하기로 했습니다. 이런 현상에 대해 즉각적으로 어떤 행동을 할 필요는 없었습니다. 이해할 수 없는 일이 일어나면, 우선 그 상황을 이해하는 것이 중요하기 때문에 전 아무런 행동도 하지 않았습니다. 그리고 그로부터 6개월 정도가 지나자, 어머니와 딸, 치료자인 저 사이에는 새로운 관계가 형성되었습니다. 제 의사소통 이론의 골격은 여기서 찾을 수 있습니다. 즉, 누군가가 말할 때 거기에는 두 가지의 메시지가 있다는 것입니다. 언어적 메시지와 함께 여러 가지 신호체계가 작동한다는 것을 알게 되었습니다. 머리를 까딱이거나 팔을 흔들거나 목소리의 톤이 낮아지는 것 등의 반응이 있었습니다. 그것은 언어와는 상관이 없었습니다. 말로는 "사랑해."라고 하면서 동시에 또 다른 메시지를 보내고 있는 것입니다. 이러한 신호체계를 좀 더 관찰하게 되었습니다. 그리고 이들이 보인 현상을 통해 배운 것을 다른 내담자의 치료에 적용하기 시작했습니다."

이와 같은 관점으로 문제해결에 몰입한 사티어의 자세에서 '가족 전체'를 도움의 대상으로 하는 가족치료의 개척자의 모습을 엿볼 수가 있다.

"이러한 신호체계는 앞과 뒤의 정서적 규칙에 의해 형성된 가족체계를 이해하는 계기가 되었습니다. 그리고 신호체계 이외에 언어적 메시지와 비언어적 메시지도 전혀 다른 것에서 유래하고 있다는 것을 발견했습니다. 언어적인 메시지는 사람들의 인지적 부분에서 유래하기 때문에 음조나 숨 쉬는 방법, 그리고 자세에서 나타나는 정서적인 메시지와 그때의 감정을 표현하는 신체에서의 메시지를 동시에 전달하는 것이 가능합니다. 나중에 알게 된 것은 언어적 메시지와 정서적 메시지가 모순된 경우 정서적 메시지가 보다 강력한 영향력을 가진다는 사실이었습니다."

사티어는 점차 가족치료의 이론적 골격이 되는 가족체계 이론에 기초를 형성한 가족 내 의사소통의 문제에 접근해 갔다.

"6개월이 지나면서, 이 가족과 함께 있는 남성, 즉 어머니의 남편이며 딸에게 아버지인 존재에 대해 생각하게 되었습니다. 그 당시 남성들은 가족의 정서적인 문제에는 관여하지 않는 것이 일반적이었습니다. 어머니와 딸에게 들은 바에 의하면 아버지는 함께 살고 있었습니다. 그래서 저는 그와 함께 오도록 권했습니다. 그리고 아버지가 왔습니다. 이 과정은 그동안 제가 알던 지식과는 정반대였습니다. 아버지이자 남편인 남성이 함께 참여하자마자,

어머니와 딸의 관계에 혼란이 보이기 시작했습니다. 그것은 어머니가 처음에 치료에 참가했던 때의 상황과 비슷했습니다. 이러한 상호작용을 보면서 저는 제3자가 2자 관계에 미치는 영향을 깨닫게 되었습니다. 예를 들어, 제3자로 포함된 사람이 2자 관계의 연결로 이용되고 있다는 것입니다. 동시에 제3자는 한쪽 편을 들도록 휘말리면서 두 사람 간에 다툼이 일어나며, 이 다툼을 제3자의 탓으로 돌린다는 것을 알게 되었습니다. 이러한 상태가 호전될 때까지 세 사람의 치료를 이어 갔습니다.”

여기에서 사티어는 지금까지의 딸과 어머니라는 둘 만의 한정된 관계에서 벗어나, 부부관계와 부모자녀관계를 동시에 포함한 보다 복잡한 3자 관계로 확대하였다.

　　“그 후 어떤 날 어쩌면 이들에게 다른 자녀가 있을지 모른다는 생각이 들었습니다. 가족에게 물어보니까 ‘있다.’고 했습니다. 당시에는 대부분의 치료가 개인을 대상으로 생각했기 때문에 형제에 대해서 고려하지 않았습니다. 이번에는 형제도 함께 참가하도록 권유했습니다. 딸보다 두 살 연상의 인상 좋은 청년이 왔습니다. 이런 만남을 통해 그 청년은 그 가족에게 좋은 아이였고, 반면 동생은 문제가 많은 나쁜 아이라고 인식되고 있음을 알 수 있었습니다.”

이렇게 하여 사티어의 치료대상은 형제를 포함한 가족 전체로 넓어져 갔다. 이것은 1950년대의 심리치료자들 사이에서 금기시하던 방법이었다는 점에 주목할 필요가 있다.

상담자들은 가족이 어떤 사람인지보다 가족이라는 조직 안에서 잘 기능하는 것이 어떤 것인지를 이해하는 것이 더 중요하다. 남녀의 결합으로 시작된 가족은 시간의 흐름에 따라 구조가 점차 복잡해져서 성과 세대를 달리하는 여러 명의 구성원으로 얽히게 된다. 고전적인 가족의 정의이기는 하지만 가족은 '부부관계를 기초로 하여 부모자녀관계, 형제관계 등 소수의 사람이 주요한 관계를 형성하며, 구성원들은 서로 깊은 정서적 끈으로 연결된 제1차적인 복지를 추구하는 집단'이다(김유숙, 2014에서 재인용). 이처럼 가족을 부부관계와 부모자녀관계라는 혈연에 의해 위치가 매겨지는 여러 개인에 의해 구성된 소집단으로 보고 있음을 알 수 있다. 남편은 아내가 있음으로써 그 위치가 정해지며, 부모는 자녀에 대해, 형은 동생에 대해 정해진 지위를 갖는다. 그러나 이러한 부부, 부모, 형제에 대한 인간관계는 각각 독립하여 작용하는 것이 아니라, 서로 얽혀 가족이라는 한 덩어리로 그 속에서 상호작용을 한다. 이것이 집합체로서 가족의 모습이다. 네트워크처럼 폭이 넓은 친족관계와는 달리, 가족은 일반적으로 한곳에서 주거와 경제를 함께하며 일차적으로 서로의 안전, 휴식, 영양, 성장, 성, 애정의 욕구 등을 충족시킨다. 또한 이렇게 보장된 생활단위를 기초로 각각의 민족, 문화, 역사적 조건에서 다양한 형태를 만들어 간다. 앞에서 정의한 복지 추구라는 표현은 이러한 포괄적인 욕구 충족을 서로 보장한다는 의미를 지닌다. 그리고 서로의 욕구를 인정하는 관계는 이성적인 힘이 아니라 정서적 결합에 의해 유지되는 것이다. 그런데 인간의 정서적인 관계는 미움의 이면에 애정이 있는 것처럼 깊은 감정적 뒤엉킴이 존재한다. 이러한 관점에서 가족관계를 조명하면 결코 명확하거나 단순한 관계일 수 없다. 따라서 이처럼 복잡한 가족관계에서는 필연적으로 위기를 경험할 수밖에 없다.

가족의 특성을 언급하기에 앞서 주위에서 흔히 만날 수 있는 어떤 가족의 한 단면을 소개하고자 한다. 김현수, 이연순 씨 부부와 애란과 창호라는 두 자녀로 구성된 가족이 있다. 김현수 씨는 40세의 은행원으로 키가 크고 마른 편이며 조용하고, 이연순 씨는 39세의 가정주부로 키가 작고 예쁘며 꽤 활발하다. 애란은 9세로 조용하고 책 읽기를 좋아하는 반면, 창호는 5세로 활동적인 아이이다. 이것은 이 가족에 대해 개인별로 관찰한 것이다. 이와 같은 기술을 아무리 자세히 하더라도 이를 김현수 씨 가족의 모습이라고 말하기는 어렵다. 앞에서 언급한 4명의 성격의 묘사는 다음과 같은 2개의 가족을 그려 낼 수 있다.

첫 번째 가상가족

　즐거운 저녁식사 시간이다. 이연순 씨가 오늘 힘들었던 이야기를 꺼내자 김현수 씨는 어떤 면에서 힘들었는지 묻는다. 이들은 가족들이 이야기하는 것을 열심히 들으면서 서로 다르게 생각하는 점에 다가가기 위해 타협점을 찾으려고 노력한다. 김현수 씨와 이연순 씨는 애란과 창호가 다투면 자녀들에게 어떤 문제가 있었는지를 직접 확인하면서 문제를 해결하려고 노력한다. 이처럼 저녁식사 시간은 가족이 가진 어려움을 확인하고 해결하는 데 도움이 되는 시간이다. 식사가 끝나면 아이들은 자발적으로 주부 이연순 씨를 도와서 설거지를 하며, 김현수 씨는 아내에게 '오늘 저녁도 맛있었다.' '수고했다.' 등의 애정표현을 한다. 함께 있는 것을 즐길 줄 아는 가족이다.

두 번째 가상가족

　불행한 저녁식사 시간이다. 식사시간 내내 이연순 씨 혼자서 이야기를 하는데, 대부분은 누군가를 비난하는 내용이다. 예를 들면, 식사시간에 아이들이 버릇없게 군다고 꾸짖거나 지난 일요일 김현수 씨가 했던 집안일이 잘못되었다는 등의 이야기가 계속 이어졌다. 김현수 씨는 이런 부인의 태도를 무시한 채 묵묵히 저녁밥을 먹고, 이연순 씨는 남편의 이 같은 태도에 더욱 화를 낸다. 아이들이 큰 소리를 내면서 다투지 않으면 부모들의 관심을 끌기가 어렵다. 이연순 씨가 가족에게 각각 해야 할 집안일을 지시하는 것으로 식사는 끝난다. 함께 식사를 하는 것이 즐겁지 않은 시간이다.

제시된 예는 동일한 가족이라도 각 개인의 성격적 특성을 어떻게 조합하느냐에 따라 전혀 다른 가족분위기를 나타낼 수 있다는 점을 시사하고 있다. 같은 구성원이라도 다른 가족 패턴을 만들 수 있는 것은 가족이 서로 영향을 주고받으면서 그들 가족만의 독특한 양식을 만들기 때문이다. 그러므로 가족상담에서는 각 개인의 특성보다는 가족들의 상호작용을 파악하는 것이 바람직하다. 그런데 우리는 가족을 서술할 때 흔히 '아버지는 완고하고 어머니는 자상하며, 큰아이는 충동적이고 작은아이는 수줍음이 많다.' 등의 각 개인에 대한 행동 특성으로 설명하는 경향이 있다. 대부분의 경우 가족 간의 관계를 나타내는 표현은 거의 사용하지 않아서 각 개인의 특성이 어떤 조합을 만들어 내는지 알 수 없다. 가족이라는 것을 한 조각이 흔들리면 줄에 매달린 또 다른 조각들이 자신의 의지와는 상관없이 흔들리는 속성을 가진 모빌에 비유할 수 있다. 이는 가족이 서로에게 얼마나 영향을 주고받는지를 단적으로 표현한 것이다. 가족은 이와 같은 특유의 상호작용으로 그들의 갈등을 해결하는 패턴도 함께 습득하게 된다. 그러므로 가족을 집합체인 전체로 이해하기 위해서는 가족 각각의 특성이 아니라, 그들이 서로에게 어떻게 관계하는지를 파악하는 것이 중요하다.

　　가족을 전체라는 관점에서 보면 다음과 같은 특징이 있다.

　　첫째, 가족은 하나의 사회체계이며, 부부와 부모자녀 등은 그 하위단위로서 존재한다. 그리고 한 가족 구성원이 다른 가족 구성원에 대해 하는 행동은 상대적이다. 즉, 아내의 행동은 남편의 욕구에 의해 형성된 역할기대를 수행하려고 하며, 남편 또한 마찬가지이다. 그리고 이러한 역할기대는 일반적으로 아내로서 또는 남편으로서 이렇게 해야만 한다고 정해진 사회적 가치나 규범의 범위에서 결정된다.

　　둘째, 가족의 정서적 결합이 중요하다. 역할 배분에 무리가 없으며 각자가 자신과 다른 가족 구성원의 역할을 서로 인정하며 통합된 수행을 할 때, 가족은 일상생활을 잘 영위할 수 있다. 이처럼 각자의 역할수행을 안정적으로 수행하는 동시에 때로는 서로가 애착, 존경 등으로 결합되는 것이 필요하다. 이같은 인간관계의 정서적인 측면을 응집력 또는 정서적 통합성이라고 부른다.

셋째, 가족자원이 가족생활에 영향을 미친다. 가족의 집단 활동과 내부의 정서적 결합이 바람직한 상태를 유지하기 위해서는 적절한 권위구조나 의사소통방식 또는 주거조건이나 수입, 가족 각자의 기능 등과 같은 가족자원이 영향을 미친다.

넷째, 가족은 작은 집단이지만 남녀노소라는 성과 연령에 관해서는 이질적으로 구성되어 있다. 이것은 사람들이 어떤 목적을 가지고 구성하는 이차 집단과는 구별된다. 즉, 이차 집단은 성과 연령에서 동질적인 경향이 강하며 규모도 크다. 이와는 달리 가족은 소집단이며 가족 구성원의 이질성이라는 특징이 있다. 이것은 가족이 심리적으로 만족을 얻을 수 있는 조건이기도 하지만, 때로는 이질적 욕구가 부딪쳐서 긴장을 초래한다. 더욱이 어린아이나 노인 또는 환자 등 스스로 사회생활을 하기 어려운 구성원이 포함된 경우라도 이런 구성원을 집단에서 쉽게 배제할 수 없는 것도 주목해야 한다. 이는 가족은 서로의 이익을 추구하는 공동체적 성격이 강하지만 때로 쉽게 곤란에 빠질 수 있는 허약함도 있다는 점을 암시한다.

상담자들은 임상경험을 통해, 한두 가지의 요인만으로 가족기능의 건전성을 결정하는 것은 위험하다는 것을 알고 있기 때문에 건강한 가족에 대한 정의가 쉽지 않다고 생각한다. 건강한 가족 여부보다는 가족의 취약함이 드러날 위기에 있다는 사실을 명료화하고, 가족이 변화를 추구해야 한다는 사실을 받아들이도록 돕는 것이 중요하다. 그런데 대다수의 가족은 자신의 가족관계를 파악하는 것에 익숙하지 않다. 그렇기 때문에 가족관계를 정확하게 평가하기보다 '내 남편이……, 내 아내가…….'라는 식으로 다른 가족에게 책임을 전가하거나 비난한다. 변화를 위해서는 많은 용기와 시간이 필요하다. 따라서 가족상담은 가족 내에서 지금까지의 가족기능 방식이 효과적이지 않아서 기능적인 방향으로 변화가 필요하다고 판단할 때 활용된다.

상담자가 가족을 만날 때 가족과 가족이 지닌 문제를 어떻게 이해할 수 있는가? 상담자가 가족과 가족이 지닌 문제를 안다는 출발점은 어디에 있는가? 또한 가족은 자신들의 문제를 어떻게 이해하고 있는가? 문제의 이해방식, 즉 문제를 어떻게 만들어 가는가에 따라서 상담목표와 해결방법은 달라질 수 있다. 그리고 가족에 대한 상담자의 태도나 접촉 방법도 달라질 수 있다. 이처럼 사람들의 경험은 복합적이므로 가족 안에서 발생되는 여러 가지 문제 현상을 의학적 모델에만 의존해 해결하려는 것은 한계가 있다. 만약 어떤 사람이 절망적인 경험 때문에 삶에 대한 희망을 잃어버린다면 그것은 정상적 반응이며, 때로는 그러한 반응을 보이지 않는 것이야말로 병리적일 수 있다. 이러한 관점을 가지고 고통을 받는 가족을 도우려면, 그것은 이미 의학적 모델에 의한 해결방법을 넘어선 것이라고 생각한다.

상담자들은 임상현장에서 가족의 정의에 지나치게 집착할 필요는 없다. "이 사람이 우리 가족입니다."라고 소개한 사람들의 집합을 가족이라고 여기면서 그들과 작업하는 것이 바람직하다. 왜냐하면 상담자들은 상담과정을 통해 여러 모습이나 가치관을 가진 가족들과 만날 수 있기 때문이다. 때로는 상담자 자신의 가치관의 범위로는 수용되기 어려운 독특한 가치관을 가진 가족들도 만날 수 있다. 이때 상담자들은 가족의 정의보다는 가족의 다양성을 수용하여 선입견에서 벗어난 자세를 가지는 것이 그들을 도울 수 있는 첫걸음이라고 생각한다.

3. 기능적인 가족의 특성

가족과 상담관계를 갖는 상담자의 목표는 가족이 원활히 기능하도록 돕는 것이다. 기능적인 삶을 돕는 전제는 내담자의 현재 기능을 평가하는 것이 우선되어야 한다. 그런데 각 개인들이 모여 형성한 가족의 건강 수준을 평가하는 것은 쉽지 않은 작업이다. 최근에는 캔버그(O. Kernberg)처럼 가족의 실패보다 가족의 성공에 초점을 두어 이를 토대로 가족의 성장과 변화를 가져오는 기초로 삼으려는(유영주, 김순옥, 김경신, 2013에서 재인용) 임상가들이 늘고 있다. 가족의 건강한 부분에 관심을 가지는 것은 임상가들의 패러다임의 전환을 전제로 하는 것이어서 가족의 병리적인 부분에 초점을 맞췄던 기존과는 달리 결코 쉬운 작업이 아니다.

　1994년 올슨(D. H. Olson)과 드프레인(J. DeFrain)은 연구를 통해 건강한 가족의 특성으로 가족의 응집력과 적응력, 의사소통을 도출해 냈다. 그리고 그들은 각 가족의 관여와 가족과 시간 보내기에 해당하는 응집력, 스트레스를 다루는 능력이나 정신적인 안녕을 포함한 적응력, 그리고 긍정적인 의사소통과 가족들이 감사와 애정을 얼마나 표현하는지를 파악하려고 노력하였다. 그러나 이들의 연구는 2003년에 이르면서는 가족이 왜 실패하느냐의 문제보다는 어떻게 하면 성공적 가족이 되느냐로 초점을 전환한다. 그리고 그들의 건강한 가족의 개념은 배려와 헌신, 감사와 애정, 긍정적 의사소통, 즐거운 시간의 공유, 정신적 안녕, 스트레스와 위기대처능력으로 바꿨다. 드프레인(J. DeFrain, 2007)은 모든 유형의 가족이 지닌 견고한 가정의 특징을 찾으려고 노력하여, 다음과 같은 여섯 가지의 특징으로 정리하였다.

　첫째, 가족들이 서로 사랑하고 감사하고 지지를 주고받는다.

　둘째, 긍정적인 의사소통을 한다.

　셋째, 가족들은 어떤 상황이 위기일지라도 서로 헌신하며 함께한다.

　넷째, 가족은 정기적으로 함께하는 시간을 갖는다.

　다섯째, 가족은 한 팀이 되어 스트레스나 위기상황을 관리한다.

　여섯째, 가족의 힘으로 해결하기 어려운 상황에 도달했을 때, 이것을 영적인 부분으로 극복하려는 정신적 건강함을 가지고 있다.

　여기서는 여러 학자가 언급한 가족의 특성을 고려하여 가족의 기능적 평가의 기준이 되는 몇 가지 요소를 제시하려고 한다. 그러나 이 같은 요소를 나누기 전에 '정상'이나 '기능적'이란 용어는 시간과 장소에 따라서 그 의미가 달라질 수 있는 주관적인 특성이 있다는 사실을 염두에 두어야 할 것이다.

1) 친밀감과 자립

부부관계는 가정생활의 중심이다. 따라서 남편 또는 아내가 상대 배우자에게 얼마나 영향력을 가지며 서로 협력하는가의 문제는 중요하다. 원만한 의사소통이 이루어지는지의 여부, 두 사람이 정서적으로 협력하는가의 여부, 서로가 얼마나 조화를 이루는지 등은 부부관계의 특성을 파악하는 열쇠가 된다. 그리고 부부 사이에 갈등이 존재할 경우 그것을 어떻게 해결하는지를 파악하는 것도 중요한 요소이다. 또한 부모자녀관계에서는 부모가 리더십을 가지고 자녀를 양육하는 게 일반적이다. 이때 가족 내의 리더십은 어느 한쪽 부모가 독점할 수도 있으며, 두 사람이 공유하는 형태로 존재할 수도 있다. 그런데 세력의 문제에 대한 사전 합의가 없다면 가정 내에서는 권력에 대한 끊임없는 갈등이 일어날 수 있다. 그리고 이것은 결국 불안정한 가족 패턴과 무질서의 상태를 초래할 가능성도 있다.

가족 간의 친밀성의 여부는 사랑하는 능력과 직결되기 때문에 가정생활에서 중요한 요소이다. 친밀감은 자신이 다른 사람을 전적으로 받아들일 수 있는가와 타인에게 자신을 드러낼 수 있는가의 여부가 중요하다. 어떤 사람과 특정한 친밀관계를 가지지 못한 사람은 살아가면서 많은 어려움을 겪게 된다.

자립성이란 친밀감과는 대조적인 개념처럼 이해될 수도 있으나, 타인과 친밀감을 유지하는 동시에 자립적이라는 것은 중요한 의미를 가진다. 이러한 개념을 이해하기 위해서 먼저 자립과 독립을 구별해야 한다. 자신의 두 발로 설 수 있는 독립성은 자립의 필요조건이지만, 결코 충분조건은 아니다. 자립이란 자신의 두 발로 서면서 동시에 필요하면 타인에게 기댈 수 있는 능력까지도 포함되는 개념이다. 즉, 자립이란 자율과 의존이 조화를 이룬 상태이다.

2) 응집력의 양과 유형

각각의 가족 구성원이 모여 가족이라는 하나의 집단을 이루려면 구심점을 향해 하나가 되는 것이 중요하다. 따라서 응집력은 가족을 유지하는 데 중요한 역할을 한다. 이러한 응집력은 전체로서의 가족뿐 아니라, 각 개인의 개별화를 추구하는 것과도 중요한 연관이 있다. 따라서 가족이 얼마나 응집력을 가지고 있는가도 중요하지만, 동시에 가족이 어떻게 응집력과 개별성의 조화를 이루어 내는가의 문제도 중요한 요인이 된다.

3) 가족 내의 의사소통

인간은 의사소통을 하지 않고 살아갈 수 없다. 한 사람과 다른 사람 사이에 일어나는 모든 행동에 어떤 식으로든지 메시지를 전달하려고 노력한다. 그런데 가족의 경우 서로에 대해 잘 알고 있고 같은 생각을 할 것이라는 방심 때문에 때로는 가족 내의 의사소통이 어려워지기도 한다. 따라서 가족이 어떻게 의사소통하는가는 잘 기능하는 가족의 중요한 지표이다. 의사소통방식을 이해하는 요소로는 명료한 대화를 하도록 격려하는가, 가족이 자발적으로 대화하는가, 서로가 충분히 의사표현을 할 수 있는 기회를 제공받는가 등이 포함된다. 최근 연구에서는 칭찬이나 지지와 같은 가족 내의 긍정적 의사소통에 많은 관심이 있다.

또한 한 개인이 건강하게 살아가기 위해서는 자신과 다른 사람에 대해 보고, 듣고, 느낀 것을 분명하게 말할 수 있어야 한다. 따라서 가족들이 개방적으로 자신의 감정을 표현하는 훈련이 필요하다. 그런데 각 가족들이 자신의 감정을 자유롭게 표현할 수 있기 위해서는 상대방이 표현한 정서를 있는 그대로 받아줄 수 있는 환경이 선행되어야 한다.

4) 위기에 대처하는 능력

다양한 개성을 지닌 개인이 모여 한 가족을 이루며 산다는 자체가 여러 가지 문제가 일어날 가능성이 높고 때로는 위기라고 느끼는 순간도 올 것이다. 위기의 사전적 의미는 '나쁜 결과를 초래할지도 모르는 위험으로 불안할 때'이다. 그러나 임상적 입장에서 위기를 설명한다면 어떤 단계에서 새로운 단계로 이행할 때 생기는 문제라고 볼 수 있다. 따라서 이와 같은 위기를 어떻게 다루느냐에 따라 사람들이 삶의 수준이 지금보다 향상되고 개인도 성장하는 계기가 된다. 가족 스트레스 이론에 따르면 가족이 자신들의 문제에 얼마나 잘 대처하느냐의 문제는 가족체계의 적응에 영향을 준다. 그러므로 가족이 위기에 어떻게 접근하여, 효과적인 과정을 통해 어떻게 문제를 해결하려고 노력하는가를 파악해야 한다.

5) 자존감의 형성

가족은 각 구성원들이 인간 본질이나 삶의 의미와 같은 나름대로의 신념을 가질 수 있도록 도와야 한다. 이처럼 가족들이 삶과 관련된 본질적인 물음에 스스로 대답할 수 있다면 자존감은 획득되었다고 할 수 있다. 그런데 긍정적인 자기상인 자존감의 획득은 그렇게 간단하지 않다. 사람들은 때로 이상적 자기상에 지나치게 집착하여 언제나 이상적 자아상과 비교하여 현재에 만족하지 못하기도 한다. 또한 이 같은 한 개인의 불만은 자신에게 국한하지 않고 다른 가족들에게로 확대되는 경우도 있다. 가족 안에서 한 개인이 자존감을 획득하기 위해서는 가족 서로가 차이를 인정하는 것이 중요하다. 차이를 인정하는 가족분위기 속에서 각 개인은 자신의 감정을 있는 그대로 받아들이며, 자신은 고정된 것이 아니라 끊임없이 변화하는 존재로 받아들인다는 확신을 가지면서 자존감을 향상시킨다. 이처럼 구성원의 차이를 인정하는 가족분위기에서는 한 개인이 이상적인 자기상과는 다소 괴리가 있어도 자존감을 획득할 수 있다. '나는 이 세상에 단 하나인 유일한 존재이므로 열심히 살고 싶다.'는 생각을 가질 때, 사람은 자신을 존중하는 감정, 즉 자존감을 가질 수 있다. 그리고 자신을 존중할 수 있는 사람만이 다른 사람도 존중할 수 있는 것이다.

제**2**장
가족생활주기

우리는 다원화된 사회에서 살기 때문에 전형적인 가족의 모습은 그려 내기 어렵다. 그러나 가족들은 대부분 예측 가능한 사건이나 단계를 거치며 발달하고 있다. 따라서 가족을 연구하는 학자들은 가족생활에서 정상적인 과정을 밝히려는 노력을 꾸준히 해 왔다. 그러나 '무엇이 전형적인가'의 해답이 될 수 있는 정상적인 과정이란 개인과 가족을 둘러싼 체계와 관련이 있는 것으로 시대적·사회적 배경에 따라 달리 정의될 수 있기 때문에 여전히 어려운 과제로 남아 있다.

가족은 일반적으로 결혼으로 형성하여 자녀의 출산으로 확대되며, 자녀들이 떠남으로써 축소된다. 이처럼 한 개인이 가족생활에서 경험하는 결혼, 출산, 양육, 노후의 각 단계에 걸친 시간적 연속을 가족생활주기라고 표현한다. 다양한 형태가 공존하는 현대가족에게 일률적으로 가족생활주기를 적용할 수는 없지만, 가족들의 호소문제 대부분은 어떤 발달단계에서 다음의 발달단계로 이행할 때 생긴다. 또한 가족생활주기는 그 자체가 하나의 정서적 발달의 기본 단위이다. 따라서 특유한 단계와 과정을 가진 가족들의 움직임과 상호관계를 이해하는 준거틀로서 의의가 있다. 상담자들은 가족생활주기를 통해 가족의 기초선을 파악할 수 있을 것이다. 상담자는 가족들이 변화라는 발달과정을 어떻게 수용하고 촉진시킬 수 있는가에 초점을 두면서 바라보는 것이 중요하다. 한 개인에게 발달단계가 있듯이 가족 역시 시간의 흐름에 따라 정서적 발달을 하며 그 같은 발달을 달성하기 위해 가족이 수행해야 하는 발달과제도 있다. 그런데 가족이란 믿음이나 기대, 가치 등을 공유하는 정서적 체계이므로 가족생활의 각 단계에서 요구하는 발달과제를 달성하는 것은 그렇게 간단한 일이 아니다. 개인의 경우 어떤 발달단계에서 요구하는 과제를 충분히 달성하지 못하면 그 단계에 고착하는 것처럼, 가족의 경우에도 어떤 단계에서 요구하는 과제를 수행하지 못하면 어려움을 겪게 된다. 이처럼 가족이 생활주기에서 각 단계의 이행이 순조롭게 진행되지 못하면 스트레스를 받는다. 그리고 이 같은 스트레스에 직면하면 가족은 이전의 단계로 돌아가려는 퇴행현상을 보이는 것이 일반적이다.

모든 가족은 개인과 마찬가지로 결혼, 첫아이의 출생, 청소년기의 시작과 같은 어떤 예측 가능한 사건이나 국면을 통과하게 된다. 즉, 대부분의 가족은 두 성인이 그들을 출생한 가족에게서 분리하여 결혼하고, 남편과 아내로서 서로에게 조화되어 가는 것을 학습하며, 첫 자녀가 태어나면서 부모로서의 새로운 역할을 하며, 그 후 가족 수가 증가하면서 가족구조와 생활방식을 바람직한 방향으로 재조직하게 된다. 이렇게 가족이 성숙해 감에 따라 부모자녀관계는 새롭게 발전하며 그 과정을 통해 부부관계도 변화하게 된다.

가족생활주기를 거치는 동안 각 단계에서 요구되는 발달과제를 해결해야 하는데, 이와 같은 발달과제가 순조롭게 해결되지 않을 경우에는 외부의 도움이 필요하다. 가족이 당면한 위기나 문제행동은 그 가족이 어떤 단계인지에 대한 발달적 맥락에서 이해하려고 할 때 보다 잘 파악될 수 있다.

예를 들면, 자녀가 청소년기를 맞아 겪게 되는 스트레스를 생각해 볼 수 있다. 이 시기는 부모와 자녀 모두에게 어려운 시기이다. 자녀들은 자신에게 부여된 여러 가지 역할이나 과제 중에서 부모에게서 독립하려는 것, 즉 자아정체성의 확립에 커다란 비중을 둔다. 그런데 자신의 원가족과 해결하지 못한 문제를 가진 부모가 있다면 이 같은 자아정체성의 확립과정에서 생기는 자녀의 반항이 부모를 자극하여 자녀에게 더욱 통제를 가할 수도 있다. 이처럼 자녀의 독립과 부모의 통제라는 문제가 복잡하게 얽혀 가족이 가진 어려움은 가중될 수 있다.

　가족생활주기도 시대의 흐름에 따라 변화하고 있다. 구체적으로, 결혼에서 첫 자녀의 출산에 해당하는 가족형성기와 첫 자녀의 출산에서 막내자녀의 출산에 해당하는 가족확대기는 단축되었다. 한편, 막내 출산과 첫 자녀의 결혼에 해당하는 확대완료기와 막내의 결혼에서 배우자의 사망까지의 축소완료기는 상당히 길어졌다. 이것은 초혼 연령의 상승과 미혼율의 증가로 낮아지는 출산율과 자녀들의 빠른 독립, 평균수명이 길어지면서 일어난 현상이다. 김유경(2014)은 자녀출산 및 양육기의 단축에 따른 기혼여성의 경제활동 참여의 증가는 자녀양육 및 돌봄 등의 공백을 초래하여 사회문제로 대두될 가능성이 높다고 지적하면서 가정 내의 양성평등적 돌봄을 주장하였다. 또한 가족주기의 후기단계인 축소완료기 및 해체기가 연장됨으로써 노인부부가구 및 노인 단독가구의 증가로 인한 노년기 삶의 질에 대해서 관심을 가져야 한다고 보았다.

1. 가족생활주기의 역사

　상담자들은 최근 생활주기에 대한 인식을 새롭게 하고 있다. 즉, 각 발달단계에서 요구되는 개인의 발달과제가 달성되느냐의 여부는 그 개인의 정신건강에 커다란 영향을 준다고 보았다. 이것은 지금까지의 출생부터 5, 6세까지가 한 개인의 인격을 형성하다고 보았던 결정론의 시각과는 달리, 인간은 전 생애에 걸쳐 끊임없이 변화한다는 생각을 지지하는 것이다. 이러한 관점은 인간의 정신적 성장에 대해 보다 낙관적이며 희망적인 가능성을 제공하는 것이기도 하다. 최근의 생활주기의 이론은 기존의 발달론적 관점에 성인기 이후 노년기까지의 인간의 생물학적·심리적·사회적인 변화를 그 이전의 발달과정과 연결해 보다 포괄적으로 볼 수 있게 한 것이다.

가족생활주기의 관점은 각 개인의 생활주기 이론을 토대로 하므로 가족생활주기 과정을 살펴보기 전에 각 개인의 생활주기에 대해 언급하려 한다. 생활주기의 각 단계에서 요구되는 발달과제에는 어떤 사회가 개인 또는 가족에게 요구하는 것을 포함하고 있다. 근대사회처럼 전통적인 가치관이나 생활양식이 고정되어 있던 안정된 사회에서는 개인이나 가족에게 유사한 가치관이나 적응방식을 기대하기 때문에 생활주기에서 벗어나는 경우가 많지 않았다. 그러나 문화의 다양성이 강조되는 현대사회에서는 사회변동이 크기 때문에 개인은 자신들이 어린 시절 형성한 가치관이나 생활양식에만 근거해 설계된 삶을 유지하는 것이 어려워졌다. 특히 이 같은 인생설계는 청년기 이후 급격한 변화를 맞게 되며 성인기와 노년기에도 많은 변화를 경험한다. 즉, 한 개인의 생활주기 속에도 다양한 가치관이나 생활양식이 존재하게 되었을 뿐 아니라, 각 단계에서 달성해야 하는 발달과제도 변화할 수 있다는 점을 이해해야 한다. 개인생활주기는 영유아기에서 아동기, 청소년기, 청년기, 성인기라는 한 개인의 시간적 변천을 따라 변화가 이루어진다. 이와 달리, 가족생활주기의 경우는 결혼으로 새롭게 탄생한 가족이 변화해 가는 과정을 시간적 변천에 따라 구분하게 된다.

가족생활주기를 중심으로 한 가족연구는 1970년대부터 본격적으로 이루어졌다. 정신분석적 입장에 선 질바크(J. Zilbach)는 「가족발달(family development)」이라는 논문에서 가족을 한 단위로 보았다. 그는 시간의 경과와 함께 일어나는 가족발달은 가족 내 각 개인의 발달과는 별개의 특수한 집단의 발달로 설명하였다. 여기서 말하는 발달이란 가족은 일정한 구조와 기능을 가진 전체로서 정해진 어떤 단계에서 예기된 다음 단계로 전진하는 것을 의미한다. 그러므로 발달의 개념보다는 생활주기라고 불러야 한다는 점을 강조하면서 6단계로 나누었다. 또한 이와 같은 가족생활주기를 규정하는 기본적 요인으로 결혼, 첫 자녀의 출생, 첫 자녀의 사회참여, 막내 자녀의 사회참여와 가족기능의 축소, 부모자녀관계의 새로운 재구성, 첫 자녀의 결혼과 독립, 막내 자녀의 결혼, 별거, 부모의 조부모화 등을 들고 있다(Zilbach, 1995).

가족생활주기의 관심은 1930년대 미국의 농촌사회학자인 소로킨(P. Sorokin)이 경제적인 자립을 시작한 신혼부부단계, 자녀를 기르는 단계, 자녀가 자립하여 부모를 떠나는 단계, 부부만 생활하는 단계로 구분하면서부터이다. 그후 1948년 힐과 듀발(R. Hill & E. Duvall)은 가족을 각 구성원의 개별적 생활주기의 집합으로 취급하면서 가족이 이와 같은 집합 안에서 상호의존적인 관계라고 주장하였다. 이러한 관점에서 보면 청소년, 성인, 노년의 3세대가 각각의 발달과제를 가족 안에서 어떻게 서로 관련을 맺어 가느냐가 주요한 관심사가 될 것이다. 1957년 듀발은 결혼, 출산, 자녀의 성장, 죽음처럼 가족 수가 줄거나 느는 것을 중심적 사건으로 설정하여 가족생활주기를 8단계로 나누었다(유영주, 2013에서 재인용). 그러나 이 같은 접근은 가족심리적 접근보다는 사회학적 관점에 머물러 있다는 한계가 있었다. 1950~1960년대에 보웬(M. Bowen), 애커먼(N. Ackerman), 잭슨(D. Jackson), 사티어(V. Satir) 등 가족을 주로 만나는 상담자들은 자신의 임상적 경험을 토대로 새로운 가족발달 또는 가족생활주기의 모델이 확립되어야 한다고 강조하였다. 보웬은 가족에게 치료적 접근을 하기에 앞서 가족평가를 통해 가족생활주기의 전체상을 그려 내는 것이 중요하다고 보았다. 그는 3세대 사이에서 이루어지는 교류, 출산, 결혼, 질병, 이별 등에 대한 진행과정이 가족을 이해하는 중요한 부분이 된다고 보았다. 사티어도 가족과 만나는 최초의 면담에서 중심적으로 다루

어야 하는 과제는 가족생활주기를 파악하는 것이라고 말했다. 특히 헤일리
(J. Haley)는 가족생활주기를 6단계로 나누고 가족 스트레스는 어떤 단계에서
다른 단계로 전환하는 시점에서 자주 나타나며 가족은 이러한 시점에서 증상
을 나타내는 경우가 많다고 지적하였다. 미누친(S. Minuchin)은 가족을 하나
의 체계로 볼 때, 기본 도식의 중요한 구성요인으로 가족의 발달적 주기를 들
고 있다. 그는 또한 어떤 상태에서 새로운 상태로 전환하는 과정에서 가족들
은 고통을 경험하는 경우가 많다고 지적하였다.

2. 체계론적 관점의 가족생활주기

1988년 카터와 맥골드릭(B. Carter & M. McGoldrick)은 일반체계이론을 통
합한 새로운 가족생활주기의 개념을 정리해 발표하였다. 그들은 가족생활주
기의 기본적인 단계를 나눌 때, 현대사회의 새로운 동향이 반영된 과제를 포
함해야 한다고 주장하였다. 이들은 이 같은 새로운 경향으로 소속되지 않은 어
른(young adult)과 이혼 및 재혼 가정을 들었다. 그들은 현대사회에서는 자신의
원가족과 결혼가족 어디에도 소속되지 않은 어른의 기간이 있으므로 이것을
가족의 출발점, 즉 첫 단계로 보아야 한다고 주장한 것이다. 또한 이혼에 동
반하는 가족생활주기의 혼란과 그 전후의 가족과정이나 재혼에 의한 새로운
가족형성의 문제를 예외적 현상으로 생각하지 않고 기본적인 가족형태로 보
았다(McGoldrick et al., 2016). 그들은 가족발달과제를 가족이라는 전체 속에
서 관계를 확대하거나 축소, 그리고 재편성하는 것으로 보았기 때문에 이들이
제안한 가족생활주기의 단계는 실제 가족상담 과정에 많은 도움을 준다.

가족역동을 고려한 가족생활주기의 관점에서 문제행동을 이해하면 그것
은 가족항상성, 이중구속, 거짓 상호작용, 부모의 연합, 세대 간 경계의 확립,
성별 역할의 유지, 가족규칙, 가족신화 등과 연관되어 있다. 이들 개념은 조

현병의 가족연구에서 발전된 것이지만, 현재는 가족관계나 가족역동을 이해하는 데도 유익한 관점들이다. 이러한 관점에 근거해 각 단계에 대한 간단한 고찰을 하기로 한다.

첫 번째 단계는 자신이 태어난 원가족과 앞으로 만들어 갈 결혼가족 중간에 있으며, 원가족에서는 분리했으나 아직 다른 가족을 구성하지 않아 소속되지 않은 어른의 단계이다. 이 단계에 속한 개인은 원가족에서 자신이 분화했다는 의식을 가지는 것이 중요하며 더 나아가 자신에게 맞는 직업을 찾는 동시에 동료와 친밀한 관계를 형성하는 능력을 몸에 익혀야 한다.

두 번째 단계는 결혼에 의한 가족결합이다. 이 과정에서 두 사람은 서로에 대한 헌신이 필요하며 그 결과 새로운 부부체계가 형성된다. 이 단계의 개인에게는 확대가족이나 친구 사이에서 생기는 관계를 조절하는 것이 필요하며 결혼을 계기로 원가족과의 관계를 재구성해야 한다.

세 번째 단계는 어린 자녀가 있는 가족이다. 자녀의 등장은 가족체계에 많은 변화를 요구한다. 이미 존재하는 부부체계에 새로운 부모자녀체계가 더해지는 것이다. 새로운 세대를 가족체계에 받아들이는 것뿐만 아니라, 확대가족과의 관계에서도 변화가 일어난다. 이들의 부모는 조부모의 역할을 담당하는데, 이 같은 역할을 어떻게 수행하는가도 중요한 부분이다.

네 번째 단계는 청소년기 자녀가 있는 가족이다. 자녀가 자립하기 위한 단계적이지만 부모자녀관계의 많은 변화가 예상된다. 일반적으로 청소년기의 자녀들은 가족체계를 들락거리면서 가족경계를 유연하게 하는 역할을 한다. 부모세대가 이 같은 자립을 위한 자녀의 발달과제를 수용하면서 지금까지 부모로서 쏟은 에너지를 부부로 전환하는 것이 이상적이다. 때로는 자녀양육을 위해 집에 있던 어머니가 다시 새로운 사회활동을 시작하는 경우도 있다.

다섯 번째는 자녀가 집을 떠나는 자립의 시기이다. 이 시기는 젊은 세대가 자립하는 시기이므로, 가족들의 들락거림이 더욱 심해진다. 또한 조부모가 노약하여 질병으로 시달리거나 부모세대에게 의존하게 된다. 자녀들은 사회에서 자립한 성인으로 역할하게 됨으로써 가정에서도 자녀를 동등한 어른으로 인정하는 새로운 부모자녀관계를 모색해야 한다. 그리고 자녀가 결혼해 그들의 자녀를 낳게 되면 조부모로서의 역할을 맡게 된다. 자녀들은 친인척과도 관계를 맺는데, 이 시기 윗세대의 질병이나 죽음과 직면하는 경우도 생긴다.

마지막 단계는 노년기이다. 부모세대는 조부모세대로서 둘만 남게 되므로 이들은 새로운 관심이나 사회생활을 만들 필요가 있다. 동시에 중간세대가 가족 속에서 보다 중심적 역할을 하게 된다. 이들은 윗세대의 지식과 경험을 존중하며 수용하지만 그들에게 의존하기보다는 오히려 그들을 돌보는 위치로 바뀐다. 또한 이 시기는 윗세대의 질병이나 죽음을 경험하는 것이 일반적이다.

여기서는 6단계의 가족생활주기를 〈표 2-1〉에 제시하였다.

1) 가족생활주기의 발달과제

(1) 제1단계: 새롭게 출발하는 가족

이 단계의 주요 과제는 두 남녀가 각자 출생한 가족에게서 물리적 · 심리적으로 분리해 두 사람만의 세계를 만드는 것이다. 결혼한 두 남녀는 자신들의 기본적인 욕구 충족을 원가족에서 추구하지 않고, 자신의 배우자에게서 만족하려고 노력해야 한다. 이같이 상대방의 욕구에 반응하는 것은 쉬운 것처럼 보이나, 젊은 부부는 자신들이 성장해 온 원가족의 경험에 의해 욕구의 표현방식을 달리하기 때문에 갈등을 초래하는 경우도 있다.

가족체계 수준에서 부부가 커플로서 잘 기능하기 위해서는 기본적인 규칙과 유형을 만들어야 한다. 이러한 규칙에는 상대의 욕구에 반응하는 것, 의견이나 사고의 차이를 조정하는 것, 가족경계나 집안일 같은 일상생활의 활동에 협력하는 것 등이 포함된다. 또한 부부가 하나라는 일체감을 느끼는 동시

표 2-1   가족생활주기의 단계

가족생활주기의 단계	이행에 동반된 특징적 원리	발달과정에 수반된 가족 안에서의 이차적인 변화
1. 가족과 가족 사이의 중간적 존재-어떤 가족에게도 소속되지 않은 젊은 성인	부모에게서 분리	a. 가족과의 관계에서 자기확립 b. 친밀한 또래관계의 발달 c. 직업상의 정체성 확립
2. 결혼에 의한 가족결합-신혼부부의 탄생	새로운 가족체계의 출발	a. 부부체계의 형성 b. 확대가족이나 친지들이 배우자를 수용
3. 어린 자녀를 둔 가족	가족체계 내의 새로운 구성원 수용	a. 자녀를 포함한 부부체계의 재구성 b. 부모로서의 역할수행 c. 부모 또는 조부모의 역할을 포함하는 확대가족관계 회복
4. 사춘기의 자녀를 둔 가족	자녀의 자립을 인정하는 가족경계의 확대	a. 사춘기 자녀가 가족체계 안과 밖을 자유롭게 드나드는 것을 허용하는 형태로 부모자녀관계가 변화 b. 중년의 부부문제나 직업 등의 발달과제에 대한 재인식 c. 노년세대에 대해서는 배려하는 방향으로 변화
5. 자립하는 자녀를 둔 가족	가족체계 밖에서 생활하거나 가족체계에 새롭게 참여하는 가족의 다양성	a. 부부체계의 새로운 협력 b. 성장한 자녀와 부모 간의 성인으로서 맺는 관계로 변화 c. 자녀의 배우자와 손자를 포함한 형태의 가족관계 회복 d. 부모 또는 조부모의 신체적 · 정신적 장애나 죽음에 대한 대처
6. 노년기를 보내는 가족	세대에 따른 역할변화의 수용	a. 자신 또는 부부의 기능 유지와 신체적 쇠약에 대한 관심 b. 새로운 가족관계 또는 사회적인 역할 탐색 c. 중년세대가 보다 중심적인 역할을 하도록 지지 d. 연장자의 지혜와 경험을 가족체계 속에서 살리는 기회 형성 e. 배우자, 형제, 동료의 상실에 대응, 자신의 죽음을 준비, 인생의 통합

출처: McGoldrick, Carter, & Preto (2016).

에 개인으로서의 자립을 손상시키지 않도록 확고한 경계를 만드는 것도 필요하다. 그리고 각자의 원가족과 배우자와의 관계에서는 균형을 유지하는 것도 중요하다. 원가족, 특히 부모들은 결혼하여 독립한 자녀의 독립성을 존중하며 적절한 거리를 갖도록 관계를 재구성해야 한다. 이 시기에 흔히 나타나는 갈등은 발달의 전 단계에서 해결되지 못한 문제가 자신들도 모르는 사이에 신혼생활에서 드러나는 것이다. 예를 들면, 한쪽 배우자가 지나치게 이기적으로 자신의 요구를 강요한다고 호소하는 젊은 부부가 있다. 이것은 원가족에서 상대방의 욕구에 반응하는 방법을 배우지 못했거나, 원가족과의 균형을 바람직하게 유지하지 못해 부부간의 적절한 경계를 설정할 수 없는 사람들에게서 자주 보이는 문제이다. 따라서 이 단계의 발달과제는 다음과 같다.

첫째, 결혼에 의한 새로운 부부체계가 바람직하게 형성되기 위해서는 성숙한 남녀의 결합이 중요하다. 카터와 맥골드릭의 주장처럼 가족생활주기의 첫 단계를 어떤 가족에도 소속되지 않은 젊은 성인의 단계로 보는 것은 의의가 있지만, 한국문화에서는 아직 생소한 느낌이 든다. 따라서 가족생활주기의 제1단계를 결혼으로 본다면 가족생활주기의 출발점에 서 있는 각 개인의 성숙은 보다 중요한 요소이다. 여기서는 성숙 또는 미성숙한 개인에 대해 살펴보고자 한다. 미성숙한 사람은 감정이나 정서를 스스로 통제하지 못하고 충동적 또는 공격적인 행동을 하거나 여러 가지 퇴행반응을 나타낸다. 가정생활에서도 자기중심적 또는 안이한 생활을 영위하면서 정서적인 면에서는 지나치게 자신의 부모와 연결되어 심리적으로 분리하지 못하고 있다. 이와 달리 성숙한 사람은 부모에게서 분리되었으며 유연한 태도로 여러 사람을 접하지만 개성과 주체성을 가지고 자신의 생활을 영위해 가는 사람이라고 할 수 있다. 결혼상담 전문가의 대부인 스위스의 정신과 의사 보베트(T. Bovet)는 미숙한 남편을 "어머니와의 지나친 정서적 결합이 결혼 후에도 이어지거나 더 나아가 아내를 어머니처럼 여기면서 아내와의 관계에서 주도권을 갖지 않으려는 남편"이라고 정의하였다. 한편, 미숙한 아내에 대해서는 "남편이 주도권을 가지면서 남편과 아내의 상호보완적 관계를 고려하지 못한 채, 자신은 남편보다 낮은 위치에 있다고 반발하는 아내"라고 설명하고 있다.

결혼상담에 임상경험이 풍부한 정신과 의사 마틴(P. Martin)은 부부의 성숙도를 파악하는 것으로 개인의 자립 여부, 상대방을 도울 수 있는가, 상대방의 도움을 받아들일 수 있는가, 성적 능력, 신체적 친밀감, 정서적 친밀감을 들고 있다(飯田眞, 1990에서 재인용). 이 같은 요인들은 현대사회의 부부관계에서도 여전히 중요한 요소로 언급되고 있다.

둘째, 결혼은 각자의 원가족에서 정서적으로 자립한다는 것을 전제로 성립해야 한다. 그런데 실제로는 부모에게서 자립하지 못한 채 지내다가, 결혼을 자립하는 하나의 과정으로 생각하는 경우가 많다. 이 같은 생각으로 결혼을 한다면 그들의 결혼생활은 순탄하지 못할 것이다. 예를 들면, 배우자의 선택 그 자체가 부모의 대체물이 되어 결혼 후에 원가족의 관계에서 해결되지 않은 정서적 문제가 새로운 신혼부부의 관계를 방해할 가능성이 있다. 첫 단계의 발달과제인 부부체계가 이처럼 잘 형성되지 않으면 이어지는 가족생활주기의 단계들도 영향을 받는다.

부부체계를 형성하는 동시에 다른 한편으로는 각자의 친인척과 맺는 관계를 부부단위로 새롭게 재편성해야 한다. 우리나라의 경우 폐백이나 신행은 그와 같은 과정의 첫걸음이라고 생각된다.

셋째, 결혼에 의해 하나의 가족단위로 성립하기 위해서는 기본적인 가족기능을 원만히 수행할 필요가 있다. 가족생활주기의 첫 단계에서 획득해야 할 기본적인 기능은 거주, 식생활, 취업, 가족건강의 유지와 같이 물리적인 요소이다. 이와 더불어 가족기능의 정서적·심리적인 요소 역시 중요하다. 이와 같은 가족기능은 가족체계 간의 친밀함을 갖는 것과 가족 또는 가족 이외의 환경과 어떻게 관계를 맺는가 하는 것이다. 특히 결혼을 애정관계 및 정서적 결합으로 본다면 두 남녀의 친밀한 결합이란 그 이후의 가족생활주기의 방향을 결정하는 데 커다란 영향을 미친다. 즉, 가족으로 형성된 초기단계에서 친밀감이라는 기본기능이 확립되면 그 후의 가족생활주기의 각 단계는 안정된 기능을 유지하기 쉽다. 이와 달리, 만약 제1단계에서 기본기능을 충분히 획득하지 못하면 설령 그 후의 가족생활주기의 단계에서 적응력을 발휘해 가족기능을 수행하더라도 불안전한 상태이다. 첫 단계의 기본기능을 획득하지 못한 상태이므로 그 이후 이어지는 어떤 단계에서 적응력을 상실해 기능저하를 초래할 가능성이 크다. 예를 들어, 처음부터 충분한 주거조건을 확보하고 출발한 가족과 주거문제에 대해 끊임없는 고민을 안고 시작한 가족의 생활을 비교해 볼 수 있다. 식생활에 대해서도 마찬가지이다. 어떤 아동이 '우리 엄마가 만든 음식이 최고'라고 하는 경우와 '나는 햄버거가 가장 맛있다.'고 하는 아동의 차이는 제1단계인 가족을 형성하는 단계와 연관이 있을 것이라고 추론할 수 있다. 맞벌이를 하면서 매일 외식을 하거나 부부가 함께 저녁식사를 만들어서 먹을 기회가 없었던 제1단계의 가족패턴은 자녀가 출생해도 그대로 이어질 가능성이 있기 때문이다.

제1단계에서 다음 단계로 이행하는 분기점은 부부가 부모가 되겠다는 결심과 아내의 임신을 들 수 있다. 결혼하면 당연히 자녀를 갖는다고 생각하던 과거의 통념과는 달리, 피임방법의 보급 등으로 출산을 자유롭게 통제하는 현대사회에서는 언제 자녀를 출산할 것인가의 문제는 부부간의 중요한 과제가 되었다. 때로는 여성이 적극적으로 사회활동을 하면서 부부간의 이 같은 문제를 둘러싼 심리적인 갈등은 더욱 크게 부각될 수 있다. 이러한 아내의 내적 갈등이나 부부 사이의 의견 불일치가 가족이 다음 단계로 이동할 때 문제로 대두될 수도 있다.

(2) 제2단계: 어린 자녀를 가진 가족

이 단계는 첫 자녀의 출생과 태어난 자녀가 전적으로 부모에게 의존하는 상태에서 출발한다. 그 이후 가족체계에 몇 명의 새로운 자녀가 더해지고, 첫 자녀가 어린이집 또는 학교라는 가족 이외의 사회에 참여해서 자녀들이 청소년기에 이를 때까지를 가리킨다. 따라서 이 단계는 어린 자녀를 둔 가족이라고 정의해도 좋을 것이다.

신혼부부 사이에 자녀가 태어나면 가족관계는 두 사람의 관계에서 세 사람의 관계로 변화한다. 남편에게는 아버지의 역할이, 아내에게는 어머니의 역할이 기대된다. 일상생활의 시간 배분, 소비 계획, 여가를 지내는 방법, 공간의 사용 등 모든 것이 태어난 자녀에 의해 영향을 받게 된다.

부모로서의 부부는 영유아를 돌보아야 하는 책임이 있다. 어린 자녀가 건강하게 성장할 것인가, 부모로서 어떤 과오를 범하지는 않는가 등 걱정이 끝없이 이어진다. 더불어 이때까지 경험하지 못한 육아방법을 습득하지 않으면 안 된다. 이들에게는 인내심이 필요하며, 어린 자녀의 요구를 받아 주지 않으면 안 되기 때문에 한시라도 편히 쉴 수 없다. 원가족에서 과보호를 받고 자란 부부는 자기중심적이거나 이기적인 경향을 보여서 어린 자녀 보살피기를 포기하거나 자기 뜻대로 되지 않으면 학대하는 경우도 생긴다. 그러나 이 같은 부담에도 불구하고 자녀의 출생은 부부 양쪽의 개인적 성장에 도움이 된다. 대부분의 부부에게 부모가 된다는 것은 자존감이나 자랑스러운 느낌을 갖게 하여 자아정체성의 원천이 된다.

가족체계 관점에서는 부부체계에 어린 자녀가 더해지면 새로운 경계와 역할을 만들어야 한다. 이때 부부체계와 부모체계가 함께 기능할 수 있도록 고려하는 것이 중요하다. 부모로서의 부부는 자녀의 요구에 응할 의무와 책임을 둘러싼 육아분담에 관한 기본적인 규칙을 결정해야 한다. 핵가족의 경우에는 아내의 직업 유무와 관계없이 남편이 어느 정도 육아에 참여하는 것이 바람직하다. 그것은 남편이 부성을 몸에 익히는 데 도움이 될 뿐만 아니라, 어린 자녀도 어머니 이외의 다른 성인과 사귈 수 있는 기회가 되므로 아버지와 자녀 모두의 성장에 도움이 된다.

그런데 이 시기의 과제를 잘 수행하지 못하면 다양한 어려움을 겪기도 한다. 부부 중 어느 한쪽이 자녀를 돌보는 데만 전념해 부부 대화나 친밀함, 부부관계 등이 소홀해지는 것과 관련된 불만이 종종 언급된다. 이처럼 어느 한쪽의 부부가 자신들의 부부관계를 무시할 정도로 지나치게 자녀와 친밀할 경우 위기를 초래할 수 있다. 때로는 부모의 의무에 수반된 스트레스에 압도되어 부부 한쪽 또는 모두가 침울해지고 정서적인 어려움을 겪는 경우도 있다. 특히, 아내의 경우에는 출산 후 겪는 산후우울증(maternal blue)으로 심각한 어려움을 겪기도 한다.

이 시기의 부모들은 자녀가 자립성 및 가족에 대한 소속감, 충성심의 균형을 지닐 수 있도록 도와야 한다. 자녀를 가족에게 구속하거나 반대로 배제해서는 안 된다. 또한 자녀가 부모들의 지나친 기대로 인해 중압감을 느껴서 힘들어하지 않도록 부모와 자녀 사이의 균형도 유지해야 한다.

부모와 자녀 사이의 경계나 부모자녀를 둘러싼 경계가 명료하게 변화하면 부모와 자녀의 경계는 이전보다 더욱 확고해진다. 동시에 자녀는 친구나 학교 등 가정 밖의 체계에 관계를 가진다. 체계 사이의 경계가 명료하면서도 유연하다면 자녀의 성장을 촉진할 것이다.

가정에 2명 이상의 자녀가 생기면 형제체계가 생긴다. 또한 자녀가 성장하면 가정 내에는 남성체계와 여성체계가 첨가되기도 한다. 이 같은 가족체계의 확대는 부부간의 경계, 부모체계의 경계에 변화를 초래한다. 자녀들이 부모 어느 한쪽이나 양쪽 모두와 함께 지내는 시간이 많아지면 상대적으로 부모끼리만 지내는 시간은 감소한다. 어머니가 자녀와의 관계를 지나치게 중시해 부부관계가 소원해지는 경우가 종종 있다. 부모세대와 자녀세대 간의 경계를 유지하는 것도 필요하지만 부부간의 의무와 부모로서의 의무의 균형을 유지하는 것도 중요하다.

전업주부는 막내가 초등학교에 입학하면 불안, 우울, 고독 등을 호소하는 경우가 많다. 부모역할을 상실했다는 느낌이 그러한 반응을 초래한다고 생각되는데, 가족체계가 건강하지 못한 징표일 수 있다. 같은 맥락에서 가족체계의 병리를 자녀가 문제행동으로 드러내는 경우도 있다. 어린이집이나 학교 가기를 두려워하면서 등원 또는 등교거부를 하는 자녀가 전형적인 예이다. 자녀가 글자 그대로 어린이집이나 학교를 두려워하면서 가지 않는 것이다. 이러한 행동의 배경에는 자녀의 부모에 대한 책임이나 충성심이 관여된 경우도 많다. 자녀의 불안과 부모의 불안이 서로 미묘하게 어우러져 자녀의 사회 참여를 방해하여 그들은 가정 안에 머물게 된다. 어떤 자녀는 퇴행하여 야뇨증이나 천식과 같은 신체화 증상으로 나타나기도 한다.

이 단계의 특징적 발달과제는 다음과 같다.

첫째, 가족은 자녀의 출생을 계기로 실질적인 가족단위를 형성하는 것이다. 부부만의 단계와는 달리 자녀를 포함한 가족은 하나의 집단 내지 체계로서의 위치를 확고히 하는 셈이다.

둘째, 자녀들을 위한 심리적·물리적 공간을 만들 때 부부체계의 적응이 많은 영향을 준다. 발달적 상호작용이라는 점에서 태어난 자녀의 성장, 그것에 대한 아버지와 어머니의 대응, 부모관계가 어우러져 다양한 변화를 초래한다. 예를 들면, 부부로서 원만한 상호작용을 하는 것은 부모로서 바람직한 상호작용으로 이어져 자녀와 부모 사이에 건전한 세대 경계를 형성할 뿐 아니라 성역할을 명확히 하도록 촉진한다. 때로는 부부로서 바람직한 친밀함과 결합관계를 가진 남편과 아내가 자녀의 출현에 대해 어떻게 유연한 적응력을 발휘하는가가 중요하다. 어떤 경우는 부부 사이에는 원만한 정서적인 관계가 성립되어 안정되었던 두 사람이 자녀의 출현으로 인해 갈등적인 관계에 빠지는 경우도 있다. 이와 달리 서로에게 불안과 불만이 있던 부부에게 자녀가 출생하면서 두 사람의 중개자 역할을 하여 표면적인 안정을 시도하는 삼각관계를 형성하기도 한다.

셋째, 남편과 아내가 부모가 되는 것 또는 부모로서의 역할에 적응하는 것이다. 현대사회에는 아버지와 어머니의 역할에 적응하지 못한 부모가 자녀를 양육하는 문제가 있고, 심한 경우 자녀학대를 초래하는 심각한 문제가 생기기도 한다. 상담자들은 이 같은 문제에 대해 부모교육과 같은 예방적 개입에 관심을 가져야 한다.

넷째, 부모 또는 조부모의 역할을 포함한 확대가족과 관계를 회복하는 것이다. 어느 가족에도 소속되지 않은 어른 단계에서는 자신들의 원가족에서 분리되어 자립하게 된다. 이렇게 자립한 남편과 아내가 결혼을 통해 확대가족과의 관계를 회복하기는 하지만, 이 단계에서는 부부가 하나의 단위로서 결합하는 구심력이 보다 강하다. 그러나 자녀가 태어나 그들을 양육해 가는 과정은 각각의 부모에게는 손자의 탄생이며, 조부모와 손자관계를 포함한 새로운 확대가족관계의 시작인 셈이다. 또한 이 같은 부모와 조부모의 역할이 늘어나는 확대가족의 관계 발전은 자녀양육과 성장에도 중요한 부분을 차지한다.

다섯째, 첫 자녀 또는 다른 자녀들이 어린이집, 학교 등으로 진학하는 데 따른 사회화의 발달이다. 이러한 발달과 함께 가족은 지역 또는 학교와의 교류가 시작된다. 자녀가 학교에 입학하면서 교우관계를 형성하고 부모에게서 자립하는 과제가 요구된다. 그리고 부모와 자녀 모두에게 보다 사회화된 이상적인 역할을 하도록 기대한다. 어떤 의미에서는 이 단계가 가족이 가족답게 전개되는 시기라고 할 수 있다.

여섯째, 부모는 균형 있는 자녀양육태도를 확립하는 것이 필요하다. 이 시기에는 모성적 양육박탈이나 아동학대, 또는 그 반대인 밀착된 부모자녀관계라는 양 극단의 양육태도의 연속선상에서 중용을 찾는 것이 필요하다. 어떤 가족은 여가활용에서 식사, 가정경제의 배분, 주거 등 모든 면을 자녀 위주로 생활하는 가족도 있다. 때로는 자녀의 건강에 지나친 관심을 가져 심리적인 어려움을 유발하거나 여러 가지 가족 내의 갈등을 해소하는 수단으로 자녀를 이용하기도 한다. 어떤 형태이건 자녀 중심으로 가정생활을 영위한다면 오히려 자녀를 희생시킬 위험성도 있다.

(3) 제3단계: 청소년기의 자녀를 가진 가족

자녀들이 청소년기에 접어들면 아이들이 부모를 떠나기 시작한다. 자녀가 청소년기에 접어들면서 생기는 가족변화와 발달과제를 살펴보면 다음과 같다.

청소년기의 발달은 신체뿐만 아니라 심리적인 변화를 특징으로 들 수 있다. 자녀는 신체의 성숙에 적응해 가면서 부모에게서 자립하게 된다. 십대의 자녀는 아동기에 형성한 자기상의 일부를 확립해 가면서 새로운 자아정체성을 확립해야 한다. 이 시기는 부모와 자녀 관계에서 자립과 의존의 갈등이 표면화되는데, 이들의 관계는 자녀의 성장에 적합한 형태로 변화하는 것이 바람직하다. 그러므로 이 단계의 가족을 둘러싼 중심과제는 부모자녀관계의 재정립에 있다. 즉, 자립, 책임, 통제라는 제각기 다른 세 면이 기본적인 신뢰관계를 파괴하지 않으면서 통합되는 것이 중요하다.

가족체계에서 볼 때, 이 단계에서 보이는 커다란 변화는 부모와 자녀의 경계가 모든 면에서 명료해진다는 것이다. 자녀의 가족체계에 대한 관여 정도는 친구들에 대한 참여 정도와 비슷할 정도로 감소된다. 이 같은 변화는 부모자녀 사이의 신뢰관계가 명확하게 형성된 가정이더라도 긴장을 동반한다. 자녀는 가정 외의 활동에 대해서는 부모에게 거의 언급하지 않기 때문에 자녀에 대한 부모의 신뢰가 동요하기 시작한다. 특히 부모가 아동기처럼 자녀가 자신들에게 순종하기를 기대할 경우에는 자녀에 대한 부모의 불신감은 더욱 증폭된다. 한편, 자신들의 의견을 무시하는 부모의 완고한 태도에 직면하면 자녀들은 자신의 연령에 부응하는 자립성과 자유를 인정하지 않는다고 생각해 부모에 대한 불신감이 더욱 커진다. 그러나 자녀들이 보이는 이 같은 강한 자립요구 이면에는 부모에게 의존하고 싶은 욕구도 있기 때문에 부모와 자녀 간의 신뢰문제는 점점 더 뒤엉키게 된다. 부모는 아동기에 자녀와 나누었던 즐거운 교류의 경험이 더 이상 지속될 수 없다는 상실감을 느끼는 시기이기도 하다.

이 단계의 가족들이 주로 호소하는 가족문제는 자녀의 반항과 관련된 것이다. 자녀는 부모가 잔소리가 많고 어린아이처럼 취급한다며 불평하고, 부모는 자녀가 자신을 무시하고 신뢰하지 않는다고 호소한다. 자녀들의 이러한 불안정한 행동은 부모에게서 자립하고 싶은 욕구와 어린아이로 남고 싶은 소망이나 부모에게서 좋은 아이로 인정받고 싶은 기분의 갈등에서 비롯된 것이다. 이러한 어려움을 가진 자녀를 둔 가족은 다음 단계로 도약하지 못한 채, 가족 내의 누군가가 지나치게 빨리 움직여서 상처받지 않도록 변화에 대해 서로 감시한다. 자녀의 문제행동은 가족이 지금까지 영위해 온 생활의 변화를 의미하기 때문이다. 반항적인 자녀와는 정반대로 자립을 요구하지 않는 자녀도 문제인 경우가 많다. 그들은 같은 연령의 또래와 관계를 갖지 못한 채 자신 안에만 안주하기 때문에 친구들에게서 소외당한다고 느낀다. 학교 가기를 거부하거나 그 같은 극단적인 행동은 하지 않더라도 학교생활에 적응하지 못하는 특징이 있다. 학교에 가지 않으려는 자녀의 부모는 아이의 복통이나 두통 등 애매한 호소를 인정하면서 암암리에 자녀의 등교거부를 묵인하는 경우도 있다. 이것은 때로는 자녀의 문제가 현재의 가족체계를 유지하는 데 도움이 되기 때문이다.

십대의 자녀 중에는 외모, 신장, 체중 등에 지나치게 신경을 써서 사회생활을 회피하는 경우도 있다. 폭식이나 거식과 같은 식이장애의 문제를 가진 청소년의 사례에는 앞에서 언급한 가족관계나 구조가 유사하여 부모와 자녀 모두 의존과 자립의 갈등이 있다. 그러나 자녀들은 자신들이 어려움을 가졌다는 문제의식이 전혀 없어서 스스로 상담기관에 도움을 청하는 경우는 많지 않다. 가정에서 이들의 신체적인 폭력이나 언어에 의한 공격이 심해지면 다른 가족이 그것을 견디지 못하고 상담기관을 찾는 경우가 대부분이다.

이 시기에는 자녀가 가족경계의 밖에 자유롭게 드나드는 것에 의해 가족경계의 확대가 이루어진다는 점을 받아들이는 것이 중요하다. 이 단계의 가족 발달과제는 다음과 같다.

첫째, 부모자녀관계에서도 자녀들이 가족체계를 자유롭게 드나들도록 허용하는 것이 필요하다. 결혼생활 이후 10여 년 이상을 안정된 가족경계로 유지해 온 가족에게 갑자기 경계를 확대해 유연성을 높이도록 요구하는 것은 어려운 일이다. 청소년기의 자녀는 자유롭게 가족 밖으로 나가 같은 또래와 친밀한 관계를 가진다. 때로는 그들 중 부모의 대리역할을 기대하면서 부모에게서 벗어나려고 시도한다. 그리고 이 시기에 이성과의 정서적 친밀감을 경험하는 것도 중요하다. 그러나 이 단계의 부모자녀관계는 가족체계 밖에 머물던 청소년이 필요에 따라 가정으로 돌아올 때 보호와 피난 장소가 될 수 있는 안정된 심리적 대상으로 계속 남지 않으면 안 된다. 특히 부모들은 의식적으로는 부모에게 반항하거나 거부하는 청소년기의 자녀에게 가족 또는 가정이라는 중간적인 영역이 중요한 정신적 피난처가 된다는 사실을 이해해야 한다. 가정에서 자신만의 공간처럼 영유아기부터 이어지는 연속성을 가진 심리적 또는 물리적인 구조는 그들의 정신적 안정과 연속성을 지지하는 역할을 한다. 청소년기의 자녀는 때로 가족 밖의 여러 가지 새로운 생각, 정보, 패션을 가족 안으로 들여오고, 물리적으로 친구를 집에 데려오기도 한다. 가족이 청소년의 이와 같은 행동에 얼마나 유연하게 대응하는가는 이 시기의 중요한 발달과제이다.

　둘째, 청소년기 자녀의 다양한 행동과 병행해 중년기를 맞이한 부모가 청소년기의 자녀로 인한 가족경계의 확대에 어떻게 적응하느냐의 문제이다. 우선 부모들은 자녀들을 위한 물리적 또는 심리적 공간을 제공하면서 가족 내에 자녀가 없다는 사실에 인내해야 한다. 때로는 청소년기의 자녀가 가지고 온 이질적이지만 새로운 생각을 존중하는 것도 필요하다. 그러나 이것은 부모세대가 지금까지 이상적이라고 믿어 온 생각을 넘어선 어떤 사물이나 사고를 이해하며 수용해야 하는 것으로 쉽지 않은 과제이다. 무엇보다 부모들은 자녀들의 반항에 현명하게 대처하고 자녀가 독립해 가는 것에 대한 불안을 견디지 않으면 안 된다.

　더욱이 청소년기 자녀의 발달에 관한 문제와 부모 자신의 중년기 문제가 서로 맞물려 있는 경우가 있다. 즉, 자녀양육 등으로 은폐되었던 부부관계의 갈등이 표면화되거나 아버지의 사회적 또는 직업적 문제, 어머니가 새로운 형태로 사회참여를 하는 것 등이 중요한 과제가 될 수 있다. 때로는 부모가 자신의 청소년기를 회상하면서 자신의 부모와 분리되는 과정을 돌이켜 봄으로써 부모 자신의 청소년기 과정을 검토하는 계기가 되기도 한다.

셋째, 조부모와 관련된 여러 가지 문제와 직면하게 된다. 조부모가 연로하여 동거하는 문제나 병든 조부모를 돌보는 데 따른 여러 가지 스트레스가 가족에게 부각될 가능성이 높다. 그러나 한편으로는 조부모와 동거하거나 교류가 친밀해지면서 부모세대에 여러 가지 변화가 일어나며, 그 같은 내면 변화가 부모의 인간적 성숙을 돕는 바람직한 방향으로 전개되기도 한다. 또한 조부모와 손자 세대의 상호작용이라는 새로운 체계의 발전을 초래한다.

(4) 제4단계: 자립하는 자녀를 둔 가족

이 단계는 자녀가 청년기를 맞이하면서 가정에 소속되지 않은 어른의 단계에 진입하면서 심리적 또는 물리적으로 가족에게서 벗어나 바깥 세계에서 자기를 찾는다. 이 경우 자녀의 수나 터울에 따라 가족상황은 다양하게 전개된다. 첫 자녀 또는 그 이후의 자녀들이 결혼해 계속 가족에게서 독립하는 경우는 물론, 자녀들이 어떤 가정형태에도 소속되지 않은 어른의 단계에 들어서는 경우도 있다. 그러나 자녀 수가 많은 가족의 경우에는 막내가 자신의 정서적 결합을 가족 외의 사람들에게서 추구하는 청소년기에 접어들면서 이러한 움직임이 시작된다.

이 시기는 첫 자녀가 독립하여 사회적으로 자립할 때부터 막내 자녀가 독립하는 시기까지를 지칭한다. 이 단계의 가족에게는 부모자녀라는 기본관계를 단절하지 않은 채 부모와 자녀가 분리되는 것이 중요하다. 이때 가족은 분리에 동반되는 상실감을 인내해야 한다. 그리고 서로가 물리적으로 떨어져 생활함으로써 지속적으로 좋은 관계를 유지하면서 각자의 생활이나 일을 충분히 자립적으로 수행할 수 있는 능력을 갖추어야 한다. 부모는 일상생활에 중심이 되었던 자녀가 떠나면서 정도의 차이는 있지만 슬픔을 경험하는데, 이러한 상태를 빈 둥지 증후군(empty nest syndrome)이라고 부른다. 가족관계가 큰 장애나 문제에 직면하지 않고 순조롭게 발달하려면 부모와 자녀 모두 자녀의 자립에 대해 충분한 준비를 해야 한다.

지금까지 영위해 온 가정생활에서 부부관계보다 부모로서의 역할이 중요시된 경우, 자녀가 떠난 가정에서 새로운 생활의 목적을 찾는 일은 결코 쉬운 일이 아니다. 따라서 때로는 자립한 자녀에게 이전의 자녀 역할을 계속하라는 무리한 요구를 하여, 이것이 세대 간의 갈등으로 이어지기도 한다. 한편, 집을 떠나 자립하는 젊은이는 혼자서 생활하거나 배우자와 함께하는 생활 속에서 지금까지 경험하지 못한 일을 직면하며 당황할 수도 있다. 사회나 배우자가 실패에 대해 자신의 부모들처럼 너그럽지 못하기 때문에 고독을 느끼거나 이전 생활을 그리워할 수도 있다. 때로는 이러한 스트레스를 견디지 못하고 원가족의 부모에게 되돌아가 버리는 경우도 있다.

이 단계는 부모와 자녀의 경계가 물리적으로 명확해지는 시기이지만, 심리적인 끈이 끊어지는 것은 아니라는 점을 명심해야 한다. 자녀가 결혼하여 새로운 가족을 만들면 가족체계는 변화가 일어난다. 기존의 가족체계에 혼인관계로 인해 생겨난 다른 배우자의 가족이 더해지는 것이다.

이 단계의 발달과제는 다음과 같다.

첫째, 2인 1조인 부모의 부부체계를 보다 긴밀한 협력관계로 재구성하는 것이다. 즉, 부모세대가 다시 한번 부부로서 결합해 친밀한 인생을 보내는 것이다. 그러나 이 시기는 이들의 신혼시절과 달리 가족경계가 보다 확대된 상태이다. 다시 말하면, 한편에는 연로한 조부모가 있으며, 다른 한편에는 독립한 자녀와 그 자녀의 새로운 배우자와 그들의 자녀, 즉 손자세대까지 포함된다. 그러므로 이 단계의 부부는 확대된 가족체계 속에서 풍부한 정신생활을 유지할 수 있다. 그러나 때로는 이와는 대조적으로 부부만의 공허한 생활을 하는 대조적인 가족 모습도 가능하다.

둘째, 성장한 자녀들과 그 부모가 어떻게 서로를 성인으로 인정하면서 보다 안정된 가족관계로 이어 가느냐의 문제이다. 이성적으로는 이 단계에서 부모들은 자신의 일, 대인관계, 여가활용 등에 대해 보다 자기중심적인 생활이 가능하며, 자녀도 자신의 사회적 활동에 충실할 수 있는 단계이다. 따라서 바람직한 가족관계를 영위해 가는 방법을 확보하는 것이 중요한 발달과제이다.

셋째, 부모세대가 자녀의 배우자나 손자와 어떻게 관계를 맺는가를 포함한 새로운 확대가족과 관계형성의 문제이다. 구체적으로 고부관계, 사위와 장모관계, 그리고 조부모와 손자 관계를 보다 건전하게 발전시키려는 노력이 필요하다.

넷째, 부모의 노화와 동반된 신체장애나 사별에 어떻게 대처하느냐의 문제이다. 특히 자신의 부모가 사망함으로써 겪게 되는 상실감정의 처리는 이 시기의 중요한 과제이다. 때로는 이러한 문제를 전후해 유산상속 등의 어린 시절 잠재되었던 형제간의 갈등이 재현되는 퇴행현상이 일어나기도 한다. 그리고 중년기의 우울증을 비롯해 각종 정신의학적 문제가 노출될 가능성도 잠재되어 있다.

(5) 제5단계: 노년기의 가족

결혼으로 출발한 가족생활주기가 부부의 노년을 맞이함으로써, 가족발달의 마지막 단계로 접어든다. 이 시기에는 모든 가족이 다양한 상실을 경험한다. 나이가 들면서 부모세대는 노화현상이 나타나며, 의사소통이나 운동능력을 상실하게 되고 경제적인 능력도 저하된다. 때로는 배우자, 형제, 친구 등 가까운 사람의 죽음에 직면한다. 자녀 역시 언젠가는 부모의 죽음을 받아들이지 않으면 안 된다. 따라서 이 단계의 과제는 지금까지 쌓은 신뢰관계를 손상하지 않으면서 어떻게 이 같은 상실경험을 수용하느냐의 문제이다.

가족구조에서 자신의 자녀들과 동거하는 경우, 별거하지만 좋은 관계를 가지는 경우, 전혀 교류가 없거나 자녀가 없는 경우 등 여러 가지 형태가 있을 수 있다. 어떤 경우라도 경계와 역할은 반드시 변화를 요구한다. 일반적으로 이 시기의 부모자녀관계에서도 기존의 돌보는 사람과 돌봄을 당하는 사람의 역할이 바뀌게 된다는 점을 염두에 두어야 한다.

이 시기의 발달과제는 다음과 같다.

첫째, 부부의 기능을 유지하는 것과 사회적 또는 육체적인 약화에 대응하는 것이다. 대표적인 예가 은퇴이다. 은퇴는 사회적으로 의미 있는 역할이나 지금까지의 사회적 인간관계를 상실하는 경험을 하게 한다. 배우자와 함께하는 경우라면 그들은 지금까지의 패턴에서 벗어나 새로운 일상생활 형태가 필요하기 때문에 부부관계 재적응이 중요한 과제가 될 것이다. 한편, 이 단계에서 배우자가 생존해 있는지의 여부는 중요하다. 배우자를 상실한 노년기는 나머지 인생을 오랜 세월을 함께한 반려자와 함께하지 못하는 데서 오는 고독, 상실감 때문에 정신적인 어려움을 겪는 경우도 있다. 따라서 배우자를 상실한 노년의 경우에는 자녀 부부와 갖는 관계가 더욱 중요하다.

둘째, 부부세대가 중년에 접어든 자녀에게 가정 내의 중심적인 역할을 이양하는 것이다. 가족 내의 각종 권한이나 지도력을 원만하게 이행하도록 노력하는 것은 이 시기의 중요한 문제이다. 노년기를 맞이한 부모세대는 자녀세대에게 의존하면서 그들이 보다 중심적인 역할을 수행하도록 도와주는 것이 바람직하다.

셋째, 부모가 연장자로서의 지혜와 경험을 가족체계 속에서 적절히 살릴 수 있는 기회를 갖는 것이다. 대표적인 예가 손자에 대한 바람직한 조부모의 역할에 순응하는 것이다. 대부분의 조부모는 손자와의 교류를 통해 자신의 어린 시절을 회상하는데, 이것은 그들에게 커다란 즐거움을 줄 수 있다. 또한 손자와의 관계는 부모자녀관계와는 달리 긴장이나 갈등이 없으므로 양면적인 감정을 초월한 애정관계를 맺을 수 있는 이점이 있다.

2) 새로운 동향의 가족

　카터와 맥골드릭은 앞에서 언급한 가족생활주기의 기본적인 단계구별에 덧붙여 생활주기이론에 현대사회의 새로운 동향을 포함한 현대적 과제를 포함하였다. 어떤 가족에도 속하지 않은 어른의 단계는 이미 설명하였다. 그들은 이혼에 동반된 가족생활주기의 혼란과 그 전후에 일어나는 가족과정이나 재혼에 의한 새로운 가족형성의 문제를 예외적인 현상이 아니라, 기본적인 가족과정으로 보아야 한다고 주장하였다. 1980년대에 이 같은 주장은 이혼율이 50%가 넘는 미국 사회의 현황을 가족생활주기 이론에 반영한 것인데, 이혼율이 급격히 증가하여 2020년 24.4%(통계청, 2021)에 이르는 우리나라의 경우도 이제는 이 같은 새로운 가족형태에 관심을 가져야 할 것이다.

　부부의 별거, 이혼, 한부모 가족, 재혼 가족이라는 여러 가지 가족구조가 기존의 핵가족 모델에 합해져 증가되므로 가족구조의 다양화에 동반된 가족생활주기의 새로운 접근방법이 현 상담분야의 중요한 과제이다. 여기서는 이혼과 재혼의 가족과정에 관한 도식을 소개함으로써 이혼 및 재혼에 동반한 가족생활주기의 분열과 재형성 과정을 살펴보려 한다(McGoldrick et al., 2016에서 재인용).

　이들 가족체계는 이혼과 재혼으로 인해 분열되고 확대되어 뒤엉킨 가족관계를 형성하는 것이 일반적이다. 〈표 2-2〉와 〈표 2-3〉에 나타난 정서과정과 과제는 이러한 복잡한 가족체계 속에서 각각의 가족이 어떻게 움직일 가능성이 있는가를 제시하고 있다. 즉, 이것은 가족체계의 분열과 재구성에 동반해 나타나는 필연적인 정서과정과 그때 달성해야만 하는 과제를 제시하고 있다.

표 2-2 이혼 전, 이혼, 이혼 후에 이르는 가족과정

단계	요구되는 정서적 태도	직면하는 발달적 문제
이혼과정		
1. 이혼의 결의	부부관계의 긴장을 해결할 수 없으므로 부부관계를 지속하기 어렵다는 현실을 수용	결혼에 실패한 자신을 수용
2. 현재의 가족체계 해체를 계획	가족체계 중 유효한 대처능력에 대한 활용방안을 검토	a. 자녀의 보호, 방문, 경제문제 등에 대해 협의 b. 이혼을 둘러싼 확대가족과의 관계 수습
3. 별거	a. 부모로서 협력적인 관계를 지속하려는 노력 b. 배우자에 대한 양가감정을 해소하려는 노력	a. 함께한 가족을 상실하는 데 따르는 양가적 감정 b. 부부 또는 부모자녀의 재구성 c. 확대가족과의 관계 재조정
4. 이혼	이혼으로 인한 분노, 죄책감, 미움 등의 정서적 문제 극복	a. 생활을 함께한 가족을 상실하는 것에 대한 양가적 감정 b. 결혼에 걸었던 희망이나 꿈, 기대를 상실한 아픔의 회복 c. 확대가족과의 접촉 유지
이혼 후 가족		
양육권을 가진 부모	a. 재정적 책임을 유지하고, 이전 배우자와 부모로서 접촉을 유지 b. 이전 배우자와 자녀의 접촉을 수용	a. 이전 배우자와 그 가족들과의 왕래를 준비 b. 자신의 재정적 자원을 재구축 c. 자신의 사회관계를 재구축
비양육권을 가진 부모	이전 배우자와 부모로서의 접촉을 지속하며, 자녀들과 양육권을 가진 부모와 자녀의 관계를 지지	a. 자녀들과 효과적인 부모역할 관계를 지속하는 방법을 모색 b. 이전 배우자와 자녀들에 대한 재정적 책임을 유지 c. 자신의 사회관계를 재구축

출처: McGoldrick, Carter, & Preto (2016).

표 2-3 재혼에 의한 가족형성과 그 발달과정

단계	요구되는 정서적 태도	직면하는 발달적 문제
1. 새로운 애정관계에 돌입	최초의 결혼에 대한 상실감 회복	결혼생활의 재적응과 새로운 가족형성, 복잡함과 애매함에 대응하는 자세
2. 새로운 결혼과 가족에 대한 설계	재혼이나 새로운 배우자나 자녀, 본인의 불안에 적응할 세 가지: a. 여러 가지 새로운 역할 b. 공간, 시간, 가족이 되는 것 등을 둘러싼 질서, 경계를 확립하는 것 c. 죄책감, 갈등, 서로의 요구, 충성심, 과거의 미해결된 고통 등에 관한 정서적 문제	a. 새로운 애정관계에 대한 진지한 관여 b. 이전 배우자와 협력관계를 유지하기 위한 방법을 모색 c. 두 가족체계 사이에서 두려움이나 충성심을 중심으로 한 갈등에 휘말릴 자녀에 대한 원조 d. 새로운 배우자와 자녀를 포함한 확대가족과의 관계에 의해서 이전의 가족에서 상실된 것을 회복하려는 노력 e. 이전 배우자의 확대가족과 자녀의 관계를 유지하기 위한 방법의 모색
3. 재혼과 가족의 재구성	a. 이전 배우자에 대한 애착 해소 b. 경계가 확립되지 않은 투과성을 가진 가족이라는 지금까지와는 다른 가족 모델의 수용	a. 새로운 배우자, 계부모를 포함할 수 있는 가족경계의 재형성 b. 가족체계의 혼란을 허용하는 새로운 하위체계를 가진 가족관계 회복 c. 생물학적 부모, 현재 부모, 조부모와 다른 확대가족과 자녀들의 관계가 가능한 공간의 설정 d. 계부모와 자녀로 구성된 재결합 가족의 통합을 촉진하기 위한 기억이나 역사의 공유

출처: McGoldrick, Carter, & Preto (2016).

한부모 가족의 가족구조 형태에서는 한쪽 부모가 아버지와 어머니의 역할을 모두 수행해야 한다는 점과 부모의 피로와 고독감, 자녀가 본의 아니게 자기의 성숙 수준 이상의 역할을 수행해야 한다는 역기능의 위험을 안고 있다. 이처럼 자녀들이 포함될 때, 가족체계 내의 별거, 이혼, 재혼은 필연적으로 혼란을 유발한다.

(1) 이혼가족의 가족 특성

감정적으로 균열된 부모와 함께 생활하는 것보다 한부모라도 평온한 상태에서 생활하는 것이 자녀에게 바람직하다는 생각에서 이혼을 선택하는 부모가 늘고 있다. 이혼은 순탄한 삶을 위협하는 것은 사실이지만 당사자들은 후회나 실망을 하기보다는 자신과 자녀를 위해 보다 행복한 미래를 설계하는 데 눈을 돌리는 것이 건설적이다. 이혼의 문제를 다룰 때는 옳고 그름을 따지는 것보다 파괴적인 이혼은 회피하면서 이혼이 단순한 가정파탄이 아니라 성장의 첫걸음이 되도록 돕는 것이 바람직하다. 그렇게 할 수 있다면 대처능력이 향상되어 오히려 그 이후 살아가는 데 원동력으로 삼을 수 있는 긍정적인 부분을 이끌어 낼 수 있다. 반대로 이러한 긍정적인 자원을 찾는 것에 실패하면 부모는 심리적으로 위축되며 이로 인해 자녀는 혼란하면서 문제행동을 드러내며 이에 좌절한 부모는 부모로서 역할을 충분히 수행하지 못하는 악순환이 이어져서 가정에 여러 가지 어려움을 유발하기도 한다.

그러나 이혼을 둘러싼 상담은 자칫 서로 다른 첨예한 주장에 의해 흑백을 가리는 대립의 과정이 될 위험성도 높다. 이혼은 부부관계의 해소를 다루는 동시에 자녀를 어떻게 대처할 것인가에 대해서도 다뤄야 한다. 부모의 이혼은 자녀들에게는 심리적 어려움을 초래하지만, 이혼과정에서 드러나는 자녀의 정서적인 문제는 거의 고려하지 못하고 있는 실정이다. 상담자는 이혼이 자녀에게 줄 충격을 고려할 때 이혼에 대한 부모의 반응, 이혼까지의 에피소드, 그 이후의 결과라는 전체 맥락 속에서 살펴보는 것이 바람직하다(김유숙 외, 2010). 이혼과정은 이혼을 결심한 어른들에게는 이혼에 수반되는 개인적 고민을 제외하더라도 대부분의 부모가 자신이 아버지와 어머니의 역할을 모두 수행해야 한다는 자녀양육에 대한 부담감 때문에 힘든 시간이다. 그러나 긴장된 가정환경에 있는 자녀도 본의 아니게 자신의 성숙 수준을 넘어선 역할

을 해야 하므로 심한 정서적 스트레스를 경험한다. 따라서 상담자는 이혼과
정에 개입할 때는 당면한 이혼문제가 사회적 규범에 비추어 정당한지 여부를
판단하기보다는 가족의 심리상태와 상호작용을 고려하여 그 이혼이 개인의
심리적 성장이나 가족의 행복에 어떻게 영향을 미칠지를 판단해야 한다. 이
것은 이혼을 해야 하는지 말아야 하는지의 현실적인 고민과는 별개의 문제로
이혼을 고려하는 사람들의 심리적 문제로 연결시킬 수 있어야 한다. 즉, 배우
자와의 관계에서 조화를 이루지 못한 채 이혼을 고려하면서 자신의 근본적인
심리적 문제에 직면하고 그것을 해결하는 계기가 되도록 도와야 한다.

　자신의 부모들의 이혼에 대해 자녀들이 어떻게 반응하는가는 자녀의 연령
과 성숙 정도에 따라 다르다. 일반적으로 이혼하기 전 부부싸움 등 부모의 불
화로 인해 긴장된 가정 분위기가 이어진다면 자녀들은 자신의 가족에게 굉장
한 일이 일어날지 모른다는 공포감을 가질 것이다. 그런데 갑자기 어느 한쪽
부모가 집을 나가는 별거를 경험하면 자녀들은 심한 정신적인 동요를 겪는
다. 그리고 이들은 정서적인 어려움을 극복하기 위해서 연령에 따라 다른 행
동을 한다. 즉, 유아기나 초등학교 저학년의 자녀는 이제부터 살아가는 데 필
요한 것을 스스로 해결해야 한다는 막연한 공포감을 가지게 된다. 때로는 남
아 있는 다른 부모에게 버림받을지도 모른다는 두려움 때문에 나이에 걸맞지
않게 어른스러운 행동을 하기도 한다. 집이나 옷, 음식을 걱정하는 것은 현실
감에서 벗어난 것이 아니라, 애정과 안정을 추구하는 기분을 아동 나름대로
표현하는 것이다. 이와는 달리 사춘기의 자녀들은 슬픔, 분노, 죄의식 등의
정서적 혼란으로 인해 도벽 등의 문제행동을 드러내기도 한다. 특히, 부모가
이혼한 경우에는 사별과 달리 가족 모두가 상실감을 공유할 수 없으므로 자
녀들이 자신의 슬픈 감정을 자유롭게 표현할 수 없다는 어려움이 있다. 그렇
기 때문에 자녀들은 종종 슬픔, 분노의 감정을 행동으로 표현하기도 한다. 유
아의 경우에는 수면장애, 식욕부진, 성장지체로 나타날 수 있으며, 초등학생
의 경우에는 두통이나 복통 등을 호소하거나 성적이 떨어지기도 한다. 십대

의 자녀들은 정서적인 불안, 퇴행이나 비행으로 이어질 수 있다. 따라서 이혼을 결심한 부모들은 자녀의 발달단계에 따라 무엇을 말할 것인지를 부부 사이에서 결정하는 것이 바람직하다. 또한 이혼이 자녀의 탓이 아니라는 점을 밝힐 필요가 있는데, 이것은 자녀들에게 반복적으로 설명되어야 한다. 그리고 진행되는 과정에 대해 자녀의 수준에 맞게 그들에게 솔직하게 알리는 것이 무엇보다 중요하다.

이혼이 가져오는 어려움은 자녀뿐만 아니라 이혼을 선택한 부모들도 경험하는 문제이다. 이혼 후 1년간은 사회적인 고립, 자존감의 상실, 우울, 무력감이 강하며 자녀양육에서도 양쪽 부모의 역할을 떠맡아야 하므로 부모와 자녀 모두가 심각한 정서적 스트레스를 경험한다. 이혼은 전형적인 가족생활주기의 흐름을 방해하므로, 그 주기를 회복하는 데까지는 최소한 2년 이상이 걸린다. 별거나 이혼 과정에서 각 배우자는 양육권 문제, 아이들의 방문, 경제적인 문제 등 부모들이 해야 할 부분에 대해 타협할 필요가 있다. 이혼 후 가족은 사회관계를 재구축하고 부모자녀관계를 다시 형성해야 하는 어려운 과제에 직면하게 된다.

일반적으로 이혼가정의 부모들은 이혼 후 자녀가 보이는 문제행동을 완화시키기 위해 아동을 대상으로 한 개인상담을 하는데 이 같은 상담과정에 부모가 함께 참여하는 것이 중요하다. 가족은 한 조각이 흔들리면 모든 조각이 흔들리는 모빌과 같아서 이혼의 당사자인 부부만의 문제가 아니라, 자녀에게 직접적인 영향을 주기 때문에 가족 전체의 문제로 이혼을 다루는 것이 필요하다.

(2) 재혼가족의 가족 특성

이혼의 증가와 함께 재혼가정의 비율이 늘어나며 이들의 재혼형태도 달라지고 있다. 요즘은 부부가 이전 가족에서 출생한 자신의 자녀들을 포함해 가족을 형성하는 혼합가정(blended family)이 늘고 있다. 이들 가정은 생물학적 부모가 따로 있다. 또한 현재의 가족구조보다 선행하는, 적어도 한 명 이상의 가족관계가 존재하기 때문에 하나 이상의 가족이 있는 자녀가 존재한다는 특징을 가지고 있다.

　　재혼가정으로 가족생활을 영위하는 데는 여러 가지 어려움이 있으나, 재혼가족을 구성할 때는 기대감을 가지고 시작한다. 이전 결혼에서 불쾌한 기억을 가지고 있거나 전 배우자와의 마찰 등을 경험한 사람은 이번 가정생활에 대해서는 다른 경험을 꿈꾼다. 또한 이전 결혼생활에 대한 좋은 경험을 가진 사람은 이번에 새롭게 구성되는 가족들에 대해서 이전 가족과 유사한 행동을 기대한다. 기대가 어떤 쪽이건 간에 대부분의 현실은 다르다. 그러므로 대부분의 사람들은 새로운 가족을 구성하면서 자신들을 재정립하려는 결혼생활을 통해 스트레스를 경험한다. 골드 등(Gold, Bubenzer, & West, 1993)은 이전 배우자와의 관계가 재혼배우자와의 친밀감을 예측하는 중요한 변수라고 언급했다. 또한 부모에게 최선을 다하고 더 좋은 관계를 유지하고 싶어 하는 아이들에게도 재혼을 통한 가정생활은 충격이다. 이들은 새롭게 형성하는 부모자녀관계에 대해 많은 어려움을 겪는다. 재혼가정의 자녀들이 겪는 어려움 중 가장 큰 문제는 충성심의 문제이다. 이들은 원가족에 대한 충성심을 그대로 유지하기 때문에, 새롭게 맺어진 계부모와 새로운 관계를 만들려고 할 때, 자신들이 가진 충성심에 상처를 준다고 생각하기 쉽다. 따라서 자녀들은 새롭게 형성된 가족에 자신을 맞추어 가야 할 때, 충성심에 대한 딜레마를 경험한다. 계부모 역시 새로 맞이한 계자녀가 이전 가족에 대한 충성심의 감정을 가지고 있다는 사실을 알게 되면 심한 갈등을 느낀다. 따라서 상담자는 새로운 부모와 잘 지내는 것이 친부모에 대한 배반이라고 생각하기 쉬운 어린 자녀를 둔 재혼가정을 상담하는 경우에는 이 같은 충성심의 문제에 각별한 주의를 기울여야 한다. 즉, 상담자는 부모들에게 자녀들이 스스로 충성심의 문제를 정리할 수 있도록 서서히 다가가라고 조언한다. 부모들이 무조건 새로운 가족에 적응하도록 강요한다면 자녀들은 오히려 이전 가족에 더욱

고착해 버릴 수 있다는 사실을 깨달을 수 있도록 도와야 한다. 재혼가정의
궁극적인 목적은 통합이지만, 그 이전에 가족 모두가 안정감을 갖는 것이 중
요한 과제이다.

　재혼가정의 형성단계를 〈표 2-4〉와 같이 정리할 수 있다.

표 2-4 **재혼가정의 형성단계**

단계	요구되는 정서적 태도	직면하는 발달적 문제
1. 새로운 관계를 맺는 단계	• 결혼의 상실감 극복(적절한 정서적 이혼)	복잡하고 모호한 감정을 다스리고 새로운 결혼과 가족형성에 대한 헌신
2. 새로운 결혼과 가족에 대한 개념 형성과 계획	• 본인, 새 배우자, 자녀들이 재혼이나 재혼가정 형성에 대해 가지는 불안이나 두려움 수용 • 다음의 세 가지 사항에 대한 복잡성과 모호함에 적응하는 데 인내와 시간이 필요하다는 것 수용 　1. 다양한 새로운 역할 　2. 경계 형성: 공간, 시간, 권위 　3. 감정적 문제: 죄책감, 충성심, 갈등, 상호성에 대한 요구, 미해결된 과거의 상처	a. 거짓 상호관계를 피하기 위해 새로운 관계에서 개방적이고 솔직하게 관여 b. 전 배우자와 협조적인 공동 부모 역할을 유지하기 위한 계획 설정 c. 자녀들이 두 가족체계의 가족 구성원으로 기능하고, 두려움과 충성심 갈등을 다룰 수 있도록 지원 d. 새로운 배우자와 자녀를 포함한 확대가족과의 관계를 재형성 e. 전 배우자의 확대가족과 자녀관계를 유지하기 위한 계획 설정
3. 재혼과 가족의 재구성	• 전 배우자에 대한 애착을 정리하고 '온전한 가족'에 대한 이상을 재정립 • 과거와는 다른 가족모델을 수용하여 투과성 있는 가족경계 유지	a. 새로운 배우자와 계부모를 포함하는 가족경계의 재형성 b. 다양한 하위체계의 조합을 허용하는 새로운 하위체계를 통해 관계 재형성 c. 자녀들의 생부, 생모, 그리고 조부모를 포함한 친인척까지도 관계를 유지할 수 있는 여유공간을 설정 d. 재혼가정의 통합을 증진시키기 위한 추억이나 역사 정립

출처: McGoldrick, Carter, & Preto (2016).

재혼가정은 상실과 희망과 이어져 있다고도 볼 수 있다. 재혼가정의 출발은 이전 결혼생활과는 다르고 좀 더 나아지기를 희망하면서 시작된다. 대부분의 경우 재혼가정을 형성하는 성인들은 결혼과 가족생활이 좋게 유지될 것이라는 밝은 미래를 꿈꾸면서 결혼생활을 시작한다. 재혼하는 부부는 다시 출발하는 가정에 대한 많은 기대를 갖는데, 한 예로 계부모는 새롭게 관계를 맺는 아이들과 친밀함을 유지하는 애정이 있는 가정을 꿈꾼다. 반면, 아이들의 경우에는 계속해서 언젠가는 계부모가 떠나고, 그 자리에 이전 부모가 되돌아오기를 기대한다. 이처럼 서로 다른 기대를 가지고 출발하기 때문에 재혼 초기에 부딪히는 많은 어려움은 오히려 자연스러운 현상이다. 재혼가정이 겪는 어려움 중 하나는 이전 가족과 관련된 삶에서 미해결된 경험들은 해결하지 못한 채 새로운 가정생활을 시작하는 것이다. 상실감이 해소되고 희망이 자리 잡기까지는 사람들이 그러한 환경에 어떻게 적응해 왔느냐에 따라 차이가 난다.

　　대부분의 재혼가족 구조는 초기에는 '연약한 부부하위체계, 밀착 형성된 부모자녀관계, 지속적인 방해'(E. Martin & J. Martin, 1992)로 이루어지는 복잡한 가족체계를 가지고 있다. 재혼가족의 또 다른 특성은 2핵 구조라는 것이다. 이것은 가족시스템을 구성하고 있는 2개의 상호 연결된 가족집단을 의미한다(Piercy & Sprenkle, 1996). 재혼가족의 형태로 인해 이러한 가족들은 성인, 아동, 그리고 사촌과 의붓 조부모 등과 같은 법률적으로 연결된 사람들의 환경을 포함하는 다양한 하위체계로 구성되어 있다. 그들은 이처럼 유사친족(quasi Kin)을 가지고 있는데, 이것은 '전에 결혼한 사람의 배우자, 그 배우자의 새로운 남편 또는 부인, 그리고 그의 혈연친족'을 의미한다. 이러한 사람들은 재혼한 배우자의 가족들로 구성된 확장된 친족관계의 일부분인데 때로는 그들이 가족 구성원들이 의사소통하고 관계를 맺는 것을 어렵게 만드는 경우도 있다.

　　재혼가정은 여러 가지 해결해야 할 점을 가지고 있는데, 맥골드릭 등

(McGoldrick et al., 2016)은 당면한 중요한 문제를 다음과 같이 정리했다.

- 과거를 정리하기
- 재혼가정의 삶에 대한 걱정과 공포를 줄이기
- 가족 간의 신뢰를 확립하거나 재확립하기
- 현실적 태도를 촉진하기
- 타인에 대해 정서적 · 심리적으로 사랑하기

이를 토대로 재혼가정이 염두에 두어야 하는 것을 정리하면 다음과 같다.

첫째, 재혼가정의 중요한 부분은 부부관계를 견고히 하기 위한 시간을 갖는 것이다. 자칫 새롭게 형성한 부부관계보다 새로운 자녀들과의 부모자녀의 유대를 우선으로 생각하여 종종 새로운 결혼에 긴장을 초래하기도 한다. 그리고 실제든 기억이든 친부모의 존재는 새로운 관계형성에 끊임없는 영향을 주어서 새로운 부모자녀관계 형성에 어려움을 줄 수 있다.

둘째, 감정에 관한 것이다. 부모들은 결혼생활이 또다시 실패할지도 모른다는 두려움 때문에 좀처럼 가정생활에서 자신들의 부정적인 감정을 드러내지 않는다.

셋째, 가족들을 결속력이 있는 가족단위로 구성원을 통합시키는 것이다. 재혼가족들은 첫 번째 가족보다 결속력이 떨어져서 여러 가지 문제가 일어날 개연성이 크므로 가정생활을 영위할 때 보다 많은 스트레스의 원인을 가지고 있다. 예를 들면, 모든 계부모나 자녀와 형제의 관계는 첫 결혼가족보다 덜 관심을 가지고 덜 친한 것으로 인식된다. 따라서 재혼가정은 다른 가족들과 라포 및 대인관계를 형성하기 위해 보다 많은 노력을 해야 한다.

평균적으로 계부모나 계자녀들과 깊은 관계를 유지하고 부모역할을 하기 위해서는 약 2~5년이 걸린다(McGoldrick et al., 2016에서 재인용). 이것은 새롭게 결혼한 부부가 친밀감을 형성하는 시기와 비슷하다.

　　재혼가정의 강점은 그들의 생활환경이다. 예를 들어, 계부모는 이전의 경험을 교훈으로 삼아서 현재 배우자 또는 계자녀에게 전에는 하지 않았던 여러 가지 활동을 제안할 수 있다. 따라서 상담자는 이런 생활지식을 재혼가족의 구성원들이 유익한 방법으로 그들의 환경에 활용할 수 있도록 도울 필요가 있다. 이것은 새로운 가족들이 동질감을 갖도록 도와주며, 구성원들이 서로의 입장에서 이해하는 데 도움이 된다. 따라서 재혼가정의 발달과제로는 대상상실의 슬픔을 극복하며 새로운 생활양식을 확립하는 것에 있다(Visher & Visher, 1996).

　　비셔는 재혼가정의 정체성을 발전시키는 데 필요한 과업을 다음 〈표 2-5〉와 같이 정리하고 있다.

　　재혼가정은 모든 가족이 부모의 죽음이나 별거와 같은 중요한 상실경험을 가지고 있으며, 서로 다른 경험과 전통, 가치, 기대를 가진 사람들이 갑자기 모여 한 가족을 이루고 있으므로 여러 가지 어려움을 경험한다. 즉, 이들에게는 전형적인 가족생활주기에서 형성된 공유된 가족역사가 없기 때문에 이들이 생활을 함께하면서 긴장을 느끼는 것은 당연하다.

표 2-5 　재혼가정의 정체성을 발전시키는 데 필요한 과업

1. 상실과 변화를 해결하기
2. 서로 다른 발달적 욕구들을 해결하기
3. 새로운 전통 확립하기
4. 견고한 부부 유대감 발달시키기
5. 새로운 관계 형성하기
6. '양육 협력관계' 만들기
7. 가족 지위에서 지속적인 변화를 수용하기
8. 적은 사회적 지원에도 불구하고 불가피한 일들을 실행하기

출처: Visher & Visher (1996).

제3장

가족갈등과 가족 스트레스

　사람들은 타고난 경향이나 기질 때문에 취약한 부분을 가지기 마련이다. 이것은 발달 초기에 정신적·신체적으로 복잡하게 상호작용하거나 상황이 열악하면 문제행동으로 노출되기도 한다. 그리고 대부분의 사람은 상처나 연약한 부분을 인식하기는 하지만, 살아가는 데 큰 불편함 없이 일상생활을 영위한다. 그러나 특별한 인생 사건으로 우연히 취약한 부분이 건드려지면 사람들은 불안, 우울과 같은 어려움을 겪게 된다. 이를 미루어 보면 사람들은 상처받기 쉬운 부분을 가지면서도 자신의 생활에 잘 적응하기 때문에 인간이 가진 취약함이 곧 장애를 의미하지는 않는다.

　다만, 스트레스를 초래할 만한 사건이 발생하면 취약한 부분이 장애로 바뀔 수 있는 여지를 가지고 있다. 가족의 역할은 한 개인의 취약함이 장애로 발전하지 않도록 보호하는 것이라고 생각한다. 즉, 가족 구성원 중 한 개인이 위기에 대처할 수 없을 만큼 힘들어도 다른 가족들이 대처할 힘이 있다면 어려움을 극복할 가능성이 높다. 그리고 기능하는 가족은 과거의 취약한 부분으로부터 보호할 뿐 아니라, 동시에 정서적인 성장을 위한 기회도 제공해 줄 수 있다.

동시에 이질적인 요소를 가지고 구성되면서 정서적으로 밀접한 가족은 상처받기 쉬운 집단이기도 하다. 그러므로 다양한 구성원으로 구성된 가족이 일상생활을 영위하면서 위기를 경험하는 것은 당연하다. 따라서 많은 학자는 위기나 스트레스는 삶을 영위하는 과정에서 필연적으로 생기는 부분이므로 우리에게 갈등, 위기, 스트레스가 되는 요인에 큰 관심을 가지지 않았다. 이것을 대처하는 능력에 따라 삶의 질이 결정된다고 보았기 때문이다. 힐(H. Hill)은 가족 스트레스 이론에 체계이론을 접목하여 가족체계의 변화, 적응이라는 관점으로 스트레스를 이해하였다. 힐은 가족체계의 특성을 바탕으로 가족의 문제해결이나 스트레스 대처에 관한 이해를 하는 것이 상담에서 중요하다고 강조하였다. 이 장에서는 가족의 위기나 스트레스 상황을 이해하는 데 도움이 되는 이론들을 소개하려고 한다.

1. 가족갈등

가족은 구성원 간의 긴밀한 애정을 기초로 이루어지며, 건강하고 원만한 상호관계가 앞으로도 계속되리라는 기대로 출발하는 집단이다. 그러나 최근 들어 우리나라뿐 아니라 세계적으로 가족의 약화, 위기, 붕괴의 심각성이 지적되어 왔다. 우리 사회도 이혼, 혼외관계, 가출, 비행, 부모자녀의 의사소통 단절, 가정폭력, 청소년 임신, 고독한 노인 증가 등 다양한 가족병리 현상이 사회문제로 대두되고 있다. 또한 독신, 동거, 한부모 및 조손가정, 별거결혼, 자녀를 출산하지 않는 결혼 등 기존의 가족형태에서 벗어난 여러 가지 모습도 늘고 있다. 이처럼 예전에 비해 가족의 중요성이 약화되는 원인은 다음과 같다.

첫째, 사회의 발전이나 변화와 함께 이전에는 가족의 기능이었던 생식, 성, 교육, 오락 등의 여러 기능이 점차 외부로 이양되거나 또는 적어도 가족 고유의 기능으로 존재하지 않게 되었다는 점이다. 최근에는 자동화된 전자제품의 보급, 외식산업의 발달, 즉석식품이나 인터넷 구매의 확산 등에 의해 함께 가정생활을 하지 않아도 식생활을 해결하는 것이 쉬워졌다. 또한 주거를 함께 하더라도 자신들의 편리한 시간에 식사를 따로 하게 되는 등 가족의 필요성이나 통합이 약화되었다.

둘째, 가사노동의 경감과 함께 자녀 수의 감소는 필연적으로 주부의 사회진출뿐 아니라 활발한 취미활동을 가능하게 하였다. 이처럼 가족 이외의 여러 가지 사회관계나 대인관계를 넓히는 등 개인 생활이 강조되고 있다. 이것은 결과적으로 가족관계에서는 구성원들의 생활을 양적 또는 질적으로 위축시키는 결과를 초래하였다.

셋째, 가족은 기능 면에서 축소했을 뿐 아니라 규모에 있어서도 3세대 가족이 줄어들었으며, 형제 수도 과거 20~30년 전에 비해 급격하게 감소했다. 이 같은 급격한 가족 변화가 경제발전이나 점차 복잡해지는 사회에 대응할 수 없게 되면서 해체나 붕괴의 현상으로 나타나고 있다. 어떤 사람들은 현재 나타나는 가족의 여러 가지 변화를 부정적으로 보면서 과거의 가족을 이상적이라고 미화하는 경향이 있다. 그러나 변화하는 사회 속에서 이상적인 가족의 모습을 제시하는 것이 쉽지 않기 때문에 가족의 약화, 병리를 지적하면서도 그것에 대한 대안을 제시하지 못하고 있다. 시대나 사회뿐 아니라 사람 개개인에 의해 그려지는 이상적인 가족의 모습도 다르다. 때로는 가족 간에도 이상적인 가족의 모습이나 행복이 제각기 다르다. 따라서 상담자로서 가족문제의 해결에 관여할 경우 자신이 가진 가족관이나 주관적 가치를 기준으로 내담자인 가족을 판단하지 않도록 주의해야 한다.

추상적으로 말하면 건강한 가족의 모습은 가족 구성원 서로가 사랑하고 이해하며, 자녀들이 건강하게 자라고 가족의 몸과 마음이 휴식할 수 있는 장소로서 가족 각각의 복지와 자기실현을 추구하도록 충분히 기능하고 있는 상태를 그릴 수 있다. 그러나 현실적으로 보기에는 원만하고 행복하게 보이는 가정도 이면을 들여다보면 누군가를 희생시키고 있거나, 표면적인 평화 이면에는 불만이나 증오가 숨어 있는 경우도 드물지 않다. 서로 교류가 없는 소원한 가족도 많은 문제를 가지고 있으나, 자녀의 발달적 측면에서 본다면 지나치게 밀착된 가족 역시 심각한 문제를 지니고 있다. 예를 들어, 부모의 지나친 과보호로 자율성을 손상당한 자녀도 있으며, 배우자의 지나친 애정요구에 고민하는 부부도 있을 수 있다. 가족관계는 떨어져 있으면 고독감을 느끼며 지나치게 가까이 있으면 서로에게 상처를 줄 수 있는 딜레마를 내재하고 있다.

가족과 개인의 관계에서 균형을 유지하는 것은 우리에게 영원한 과제이다. 그것은 한쪽을 지나치게 강조하면 다른 한쪽이 부정되어 버리는 모순을 가지고 있기 때문이다. 건전하고 원만한 가족은 존재할 수 없는 환상이라고 말하려는 의도는 없다. 그러나 현실을 직시한 계속적인 노력에 의해서만 이상적 실체에 다가갈 수 있으며 또한 그것이 유지될 수 있다는 점을 강조하고 싶다.

1) 가족병리의 필연성

인간은 그 자체가 우연이며 부조리한 측면을 지닌 불완전한 존재이다. 각각 다른 유전적 소질을 가지고 다른 가족환경에서 자라난 별개의 인격체인 남녀가 우연히 결합됨으로써 만들어진 가족이 반드시 확고한 연속성을 가지고 있는 것은 아니다. 부부 사이뿐만 아니라, 성인, 자녀, 노부부 등의 세대 간의 욕구가 다양한 데서 오는 모순이나 밀접한 접촉이 빈번히 일어나면서 생기는 감정적 마찰이나 갈등이 존재하는 것은 당연한 일이다.

이처럼 복잡한 가족의 구성은 누구를, 무엇을 우선하고 또는 무엇을 뒤로 돌리는가에 대한 판단과 조정이 끊임없이 요구된다. 또한 가족이나 각 개인의 발달단계에서 출산, 육아, 진학, 취직, 결혼, 이사 등의 일상적인 사건도 긴장이나 위기를 초래하기도 한다. 언급한 가족 내부에서 일어날 수 있는 문제 이외에 점점 복잡해지는 사회의 자극이나 압력이 가족기능의 어려움을 초래하는 경우도 있다. 과장해서 말하면, 가족의 안과 밖에 존재하는 여러 가지 힘이 가족을 파괴시키는 요인으로 끊임없이 작용하고 있다고 말할 수 있다. 가족은 이러한 힘으로부터 자신들을 방어하며, 가족으로서의 통합을 유지하기 위해 연대와 결합을 강화하려는 부단한 노력이 필요하다. 따라서 가족이 그들 안팎에 존재하는 여러 가지 문제에 대처하고 적응해 가기 위해서는 필연적으로 다양한 모순, 갈등, 위기에 직면할 수밖에 없다. 그러므로 가족의 병리는 가족에게 필연적으로 내재하고 있는 것이며 오히려 일상적이며 생리적이라고 받아들이는 것이 바람직할 것이다.

　최근의 상담자들은 문제의 원인보다는 부적응이나 위기라는 가족병리를 가족이 어떻게 극복하는가에 관심을 가지면서 가족위기의 대처에 초점을 맞추기도 한다. 이것은 우리의 신체에 여러 가지 세균이나 바이러스가 들어왔거나, 외부의 물리적인 위험에 처하게 될 때, 의식적 또는 무의식적인 방어기능이 작용하는 것과 같은 원리이다. 가족도 부적응이나 갈등이 생기면 가족이 곧 해체되는 것이 아니라, 가족은 나름대로 원래의 상태로 되돌아가려는 노력을 하게 된다. 신체에는 개체 스스로가 생리상태를 일정하게 유지하려는 항상성(homeostasis)이라는 기제를 가지고 있다. 가족의 경우에도 이와 같은 기능에 의해 자기회복력 또는 자기치유력이 만들어서 스스로 치유해 나간다. 우리는 일상적으로 경험하게 되는 사소한 부부싸움 등의 경미한 부적응을 극복하고 해결하는 방법은 어린 시절 부모의 태도, 행동을 통해 자연스럽게 학습하였기 때문에 특별한 노력 없이 대처할 수 있다. 그런데 신체적 질병의 경우에도 병이나 상처가 심각해지면 적절한 전문적 치료를 받아야 하는 것처럼, 가족의 부적응이나 위기도 자신의 힘으로 회복할 수 있는 한계를 넘게 되면 전문적 원조를 구하는 게 바람직하다.

2) 가족갈등의 다양성

가족은 특정의 이익이나 목적을 실현하기 위해 조직된 합리적 집단과 달리 비합리적인 면이 강하다. 따라서 상담자는 어떤 가족을 만나게 되면 그 가족은 다른 가족과 비교할 수 없는 특수하고 개인적인 특징을 가지고 있다고 인정하는 것이 중요하다. 어떤 가족에서 태어나 누구를 부모로 두는가는 자신들의 의사와는 상관없이 우연한 관계로 이루어진다. 이와 달리, 결혼에 의해서 자신들의 가족을 새롭게 만드는 생식가족의 경우에도 배우자를 선택한다는 점에서 보면 시간적·공간적 우연성과 주관적인 선호감정에 의해서 결정한다는 두 가지 면을 가지고 있다. 따라서 가족은 보편적인 존재인 동시에 개별적 특수성을 가진 존재이다. 또한 사람은 가족, 결혼, 부부, 부모자녀 등에 관한 이미지나 가족관계의 역할에 대해 자신이 어린 시절 경험한 가족과 동일시하는 경향이 있다. 이처럼 성격이나 자라난 환경이 서로 다른 개인 간의 결합으로 가정생활은 시작되는 것이다. 이런 과정에서 생기는 서로의 역할기대, 생활습관, 기호, 감각의 차이 등 여러 가지 원인이 복잡하게 얽힌 인간관계에서 빚어지는 부적응이나 갈등 등의 가족문제는 표면적으로는 동일한 것처럼 보이나 본질적으로는 개별적이다. 그러므로 각각의 가족문제를 정확히 이해하며 해결을 위한 적절한 원조를 하기 위해서는 안이하게 문제를 유형화하거나 일반적인 상식만으로 이해하려 해서는 안 된다. 사례나 내담자가 안고 있는 어려움을 개별적인 문제로 바라보는 것이 중요하다. 이와 같은 관점을 넓히면 상담자 자신이 가지고 있는 가족관, 가치관 역시 특수한 것이라는 사실을 깨닫게 될 것이다. 그러므로 가족상담을 할 때는 보편적인 가치에만 얽매이지 말고 유연하게 사례에 접근해 가는 것이 바람직하다.

저자의 임상경험에 비추어 보면, 가족들은 자신이 가진 고유한 시각으로 어떤 사물이나 사건을 보려는 경향이 있어서 때로는 같은 사물이나 사건을 저마다 다르게 보고 있다. 그리고 가족들이 이 같은 자신의 관점에서 자신이나 상대방의 모습을 그려 나가는 것을 자주 볼 수 있다. 특히 대립된 관계에 있는 부부의 경우에는 자신의 입장에서만 상황을 보는 것이 흔한 일이다. 중요한 것은 이들이 자신들이 바라보는 시각이 왜곡되어 있다는 것을 알지 못하는 점이다. 자라난 가정환경의 차이, 수십 년간의 다른 인생경험에 의해 동일한 문제를 각자 자신의 방식으로 이해하고 있다는 사실을 인정하지 않는 것이다. 이들이 갈등이나 대립관계에 있다면 의식적 또는 무의식적으로 자기를 정당화하려고 하기 때문에 상대방은 가해자, 자신은 피해자로 보는 경향이 강하다. 그러므로 제3자가 그들의 견해에 대해 잘못되었다고 지적하면 오히려 반발하고 수용하지 않는다. 따라서 상담자는 내담자가 지닌 내면의 눈에는 모든 사실이 자신의 입장에서만 이해된다는 사실에 귀를 기울이고 들어 주는 것이 중요하다. 상담과정은 내담자의 마음이 움직여 결과적으로는 태도나 행동이 스스로가 납득할 수 있는 방향으로 이끌며 이러한 과정을 거쳐 자신을 있는 그대로 바라볼 수 있는 통찰력을 갖는 것이라고 생각한다.

　가족관계는 서로 유기적으로 상호작용하기 때문에 그들의 관계를 일방적으로 한쪽이 원인이며, 다른 한쪽은 결과라고 규정할 수는 없다. 가족 각자의 생활주기에서 겪게 되는 문제나 위기 또는 가족 이외의 사회적인 관계에서 다른 문제에 직면하게 되면 불안, 동요, 긴장에 빠져 그것에 대처하거나 해결하기 위한 행동을 하게 된다. 이 같은 정서나 태도, 행동은 긍정적일 수도 있으며 반대로 부정적인 경우도 있다. 그리고 이것은 다른 가족에게 영향을 주어 정서나 태도, 행동에 변화를 초래할 수도 있다. 즉, 이것은 계속하여 다른 가족에게 연쇄적으로 영향을 주어 변화를 초래하며 결국 진원지인 당사자에게 되돌아와서 또다시 영향을 주는 것처럼 가족은 서로 연쇄적인 반응을 한다. 그러므로 개인이 가진 어려움을 단순하게 개인의 문제행동으로 바라보는 것이 아니라, 가족 전체의 문제로 생각하는 것이 바람직하다. 때로는 사이가 좋지 못한 부모가 자녀의 비행을 계기로 협력을 하거나 남편이나 아내의 문제행동이 상대방의 관심이나 이해를 깊게 하여 가족의 통합을 추구하는 계기가 되기도 한다. 이처럼 얼핏 보면 문제라고 생각하는 현상이 회복이나 해결에 도움이 되는 경우도 적지 않다. 이와 같은 관점에서 본다면 상담자는 가족의 문제행동이나 병리현상을 개인의 문제로 한정하지 않고 가족 전체의 문제로 이해하고 대처하는 것이 중요하다.

가족의 인간관계는 다면적이며 농후하기 때문에 갈등이나 부적응의 원인이나 과정도 여러 요소가 복잡하게 얽혀 있다. 가족은 인류에게 공통의 생활양식이지만 시대, 사회, 지역에 따라 습관이나 의식에 차이가 있기 때문에 각 가족이 지닌 갈등의 원인이나 내용에는 미묘한 차이가 있다. 그러므로 상담자는 인간관계나 한 개인의 내면의 어려움이 심리학뿐 아니라 사회적 맥락과도 연결되어 있다는 점을 감안하여 가족을 바라보는 다양한 관점을 가지는 것이 바람직하다.

가족의 문제를 바라볼 때 상담자는 단지 자신의 지식을 토대로 이해하거나 해석하지 않으려고 노력해야 한다. 내담자나 가족이 가진 고민이 무엇이며, 현실적으로 그것을 어떻게 해결하여 가족 공동체의 생활을 유지, 회복 또는 갈등에서 벗어날 수 있는가라는 물음을 지속적으로 할 필요가 있다.

2. 가족 스트레스

가족을 연구하는 많은 학자는 가족생활주기에 따라 기대되는 변화와 사건에 대해 관심을 가졌다. 이들은 결혼, 부모되기, 청소년기 맞이하기, 자녀를 독립시키기, 은퇴 등 일련의 가족 변화 과정에서 예상되는 가족 변화를 연구하였다. 학자들은 이 같은 사건들에 수반되는 어려움의 대다수는 모든 가족이 경험하는 것으로 병리적인 것은 아니라고 보았다. 연구자들은 전형적인 변화를 경험한 사람들에게 사건과 변화에 미치는 영향과 이에 관련된 적응 수준 및 역할 변화에 대해 어느 정도 예상할 수 있는가에 관심을 가졌다. 그들은 가족들이 변화 속에서 경험하는 사건에 대한 긴장강도를 평가하도록 했는데, 예상할 수 있는 사건의 경험과 관련된 긴장 점수가 자연재해와 같이 예상할 수 없는 사건과 관련된 긴장 점수보다 더 낮다는 것을 밝혔다(石原邦雄, 1993).

가족발달을 연구하는 가족 심리학자들은 대부분의 자녀가 있는 가족이 자녀의 성장함에 따라 역할 변화가 일어나는 전형적인 가족의 생활주기에서 각 단계의 한계점으로 간주되는 결정적인 역할 변화에 관심을 가졌다. 이때 예상되는 스트레스의 요인이 되는 사건은 짧은 기간에 경험되는 것으로, 부모 되기, 청소년기 맞이하기와 같이 각 단계의 가족상호관계의 역할기대와 가족규칙의 변화를 수반하였다. 더욱이 각각의 변화와 관련된 스트레스의 정도는 가족이 스트레스를 지각하는 정도와 가족 개개인의 역할 및 행동 변화의 정도와 관련이 있었다. 때로는 역할 획득이 역할 상실에 비해 보다 많은 스트레스를 초래하기도 했다.

1950년대에 세리아(H. Selye)가 쥐의 생체실험을 통해 스트레스 연구를 했는데 이에 대한 사람들의 관심이 높아지면서 정신생리의학이라는 한 영역으로 자리매김하게 되었다. 정신생리의학에서는 일상에 축적되어 온 사건들에 대한 스트레스가 정신장애와 신체장애 원인의 중요한 요소가 된다고 주장해 왔다. 신체는 항상성과 평형성 상태를 유지하려고 하기 때문에 예기치 못한 어떤 사건을 직면하면 평온한 상태로 되돌아가도록 적응을 요구한다. 같은 개념을 가족에게 대비해 볼 때 평온한 상태의 가족에게 놀라움을 초래할 만한 일상 사건이 일어나면 가족은 이전의 상태를 유지하기 위하여 나름대로 노력을 하게 된다. 홈즈(T. Holmes)는 스트레스의 원인이 되는 일상 사건에 주목하며 그것을 확인하려고 하였다. 그리고 이러한 스트레스 요인으로서의 반응을 스트레스 요인이라고 이름 붙였다. 어떤 상담자는 접수면담 시 이들이 스트레스 요인을 측정하기 위해 개발한 생활스트레스 척도를 작성하게 하여 평가도구로 사용하기도 한다.

그후 맥커빈(H. McCubbin) 등은 생활사건의 가족척도(Family Inventory of Life Events: FILE)로 불리는 표준화된 도구를 개발하여 가족의 스트레스를 파악했다. 상담자는 FILE을 통해 가족들이 스트레스로 경험한 일상 사건의 수를 쉽게 확인할 수 있더라도, 스트레스에 대한 가족의 경험에 대해 상담과정에서 묻는 것이 중요하다. 왜냐하면 가족들은 상담자의 질문을 통해 스트레스로 인한 영향에 대하여 보다 깊이 생각할 수 있기 때문이다. 가족 각각에게 최근 가족생활 중에 중요한 사건에 대하여 질문하는 것이 바람직하다. 그리고 그와 같은 사건이 다른 가족에게 얼마나 영향을 미쳤는가에 대한 그들의 생각을 물어보는 것도 가치가 있다. 이것은 평가를 위한 중요한 정보를 제공할 뿐만 아니라, 그 자체로도 치료적 가치가 있다. 그러나 상담자는 스트레스와 관련해 스트레스 요인과 함께, 가족이 어떤 대처를 해 왔는지를 이해하는 것이 무엇보다 중요하다. 그것은 많은 경우 특정한 스트레스에 잘못된 대처를 하여 더욱 악화되는 경우가 있기 때문이다.

가족은 의식주나 의사소통의 방식, 어떤 문제에 대처하거나 해결하는 방법 등 여러 가지 생활 장면에서 독특한 행동양식을 가지고 있다. 이것을 가족생활양식이라고 한다. [그림 3-1]과 같이 가족 스트레스는 가족이 자신들의 생활방식을 만들어 갈 때, 가족에게 어떤 자극요인이 더해져 기존의 생활양식

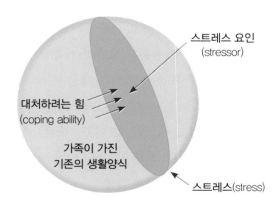

[그림 3-1] 가족 스트레스

이 혼란을 겪게 되며 이전의 대처방법이나 문제해결방식으로는 평형을 유지할 수 없는 위기에 도달하는 상황, 그리고 그것을 극복하려는 노력과 결과까지를 포함한 능동적인 과정을 의미하는 용어이다. 지금까지 형성된 기존의 역할체계나 문제해결능력으로는 대응할 수 없는 가족생활체계에 어떤 변동이 생기는 과정이다.

1) 가족 스트레스 연구동향

가족 스트레스는 미국을 중심으로 문제의 가족 구성원이 있거나 천재지변이나 위기를 경험하고 있는 가족을 중심으로 연구되었다. 초기의 가족 스트레스 연구는 가족에게 위기적 상황을 초래하는 사건과 그 대처방식에 대한 것이었다. 즉, 연구자들은 불황에 의한 가장의 실업, 가족의 질병 또는 사망, 전쟁에 의한 이별, 천재지변과 같은 여러 가지 파괴적인 사건에 직면한 가족이 어떻게 영향을 받으며, 가족이 이 같은 위기를 극복할 때 작용하는 요인이 무엇인지에 대해 관심을 가졌다. 그러나 1970년대 이후 미국에서 이루어진 가족 스트레스 연구는 이전의 가족생활구조를 혼란하게 하는 사태를 특별한 또는 돌발적인 사건에만 한정하지 않고, 가족생활의 시간적 경과를 생각하면 반드시 거쳐야 하는 현상이라는 관점에서 이루어졌다. 이러한 생각은 가족 스트레스 연구에도 가족생활주기를 고려하는 계기가 되었다. 한 가족 내의 구성원은 스트레스를 각기 다른 방식으로 경험하며 그것에 대해 다르게 반응한다. 또한 스트레스는 각 가족의 연령과 그들이 속해 있는 생활주기에 따라 다양하다(McGoldrick et al., 2016).

개인과 달리 가족이 보이는 스트레스는 수직적 요인과 수평적 요인이 함께 작용하므로 더욱 복잡하다. [그림 3-2]에서 보는 것처럼 수직적 스트레스 요인은 가족의 태도, 기대, 규칙 등 세대에 따라 전수되는 관계와 기능 양상을 포함한다. 다시 말하면, 원가족에서 파생되는 가족 이미지, 가족신화, 가족규칙

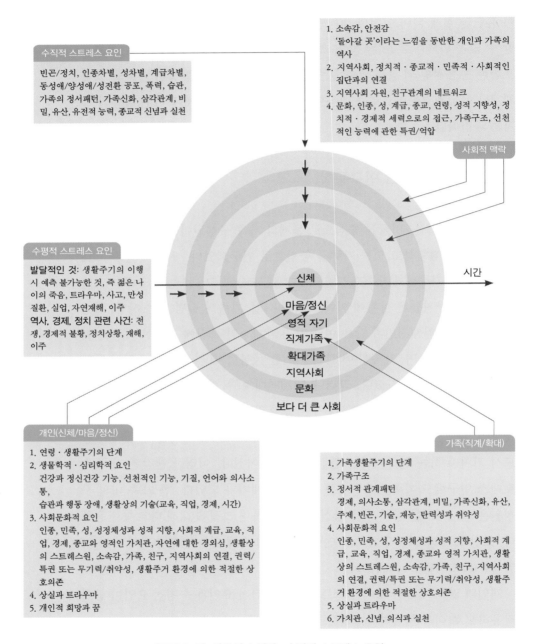

[그림 3-2] 가족의 수직적 · 수평적 스트레스 요인

출처: McGoldrick, Carter, & Preto (2016).

등이 이에 속한다. 반면, 수평적 스트레스 요인은 발달적 스트레스 요인과 외적 스트레스 요인으로 구성되어 있다. 발달적 스트레스는 자녀의 출산, 입학, 결혼처럼 대부분의 가족이 발달하면서 겪게 되는 사건과 같이 가족이 예측할 수 있는 것이다. 반면, 외적 스트레스 요인은 생활주기에 혼란을 가져오는 실직, 사고에 의한 죽음처럼 예측할 수 없는 사건들로 이루어져 있다. 이러한 일상적인 사건의 압력은 서로가 서로에게 영향을 주고받을 뿐 아니라, 수직적 스트레스 영역과도 서로 영향을 주고받으면서 가족체계에 혼란을 초래하기도 한다.

2) 힐의 ABC-X 모델

가족 위기연구는 1930년대부터 시작되어 불황이나 실업이 가족에게 미치는 영향, 가족의 사별, 부부갈등과 이혼 후의 재적응 등에 관한 연구가 진행되었다. 이 중에서도 1949년에 발간된 힐(R. Hill)의 『스트레스 상황에 있는 가족(families under stress)』은 선행연구를 폭넓게 포함한 실증적 연구로 잘 알려져 있다. 그는 제2차 대전에 출정한 군인의 가족에 대한 이별과 귀환에 이르는 재통합 과정을 연구하여 그것을 기초로 대표적인 가족 스트레스 이론인 ABC-X 모델을 발표하였다. ABC-X 공식은 [그림 3-3]과 같이 가족위기 또는 스트레스 상황 발생의 요인 관련 모델이다.

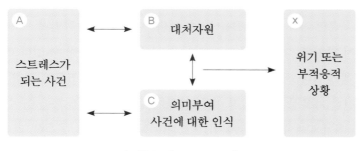

[그림 3-3] ABC-X 모델

[그림 3-3]에서 보는 것처럼 A요인(스트레스 요인이 되는 사건 또는 그 속성으로서의 곤란성)은 B요인(가족이 위기에 대응하기 위해서 가지고 있는 자원), 그리고 C요인(가족이 그 사건에 대해 가지는 의미)과 서로 상호작용하여 그 결과 X(위기 상황)가 되는 것이다. 여기서는 어떤 사건이 발생하면 그것이 그대로 가족 스트레스가 되는 것은 아니라는 점을 강조하고 있다. 힐은 스트레스 요인이 되는 사건이 반드시 스트레스 상황을 초래하지는 않으며, 거기에 매개적 변수(B, C요인)가 개재된다는 이론적 가설을 세웠다. 그러므로 스트레스 요인이 되는 사건(stressor event), 즉 A요인과 결과로서의 스트레스 상황 또는 위기 상황은 구별되어야 한다고 주장하였다.

A요인(스트레스 요인이 되는 사건)에 대하여 살펴보면 다음과 같다. 힐의 초기 연구에서는 가족과 관련된 스트레스 요인을 가족증가, 가족이탈, 가족의 유대감 상실, 가족구조의 변화 등 내부적인 요인에 초점을 두었으나, 그 후 가족 스트레스의 원천을 다음 세 가지로 정리하였다.

첫째, 가족 이외의 사건이다. 전쟁, 정치적 또는 종교적 박해, 홍수나 지진 등의 자연재해를 들 수 있다. 이러한 사건은 장기적으로는 가족을 단결시키는 방향으로 작용한다는 특징이 있다.

둘째, 가족 내부의 사건이다. 혼외자의 탄생, 장애가족 발생, 배우자의 부정, 자살, 약물남용 등이 포함된다. 이것은 이 같은 사건이 발생하기 이전 가족 내부의 기능이 원활하지 못했다는 점을 반영하여 생기는 사건들이라는 점에서 한층 해체적이라고 말할 수 있다.

셋째, 특정한 가족 외적 사건을 들 수 있다. 이것은 결정적인 스트레스 요인으로 보지 않거나, 다른 가족도 그것에 의해 상황이 나빠질 수 있다고 생각하는 점이 특징이다. 구체적으로 전쟁으로 인한 이별이나 귀환에 의한 재통합, 화재로 인한 가옥상실, 강제적 이주, 불황기의 수입원 상실 등을 들 수 있다.

B요인(위기에 대처하는 가족자원)으로는 가족의 적응능력, 응집력, 과거에 위기를 극복한 경험 등이 고려될 수 있다. C요인(사건에 대한 가족의 인식)에서는 가

[그림 3-4] 롤러코스터 모델

출처: Hill (1949).

족이 그 사건을 어떻게 이해하느냐와 관련이 있다. 즉, 그들의 지위나 목표에 대하여 위협 또는 반대로 성장의 계기처럼 취급하는 문제를 바라보는 시각은 다르다.

힐은 가족 스트레스에 관해 롤러코스터 모델(roller coaster model)을 제시하였다. 이것은 집단으로서의 가족이 위기에 직면하면 해체(disorganization)-회복(recovery)-재조직(reorganization)이라는 과정을 거치면서 적응해 가는 과정을 나타낸 것이다. [그림 3-4]와 같이 횡적 축으로 나타낸 시간의 진행 속에서 종적 축의 가족 해체, 회복, 재조직의 수준으로 올라갔다 내려갔다 하는 모양이 유원지의 롤러코스터와 비슷하기 때문에 이와 같은 이름이 붙여졌다. 이 모델은 위기로 인한 해체보다는 회복의 각도가 중요하다는 점을 강조하고 있다. 그림에서 보는 것처럼 회복각도에 따라 위기를 겪기 이전보다 적응수준이 낮거나 높은 가족으로 나뉜다는 것을 알 수 있다.

3) 맥커빈의 이중 ABC-X 모델

힐의 스트레스 이론을 보다 충실하게 계승하면서 발전시킨 사람은 맥커빈(H. I. McCubbin)이다. 그가 동료들과 함께 개발한 이중 ABC-X 모델(double ABCX model)이 가족 스트레스의 이론을 가장 잘 표현한 것으로 평가받고 있다.

　그의 목표는 힐에 의한 ABCX공식과 롤러코스터 모델로 표현된 해체-재조직 과정을 통합하는 것이다. 힐이 말한 스트레스의 결과가 중핵이 된 조직화의 수준 대신에 그는 적응의 개념으로 대치시켰다. 이것은 가족연구에서 익숙한 개념일 뿐 아니라, 생리학이나 심리학에서 말하는 스트레스 이론과도 공통점을 가지고 있다. 그는 이와 같은 재적응 과정은 대처과정이기도 하다는 관점에서 세리아의 심리학적 스트레스 연구의 주요 개념을 도입했다고 볼 수 있다. 이와 같은 기본선상에서 맥커빈은 [그림 3-5]에서 보는 것처럼 가족위기의 발생까지를 전 위기단계, 위기발생 이후의 재조직화 또는 재적응 과정을 후 위기단계라는 2개의 연속된 국면으로 위치를 정했다.

　그림의 왼쪽은 이미 설명한 힐의 ABC-X 모델이다. 여기서는 오른쪽에 해당하는 후 위기관계를 중심으로 설명하고자 한다. 맥커빈은 베트남 전쟁에서 포로가 되었던 미군의 가족연구를 기초로 스트레스 연구를 진행하였다. 그는 스트레스 상황에 있는 가족은 대부분 어떤 단일의 스트레스 요인에 의

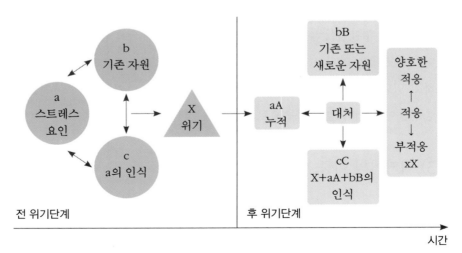

[그림 3-5] 맥커빈의 이중 ABC-X 모델

출처: McCubbin & Patterson (1983).

해 위기상황이 발생하는 것이 아니라 주요한 스트레스 요인이 되는 사건이
일어난 후에 스트레스 요인이 누적되며 이것은 곤란을 가중시키고 결국 심각
한 상황으로 이어진다고 주장하였다. 이것은 [그림 3-5]에서 나타낸 것처럼
힐의 기본 모델에서 언급한 스트레스 요인인 a에 새로운 A가 더해진 형태의
aA요인이 생기면서 가족의 또 다른 대응을 요구한다. 이러한 누적된 스트레
스 요인의 주된 현상으로 다음의 세 가지를 들 수 있다.

첫째, 원래의 사건 자체가 가지고 있는 곤란함이 시간이 경과하면서 더욱 가
중되는 경우이다. 이 같은 극단적인 예로는 빌린 돈의 이자가 눈덩이처럼 불
어서 카드로 돌려 막기를 하다가 파산하는 경우를 들 수 있다. 그 밖에 어떤
질병이 발생하여 시간이 지나면서 만성화되거나 질병의 사태가 악화 또는 죽
음에 이르는 사건으로 진행되는 것이다.

둘째, 원래의 사건이 해결되지 못한 채 그것과는 별개의 사건이 겹쳐지게 되
는 경우이다. 두 사건이 우연히 중복되어 일어나는 경우도 있으나, 수해지역
에 전염병이 발생하는 것처럼 인과관계에 의해 일어나는 경우도 생각할 수
있다. 맥커빈은 어려움을 겪고 있는 가족에게 그들의 생활주기 안에서 또 다
른 어떤 사건이 일어나는 부분에 관심을 가졌다. 예를 들면, 어떤 가족에게
치매에 걸린 노부모를 돌봐야 하는 어려움과 자녀의 결혼문제가 동시에 거론
되는 상황을 생각할 수 있다.

셋째, 원래의 사건을 극복하기 위한 대처행동 그 자체가 스트레스 요인으로 가
중되는 경우이다. 남편의 실직으로 아내가 직장생활을 하게 되는 대처행동을
할 경우, 그것이 남편과의 관계를 힘들게 하거나 자녀양육에 어려움을 초래
하는 등의 가족문제로 대두되는 경우이다. 또한 그런 문제를 해결하기 위해
친척이나 전문기관의 도움을 구했는데, 그것이 오히려 상황을 악화시키는 경
우도 있다.

가족자원의 개념에서는 가족 구성원 개인, 집단으로서의 가족, 지역사회
라는 3개 수준에서 심리적, 사회적 여러 특성을 포함된다. 개인적 자원에는

가정생활을 영위해 나가는 능력, 자립된 활동을 할 수 있는 능력, 여러 인지적 능력 등이 포함된다. 가족자원에는 통합성, 응집력, 유연성, 조직성, 종교적 가치 등이 포함된다. 지역사회 자원으로는 사회적인 지지 네트워크, 의료나 심리학적 상담, 각종 사회정책 등이 포함될 수 있을 것이다.

시간적 경과 속에서 보면 자원은 두 가지 유형으로 나타난다.

첫째, 기존자원이다. 가족이 이미 가지고 있는 것으로 처음 스트레스 요인의 충격을 약화시켜 위기의 발생률을 낮추기 위해 이용할 수 있는 것이다.

둘째, 새로운 자원이다. 이것은 위기 상황 또는 누적의 결과에서 발생된 새로운 또는 추가적인 요청에 부응해 강화되고 개발된 자원이다. [그림 3-5]에서 bB의 요인 중 기존자원은 b이고, 새로운 자원은 B에 해당된다.

cC의 요인은 상황에 대한 가족의 인식이다. c는 원래의 스트레스 요인에 관한 가족의 인식을 의미한다. 그리고 C는 추가적인 스트레스 요인, 즉 기존자원 또는 새로운 자원과 위기를 벗어나 평형을 회복하기 위해 무엇인가 필요하다고 평가하는 등의 모든 것에 대한 가족의 인식을 의미한다. 전 위기단계의 인식(c)과 달리, 후 위기단계의 인식(C)은 위기 상황을 재정의하려고 한다. 이와 같은 경우 상황의 재정의 과정에는 서로 모순이 될지 모르는 가족 개인의 인식을 통합하는 노력도 포함된다. 예를 들면, 장애를 가진 가족을 돌본다는 것에 대해 어떤 가족은 도전할 만한 과제이며 의무라고 생각하는 반면, 다른 가족들은 짐으로 여기는 식의 견해 차이가 문제를 더욱 복잡하게 만들 수 있다. 일반적으로 가족의 곤란한 상황을 도전 또는 성장의 기회로 재정의하거나 또는 위기는 신의 의지에 의한 것이라는 종교적 믿음으로 가족문제 해결이나 적응을 촉진하는 경우도 있다.

가족대처는 스트레스 요인을 제거하여 상황의 곤란함을 해결하는 힘이다. 즉, 가족 내부의 분쟁이나 긴장의 해결 또는 가족적응을 촉진할 필요가 있는 사회적, 심리적, 물질적 자원을 획득하거나 개발하는 개인 또는 가족단위의 행동적 적응을 의미한다. 이 같은 가족대처에서는 역할 분담, 가족집단의 유대, 적응능력과 같은 가족 내부의 자원을 강화하거나 개발하는 것이 중요한 부분이다. 더불어 친인척의 정서적 지지, 전문적 원조와 같은 지역사회 자원도 강화하거나 개발해 내려는 가족의 노력 역시 필요하다.

이 중 ABC-X 모델의 마지막 변수는 가족적응력이다. 맥커빈에 의하면 가족적응력은 가족 구성원 대 가족, 가족 대 지역사회의 양쪽의 기능균형을 추구하려는 가족의 다양한 노력을 반영한 일련의 결과로 정의하였다. 연속선상에 있는 적응은 긍정적 측면은 바람직한 적응, 그 반대의 끝은 부적응이라고 부른다. 바람직한 적응을 보이는 가족은 가족통합을 유지하거나 강화할 수 있는 힘이 있다. 또한 가족들의 발달이나 가족단위의 발달을 지속적으로 추진하게 된다. 그리고 이들은 자신들이 환경의 방향을 통제할 수 있다는 자립심을 가지게 된다.

한편, 가족의 부적응은 긍정적인 부분의 정반대에 있는 가족이 가족 구성원 대 가족, 가족 대 지역사회의 양극의 수준에서 가족기능의 평형을 점점 상실하게 된다는 것이다. 때로는 최소한의 균형은 유지하지만, 가족통합의 저하, 개인 또는 가족단위로서의 발달 저하, 가족의 독립성과 자립성의 저하 또는 상실이라는 대가를 지불하지 않으면 안 된다.

상담자는 이와 같은 가족 스트레스에 대한 이해를 가짐으로써 가족상황에서 예측 가능한 일을 해결해 갈 수 있는 전략을 상담에 적용할 수 있다. 또한 가족이 그들 나름대로의 위기를 성공적으로 해결하기 위해 자신들의 장점이나 가능성을 촉진시키는 데 도움이 될 것이다.

3. 한국가족의 문제

서구사회에서는 도시화, 산업화가 2~3세기에 걸쳐 이루어져 왔으나, 한국사회는 이와 같은 변화를 지난 50여 년간이라는 비교적 짧은 시간에 모두 겪어야 했으므로 이들 변화가 가족에 미친 영향력은 막대하다. 전통가족에 비해 현대가족은 개인주의, 부부중심의 평등한 관계, 여성의 지위향상 등의 방향으로 변화해 가면서 핵가족화되어 가고 있다.

수십 년간 한국에 서구의 개인주의, 자유주의, 평등주의와 실리주의로 인하여 전통적인 가치관과 집단지향적인 면이 많이 약화되고 현대적인 가치관과 자아지향적인 의식이 강해지고 있다. 그러나 아직도 기성세대에서는 집단지향적인 면이 우세하기 때문에 상반되는 2개의 가치관의 대립은 한국사회와 가정 내에서 자주 드러나고 있다.

현대 한국가족의 모습을 구체적으로 살펴보면 과학기술의 발전과 산업화로 인한 경제성장 및 도시화의 영향으로 급격한 변화를 경험하고 있으며, 이와 같은 변화는 우리의 생활양식이나 가족관계에 영향을 미쳤다. 예를 들어, 도시화와 산업화로 인하여 부모 모두의 사회활동이 늘어나 부모가 담당해야 하는 교육적 기능이 상당히 상실되었다. 뿐만 아니라 핵가족화로 인하여 조부모로부터 옛것을 배울 수 있는 기회를 가질 수 없다. 특히 조부모와 부모와의 관계로부터 배울 수 있는 인간관계의 중요한 원리를 배울 기회가 많지 않다. 결국 가족 구성원들로부터 듣고 보면서 배울 수 있는 기회를 많이 상실하게 된 셈이다. 산업화, 도시화로 인한 급격한 사회 변화에 따라 가족이 수행해 왔던 기능들이 사회의 여러 제도와 기타 전문기관으로 점차 이전됨에 따라 가족들의 요구나 문제에 적절하게 대처하기 어려워지면서 가족문제가 더욱 부각되고 있다. 핵가족의 불안정성 역시 이혼 등의 가족해체로 이어져 사회적 문제로 부상하고 있다. 그러나 이와 같은 변화가 곧 한국가정의 위기라는 등식으로 이어진다고 단정 지을 수 있는 것은 아니다. 상담자는 우리가 당면한 여러 가지 문제가 가지고 있는 긍정적인 면과 부정적인 면을 객관화할 수 있는 안목을 키우는 것이 보다 중요하다고 생각된다. 이질적인 구성원이 모여 만들어 낸 가족이란 다양한 문제를 가지게 되는 것은 당연하며, 문제가 곧 가족을 위기로 몰아넣은 것은 아니다. 가족은 각자 스스로 문제를 해결하려고 하는 치유의 힘을 통하여 어려운 문제를 해결해 나갈 수 있다. 당면한 문제를 스스로 해결하기에는 자원이 취약한 가족에게 해결력을 키우도록 도와주는 것이 가족상담의 목적이므로 여기서는 먼저 한국가족의 문제점을 살펴보고자 한다.

1) 가족구조와 기능의 변화에 관련된 문제

한국가족의 변화는 크게 외적인 변화와 내적인 변화로 나누어 생각할 수 있을 것이다. 한국가족의 외형적 변화는 크게 가족의 소인수화, 핵가족화, 고립화를 들 수 있다. 한국가족의 변화는 이처럼 산업화 과정에서 가족의 기반이 경작중심에서 임금중심으로 옮겨감으로써 대가족에서 소가족으로 전환하는데서 시작되었다고 생각된다. 산업화로 인한 도시화, 핵가족화, 자기중심적인 개인주의 사고방식은 가족구조, 가족관계, 가치관 등에 많은 변화를 가져왔다. 이러한 변화는 지역, 연령, 교육, 경제수준 등에 따라 정도의 차이는 있으나 우리나라에서는 지난 30년 사이에 3세대 가족이 절반수준으로 떨어지고 1인 가구와 부부와 미혼자녀로 구성된 핵가족이 1970년 71.5%에서 2020년 79.7%로 증가했다. 또한 2020년 인구주택 총조사에 의하면 1인이나 2인 가구가 62.2%로 증가하였다. 평균자녀 수도 1980년 2.83명에서 2020년 0.84명으로 줄었다(통계청, 2020). 이것은 비혼, 독신과 동거, 무자녀 등 다양한 형태의 가족이 늘어나고 있음을 알 수 있다. 동시에 여성의 노동참여율이 증가하여 취업여성이 증가하였다. 또한 이혼율의 증가와 함께 근무형태의 영향으로 떨어져 지내는 가족이 늘어나면서 실질적인 한부모 가정 형태가 증가되었다. 또한 도시에서 주거소유비율이 감소하고 이사 횟수의 증가로 가족들은 소원한 이웃관계를 가지게 되었다.

또한 인간의 기본적 욕구를 해결하기 위해 오랫동안 성적욕구의 만족, 자녀출산, 사회화의 교육, 애정의 교환, 지위의 부여, 보호기능, 경제적 기능, 그리고 종교적 기능, 오락적 기능 등이 수행되어 왔다. 그러나 이러한 전통적 가정의 여러 가지 기능 중에서 산업화되어 갈수록 많은 변화가 있어 왔다. 오늘날 와서는 가정에서의 애정기능을 제외한 다른 여러 기능이 전문적 기관에 흡수됨으로써 가정의 기능이 점차 축소되고 약화되었다고 볼 수 있다. 그리고 4차 산업 등 급격한 사회변동으로 인한 가정 내에서의 권위의 배분과 의사소통 유형, 자녀의 통제방법 등에 있어서도 많은 변화를 가져왔다.

현대가정의 가족구조와 기능의 변화에 따른 문제점을 정리해 보면 다음과 같다.

첫째, 현대가정이 핵가족화됨으로써 야기되는 여러 가지 문제를 들 수 있다. 직업구조의 변동과 그에 따른 도시화, 출산자녀의 감소 등으로 가족 수가 줄어들고 가족형태가 변모함으로써 가족관 및 도덕관의 변동으로 인한 문제가 나타나고 있다. 즉, 가족 간의 관계가 단조롭게 되어 자녀들이 대가족제에서 배울 수 있는 보다 넓은 인간관계를 형성하는 데 저해요인이 되며 고립화되고 나아가 소외감을 갖거나 안정감을 잃게 된다는 점이다. 더 나아가, 핵가족은 부부의 애정을 중심으로 형성되어 있으나 애정이 식어 버리는 경우 그 가정은 제 기능을 상실하게 되어 해체되는 가족이 증가할 가능성이 높다.

둘째, 부모가 집에 거주하는 시간이 줄어들면서 파생되는 문제이다. 점차 가족을 중시하는 경향을 보이고는 있지만, 여전히 아버지는 집 밖에서 머무르는 시간이 많다. 또한 맞벌이 부부의 증가로 자녀들이 혼자 있는 시간이 늘어나고 부모와의 대화시간이 부족해지고 있다. 이것은 자칫 자녀들을 훈육할 때 필요한 부모의 건강한 권위가 약화되어 교육이나 통제가 제대로 이루어지지 못할 수도 있다.

셋째, 부모의 과잉보호와 지나친 기대에 따른 문제이다. 핵가족은 대가족에 비해 자녀수가 줄어들면서 부모의 관심과 보호가 오히려 자녀들의 부담으로 이어질 수 있다. 즉, 자녀들을 자신의 보상심리에 따라 정서교육이 결여된 채 무리하게 입시준비만 시킴으로써 심리적 부적응 현상과 자녀에게 부정적인 영향이 많다.

2) 가족역할의 변화에 관련된 문제

최근 들어서 가정 내에서의 가장과 주부의 역할은 상당히 달라졌다. 전통적 가정에서 엄격히 남녀의 역할이 구분되어 각각의 맡겨진 역할에 충실할 때 가정이 원만해진다고 믿었던 관점은 요즘은 오히려 불화의 불씨로 작용하게 된다. 1990년대 이후 양성 평등 등의 여권의 광범위한 이슈로 확대되어 갔다. 1987년 「남녀고용평등법」 제정을 시작으로 여성의 인권과 권익향상에 대한 제도적 정보는 1991년 「영유아보육법」, 1994년 「성폭력 특별법」, 1995년 「여성발전기본법」, 1997년 「가정폭력방지법」, 1999년 「남녀차별금지법」, 2004년 「성매매방지법」, 2005년 호주제 폐지에 이르기까지 압축적인 진전을 보였다. 특히 변화된 역할변화를 적극적으로 받아들이고 있는 여성과 이와 같은 변화의 수용에 소극적인 남성의 관점 차이는 현대 가족문제에 많은 불씨로 남아 있다. 이 같은 법적 · 제도적 변화는 여전히 우리사회에 뿌리 깊게 남아 있는 가부장적인 문화와 맞물려 가정의 생활을 어렵게 한다. 그 한 예로 2010년 이후 가정폭력의 비율은 줄고 있지만 2019년 10.3%의 여성이 배우자로부터 폭력피해를 당했다는 연구결과(여성가족부, 2020)가 있다. 한마디로 현재 한국가정의 현주소는 변화의 소용돌이 속에 휘말린 과도기적 충격을 직면했다고 말할 수 있다.

(1) 부부관계

전통사회의 부부관계는 여성에 대한 남성의 통제와 억압이 특징이었다. 이러한 통제관계가 제도화하여 가부장적 권위주의를 만들어 내어 부부, 가족, 친족, 사회일반의 질서의 가치를 소중히 여기게 되었다. 현대사회로 이행하면서 전 세계적으로 확산된 여성해방운동을 통하여 반항과 투쟁이 전개되기 시작하였다. 그리고 산업사회에서의 물질적 풍요, 교육을 통한 여성의 의식수준 향상과 사회진출이 가능해지면서 자유와 평등의 가치가 강조되기 시작하였다.

현대 한국가정의 부부관계에서 주목할 점은 남편과 부인의 의식 격차이다. 남편들의 경우 여전히 가부장적 가족의식을 가지고 있는 반면, 부인들은 평등적 가족의식을 받아들이고 있다. 임상적 경험에 의하면 이와 같은 의식의 차이가 한국가족의 많은 가족문제를 초래한다고 본다. 표면적으로 본다면 한국가정에서 부부관계는 더 이상 남편의 의사에 의해서만 가정의 중요한 일이 결정되지 않으며 부인의 권한이 강화된 것처럼 보인다. 예를 들면, 금전관리 및 자녀교육에 관련된 결정에서 남편들이 밀리고 있다. 그러나 외형상으로 보이는 평등하고 서로 협력하는 관계와 달리 부부관계의 내부에서는 아직도 남편이 아내를 지배하고 통제하려는 전통적인 관계가 그대로 존재하고 있다. 이와 같은 불안정한 부부관계는 가정폭력의 문제를 안은 부부들에게서 자주 볼 수 있다. 한편, 이른바 신세대라고 불리는 부부들의 부부관계는 절대적으로 평등한 동반자적인 관계를 추구해 나가고 있어서 현재 한국가정의 부부관계는 과도기적 혼돈에 처해 있다고 본다(함인희 외, 2001). 최근 들어 급증하고 있는 이혼율과 독신율의 증가가 이와 같은 사실을 잘 표현하고 있다.

(2) 부모자녀관계

한마디로 말하면 현대사회에서는 자녀에 대한 부모의 권위가 약화되었다. 이는 부모자녀 간의 상호작용의 감소로 인한 것이라고 지적할 수 있다. 산업화가 진행되면서 일터와 가정은 시간적으로나 공간적으로나 분리되었다. 그 결과 산업화가 시작되는 1960년대와 비교할 때 최근의 남성이 자녀교육에 개입할 기회가 감소되었으며, 여성의 사회진출로 인하여 이 문제는 보다 심각해졌다. 가정 내에서 이루어지는 교육보다 가정 밖의 전문기관에 교육의 역할을 의존하는 비율이 높아지게 된 것이다.

3) 의사소통과 관련된 문제

김장이(2014)는 한국인의 의사소통방식이 한국의 역사적 전통과 민족성, 집단의식이라는 한국문화 속에서 만들어졌다고 보았다. 따라서 우리 의식, 유교적인 위계 틀, 간접화법의 구사, 상위 의사소통, 배려, 체면이 특징이라고 언급하였다.

한국인에게 보이는 의사소통의 특징을 정리하면 다음과 같다(송성자, 2004).

첫째, 한국인의 의사소통은 이성적이기보다는 감정적인 경향이 있다. 지나친 감수성은 정서적 반응이 강하고 외부의 자극을 감각적으로 받아들이게 되어서 충동적이 되기 쉽다. 지나친 감수성은 이성적 판단을 흐리게 하여 잘못 행동을 하게 하는 수가 있으며, 이는 서로 타협하기보다는 자기주장만 내세워서 하나의 통일된 견해로 합쳐지지 않으면 만족하지 않는 강박적인 속성이 있다.

둘째, 일방적인 의사소통이다. 이는 한국인이 가진 권위주의적 성격특징과 맞물려 자기의 힘을 과시하려는 경향에서 엿보인다. 즉, 가족관계에서 우위에 있다고 생각되는 가족은 자신의 의견을 일방적으로 피력하여 다른 가족들이 이를 수용하도록 기대한다는 것이다.

셋째, 형식적이며 비언어적인 의사소통을 선호한다. 한국인의 형식주의적 성향을 가족제도와 관련해 볼 때 한국인은 자기 소신대로 행동하기 전에 다른 사람에게 민감하게 반응하며 눈치와 체면을 중요시한다. 그리고 가족구조 내의 상하관계로 인해 가족 간의 동등한 입장에서의 솔직한 대화를 통해 정보를 얻기 힘들므로 상호간에 눈치를 살피게 된다. 다시 말하면, 직관적으로 상대방의 태도와 생각을 알아내는 감각이 발달하는 것이다. 이와 같이 자기를 내세우지 못하고 자신을 부인하고 다른 사람의 의견과 평가를 중요시하는 것은 개성이 결여되어 있고 자기의 가치와 감정이 약하기 때문이다. 이와 같은 형식적인 대화는 비언어적 의사전달의 선호로 이어지게 된다. 일반적으로 한국인은 남이 내 마음을 알아주기를 기대하고 명백하고 솔직한 의사소통을 잘 못하고 간접적으로 표현하는데 이것이 오해의 원인이 될 수 있다.

넷째, 의사소통의 내용에 있어 과거지향적이다. 과거에 집착한다는 것은 새로운 것을 반대하고 종래의 것을 중요시하여 유지하려 하고 지나간 생활 또는 지나간 일은 잊지 못하는 것을 의미한다. 과거에 집착하는 의사소통은 새로운 것을 추구하는 젊은 세대와의 괴리감을 조장하여 결국 대화의 차단으로 이어지게 한다.

4) 밀착과 분리와 관련된 문제

기능하는 가족은 가족 사이의 경계가 명백하고 우리라는 집단 소속감과 함께 나다움이라는 자의식을 각 가족원에게 준다고 정의되고 있다. 따라서 이와 같은 밀착과 분리는 가족문제를 초래하는 중요한 요인이다. 밀착은 가족이 서로 생활에 너무 염려하고 지나치게 개입하고 가족 상호작용이 극단적으로 근접하고 강렬한 형태를 말한다. 밀착된 가족에서 하위체계 경계는 구별이 잘 안 되고 약하고 쉽게 바뀐다. 또한 이 같은 가족의 구성원들은 가족응집력에 가치를 높게 두고 자주성을 잃고 가족 밖의 문제를 탐구하고 해결하려 하지 않는다. 분리된 가족은 독립적이며 자주적으로 기능하나 가족의 충성심은 거의 없다. 그들은 상호의존성의 능력이 필요할 때 다른 사람에게 도움을 요청하는 힘이 부족하다. 가족 중 한 사람이 스트레스를 받고 있을 때 밀착된 가족은 지나치게 빠르고 격렬한 반응을 하는 데 반해, 분리된 가족은 거의 반응을 하지 않는 것처럼 보인다.

제4장

가족상담의 주제

최근에 가족상담에 대한 관심이 높아지면서 정신건강 분야에 종사하는 전문가 중에는 가족을 배제한 치료적 접근방법은 그 효과성을 기대하기 어렵다고 생각하는 사람이 늘고 있다. 이들은 다양한 사회 변화가 가족 스트레스를 가중시키므로 가족이라는 개념을 염두에 두고 내담자에게 발생하는 심리적 문제를 이해하고 개입하는 것이 필요하다고 생각한다. 그러나 이처럼 가족상담에 대한 관심이 높아지는 것에 비해 어떤 가족에게 가족상담을 적용해야 하는지에 대한 고려는 충분히 이루어지지 않았다. 그것은 그와 같은 논의를 뒷받침할 과학적인 자료를 제공하기 어렵기 때문일 것이다. 그리고 많은 임상전문가가 아직 가족상담을 독립된 치료적 개입방법이라고 보기보다는 임상적인 문제에 접근해 가는 부수적인 방법으로 생각하는 경향이 있다. 따라서 가족상담은 누구에게, 언제, 어떻게 적용하는가의 범위에 대해서 유동적이다. 그러나 '전체로서의 가족'이라는 관점에서 이들이 겪는 어려움을 바라본다면, 가족상담은 하나의 확립된 치료방법이라 할 수 있다. 그러므로 상담자가 어떤 가족과 상담관계를 맺을 때, 이 같은 기법을 적용할 수 있는가에 대한 범위를 이해하는 것은 중요하다.

가족단위의 상담접근에서 본다면, 가족이 가진 모든 심리적 문제는 가족상담의 대상이 될 수 있다. 그러므로 상담자는 현재 상담에 참여하는 사람이 한 명이든 여러 명이든 인원수에 관계없이 가족 전체를 평가와 개입의 대상으로 삼으려고 노력해야 한다(Nichols, 2016). 상담자는 모든 심리적인 문제를 가족 상호작용이라는 관점에 근거하여 개입할 수 있다고 주장한다. 그러나 상담의 효율성을 높이기 위해 가족상담이 어떤 경우에 보다 유용한지에 대한 구체적인 검토를 하는 것이 바람직할 것이다.

일반적으로 가족에게 역기능이 존재하거나 또는 그러한 역기능이 주된 호소문제와 관련이 있다고 판단될 때, 가족상담을 하도록 권한다(Barker, 2013). 그런데 이러한 기준은 지나치게 포괄적이어서 애매하다. 따라서 우리는 먼저 무엇이 역기능인가를 살펴야 하는데, 아직 상담자 간의 합의된 표준이 없는 실정이다. 어떤 가족은 지나치게 제각각이어서 심각한 문제가 있다고 예상되나, 임상적인 관점에서 문제가 없는 경우가 있으며, 그와는 달리 우리에게는 지극히 정상적인 가족처럼 보이지만 실제로는 심각한 임상적 문제를 가진 가족 구성원을 포함한 경우도 있다. 이러한 문제에 대해서는 제3부 제12장에서 언급할 가족기능을 평가할 수 있는 여러 가지 모델이 도움이 될 것이다. 상담자가 가족평가의 지식을 가졌다면 상담의 초점을 어디에 맞춰야 할 것인지를 판단하는 데 도움이 된다. 현재 만나고 있는 가족의 어떤 부분이 잘 기능하지 못하는가를 이해하는 것은 가족이 정상인지의 여부를 결정하는 것보다 중요하다. 그런데 경험이 적은 상담자에게는 가족의 역기능을 판단하기가 결코 쉬운 일이 아니므로 가족상담의 보다 구체적인 적용의 지표가 필요하다. 가족상담을 적용하기 위한 지표는 다음과 같이 제시할 수 있다(Walrond-Skinner, 2014).

첫째, 어떤 증상이 역기능적인 가족관계에 얽혀 있다고 판단될 경우이다. 중상이 가족 전체의 고통이나 역기능을 표현한다고 생각되면, 가족상담은 최선의 선택이다.

둘째, 도움을 구하는 사람의 호소가 특정 가족 개인의 문제보다도 가족 간의 관계 변화에 있다고 판단될 경우이다. 부부관계, 부모자녀관계, 형제간의 갈등을 호소하는 것이 그 예이다.

셋째, 가족이 서로 분리되는 것에서 어려움을 겪는 경우이다. 아동이나 청소년이 관련된 많은 문제행동의 이면에는 분리에 대한 갈등이 내재된 경우가 많은데, 그러한 경우에는 가족상담의 개입이 상당한 효과를 거둘 수 있다.

언급한 지표에 대한 이해를 돕기 위해 오늘날 우리의 생활 속에서 자주 볼 수 있는 가족문제를 유형별로 살피기에 앞서서 가족탄력성에 대해서 언급하려고 한다.

종래의 상담분야에서는 대부분 개인이나 가족이 지닌 문제를 중심으로 생각하면서 내담자가 문제를 극복해 나가는 힘에 대해서는 과소평가해 왔다. 그러나 최근 들어서 상담이나 심리치료 분야에서는 내담자들이 가진 강점이나 탄력성에 관심을 가지고 그것을 어떻게 적극적으로 활용할 수 있는지에 관심을 가지기 시작했다. 가족들은 커다란 상처를 받았음에도 불구하고 곤란을 뛰어넘어서 성장하는 경우가 많은데, 이것을 가족탄력성이라고 부른다. 탄력성(resilience)은 사람들에게서 보이는 회복하려는 능력으로, 원래 아동발달의 영역에서 열악한 환경이나 지역에서 자란 아이들의 생존요인이나 위험요인 등에 관한 연구를 통해 부각된 개념이다. 상담자들은 가족문제를 생각할 때, 그들의 생활상의 위험요인(risk factor)과 더불어 보호요인(protective factor)에 대한 관심을 가져야 한다. 이 두 가지가 서로 상호작용하면서 곤란이나 스트레스의 극복, 트라우마의 회복, 역경을 딛고 적응으로 향하는 여러 가지 형태를 보인다. 따라서 상담자들은 가족들이 드러내는 곤란을 극복하고 다음 단계로 도약하려는 다양한 힘에 주목하면 도움이 된다. 이 같은 탄력성은 관계를 통해 지속적으로 성장할 수 있다고 생각한다. 월시(Walsh, 2002)

는 탄력성은 개인의 타고난 문제해결능력의 하나가 아니라, 가족들의 자원이라고 강조하였다.

1. 가족형성기의 문제

전통적인 가족에 대한 개념은 혼인, 혈연 및 입양으로 이루어진 관계 집단으로 의식주를 공동으로 해결하고 정서적 유대와 공동체적 생활방식을 갖는 집단으로 보았다. 이러한 관점에서 보면 이성애 부모(주로 부양자 아버지와 전업주부 어머니)와 친자녀로 이루어진 핵가족이 전형적인 가족이라 하겠다. 그러나 사회 변화와 함께 다양한 형태의 가족이 증가하면서 가족의 정의 또한 '소속감을 가지고 있으며 전형적인 가족의 임무를 수행하는 2인 이상의 사람들'과 같이 광의의 의미로 변화되고 있다. 가족과 만나는 상담자는 핵가족뿐만 아니라 한부모 가정, 재혼가정, 입양가정, 다문화 가정, 동성애 가정 등 다양한 형태의 가족에 대해 이해하고 있어야 한다.

1) 핵가족의 문제

부부가 된다는 것은 인생주기에서 가장 복잡하고 어려운 전환이다. 결혼은 서로 받아들이기 어려운 발달과제를 요구하며, 그를 위한 계획적인 노력이 요구되는 것이다. 결혼은 동물들의 짝짓기와는 달리, 2개의 거대하고 복잡한 체계의 결합으로 서로 뒤엉킬 수 있기 때문에 우리가 막연히 생각한 것처럼 결코 기쁨이 넘치는 로맨틱한 세계로 진입하는 것만은 아니다. 결혼한 젊은 부부는 원가족(family of origin)과 연결되었지만 독립적인 하위체계를 형성하기 위해 지금까지 밀접한 관계를 맺어 온 원가족과의 관계에 변화를 가져와야 한다. 그런데 한 개인이 원가족에게서 분리된다는 것은 힘든 발달과제이며, 이와 같은 과제를 충분히 경험하지 못한 개인이 새로운 가정을 만들 때는 여러 가지 어려움이 예상된다. 따라서 상담자는 새로운 가정생활을 만들어 가는 신혼부부가 자신들의 생활에 적응할 수 있도록 새로운 관계의 정체성을 확립해 나가도록 도와야 한다.

　우리 주위에는 심각한 의견불일치를 겪거나 의사소통의 문제, 문제해결능력의 결여로 어려움을 겪는 부부가 많은데, 이들은 이런 부부문제를 해결하기 위해 상담을 원한다. 그런데 때로는 상담자가 한쪽 배우자와 개인적으로 문제를 다루어 부부관계가 더욱 악화되기도 한다. 한쪽 배우자만 혼자 상담을 받으면 그 개인은 치료적인 성장을 하게 되나, 결과적으로 한쪽만의 성장으로 인해 상대방에게서 더욱 멀어질 가능성도 배제할 수 없기 때문이다. 더나아가 이 같은 개인의 성장은 부부문제를 보다 복잡하게 만들어 결국 파경으로 이어지는 경우도 있다. 따라서 부부문제로 한 사람만 상담에 참여할 경우, 문제해결에 도움이 되지 않을 수 있으므로 공동으로 이루어지는 부부상담을 선택하는 것이 바람직하다. 만약 개인의 문제를 다루는 것이 중요하다고 판단된다면 상담자는 양쪽 배우자 모두가 상담에 관여하도록 도우면서 동시에 개별적인 문제를 다루는 것이 바람직할 것이다.

2) 한부모 또는 재혼가정의 문제

　높은 이혼율로 인해 한부모 가정이 늘어 가는데, 자녀의 양육을 담당하게 된 한쪽 부모는 가족을 부양하기 위해 해결해야 하는 무수히 많은 문제에 직면하게 된다. 자신이 감당하기 어려운 스트레스를 경험하는 한부모는 가정이나 자신에 대한 조절능력을 상실할 수도 있다. 따라서 상담자는 어려운 상황에 처한 한부모 가정이 가지는 긴장과 스트레스를 중재할 수 있도록 도와야 한다. 시간이 지날수록 자녀의 양육, 경제적 도움, 다른 한쪽의 부모와 자녀를 만나게 하는 것 등에 관한 문제들이 발생하기 때문이다. 구체적으로 생각해 보면, 한부모 가정은 한쪽 부모가 아버지와 어머니 역할을 모두 수행해야 한다는 점과 부모의 피로와 고독감, 자녀 역시 본의 아니게 자신의 성숙 수준 이상의 역할을 해야 한다는 역기능의 위험을 안고 있다. 상담 과정에서 이런 문제들을 다룰 수 있다면 한부모 가정이 자신들이 가진 문제를 극복하는 데 상당한 도움이 될 것이다.

재혼가정이란 일반적으로 최소한 한쪽 배우자가 이전에 결혼한 경험이 있으며, 거기에 한 명 이상의 자녀를 가진 가족을 말한다. 이런 형태의 가족을 혼합가정이라고 부르기도 한다. 이러한 재혼가정은 가족생활주기의 분열인 동시에 새로운 가족생활주기의 시작이다. 즉, 이전의 가족생활주기에 일부인 약간의 형태를 유지하면서 새로운 가족생활주기가 시작된다. 이들은 한쪽 부모의 죽음이나 이혼으로 인한 상실을 경험한 가족이므로 더 많은 어려움이 예상된다. 또한 가족관계에서도 보다 많은 관계가 서로 얽혀 있어서 더욱 복잡한 문제를 파생시킬 수 있으므로 상담자의 도움이 필요하다.

2. 다양한 가족형태의 문제

1) 다문화 가정

국제결혼, 혼혈아 등의 차별적 용어를 자제하기 위해서 2003년부터 다른 문화권과 가족관계를 형성하는 경우 다문화 가정이라는 용어를 사용하였다. 즉, 다문화 가정은 우리와 다른 민족, 문화적 배경을 가진 사람들로 구성되어 한 가족 안에 다양한 문화가 공존하고 있는 가정을 가리킨다(김정열 외, 2014). 이 정의에 따르면 외국인 근로자 가정 등도 포함되지만, 일반적으로 결혼이민자 가정과 새터민 가족만 부각되는 경향이 있다. 1990년 이후 결혼을 하지 못한 농촌 총각과 저개발국 여성 간의 결혼과정이 파행적으로 이루어지는 국제결혼이 증가하였다. 이들 가정의 경우에는 고부갈등이나 자녀양육 등의 어려움이나 가족해체, 가정폭력 등의 가능성이 높아서 가족체계가 불안정한 경우가 많다.

순수혈통주의를 중시하는 한국사회에서 국제결혼에 대한 사회적 편견 및 문화 차이의 문제가 있다. 이들 다문화 가정은 가족 간의 의사소통의 어려움으로 인해 갈등이 심해지고 소외감도 큰 문제로 부각되었다. 여기에 부부의 연령차에 따른 세대 간의 차이, 생활방식의 차이, 고부간의 갈등 등은 가정폭력이나 외도의 갈등을 가중시켜서 결국 가족해체로 이어지는 경우가 많았다.

경제적 어려움이나 사회적 고립도 큰 문제이지만, 특히 자녀양육의 어려움이 컸다. 어린 결혼이민 여성들이 부모로서 충분한 준비도 없이 출산하면서 태어난 자녀들에 대한 적절한 양육이 어려운 경우도 많다. 자녀들이 성장하면서 자녀양육의 어려움이 가중되어 이들 가정이 겪는 가족생활주기상의 위기가 더욱 심각하다.

다문화 가정 부부가 적응하는 과정에서 겪게 되는 사회적, 심리적 문제를 공감하는 것은 물론 다문화 가정을 대상으로 한 갈등 및 가정폭력이나 가족해체 현상에 개입할 수 있는 가족 통합적 접근이 필요하다.

2) 장애를 가진 구성원을 둔 가정

최근에 실시한 장애인 실태조사에 의하면 등록장애인 수가 262만 2,950명으로 2008년 213만 226명보다 늘어났다(보건복지부, 2020). 가족 중 누구가가 장애를 가지면 가족들은 여러 가지 부담을 가지게 된다. 특히 심리적 · 신체적 스트레스는 보호자에게 커다란 영향을 준다. 이러한 심적 부담이 커지면 장애가 있는 가족을 학대하거나 부적절한 양육으로 이어지거나 보호자 자신이 정신적 부적응을 겪게 될 가능성도 높다.

장애를 가진 자녀가 있는 경우 다른 형제들의 성장에도 영향을 미친다. 예

를 들어, 부모의 관심이 장애를 가진 형제에게 쏠려서 소외감이나 차별받는
다는 생각 때문에 장애를 가진 형제에 대한 미움이나 질투로 확대되는 경우
도 있다. 때로는 집안일을 분담하거나 장애가 있는 가족을 돌봐야 해서 자신
의 자유가 박탈되었다고 느끼면서 힘들어할 수도 있다. 장애를 가진 가족이
있는 경우 어려운 점은 가족 구성원 중 누군가가 장애를 가진 가족을 돌보면
서 힘들어하는 모습을 보면서 무의식적으로 장애가 있는 가족에 대해 부정적
인 감정을 가지게 된다는 것이다. 이것은 학교나 사회생활에서의 부적응 증
상으로 드러나는 경우도 있다. 또 다른 어려움은 부모가 장애가 있는 자녀에
게 기대할 수 없는 희망을 은연중에 건강한 자녀에게 가지면서 기대의 대상
이 된 자녀가 심리적 압박감을 경험하는 경우도 있다. 이처럼 장애를 가진 구
성원을 둔 가족은 가족 전체에 영향을 주면서 가족관계가 잘 형성되지 못하
거나 가족기능이 저하되기도 한다.

　장애를 인정하는 것은 가족에게 있어서 어려운 일이기 때문에 가족에 대
한 지원이 필요하다. 장애를 가진 구성원을 둔 가정은 그들만의 힘으로 대응
하기 어려운 문제를 많이 가지고 있으므로 가족상담이 필요하다. 가족상담
을 통해 그들이 가진 문제를 해결해 나가는 치료적 접근도 필요하지만, 이들
가족에게는 지지적 지원이 무엇보다 중요하다고 생각한다. 상담자는 장애를
가진 구성원을 둔 가정은 본래 스스로 문제를 해결할 수 있는 가족이라는 점
을 잊지 말고 이들이 가진 탄력성을 회복시키는 데 힘을 기울여야 한다.

3. 자녀양육기의 문제

1) 맞벌이 가정

경제적 어려움이나 사회생활을 통해 자아실현을 하려는 여성들이 많아지

면서 맞벌이 부부가 늘고 있다. 그리고 이와 같은 맞벌이 가정은 배우자와
의 관계 등 가족 안에서 새로운 문제에 직면하는 경우가 많다. 최근 「양성평
등기본법」 「영유아보육법」 등이 개정됨으로써 국가에서는 일과 육아를 병행
하는 정책을 적극적으로 펼치고 있다. 2020년도 여성의 경제활동참가율은
59.1%로 10년 동안 지속적으로 증가하고 있다(통계청, 2021). 특히 30대 여
성의 78.4%가 경제활동에 참여하고 있어서 맞벌이 가정이 늘어나고 있음을
추론할 수 있다. 그러나 결혼 후 육아를 병행하면서 맞벌이를 하는 것은 쉽
지 않다. 한 예로, 코로나 19로 여성의 양육부담이 증가하여, 휴직, 단축근로,
퇴사를 선택한 맞벌이 여성이 늘어났다는 연구도 있다(한국여성정책연구원,
2020). 그럼에도 경제적인 문제와 자기가 하려는 일에 대한 성취라는 복합적
인 원인으로 앞으로는 맞벌이 가정은 지속적으로 늘어날 것이다.

맞벌이에 따른 문제점은 사회생활 속에서의 남녀평등과 가사분담 및 자녀
양육의 문제이다. 1990년 중반에 들어서 가족문화에 점진적인 혁신이 일어
나면서 부부간의 역할 평등, 수평적 부모자녀관계를 형성하려는 움직임이 일
고 있으나, 가사노동이나 자녀양육의 책임은 여전히 여자의 몫이라는 의식
또한 그대로 남아 있다.

맞벌이를 둘러싼 인식의 합의점을 찾지 못하면, 부부에게는 여러 가지 갈
등이 드러나게 된다. 그런데 한쪽 배우자만이 상담에 임할 경우 치료적 개입
의 대안은 한정되며, 상담자는 한 측면의 인식과 감정만을 다루게 될지도 모
른다. 그러나 상담자가 가족상담에서 부부를 함께 만나면 양쪽의 필요와 걱
정을 명료화하며, 그들이 새로운 규칙을 협상해 나가도록 도울 수 있다. 이처
럼 양쪽 배우자의 욕구가 고려된다면 합의점을 발견할 수 있으며 지속적인
변화도 가능하다.

2) 아동양육의 문제

확대가정에서 핵가족으로 변화해 가는 과정에서 자녀의 행동을 잘 다루지 못하는 부모가 늘고 있다. 자녀의 문제는 양육자와 어려움을 겪는 자녀의 문제가 아니라 가족 구성원의 상호작용이 반영되는 문제이므로 이 경우에는 가족상담이 효과적이다. 때로는 자녀의 행동을 어떻게 다루고 자녀를 어떻게 양육하느냐에 대한 부부간의 의견이 불일치할 때가 있다. 이 같은 불일치는 신속하게 해결되지 않으면 결혼생활의 스트레스와 불안정을 증대시키는 결과를 초래하기도 한다. 그리고 이 같은 스트레스는 자녀의 바람직하지 못한 일탈행동으로 이어지기도 한다. 가족상담은 가족들이 문제가 지속되는 데 어떤 역할을 하는지를 정확히 평가하는 효과적인 방법이다. 또한 치료적 개입에서는 문제행동을 하는 아동과 다른 가족 사이의 역기능적인 상호작용 패턴이 변화하도록 돕는다.

아동이 학교에서 문제행동을 하여 부모나 교사가 상담을 원하는 경우도 있다. 학교에서 보이는 아동의 일탈된 문제행동은 아동만 상담을 하는 것보다 부모, 형제, 교사를 평가범위 안에 포함시키는 것이 효과적이다. 학교체제뿐 아니라 가족이 상담에 참여한다면 학교와 가정의 효과적인 협력이 이루어져서 아동의 변화를 가져올 수 있다. 그러므로 학교와 관련된 문제를 가진 학생의 효율성을 증폭시키기 위해서 상담자에게는 학교와 가정이라는 두 체제의 협력을 촉진할 만한 기술이 있어야 한다.

4. 청소년기 자녀의 문제

심리적으로나 신체적으로 불안정한 청소년들이 지나친 압박감을 느끼면 우울증에 걸려 자살을 시도하거나 그 반대로 폭력 등의 행동화라는 극단의 패턴을 보이기도 한다. 이 밖에 등교거부와 같은 부적응현상, 신경성 식욕부진중, 인터넷 게임중독과 같은 충동조절장애 등 청소년과 관련된 다양한 문제가 있다. 그런데 청소년과 관련된 문제를 상담하는 상담자가 겪는 어려움은 이들은 한결같이 상담에 대한 동기가 낮다는 점이다. 즉, 대부분의 경우 청소년 자신이 원해서 상담에 오는 것이 아니라, 부모가 강제로 끌고 온다는 점에서 이들과 상담관계를 형성하기가 어렵다.

부모들은 십대 자녀들의 행동이 완벽하기를 요구하는데, 십대들은 그런 부모의 요구는 자신을 믿지 못할 때 나타난다고 생각하는 경향이 있다. 때로는 부모의 이와 같은 기대에 미치지 못한다고 느낀 청소년들이 절망하며 우울해하기도 하며, 극단적인 경우 자살시도를 할 수도 있다. 따라서 청소년의 가족을 만나는 상담자는 가족이 청소년을 보다 잘 이해하도록 돕는 것이 필요하다. 상담자는 가족에게 자녀들이 부모의 지나친 기대와 압력에 대해 반응적 우울이 나타날 수 있다는 사실을 알리거나 우울의 본질에 대해 이해시키는 것이 중요하다.

한편, 오늘날 청소년기의 자녀는 쉽게 행동으로 표현하는 경향이 있다. 사소한 일에 화를 내며 부모, 특히 연약한 어머니에게 난폭하게 굴거나 반대로 극단적으로 입을 다물어 버리기도 한다. 어머니에 대해서 이런 행동을 하면서도 학교생활이나 교우관계는 원만한 경우가 많다. 따라서 어머니는 자녀의 이 같은 행동이 자신의 문제라고 생각하여 자녀의 기분에 맞추려고 애쓰는데, 이 같은 어머니의 태도는 자녀의 행동을 더욱 도발적으로 만든다. 이런 상태에 이르러도 아버지는 좀처럼 어머니와 자녀 사이에 개입하지 않는다. 어머니의 요구로 어쩌다 개입하여 자녀를 야단쳐도 자녀는 어머니가 시키는 대로 하면서 큰 소리만 치는 아버지에 대해 더욱 반발하게 된다. 이처럼 부모와 자녀 사이에 끊임없이 공허한 투쟁이 일어나는 동안 자녀는 자존감에 상처를 받게 된다. 그리고 이 같은 자존감의 손상은 충동적인 자해, 자살기도 등으로 이어지기도 한다.

5. 집 떠나는 성인 자녀의 문제

　최근에 가족상담 분야에서 주목할 만한 문제는 부모 곁을 떠나는 성인 자녀 가족의 어려움이 늘고 있다는 것이다. 부모들은 성인 자녀가 자율적이기를 원하면서도 한편으로는 그들의 힘만으로는 성공적인 삶을 살 수 없을 것이라는 막연한 불안이 있다. 이런 양면적인 생각에 사로잡힌 부모는 자녀들에게 암암리에 성공하지 못할 것이라는 미묘한 메시지를 보낸다. 따라서 자녀는 자신이 부모의 도움 없이는 성공할 수 없을 것이라는 생각에서 벗어나기 힘들다. 결국 자녀가 성인이 되어 집을 떠나야 할 시기가 되면 이 같은 과제는 모든 가족의 위기로 파급되며, 집을 떠나는 과제는 좀처럼 이루어지기 어렵다. 가족상담에서는 이와 같은 문제에 관련된 가족역동을 다루면서 성인이 된 자녀가 어려움 없이 집을 떠나도록 도울 수 있다. 또한 부모 역시 자녀의 독립을 잘 지지할 수 있는 효과적인 행동을 하도록 도움을 받을 수 있다.

　자녀들이 성장해 부모 곁을 떠나면 부부관계에 대한 새로운 의미가 부각되며, 특히 자녀에 대한 부모로서의 책임감에서 벗어나 자신의 생활에 몰두할 수 있는 가능성과 자유를 느낀다. 자녀를 성공적으로 키웠다는 만족감과 기쁨에서 부모로서 동반자 의식을 가질 수 있다. 그런데 이 같은 중년기의 정체성을 획득하지 못한다면 여러 가지 어려움이 예상된다. 예를 들면, 자녀가 취업이나 결혼 등으로 독립함에 따른 부모 역할의 상실, 다가올 은퇴와 관련하여 직업 역할 상실 등의 문제가 제기되기도 한다. 이 시기에는 부모자녀관계를 분리시키고 부모가 자녀에게 하던 투자를 부부관계로 돌리도록 변화하는 것이 중요하다. 특히 여성의 경우 어머니 역할의 상실은 중요한 변화이다. 대부분의 경우 이와 같은 역할 변화에 잘 적응하지만, 과도기적 전환을 수용하지 못하면 다양한 어려움을 겪는다.

6. 성인기의 문제

1) 가족 내 폭력

미국의 소아과 의사 켐프(Kempe, 1963)가 골절, 타박상, 영양실조 등으로 아동이 사망하거나 영구적으로 장애를 남기게 되는 것을 피학대아증후군으로 발표한 이후 아동학대 문제는 세간의 많은 관심을 받아 왔다(김유숙 외, 2019에서 재인용). 그러나 체벌을 버릇 들이기의 적절한 수단으로 생각하거나 자신들의 욕구 충족을 위한 수단으로 아동을 사용하는 부모가 많으며, 이로 인해 많은 아동이 신체적, 성적 학대를 받고 있다. 이 같은 잘못된 아동학대는 부모의 분노, 좌절감, 불행하다는 느낌의 표현이며, 부모 자신이 인생 초기부터 보살핌을 받지 못했다고 느끼는 데서 오는 것이라고 보았다. 그러나 최근에는 아동학대를 부모와 자녀의 상호작용적 과정의 소산으로 보는 연구도 있다. 따라서 가족상담으로 부모들이 자신의 분노를 조절하는 방법을 습득하거나, 부모의 분노를 유발하는 아동의 행동에 대한 적절한 지도가 필요하다.

최근 사회문제로 대두되는 또 다른 가정 내의 폭력문제는 배우자 구타이다. 가족의 가치나 역할이 급격하게 변화하면서 사랑의 보금자리로 여겼던 부부간에 폭력이 발생할 가능성이 증가하고 있다. 그런데 역설적이지만 많은 폭력가정에서 여성들은 그 같은 관계 속에 그대로 머물러 있다. 이 같은 현상은 가족해체라는 측면에서 접근해 왔던 기존의 대처방식에서 벗어나 폭력가정의 가족 보존이라는 관점에서 개입해 가는 것이 바람직하다는 점을 시사하는 부분이다. 이들의 가족을 보존하기 위해서는 폭력의 문제를 한 개인의 문제로 접근하기보다는 가족 전체의 문제로 바라보는 치료적 개입이 도움이 될 것이다.

2) 중독문제

가족 중 한 명이 약물이나 알코올 남용의 문제가 있다면, 나머지 가족들도 영향을 받기 때문에 상담자는 환자뿐 아니라 환자 가족에 대한 정서적인 도움을 주어야 한다. 예를 들면, 알코올중독의 부모로 인해 자녀의 자존감이 낮아졌다면, 상담에 알코올중독자 이외에 자녀를 포함하는 것이 바람직하다. 때로는 가족 중 한 사람의 특정 행동이 약물이나 알코올 남용을 계속해서 부추길 가능성도 있다. 알코올중독자와 배우자는 상호의존적인 방식으로 행동한다고 알려졌다. 한쪽 배우자가 알코올 또는 약물에 의존한 배우자의 역기능적 행동을 비난하고, 이것으로 자존감이 낮아진 다른 배우자는 알코올이나 약물에 의존하게 되며, 또 다시 비난하는 관계를 지속한다는 것이다. 이 같은 상호의존의 관계는 한쪽 배우자가 약물의존이나 중독문제를 계속하도록 촉진하는 셈이다. 따라서 약물이나 알코올중독의 경우에는 문제를 가진 개인뿐 아니라 가족과 상담하는 과정을 통해 알코올과 약물남용 상황을 명백히 규명하는 것이 필요하다.

7. 노년기의 문제

노인인구의 급격한 증가와 이에 따른 문제가 날로 커지고 있다. 2019년 UN은 「2019년 세계인구전망보고서」에서 65세의 고령층이 11명 중 1명꼴인 9%에서 2050년에는 16%로 증가하여 고령화가 심화될 것이라고 예상했다. UN은 이미 인구평균수명의 증가로 0~17세 미성년자, 18~65세 청년, 66~79세 중년, 80~99세 노년, 100세 이후는 장수노인으로 제안했다(백찬규, 2017). 사회의 고령화, 가족구조의 변화, 부양의식의 약화로 인해 부부나 자녀 간의 갈등으로 고민하는 노인층이 늘고 있다. 또한 최근 들어서 황혼이혼도 늘어가는 추세이다. 과도기적 지점에 있는 현재는 신체적, 정신적으로 쇠약해진 노인부모의 부양에 따른 가족의 부담이 증대되고 있다.

부양의 의무가 점점 늘어나는 중년기 가족들에게 부모와의 상호작용이 늘어나는 데서 비롯된 스트레스와 같은 여러 가지 어려움에 노출되는 것은 당연한 일이다. 부부가 그들 자녀가 집을 떠날 때 겪는 문제와 더불어 연로한 부모를 부양하는 의무까지 더해지면 스트레스는 가중된다. 예상치 못한 뜻밖의 요구로 인해 생길 수 있는 긴장을 해결할 수 있는 효과적인 방법은 연로한 부모를 주로 돌보게 될 배우자를 물리적 또는 정신적으로 도와주는 것이다.

노인들이 겪는 심리적 고통 중 하나는 현재 그들에게 주어진 역할을 수용하지 못하는 데서 비롯되기도 한다. 따라서 시대의 변화에 잘 대처할 수 있도록 노인가족의 상담이 필요하다. 의학의 발전과 생활환경의 변화 등으로 고령층의 인구가 늘어나면서 가족관계 및 구조, 가치관의 충돌로 야기되는 문제가 다양해진다. 특히 그들이 늙어 간다는 사실을 거부하면서 가정에서의 주도적 역할을 넘기고 싶어 하지 않거나 그들이 더 이상 이전의 강력한 위치에 있지 않다는 사실을 받아들이지 못하는 것이다. 이처럼 노인이 있는 가족은 가족 전체가 적응상의 중요한 도전에 직면하게 된다. 은퇴하거나 홀로 되는 것, 조부모가 되는 것, 질병 등의 변화는 가족의 지지와 상실에 대한 적응, 그리고 방향의 재설정과 재조직이 필요하다. 과거와 현재의 가족관계는 노년기의 주요 심리적·사회적 과업을 수행하고, 자신의 삶과 죽음을 받아들이는 통합성 또는 반대로 절망감을 갖는 데 결정적인 역할을 한다. 노년기에 나타나는 전환과 상실은 여러 가지 역기능의 가능성도 있지만, 동시에 변화와 성장의 가능성도 함께 지닌다는 점을 간과해서는 안 된다.

제2부

가족상담 모델

가족상담 모델은 각 모델이 등장한 시기, 모델의 배경이 되는 인식론, 이론적 배경, 모델이 발전한 임상영역의 특징 등에 따라 3세대로 나눌 수 있다.

제1세대는 가족상담의 태동기부터 발전해 온 역사적 의미를 가진 모델을 지칭하고 있다. 대부분의 경우 가족상담의 대가라고 불리는 창시자가 명확히 잘 알려진 모델로 고유의 이론적 배경을 가지고 지금까지 발전을 이어가고 있다. 이 책에서는 다세대 모델, 구조적 모델, 경험적 모델을 소개한다.

제2세대는 가족상담의 포스트모더니즘이라고 불리는 1990년대 이후 가족상담의 새로운 인식론을 배경으로 발전한 모델들이다. 가족상담의 새로운 치료 자세를 만들어 낸 것으로 여기서는 해결중심 모델과 내러티브 모델을 언급할 것이다.

제3세대는 어떤 이론적 배경이나 인식론을 기반으로 탄생한 고유의 모델이라기보다는 1세대와 2세대의 가족상담 모델을 임상영역에서 통합적으로 실천, 응용하면서 형성된 통합적 모델들이다. 여기에 해당하는 정서중심 모델을 소개하고자 한다.

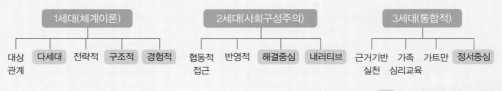

가족상담의 다양한 모델

제5장

가족상담의 기본 개념

개인과 가족에 대한 인식론은 끊임없이 확대되어 최근 50년 사이에 가족
을 구성하는 개인을 강조하던 기존의 관점과는 달리 개인을 둘러싼 맥락을
강조하는 관점으로 전환되었다. 이 같은 변화는 상담자의 개입에도 영향을
미쳤다. 즉, 1950년대 이후 인간이 알지 못하는 어떤 힘에 의해 우주가 움직
인다고 가정한 낭만주의는 보편적인 원리에 근거하여 개인의 행동을 이해하
려는 근대주의에 밀려났다. 그리고 이 같은 물결 속에서 대인관계 모형이라는
보편적인 원리를 적용해 가족에게 개입하려는 접근방법이 생겼다. 이들은
개인의 행동은 환경의 역동성을 반영한다고 가정하였다. 이러한 견해에서
정의한다면, 가족상담이란 가족을 하나의 체계로 보며, 그 체계 속에 있는 한
개인의 상호 교류패턴에 개입함으로써 개인의 증상이나 행동에 변화를 가져
오도록 추구하는 접근방법이다. 개인은 가족 속에서 다른 가족들과 끊임없
이 상호작용하면서 나름의 독특한 역할이나 규칙을 만들어 낸다. 그러므로
가족은 물리적 또는 정서적으로 공간을 같이하는 개인들의 집합체 이상의 역

동적 구조이다. 따라서 가족상담에서는 원인과 결과를 말하는 것이 아니라, 서로가 서로에게 영향을 주고받는 과정이라는 점을 강조한다.

그런데 1980년대 이후 가족에 대한 개입은 탈근대주의(postmodernism)라는 새로운 물결 속에서 또 다른 변화를 겪고 있다. 구성주의가 실체를 개인의 내적인 구성물로 보고 개인들이 자신의 현실에 대해 어떻게 의미를 구성하는가에 관심을 둔 것과는 달리, 탈근대주의는 사람들이 삶에서 사실을 구성하고 의미를 만들어 가는 과정에 초점을 맞췄다. 이 같은 인식의 변화는 그동안 객관적인 가족의 상호작용 유형이나 가족구조에 초점을 맞춘 것과는 달리 사람들이 문제에 대해 가지는 의미체계를 탐색하는 것에 치료적 관심을 두게 되었다. 또한 이들은 사물에 관한 의미는 새로운 환경에 직면하면 신념도 변화할 수 있다고 보면서 상담과정에서 개인이 자신의 환경에 대한 새로운 의미를 만들 수 있도록 도왔다. 이들은 가족문제란 객관적으로 존재하는 것이 아니라, 사람들에 의해 만들어진다는 사실을 전제로 하면서 특권적 지식에 사로잡히지 않는 언어적인 상호작용에 의한 치료적 개입을 선호하였다.

따라서 여기서는 복수의 가족을 대상으로 실천하는 가족상담의 임상적 방법론의 기초가 된 생태학적 체계 관점과 사회구성주의적 관점의 개념을 나누어 소개하려고 한다.

1. 생태학적 체계 관점의 접근

생태학적 체계 관점(ecological systems perspective)이란, 사건은 순환적 연쇄고리 속에서 일어나므로 인간과 그들의 환경은 서로 상호작용하면서 인간이 환경에 영향을 받고, 환경 역시 인간에게 영향을 받는다는 사회적 환경으로 인간행동을 이해하려는 것이다.

초기 가족상담의 모델들은 기존의 심리치료와 달리 순환적 인식론을 배경으로 체계이론과 사이버네틱스에 근거하여 임상 이론이나 기법을 발전시켰다. 즉, 초기의 가족상담은 체계를 전체로 인식했기 때문에 체계 한 부분의 변화는 체계 전체의 변화로 이어진다고 보았다. 이런 가정을 가족의 임상적 상황에 적용해 본다면 가족은 단순히 개인의 집합이 아니며, 가족 안에서 각 개인의 행동은 다른 사람들의 행동에 연결되어 있는 의존적 관계이다. 그리고 어떤 가족 구성원이 긍정적으로 개선되거나 또는 부정적인 퇴행을 보이는 것은 다른 가족들에게도 영향을 미친다. 이처럼 사람과 환경은 서로 끊임없이 변화하고 적응하며 서로에게 끊임없이 영향을 주고받는다.

1) 체계이론과 사이버네틱스

가족상담은 1920년대부터 버터란피(von Bertalanffy)가 유기체론을 기반으로 발전시킨 일반체계이론을 토대로 발전하였다. 그는 인간은 여러 개의 하위체계로 구성된 살아 있는 체계이며, 개인은 각각의 하위체계를 구성하는 동시에 보다 큰 체계에 속해 있다고 본 것이다. 또한 이 같은 가족체계는 완전하지 않으므로 항상 비교적 안정된 상태를 유지하려는 평형(equilibrium)의 경향을 가지면서 서로 영향을 주고받는 요소의 복합체라고 보았다.

새로운 지식의 욕구가 높았던 1950년대에 이 같은 체계이론은 단순히 생물학을 넘어선 여러 가지 지식의 영역에서 주목받으며 그 시대의 정신의학, 심리학에도 영향을 주었다. 특히 조현병 가족연구에서도 가족을 체계로 바라보는 시각은 보편화되었다.

1930년대의 문화인류학자인 베이슨(G. Bateson)은 뉴기니의 이아트물(Iatmul)족을 관찰함으로써 사람들 사이의 의사소통과 상호작용에 대한 개념을 발전시켰다. 이들 부족에게는 나벤(Naven)이라는 의식이 있는데, 여기서 사람들 간의 높은 긴장 패턴을 관찰할 수 있었다. 베이슨은 A의 행위가 B를 초래하고 그것이 보다 강한 A의 반응을 이끌어 내어 서로의 반응을 고조시켜

가는 패턴에 주목하여, 그것을 분열생성(schismogenesis)이라고 불렀다. 이 때 A와 B가 동등한 행동을 계속하면 대칭적(symmetrical) 관계, A와 B가 반대의 행동을 하면 지배와 복종 또는 돌봄과 의존의 관계로 이해하여 보완적(complementary) 관계라고 표현했다. 이러한 분열생성은 인간사회 어디에서도 관찰할 수 있는데 이것은 체계의 균형을 위협하는 악순환으로 이해되었다. 또한 이것이 고조되어 한계를 넘어서면 체계는 지금까지와 다른 차원에서 균형을 유지한다. 예를 들어, 부부가 싸움을 할 때 서로 양보하지 않으면서 악순환이 고조되면 결국 이혼으로 가는 경우가 이에 해당한다. 부부는 처음 싸움을 시작했던 수준과는 다른 것에 도달하여 안정을 찾았다고 보는 것이다.

그러나 대부분의 사람들은 이러한 악순환이 한계를 넘어서지 않도록 대칭적 또는 보완적 관계를 적절하게 조화하면서 사회집단의 안정을 꾀하는 것이 일반적이다. 사람들 간에 이런 인과관계에 대한 가설을 가지고 있던 베이슨은 1950년대 사이버네틱스의 개념을 알게 되면서 많은 영향을 받았고 분열생성의 개념을 피드백 과정으로 다시 정리하였다(Hoffman, 2001).

또한 1948년 위너(N. Wiener)에 의해 제창된 사이버네틱스(cybernetics)도 많은 영향을 주었다. 사이버네틱스는 모든 조직이 커뮤니케이션으로 연결되어 있다고 보았다. 커뮤니케이션은 정보의 전달에 있고 정보의 전달은 반응을 가져오는데, 이때 자기제어가 가능하다. 에어컨의 온도가 일정 온도 이상으로 올라가면 에어컨의 작동은 자동적으로 멈추고 온도가 내려가면 다시 작동하는 것은 온도를 자동적으로 자기제어할 수 있도록 한 장치 덕분이다. 사람들의 경우에도 체계 안의 긴장이 높아지면 그것을 낮추고, 긴장이 낮아지면 다시 올라가는 자기제어의 메커니즘을 가지고 있다. 이것을 부적 피드백(negative feedback)이라고 부르며 이것은 체계의 균형을 유지하는 기능을 담당한다. 이때 자동제어장치의 기능이 움직여서 방 안의 온도를 일정하게 유지하도록 설정하고 있는 규칙의 범위 내에서 일어나는 변동은 일차변화라고 부른다. 그런데 방 안이 추우면 사람들은 자동제어장치의 온도설정 자체를 변화해서 균형상태를 달성하려고 한다. 즉, 피드백의 규칙 자체를 재설정하도록 하는 반응을 이차변화라고 불렀다. 이것은 베이슨의 분열생성의 생각을 보완한 것으로 후에 MRI의 초기의 접근인 일차변화(first order change)와 이차변화(second order change)의 생각으로 이어진다. 사이버네틱스는 사실 일반체계이론의 법칙 중의 일부분이지만, 체계이론이나 사이버네틱스는 취급대상이나 개념이 중복되어 있어서 함께 언급되는 경우가 많다.

가족상담의 특징은 가족 내의 상호작용을 중시하는 것이다. 사람들이 관계를 갖는 장면에서는 반드시 복수의 사람들 사이에 어떤 행위가 연결되어 있다. 이 같은 사람들로 구성된 체계에서는 의사소통이나 피드백(feedback)의 기능이 중요하다. 살아 있는 생물체인 인간은 외부와 끊임없이 상호작용하면서 정보를 받아들이는 개방체계에 속한다. 개방체계는 환류작용이라는 자기제어의 메커니즘을 가지는데, 이것은 환경과 관계하면서 스스로 교정하도록 정보를 제공하는 기능을 가진다. 즉, 그것은 [그림 5-1]과 같이 입력과 출력이 반복되는 피드백 과정이 있다.

가족 구성원과 그들의 환경 사이에는 입력 또는 출력이 반복되는 피드백 과정이 존재하는데, 상담자는 가족들이 주 호소문제로 가지고 온 일들은 어떤 일정한 생활환경에서 생긴 사건의 일부분이다. 그러나 대부분의 사람들은 이것이 연속된 사건의 한 축으로, 사실은 연속되어 있다는 것을 잘 이해하지 못한다. 따라서 상담자는 출력 후 정보를 되돌리는 입력이 존재한다는 것이 가족체계를 완화시키는 데 많은 도움이 된다는 사실을 알아야 한다. 이 같은 피드백에는 정적인 것과 부적인 것이 있다. 정적 피드백이란 되돌려지는

[그림 5-1] 피드백 과정

정보가 계속 같은 방향의 움직임이 일어나도록 하는 것이다. 예를 들면, 어떤 아동이 어려운 사람을 도우면 어른들이 칭찬하며, 그 같은 칭찬이 아동에게 더욱 착한 일을 하게 하는 경우이다. 때로는 아동이 울면 부모들이 관심을 보이고 그 관심이 아동을 더 울게 만드는 반대의 경우도 상상할 수 있다. 이 같은 정적 피드백은 가족체계의 패턴을 확대할 때 사용된다. 부적 피드백이란 되돌리는 정보가 더 이상 같은 방향의 움직임이 일어나지 않도록 하는 것이다. 예를 들면, 어떤 아동이 거짓말을 하면, 어른들은 처음에는 아이가 상처받지 않도록 속아 넘어가 주었다. 그런데 이 같은 거짓말이 상습적으로 이루어진다고 판단하면 부모들이 아이를 호되게 야단치는데, 이때 부적 피드백이 일어난다. 부적 피드백이란 이처럼 한 개인이 가족규범에서 일탈하지 않도록 방지하는 기능을 한다. 가족은 발달적 또는 환경적 스트레스에 직면하면 그들의 균형을 유지하기 위해 이 두 가지 형태의 피드백을 적절하게 사용하려고 노력한다.

체계이론과 사이버네틱스의 관점은 순환적 인식론 등에 영향을 주었다.

2) 순환적 인식론

어떤 아이가 돌을 유리창을 향해 던지면 유리창이 깨지면서 그 파편 때문에 주위 사람들이 다치는 것처럼, A는 B를 일으키고 그 결과 C가 일어난다. 우리는 지금까지 어떤 사건이 한 방향으로 연쇄적으로 일어난다는 설명에 익숙해 왔다. 의학적 모델에서는 질병은 병을 일으키는 어떤 것이 있어서 증상이 드러나기 때문에 병의 원인을 제거하거나 증상의 진행을 막는 것이 치료행위라고 생각해 왔다. 이처럼 사건을 원인이 있으므로 어떤 결과가 일어난다고 인식하는 방법을 선형적 인과론(linear causality)이라고 말한다. 우리는 오랫동안 이것이 일상생활의 사건을 설명하는 기본 원리라고 생각해 왔다. 따라서 어떤 문제가 일어나면 그것의 원인을 규명함으로써 해결할 수 있다는 생각에 익숙해 있다. 문제를 보다 작은 요소로 분류해 문제의 원인이 되는 요인을 파헤치려는 생각을 환원주의(reductionism)라고 부르며 이것은 근대과학의 발전을 지탱해 온 생각이었다.

그러나 이런 장면도 상상할 수 있다. 아이가 개에게 돌을 던지면 흥분한 개가 아이에게 다가와 물고, 이에 당황한 아이가 옆에 있는 막대기로 개를 내려치고, 개는 더욱 흥분하여 더욱 공격적인 행동을 할 수도 있다. 즉, 아이의 행위가 원인이 되고 개의 반응은 또 다른 결과를 초래하여 그것이 다시 원인이되어 또다시 아이의 과격한 행동을 불러일으키고 그것이 다시 원인이 되어또다시 개의 행위를 초래하는 것이다. 이처럼 연쇄적 반응이 이어지면 누가이런 불행한 사건을 이어가는 원인이며 어떤 것이 결과인지 알 수 없다. 이렇게 원인이 결과의 연쇄고리로 이어져 결국 결과가 시작의 원인 제공자에게되돌아가는 회기적인 순환을 초래하는 사건을 설명하는 방법을 순환적 인식론(circular epistemology)이라고 부른다.

가족을 체계로 보는 관점에서는 순환적 인식론이 중요하다. 호프만(Hoffman, 2001)은 인식론이란 사람이 그 세계에 대한 의미를 이끌어 내기 위해 사용하는 규칙이라고 언급하고 있지만, 여기서는 '사물을 보는 관점'으로사용하려고 한다. 따라서 순환적 인식론이란 사건을 순환적 또는 회귀적인 연쇄 속에서 일어나고 있는 것으로 바라보는 관점이다. 이것은 가족 안에서 개인행동은 어떤 원인이 곧 결과가 된다는 선형적 인식론보다는 원인이 결과이며 결과가 원인이 될 수 있다는 순환적 인식론으로 보는 것이다. [그림 5-2]와 같이 원인(A)에 의한 결과(B)가 일어난다고 생각할 때 이러한 인과에 관한사고모델을 선형적이라고 부른다. 그러나 앞의 예처럼 살아 있는 생물체인인간을 선형적 사고로 이해하는 데는 한계가 있다. 따라서 가족을 체계로 보는 관점에서는 순환적인 개념으로 가족을 이해해야 한다고 보았다. 즉, 원인(A)에 의해 결과(B)가 일어나지만 그 결과(B)가 원인(A)이 된다고 생각할 때이러한 인과에 관한 사고모델을 순환적이라고 부른다. 어떤 가족의 행동이

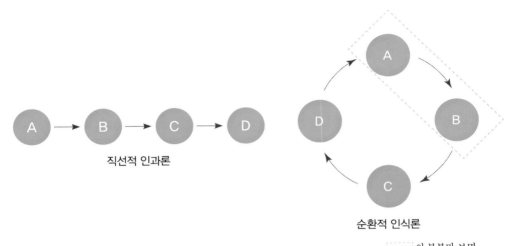

직선적 인과론

순환적 인식론

의 부분만 보면
직선적 인과론으로 보인다.

[그림 5-2] 직선적 인과론과 순환적 인식론

다른 가족들에게 계속해서 영향을 미칠 때 그 행동이 돌고 돌아서 처음 가족에게 또다시 영향을 미치는 일종의 연쇄고리가 만들어진다. 따라서 가족문제를 이해할 때 원인과 결과보다는 생활체계 안에서 발생하는 과정, 즉 서로가 서로에게 영향을 주고받는 과정에 주목하는 것이 바람직하다.

　　앞에서도 언급한 것처럼 가족상담은 말 그대로 개인을 둘러싼 환경요소 중에서도 특히 가족을 치료적 매개로 사용하는 기법이다. 그러나 상담자가 관심을 가지는 가족의 문제는 가족이 몇 명이며, 누구와 함께 사는가 등의 객관적인 사실이 아니라 현재 환경의 어떤 관계가 행동 표현에 영향을 주는가에 있다. 예를 들어, 부모가 통제하기 어려울 만큼 자주 떼를 쓰는 6세 아이가 있다고 가정하자. 상담자의 관심은 그 아동이 부모와 친할머니와 함께 살고 있다는 것과 같은 객관적인 사실을 파악하는 데 그치지 않는다. 그들은 아이가 지나치게 보채어 어머니가 아이를 통제하려고 하면, 그때마다 할머니가 아이를 감싸서 어머니가 아이를 제대로 다룰 수 없다는 사실에 보다 많은 관심을 가진다. 따라서 모든 치료적 노력은 체계 안에 있는 각 개인을 향한 것이 아니라, 개인 간의 관계를 바람직한 방향으로 변화시키는 것이다. 개인 사이에서 일어나는 관계는 서로가 서로에게 어떻게 작용하는지를 반영하는 동시에, 그것을 조성시키는 과정이기도 하다. 이처럼 가족상담에서 무엇보다 중요한 것은 개인에게서 문제의 원인을 찾아내는 개인적인 결함 모형에서 관계 간의 역기능을 파악하는 대인관계적인 모형으로 개념을 변화시켜야한다는 것이다.

대인관계모형의 관점을 가진 상담자는 문제행동은 개인이 가진 어떤 장애때문에 파생된다는 관점에서 벗어나서 상호작용, 생육사, 그리고 맥락을 반영한다는 점을 가정할 수 있다. 주의력결핍과잉행동장애(ADHD)의 문제를 산만하고 무리한 요구만을 요구하는 자녀에게서만 바라보려 하지 않고 대인관계적 모형의 관점에서 문제를 본다면 상담자는 문제행동과 기능을 분리하여 바라볼 수 있는 여유를 갖게 된다. 또한 이러한 시각은 현재 문제시되는 행동을 떠받치는 현재 관계 패턴을 관찰할 수 있는 기회를 가질 수 있도록 한다. 만일 아동의 행동이 부모들의 부적절한 양육방식이나 지속적인 부부갈등에 기인한 것이라는 점을 알게 되어도 어머니를 비난하는 것은 아무런 도움이 되지 않는다. 오히려 어떤 것이 그와 같은 행동을 촉진하며, 그러한 행동을 무력화하기 위해 필요한 것은 무엇인지를 판단하는 것이 상담자의 역할이다. 역기능적인 행동을 유발하는 관계나 맥락이 무엇인지를 파악할 수 있다면, 문제행동은 기능적으로 재정리될 수 있으며, 치료적 전략을 쉽게 세울 수 있다.

가족상담의 특징은 가족을 전체로 보려는 발상이다. 이를 위해서 가족상담자는 이론으로는 체계론에 주목한다. 가족을 체계로 보면서 가족 각 개인의 속성이 아니라, 가족 구성원 간의 상호 관계성에 주목하며 행위의 연쇄적인 패턴을 파악하는 것이다.

이러한 순환적 인식에 기초한 임상을 할 때는 임상의 시점에 대한 몇 가지의 전환을 초래한다.

먼저, 문제의 원인을 추구하지 않는다. 순환적 인식으로 사건을 이해한다면 원인은 하나라고 단정할 수 없다. 순환적 인식에 근거한다면 어떤 사건은 이어지는 사건 속에서 원인이나 결과가 될 수 있는 관련성으로 연결되어 있다. 예를 들어, 언제나 어머니의 말을 무시하는 태도를 보이는 청소년과 자녀에게 잔소리하는 어머니의 관계를 생각해 볼 수 있다. 이러한 패턴이 반복되면 어느 것이 원인이며 어떤 것이 결과인지를 판단하기 어려워지므로, 자녀의 불안정한 성격이나 야단만 치는 어머니에게서 그 원인을 찾는 것이 아니라 오히려 문제가 지속되고 있는 패턴에 주목하여 그것을 변화시키는 것에서 문제를 해소하려고 한다.

상담자가 순환적으로 문제를 바라보면 누구에게도 책임을 지우지 않는 해결의 접근이 가능하게 된다. 가족상담은 기본적으로 순환적 인식론에 근거하므로 상담자는 사건 그 자체보다는 사건과 사건 사이에 상호작용이나 연결의 방법, 즉 관계성에 주목한다. 선형적 관점을 가진 의료진은 어떤 남성이 두통을 호소할 때 신경학적 검사를 위해 뇌의 CT검사부터 고려할지 모른다. 그러나 순환적 관계성의 맥락을 중시하는 상담자라면 그 남성의 두통이 일어나기 전에 고부간의 심한 말싸움이 있었다는 사실에 주목한다. 그리고 남성의 두통이 심해지면 어머니와 아내는 걱정하여 말싸움을 그만두는 행동이 반복적으로 이어졌다는 두통을 둘러싼 맥락을 파악하려고 한다. 순환적인 시점에 입각하면 사건 그 자체에서 사건과 사건 사이의 상호작용과 관계성을 보는 관점으로 바뀐다.

우리는 어떤 문제를 이해할 때 과거에서 원인을 탐색하는 것에 익숙해져 있다. 그러나 가족상담은 과거에서 원인을 찾는 것이 아니라 '지금 여기'에서 상호작용을 관찰하면서 가족을 체계로서 순환적으로 바라보는 것이 가능하다.

2. 사회구성주의적 관점의 접근

1980년에 들어서면서 서구의 가족상담은 커다란 변혁기를 맞이했고, 그러면서 지금까지 인식론적 기반이 된 체계이론과 사이버네틱스에 대한 새로운 관점이 부각되면서 지금까지의 가족상담이론들을 재검토하게 되었다. 이를 계기로 일차 사이버네틱스(first-order cybernetics)에서 이차 사이버네틱스(second-order cybernetics)로 전환하게 된다.

페르스타(H. von Forester)는 지금까지 체계 외부에 있는 관찰자로부터 관찰되는 독립된 대상으로서 인식된 '관찰된 체계(observed system)'에 대한 생각에서 벗어났다. 그는 관찰자를 포함한 관찰에 의존하는 '관찰하는 체계(observing system)'로 전환하면서 이것을 이차 사이버네틱스로 보았다. 지금까지 객관적인 것으로 생각해 왔던 현실은 최소한 두 사람의 관찰자에 의해 일치된 참조 틀로 재정의되었다(Hoffman, 2001에서 재인용).

이처럼 관찰 대상이나 현실이 관찰자에 의해 구성된다는 관점으로 지금까지 근대의 자연과학의 전제로 믿어 왔던 관찰대상의 객관성, 진실의 보편성이라는 개념은 재평가되었다.

이외에도 1980년대 전반에는 오토페이에시스(Maturana et al., 1980), 구성주의(Watzlawick, 1984), 사회구성주의(Gergen, 1985) 등 포스트모더니즘의 흐름에 따라 새로운 생각이 주장되면서 가족상담의 영역에서도 새로운 논의가 시작되었다.

일차 질서의 가족상담에서는 가족체계를 상담자를 만나기 이전부터 이미 객관적으로 존재하는 것이라고 보았다. 따라서 상담자는 대상을 일방적으로 관찰한 것에 기초하여 상담자의 개입을 구상하여 가족체계에 변화를 시도하며 그 결과 문제해결을 한다고 기술하였다.

이차 질서의 관점에서는 관찰의 대상이 되는 가족체계의 변화는 상담자 자신이 관찰하는 행위의 영향을 받는 동시에 상담자의 관찰 행위도 가족체계의 변화에 영향을 준다고 보았다. 변화는 서로 동등하고 협동적인 과정이며, 상담자는 결코 변화에서 독립된 객관적인 입장, 즉 변화의 외부에 있는 것이 아니라는 의미이다.

1985년 이차 질서 가족체계 치료(second-order family systems therapy)를 제창한 호프만은 여섯 가지를 기본전제로 제안했다.

- 관찰하는 체계(observing system)의 자세를 가지면서 상담자 자신을 치료적 맥락에 포함한다.
- 상담자와 내담자의 관계는 위계구조보다 협동적(collaborative)이다.
- 목표는 변화를 초래하는 것이 아니라, 변화를 위한 맥락을 설정하는 것에 중점을 둔다.
- 조직적이며 지나치지 않는 방법을 활용한다.
- 문제에 대한 순환적 평가를 한다.
- 내담자에 대해 비난적이거나 판단적인 견해를 가지지 않는다(Hoffman, 2001).

이것은 포스트모더니즘의 전개를 암시하는 것이다. 치료행위를 대화를 통한 상담자와 내담자의 협동적이고 창조적인 과정으로 보고 있다는 점과 행동의 변화보다는 의미의 생성을 중요시하는 이러한 입장은 임상현장에 커다란 변화를 불러일으켰다.

사회구성주의(social constructionism) 관점은 자신이 세상을 어떻게 지각하느냐에 따라 현실이 만들어진다고 보았기 때문에 가족문제는 객관적으로 존재하는 것이 아니라 사람에 의해서 만들어진 것으로 이해하였다. 이러한 관점을 지지하는 상담자들은 전문가로 지칭되는 자신과 가족의 상호작용에서 어떤 부분이 상담자 부분이며, 어떤 부분이 가족 부분인가를 나누기 어렵다는

[그림 5-3] 생태학적 관점과 사회구성주의적 관점의 상담관계

것을 깨달으면서 기존의 상담과정에서 사용한 전략적 방법이나 이미 정해진 가설에 의해 개인이나 가족구조를 변화시키려는 노력을 최소화하였다(김유숙 역, 2004). 이와 같은 인식론의 변화는 상담과정에도 많은 영향을 미쳐서, 이들은 기존의 상담자가 자신의 가설에 따라서 대화를 진행하면서 자신이 판단한 방향으로 상담을 진행해 가는 일방적인 면접방법을 배제하였다. 이들은 [그림 5-3]과 같이 지금까지의 객관적인 관찰자의 존재, 즉 가족체계 밖에서 중립적 관찰자로서 존재하던 상담자의 존재에서 벗어나서, 상담자가 포함된 상담체계의 개념이 제시되었다(Hoffman, 2001).

사회구성주의적 관점 접근의 주요 개념은 다음의 네 가지로 정리할 수 있다.

- 현실은 사회적으로 구성된 것이다.
- 현실은 언어를 통해 구성된다.
- 현실은 언어를 통해 조직되고 유지된다.
- 절대적인 진실은 존재하지 않는다.

이와 같은 개념들에서 어떤 현상은 사회적인 상호작용을 근거로 구성되는 것을 전제로 하면서 상담자는 생각과 정보를 상호교환하고 의미를 만들어 가는 과학자로서 인식하였다. 이것은 지금까지의 상담자의 모습은 물론 학문의 세계에서도 우리가 계속 가졌던 과학적 지식에 대한 신뢰도 위협하는 것이다. 즉, 자연이나 인간에 대해 객관적으로 설명한다는 것은 불가능하며, 그

것은 사회과정의 산물이고 사람들에 의해 구성된 것이라고 보았다.

1) 맥락

　가족상담에서는 복잡한 가족 상호작용의 관계를 파악하기 위해 어떤 행위 자체에 초점을 맞출 뿐 아니라, 행위 그 자체와 함께 그것이 일어난 배경을 파악하는 '맥락'을 중시한다. 맥락(context)은 내용(contents)과 대비하여 생각하면 이해하기 쉬울 것이다. 내용은 언어나 메시지 그 자체가 드러내는 의미이다. 한편, 맥락은 메시지의 전후 관계, 메시지를 드러낸 사람이나 장면 등의 상황 속에서 생겨난 의미로 규정한다.

　복수의 인간이 상호작용하는 경우에는 여러 가지 에피소드가 생긴다. 이러한 에피소드를 세심하게 분석한 경우, 그 장면에 관여한 많은 사람의 연속된 말하는 행위(침묵과 같은 비언어적인 것을 포함한)가 존재한다. 예를 들어, 그 속에 포함되어 있는 하나의 말하는 행위를 해석할 때, 말하는 행위 그 자체를 의미론적으로 해석함과 동시에 말하는 행위의 상황설정이나 말하는 행위에 선행 또는 후속되는 행위와 관련지어 해석하는 것이다. 즉, 말하는 행위라고 해도 사회적인 상황설정 속에서 일어나는 사람들의 행위라면 상황설정이나 말하는 행위의 관계 속에서 의미를 해석할 수 있다. 예를 들어, 어떤 가족의 의사소통에서 아버지가 자녀에게 "애썼다."라고 말하는 것은 여러 가지 해석이 가능하다. 자녀가 힘들게 노력하여 어떤 일을 성취한 상황이라면 칭찬의 의미를 가진다. 그러나 자녀가 장난을 치다가 아버지의 소중한 것을 부숴 버린 상황에서 이런 표현을 한다면 비꼬는 의미를 가지게 될 것이다. 그러나 이 같은 경우라도 아버지의 말하는 행위에 대해 자녀가 "미안해요."라고 대응한다면, 자녀는 아버지의 "애썼다."라는 말을 아버지의 의도와는 달리 칭찬의 의미로 받아들인 것이다. 어떠한 행위에 대한 해석이 맥락에 따라 달라지듯이, 행위와 맥락은 분리되는 것이 아니므로 이 경우처럼 말하는 행위의 맥락을 고려하지 않은 채 해석하는 것은 바람직하지 않다.

2) 언어의 역할

기존의 상담자는 상담을 할 때 자신들이 추구하는 이론에 근거하여 내담자가 말한 내용을 분류하여 개념화하거나 가치를 부여해 왔다. 이런 대화는 상담자의 맥락에 따른 것으로, 그것에서 내담자 자신에게 새로운 의미를 불러일으키는 맥락을 만들지 못한다. 사회구성주의의 대화과정은 상담자와 내담자가 동등하게 대화를 진행하여 함께 새로운 의미를 만들어 내는 협동적인 과정이다.

이러한 상담체계에서 상담자는 문제가 이미 존재하는 것이라고 인식하는 질문이나 문제의 원인을 찾는 질문을 하지 않는다. 그들은 새로운 의미의 맥락을 찾아 문제를 해소하는 것에 관심이 있다. 지금까지와는 다른 새로운 치료적 현실, 즉 내러티브(narrative)나 스토리(story)가 태어날 수 있는 질문을 반복하여 치료적 대화를 계속해 간다. 앤더슨은 이런 치료적 자세를 알지 못함(not-knowing)으로 표현하고 있다.

사람들은 이 세상에 태어나서 문화적으로 만들어진 언어형태를 받아들이고, 사회화의 과정을 통해 언어체계의 공유를 통해 가치와 신념을 습득하도록 교육받는다. 즉, 우리가 일상적으로 진리 또는 옳음을 판단하는 기준은 사회나 인간관계에서 생기는 것이다. 자신과 타인, 세계의 관계는 사람들 사이에 공유되는 언어의 상호작용이나 말하는 습관에 의해서 결정된다고 볼 수 있다. 이렇게 보면 실제로 우리가 진리라고 생각하는 것의 대부분은 역사의 산물인 셈이다. 따라서 상담과정은 치료적 대화를 통해 상담자와 내담자가 서로 언어적 교류를 하면서 지금까지와는 다른 새로운 의미를 발견하는 것이다. 이 같은 과정을 통해 문제를 정면으로 해결하지 않고 해소하는 방향으로 나아갈 수 있는데, 이때 필요한 것은 상담자의 특권적 지식을 전제로 하지 않

은 언어적인 상호작용에 의한 상담이다(김유숙 역, 2004). 이와 같은 치료방식
은 병리적인 견해를 가지지 않고 대화를 통해 가족이 바라는 이야기를 함께
만들어 가는 것이다. 즉, 현실이란 사람들이 그 문제에 대해 어떻게 지각하고
이야기하느냐에 따라 다르게 존재하므로, 같은 상황을 다른 관점에서 바라본
시각을 언어화시켜 풀어 나간다면, 발생된 문제는 더 이상 문제로 보이지 않
는다.

3) 알지 못함의 태도

　　사회구성주의적 관점의 상담은 기존의 상담과 달리 미리 준비된 이론체계
가 아닌 알지 못함의 태도에서 시작된다. 여기서는 상담자가 정형화된 질문
이나 특정의 대답을 추구하는 질문을 하는 것이 아니라, 상담자의 활발하며
순수한 호기심이 그 표현에서 전해지는 듯한 자세가 필요하다. 즉, 상담자의
행위나 태도는 이야기되는 것에 대해서 좀 더 깊이 알고 싶다는 욕구를 나타
내는 것으로, 문제나 변화해야 하는 것에 대해서 미리 준비된 의견이나 기대
를 나타내는 것이 아니다. 따라서 상담자는 내담자에 의해 끊임없이 배우는
입장이 된다. 이와 같이 배우는 태도는 의미의 창조가 계속되는 대화적 과정
에 있다는 해석학의 전제에서 중요하다.
　　상담자는 행위의 어떠한 의도도 미리 알고 있는 것은 아니므로, 내담자의
설명에 귀를 기울이지 않을 수 없다. 내담자에게서 배우고, 호기심을 가지고
그가 말하는 스토리에 진지하게 귀를 기울일 때, 상담자는 내담자가 이해한
것이나 경험했던 것을 함께 탐색해 나갈 수 있다. 이러한 해석의 과정, 즉 상
담에서 이해를 위한 노력은 서로 협력하는 관계로 이어진다. 이 같은 태도를
가짐으로써 내담자와의 연속성이 유지되어 내담자의 세계관, 의미, 이해가
무엇보다 중요하다는 것을 인정할 수 있다. 이때 내담자에게도 자신의 생각
을 주장하거나 방어하거나 설득할 필요가 없어지고 자유롭게 대화가 전개되

표 5-1 생태학적 관점과 사회구성주의적 관점

단계	생태학적 관점	사회구성주의적 관점
1. 명시된 이론	제한된	적당한
2. 가족의 문제	가족평형의 분열	의미의 상실
3. 가족의 변화과정	새로운 항상성의 협상	새로운 의미의 창조
4. 상담자의 태도	전문가	공동저작자
5. 치료적 가치	조화로운	의미 있는

는 공간이 마련된다. 따라서 상담자에게 부여된 것은 분석하는 것이 아니라, 끊임없이 변화해 가는 내담자의 경험을 이해하려는 것이다. 상담자의 역할은 대화의 예술가, 대화의 건축가이며, 그러한 전문성은 대화의 공간을 넓게 만들기 때문에 대화를 촉진한다. 대화적이며 치료적인 질문을 하여 전개되는 공간과 대화과정을 발전시키는 것이 상담자가 담당해야 할 중요한 부분이다.

제6장

다세대 모델

이 치료는 한 개인이 원가족과 정서적으로 어떻게 연결되었으며, 그것이 각 개인 삶의 방식에 어떤 영향을 주는지를 이해하려는 것이다. 즉, 다세대 가족과정에 초점을 맞추며 가족이라는 맥락에서 한 개인을 인식하려는 접근이다. 다세대 모델(transgenerational family therapy)은 가족체계이론을 지향하는 대다수 가족상담자와 분명한 차이가 있었다. 이들은 의미 있는 변화가 반드시 가족 전체에서만 나타나는 것은 아니며, 한 사람의 변화에 의해 가족 전체의 변화가 시작될 수도 있다고 보았다. 따라서 상담단위는 반드시 가족 전체일 필요는 없으며, 단지 가족 전체를 고려에 포함하는 자각이 필요하다. 또한 이들은 현재의 가족문제는 원가족의 미해결된 문제의 반영이라고 믿었다. 따라서 이들 접근에서는 핵가족을 아는 것만으로는 문제를 이해하거나 변화를 초래하는 데 불충분하다고 생각해 가계도 등의 방법을 통해 확대가족을 이해하려고 노력하였다. 정서적 융합은 한 세대에서 다른 세대로 전수되어 일어나는 경우가 많으므로 확대가족과 핵가족 간의 새로운 동맹으로 변화하는 것이 중요하다. 따라서 자아분화과정의 일부분은 확대가족의 모든 가족들과 개인적 관계를 발달시키는 데 있다. 이처럼 개인은 중요한 관계의 수에 대한 인식이 늘어남에 따라 자신의 정서적 에너지를 분산시킬 수 있어서 한두 사람과의 정서적 융합을 피할 수 있는 이점이 있다.

　이 접근은 정신분석의 훈련을 받은 보웬(M. Bowen)이 개발했는데, 그는 건강한 인간의 기능은 정서와 지성의 균형을 유지한다고 보았다. 즉, 그는 가족이 체계라는 점에는 동의하지만 가족을 정서와 인간관계 체계의 결합체라고 보았으며, 자신의 원가족에서 분리될 때 효율적으로 기능할 수 있다고 보았다. 그는 대부분의 경우 가족문제가 가족들이 자신의 원가족에서 심리적으로 분리하지 못하는 데 기인한다고 보았다. 부모의 어느 한쪽이나 양쪽 모두가 자신의 원가족의 가족문제에 강하게 휘말려 있으면 그로 인해 부부관계가 악화되기 쉽다. 다시 말하면 이러한 부모는 원가족의 자아집합체 또는 정서체계의 일부인 셈이다. 그러므로 상담목표는 가족들을 이러한 가족 자아집합체에서 분리시켜 자율적으로 기능할 수 있도록 돕는 것이다.

　미국 문화에서는 청소년 후반기가 되면서 자신의 원가족에서 신체적, 정서적으로 분리되는 경험을 한다. 이것은 자신이 지금까지 지내 온 곳을 떠나야 하는 과도기를 경험하는 사람에게 중요하다. 다세대 모델에서 본다면 사람은 개별화가 잘 되었으면 이 시기를 성공적으로 지낼 수 있지만, 그렇지 못한 사람들은 매우 힘들다. 성인기의 긍정적인 새로운 관계의 발달능력은 원가족의 가족관계를 어떻게 관리하느냐의 힘과 밀접한 관계가 있다.

1. 주요 개념

　다세대 모델에서는 다음에 설명할 보웬의 여덟 가지 개념을 주축으로 가족을 평가한다. 가족정서체계를 지향하는 상담자는 행동장애를 증가된 불안의 산물로 본다. 현재의 문제는 삼각관계, 융합, 정서적 단절 등을 포함한다. 분화하지 못한 가족들이 증상을 발달시키거나 갈등의 중심에 있을 가능성이 많다.

이상적인 가족발달은 원가족과 자율적인 분화가 잘 이루어져 있고, 불안이 낮고, 부모가 그들의 원가족과 바람직한 정서적 접촉을 할 때 일어난다. 이전 세대와 분화가 잘 된 사람은 원가족과 밀착 또는 격리된 사람보다 훨씬 안정적이다. 한마디로 자아분화는 다세대 모델의 상담목표인 동시에 각 개인의 성장목표이다.

1) 자아분화

자아분화는 정신 내적 측면과 대인관계에 관련된 개념으로 정신 내적 측면에서는 지적 기능이 정서적 기능에서 얼마나 분화되었는가를 의미한다. 대인관계 측면에서는 자아분화가 잘 이루어지지 못한 사람은 확고한 자아를 발달시키지 못하고 거짓자아가 발달하므로 자신의 일관된 신념으로 자주적이며 독립적인 행동을 하지 못한다. 다시 말해서, 정신 내적 분화는 감정과 사고를 분리하는 능력이다. 그러므로 분화된 사람은 사고와 감정 사이에서 균형을 이룰 수 있으며, 자제력이 있고 객관적이다. 반면, 미분화된 사람은 자율성이 부족하며, 다른 사람에게 융합하려는 경향이 있다. 정서와 지성 간의 융합이 클수록 다른 사람의 정서적 반응에 휘말리기 쉽다. 정서적 융합은 분화와 반대개념이다. 융합된 사람은 확고한 신념과 확신을 가지지 못한 채, 이성적 사고가 아닌 감정에 의한 의사결정을 한다.

자아분화는 모든 사람을 융합된 상태인 0에서 자아분화된 100 사이의 연속선에서 범주화하는 방법도 사용되었다. 이는 개인의 자아가 가족 자아집합체에서 감정적, 지적 기능이 얼마나 분화되었는가를 평가하기 위한 이론적 척도이다([그림 6-1] 참조). 보웬은 75 정도의 분화 수준이 가장 높은 상태이며,

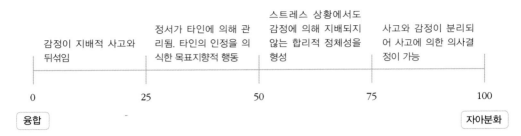

[그림 6-1] 보웬의 이론적 자아분화척도

출처: Kerr & Bowen (2005).

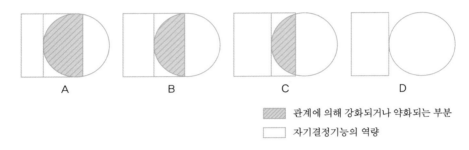

[그림 6-2] 개인의 대인관계분화수준

출처: Kerr & Bowen (2005).

60을 넘는 사람은 소수에 지나지 않는다고 보았다(남순현 외 공역, 2005). 그러나 자아분화의 정도가 낮더라도 일상생활에서 정서적 평형을 누리고 아무 증상 없이 살아간다면, 이는 다른 기준에서는 정상에 속할 수 있기 때문에 이 척도에는 정상이라는 개념은 없다. 그러나 대부분의 경우 사람들은 스트레스를 많이 받을 때 상처를 받으며, 증상을 드러내기 쉽다.

한 개인의 분화수준은 가족이나 또는 다른 사람으로부터의 정서적 독립의 정도를 나타낸다. [그림 6-2]에서 보듯이 개인의 기능은 관계에 따라 영향을 받는다. A는 불안이나 두려움으로 항상성 상태를 유지하면서 관계를 결정하는 것을 표현한 것이다. B, C는 균형상태의 융통성이 생기면서 점점 융합상태가 감소되어 가는 것을 나타낸 것이다. D는 상위 수준의 분화상태로 이론적으로만 가능할지 모르겠지만 불안이나 두려움 없이 타인과 상호작용을 할 수 있는 상태이다.

2) 삼각관계

일반적으로 2자관계는 지나치게 친밀하거나 과도한 불안을 불러일으킬 위험이 내포되었으므로 이 같은 2자관계보다 3자의 인간관계를 안정된 관계로 일컫는다. 따라서 사람들은 자신들의 2자관계에서 안정을 찾지 못하면 불안을 피하기 위해 다른 사물이나 인물을 여기에 끌어들이는 경우가 많다. 삼각관계는 어떤 두 사람이 자신들의 정서적 문제에 또 다른 한 사람을 끌어들이는 형태로 기술하는 개념이다. 삼각관계를 초래하는 요인은 자아분화 수준과 경험하는 긴장 정도를 들 수 있다. 즉, 자아분화 수준이 낮고 긴장이 심할수록 그런 현상은 현저하다. 삼각관계의 가장 흔한 예는 부부가 자신들의 문제를 해결하지 않은 채, 자녀를 끌어들여 아이에게 초점을 맞추면서 긴장을 완화시키는 것이다. 부부가 자신들의 문제로 갈등관계를 유지하는 대신, 그들의 대화와 관심을 자녀에게 쏟는다. 긴장이 심화되면 이 같은 삼각관계는 부모 한 사람과 자녀 사이의 강한 애착관계를 유발한다. 만약 삼각관계에 휘말리는 자녀가 상처받기 쉬운 성향을 가졌다면 여러 가지 문제증상을 보일 것이다.

가족 내의 풀리지 않는 긴장은 일련의 중복된 삼각관계를 초래한다. 긴장이 더해지면 제3의 인물은 떠나고 네 번째 사람을 끌어들일 수도 있다. 때로는 가족 안에서 더 이상 삼각관계를 만들 수 있는 인물을 찾지 못하면 가족이외의 사람과 삼각관계를 형성하기도 한다. 그런데 가족 이외의 인물이 상담자라면 그는 정서적 삼각관계에 연루되지 않으면서 두 사람과 접촉할 수 있다. 이렇게 중립적이고 객관적인 관계를 의미하는 치료적인 삼각관계는 가족의 관계를 개선할 수 있다. 다세대 모델에서는 이 같은 탈삼각관계를 상담의 목표로 삼고 있다. 상담자는 가족이 가진 문제를 직접 다루지 않고 바람직하지 않은 삼자관계의 과정을 지적하면서 상담을 시작한다. 상담과정을 통해 가족에게 삼각관계가 가족문제의 병리적인 안정에 얼마나 큰 역할을 하는지를 깨닫게 하여 그들 스스로가 삼각관계에서 벗어날 수 있도록 도우며, 궁극적으로는 가족체계의 바람직한 변화를 유도하고자 한다.

3) 핵가족의 정서체계

이 개념은 한 세대의 가족에서 보이는 정서적 기능을 설명한 것이다. 원가족과 분화가 이루어지지 못한 부모는 자신의 부모와 정서적 단절이 생기면, 현재의 가족과 융합을 이루어 안정을 찾으려 한다. 즉, 자아분화가 낮은 사람의 결합일수록 이들 부부의 자아가 융합되어 공동자아를 형성한다. 문제는 새롭게 형성된 이와 같은 융합은 불안정하며, 때로는 융합이 반대로 부부간의 정서적 거리감을 증가시켜서 자녀에게 문제를 투사하는 등의 여러 가지 부적응을 초래할 위험성이 있다는 것이다.

4) 가족투사과정

부모가 자신의 미분화를 자녀에게 물려줌으로써 미분화는 세대를 걸쳐서 진행된다. 투사 대상이 된 자녀는 최소한의 자아분화만 한 채, 부모와 밀착관계를 가지게 된다. 자아분화 수준이 낮은 부모는 미분화에서 오는 불안을 삼각관계를 통해 회피하려고 한다. 이러한 삼각관계에서 볼 수 있는 공통적인 현상은 어머니가 특정 자녀와 공생관계를 형성해 미분화의 산물인 자기 문제를 투사시킨다는 점이다. 보웬에 의하면 투사는 어느 가정에서나 일어나는데, 분화 수준이 낮은 가정일수록 투사 경향이 심하다. 가족투사과정은 다음 세대를 희생시키면서까지 이전 세대의 미분화에서 발생한 불안을 경감시키려 한다.

5) 다세대 전수과정

이 개념은 다세대를 통해 가족의 정서과정이 전수되는 것을 설명한다. 보웬의 다세대 전수개념은 핵가족 안에서 개인뿐 아니라, 여러 세대에 걸친 핵가족을 포함하는 정서적 장애를 의미한다. [그림 6-3]과 같이 자아분화의 수준이 낮은 사람이 자신과 비슷한 분화 수준을 가진 사람과 결혼하여 다음 세대인 자녀에게 그들이 가진 미분화된 특징을 투사하여 자녀의 자아를 더욱 미분화상태가 되게 한다. 이러한 투사과정이 여러 세대에 걸쳐 계속되면, 3세대 또는 그 이상의 세대에 가서 정신적 질환을 가진 가족 구성원이 생긴다. 이처럼 다세대 전수과정은 개인의 자아분화 수준이 대대로 전달되는 것을 나타낸다. 이렇게 볼 때 역기능의 문제는 개인의 질병이 아니라 가족체계에서 누적된 자아의 미분화, 즉 융합의 산물인 셈이다.

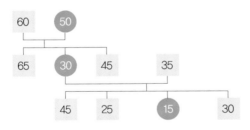

[그림 6-3] 자아미분화의 전수과정

6) 출생순위

토먼(W. Toman)은 환경이 다른 각각의 가정에서 태어났는데도 동일한 출생순위의 사람들은 비슷한 성격을 가졌다는 사실을 발견하였다(김유숙, 2014에서 재인용). 이러한 사실은 한 개인이 가족체계에서 어떤 기능적 위치인가를 추론할 수 있게 하였다. 왜냐하면 가족체계 내의 정서적 세력이 각 출생순위에 따라 특정한 방식으로 기능하기 때문이다. 토먼은 생물학적 출생순위만을 염두에 두었으나, 보웬은 이러한 개념을 기능적인 출생순위까지 확대해 적용하였다. 예를 들어, 기대를 걸었던 장남이 사고로 사망하면 부부의 삼각관계에 그다음 순위의 자녀가 휘말릴 가능성이 높다고 지적하였다.

출생순위의 개념은 특정 자녀가 어떻게 가족투사과정의 대상이 되는지를 이해하는 데 새로운 견해를 제공하였다. 더불어 개인이 결혼생활에 어떻게 적응할 것인가도 예측 가능하게 하였다.

7) 정서적 단절

정서적 단절은 한 개인과 자신의 원가족 간의 미분화와 그것과 관련된 정서적 긴장을 설명한 것으로, 극심한 정서적 분리를 의미한다. 정서적 단절은 세대 간의 잠재된 융합의 문제를 반영하는 것이다. 따라서 세대 간의 정서적 융합이 심할수록 정서적 단절 가능성 또한 높다. 융합이 심한 사람은 가족과의 정서적 접촉을 회피함으로써 문제를 해결하려고 한다. 그러나 고립된 소외에서 오는 불안 때문에 다른 사람과 관계를 맺으면 또 다른 융합을 초래한다. 충동적으로 결혼하는 경우가 정서적 단절의 좋은 예인데, 이러한 사람은 결혼으로 원가족에서 벗어나더라도 진정한 독립을 얻은 것은 아니다. 왜냐하면 융합이 심한 사람은 결혼을 해도 새로운 가족과 다시 융합하여 원가족의 문제를 재연시키기 때문이다.

8) 사회적 정서과정

개인에게 거짓 연대감을 갖게 하는 사회작용으로, 이것은 융합을 조장하며 자기분화를 저해한다. 즉, 환경이 가족에게 영향을 미치는 것처럼 사회 내의 정서적 과정이 가족 내의 정서적 과정에 영향을 미친다는 개념이다. 보웬에 의하면, 가족은 만성적으로 불안에 휩싸이면 이러한 불안을 감정적으로 억제하지 못하여 지적으로 행동할 수 없게 된다. 그 결과 증상이 형성되며 가족의 기능에 퇴행이 일어난다. 그러므로 사회적 퇴행은 불안에 의해 사회적 문제해결능력을 위태롭게 하는 정서적 과정이다.

2. 상담기법

　보웬은 불안이란 정서적 융합의 산물이므로 지속적인 변화를 위해서는 안정된 분위기에서 이해와 자기분화가 필요하다고 보았다. 그 과정에서 상담자는 코치와 같은 역할을 한다. 그들은 불안을 감소시킴으로써 정서적 역기능이 줄어든다는 믿음이 있기 때문에 가족 상호작용을 곁에서 지켜보면서 가족에 대한 자신의 관찰을 토대로 각 가족에게 질문이나 암시를 한다. 상담자는 이성적 상호작용의 모델로서 역할을 해야 하므로, 자신들의 정서적인 반응을 드러내지 않으면서 가족 내의 정서를 다룰 수 있어야 한다. 즉, 상담자가 가족과의 정서적 창조나 부정적 삼각관계를 피하기 위해 안정된 정서 상태에서 상담을 진행할 수 있는 전문성을 가져야 한다는 것을 의미한다. 여러 접근과는 달리 다세대 모델에서 상담자는 개입 초기단계에서 대인관계의 긴장을 극소화하려고 하지 않고 오히려 예민한 문제를 직접 다룬다. 이때 가족들이 생산적인 관계를 유지할 수 없을 만큼 긴장이 고조되었다면 그들이 약간의 거리를 두고 문제를 바라볼 수 있도록 다루려는 내용과 유사한 대치적 스토리를 사용할 수도 있다.

　이들 상담과정은 점진적으로 이루어진다. 자아분화는 개인과 전체 체계를 변형시키기 위한 매개물이다. 따라서 상담과정을 통해 개인의 자아분화가 성취되면 가족체계가 변화하고, 이것은 더 높은 수준의 자아분화를 초래하는 순환성을 가진다고 보았다.

앞에서 언급한 것처럼 다세대 모델을 지향하는 상담자는 가족들 중 한 사람과 일정 기간 상담을 해도 전체 가족체계를 변화시킬 수 있다고 생각했기 때문에 어떤 의미에서는 상담의 대상이 넓다. 예를 들어, 돌아가신 할아버지도 상담대상의 범위에 포함될 수 있다. 여기서 상담자는 다양한 상담기법을 사용하기보다는 질문을 통한 상담과정을 선호한다. 이때 질문은 가족들이 자신의 딜레마를 인식하고, 잘못된 관계에서 자신의 역할을 수정하기 위한 방법을 유도하도록 고안되었다. 상담자의 객관성과 정서적 중립성을 강조하고 있어서 상담자는 '코치'나 '의논상대'의 입장을 고수하는 것이 바람직하다고 보았다.

1) 가족평가

보웬은 가족체계와 구조를 평가하기 위해서 가계도를 활용했다. 다세대에서 경험한 가족들의 패턴과 영향력은 현 핵가족의 문제에 중요한 정보를 제공하기 때문이다. 국립정신건강연구소 시절부터 여러 세대를 걸친 가족체계에 관한 주요 정보를 수집, 조직화하기 위해 가족도표라는 것을 사용해 왔다. 게린(P. Guerin)이 1972년의 저서에서 가족도표를 가계도라고 이름을 붙이면서 현재까지 통용되고 있다.

가계도(12장 참조)란 확대가족을 포함한 가족의 정보를 얻기 위해 3세대 이상에 걸친 가족 구성원에 관한 정보와 그들 간의 관계를 도표로 기록하는 작성방법이다. 가계도는 가족에 관한 정보가 도식화되어 있어 복잡한 가족 형태를 한눈에 볼 수 있는데, 상담 과정 중에 가족들도 체계적인 관점으로 문제를 볼 수 있도록 돕는 치료적 효과가 있다.

1회기 이상 걸쳐서 이루어지는 평가 면담은 신체적 · 정서적 · 사회적 증상에 초점을 두어 제시된 문제력과 증상이 그 사람의 관계에 미치는 영향에서 시작된다. 개인에 관한 질문은 증상을 가진 개인이나 관계에 초점을 맞추는데, 가족마다 문제를 바라보는 관점이 다를 수 있으므로 각 가족들의 인식을 파악하는 것이 중요하다. 핵가족이나 확대가족으로 탐색의 범위를 확대해 간다. 면담은 가족평가 가이드라인의 내용을 중심으로 하여 개인이나 부부를 대상으로 진행될 수 있다(Kerr & Bowen, 2005).

가족평가 면담의 가이드라인

내담자가 의뢰한 경우

- 가족들이 방문하게 된 경위나 배경
  (가족들의 자발적인 의뢰인가, 기관의 의뢰인가, 첫 방문인가, 치료를 시도해 본 후 2차로 온 것인가, 어떻게 방문했는가, 누가 치료를 가장 원하는가, 누가 덜 원하는가 등)

문제나 증상에 대한 호소

- 가족의 문제를 누구로 보는가, 어떤 증세가 언제, 얼마나 자주 발생하는가, 언제부터 지속되었는가, 증상이 신체적인가, 정서적인가, 사회적인가, 증상과 가족들의 상호관계성은 어떤가?
- 가족들은 문제를 어떻게 보는가?
- 누가 문제증상에 가장 스트레스를 받는가? 누가 스트레스를 가장 덜 받는가?
- 무엇이 문제를 심각한 수준으로 이끈다고 보는가?
- 문제를 해결하기 위하여 가족들이 시도한 방식은 무엇인가?
- 가족들이 문제해결을 위해 도울 수 있는 것은 무엇인가? 또는 원하는 것은 어떤 것인가?

핵가족의 역사와 기능, 정서적 과정

• 부부는 어떻게 결혼하게 되었는가? (만남의 배경, 결혼동기, 호감도, 결혼
  과정, 신혼기의 상황)
• 결혼 전에는 각자 어디에서 무엇을 하였는가? (서로의 성장환경과 경제력
  정도, 질병의 유무, 과거 결혼의 유무, 자녀의 유무, 파혼의 유무, 자아만
  족도 및 성취도 정도)
• 결혼생활에서 자녀의 출생과 가족들의 갈등이나 적응 정도는 어떠하였
  는가?
• 자녀 출생 시 가정의 환경, 자녀 양육에 대한 갈등이나 대처방식, 자녀의
  성장과정과 위기는 어떠하였는가? (자녀의 가출이나 증상의 유무, 자녀의
  학력 정도, 자녀의 성공 정도)
• 부부의 결혼생활에 대하여 어떻게 보는가? (부부의 갈등이나 위기, 가족
  의 스트레스 요인, 부부간의 정서적 교류와 의사소통 방식, 개인의 증세나
  불안 수준, 감정반응 정도, 긍정적인 사회관계망, 잦은 이사, 직업의 변화,
  경제의 위기, 배우자와 별거나 이혼, 사별 경험의 유무, 배우자들의 신념
  이나 가치관, 종교관 등)

원가족의 역사, 융합과 분화

배우자들이 성장한 원가족 부모들의 결혼이나 이혼, 부모의 성격, 부모의 환
경, 직업, 신체적·정신적 건강, 교육력, 경제적인 위기상황, 부모의 사망 원
인, 자녀에 대한 관심이나 지지도, 기대감, 형제자매들과의 관계, 형제자매
의 죽음, 계형제의 유무

원가족의 안정성과 보존성

• 원가족 가운데 정신질환자나 알코올중독자나 범죄자가 있었는가? 각 배
  우자의 원가족에서 안정성은 부모나 부모의 형제자매들의 평균적인 기능
  수준으로 질병의 유무나 정신질환자의 경험 유무, 폭력이나 알코올중독
  자의 경험 유무로 사회적·경제적·개인적 기능성의 정도를 평가

- 부모나 친인척 가운데 당신에게 도움을 주는 사람은 누구인가? 가장 힘들 때 누구를 찾아가는가?
- 보존성은 원가족 중에 생존해 있는 구성원으로, 각 배우자에게 도움을 주는 사람을 말한다. 부모의 친인척이나 고모나 이모, 삼촌 등에게 개인적으로, 정서적으로, 경제적으로 도움을 받을 수 있는 관계망이 충분한가?

원가족으로부터의 정서적 단절 정도

- 어느 쪽 부모와 더 친밀하고 소원 혹은 갈등관계였는지 평가한다. 원가족 안에서 삼각관계의 형태나 경험 유무 (누구와 정서적으로 밀착되고 의존된 관계인가?)
- 원가족 가운데 누구와의 관계를 정서적으로 단절했는가? (어떤 사건이나 상황에서)
- 원가족과 단절된 사람 가운데 누가 원가족에 대한 책임회피나 술이나 약물의존성이나 사회적 철수자로 나타나는가?

상담을 위한 중요한 방향과 초점

- 상담자는 전문가로서 가족들의 문제에 대한 인식 정도와 문제 원인에 대한 어떤 가정들을 파악해야 한다.
- 상담 초기에는 가족원의 불안요인이 되는 사건이나 상황 감소에 초점을 둔다.
- 가족 구성원의 기본분화 수준 향상을 위한 상담방향을 설정한다.
- 원가족 체계가 핵가족의 불안에 직접적인 영향을 미치지 않는다면 초기부터 핵가족의 관계성에 초점을 둔다.
- 핵가족의 정서과정에서 탈삼각관계에 초점을 둔다.
- 부부가 가해자, 피해자의 순환고리를 형성한다면 개별적으로 불안을 다룬다.

상담 예후에 대하여

• 상담 이후 결과에 영향을 미치는 것을 평가한다.
• 개인이나 가족들이 가진 스트레스 요인, 감정적인 반응, 핵가족의 적응력
• 배우자 원가족의 안정성이 기능적이며 원가족의 보존성이 지지적이고 자원이 풍부할 때는 임상 결과의 예후에 긍정적 영향을 준다.
• 핵가족의 적응력 가운데 개인의 생물학적 · 심리적 · 사회적 요인의 상호작용이 지닌 영향력은 매우 중요한 상담 예후가 된다.

2) 탈삼각관계

가족정서체계 접근을 지향하는 상담자들은 증상을 제거하거나 변화시키기 위해 역사적 또는 심리적 요소를 발견해야 한다고 주장하였다. 그들은 한 개인의 현재 가족기능은 원가족의 경험과 관련되었다고 보았다. 따라서 만약 어떤 사람이 현재의 기능에 만족할 수 없으면 원가족 속에서 자신의 위치를 이해하는 것이 중요하다. 때로는 원가족과 해결되지 않은 문제가 남아 있을지도 모른다. 이들은 원가족과의 문제를 해결하도록 확대가족 속으로 적절한 여행을 하게 하는 접근도 시도하였다. 상담과정을 통해 가족이 자신의 부모, 즉 조부모와 같은 확대가족과의 관계를 이해하고 받아들이는 것이 중요하다.

상담목표는 다세대에 걸친 삼각관계에서 개인을 해방시키는 것이다. 따라서 상담목표는 가족 구성원 각자의 통찰력을 높여서 가족체계의 불안을 낮추며, 또한 가족체계를 정서적으로 재편성해 각 개인의 자아분화를 촉진하는 것이다. 체계를 변화시키고, 가족들의 높은 분화 수준을 성취하기 위한 변화는 가족 내 가장 중요한 삼각관계를 중심으로 이루어져야 한다. 그러므로 상담자는 이 같은 탈삼각관계를 시도하기 위해 상담자 자신과 가족의 주요 인물

두 사람과 함께 새로운 삼각관계를 만들기도 한다. 상담의 단위와 상관없이 상담목표는 자기분화에 있다. 즉, 확대가족 내에서의 중립적인 정서적 관계를 갖도록 하는 것이다. 이러한 변화의 첫 단계는 가계도를 통한 원가족에 대한 이해에서 시작된다. 상담과정을 통해 가족이 지금까지 무시해 온 가족사에 대한 기본적인 지식을 조직화해 가는 것이다. 가족을 이해하기 위한 또 다른 의미 있는 정보로는 가족체계에서 다양한 집단의 지리적 위치를 파악하는 것이다. 일반적으로 한곳에 모여 사는 가족들은 강한 가족유대를 의미하며, 반대로 단절된 가족은 가족끼리 지리적으로 떨어져서 지낸다. 직장 등의 여러 가지 예외가 있을 수 있으나 거주지의 물리적 거리는 드러나지 않은 정서적 유형을 알 수 있는 단서가 되기도 한다. 가족을 설명하기 위한 또 다른 유용한 정보에는 문화적·경제적·교육적 수준과 같은 사회관계망이 포함되어야 한다. 가족에 대한 정보가 많을수록 자아분화가 쉬워지며, 이것은 여러 가족 구성원과 대인관계를 확립하는 이점도 있다. 궁극적으로 자아분화는 자신과 관련된 삼각관계를 인식하고 그 같은 삼각관계에서 벗어나는 것이므로 얻은 정보에 의하여 자신들의 삼각관계를 인식하는 것이 중요하다. 보웬은 삼각관계에서 벗어나도록 감정의 상승효과를 억제하거나 장점을 보다 객관화하여 표현하게 하는 방법을 시도하였다. 때로는 위험한 화제를 해독시켜 묻힌 비밀을 노출시키거나 무효화함으로써 탈삼각관계를 시도하기도 하였다.

상담자 역시 가족들과의 삼각관계에서 벗어나도록 노력해야 한다. 상담자는 가족과 중립적이고 객관적인 자세로 적정 수준의 정서적 거리를 두면서 가족의 토론내용보다는 가족의 상호작용과정에 관심을 집중해야 한다. 상담자가 토론의 내용에 지나치게 관여한다면 그것은 정서적 삼각관계에 휘말린다는 것을 의미한다. 자아분화가 충분히 이루어진 상담자는 가족에게 정서체계가 어떻게 작용하는지를 가르쳐 주고, 그들이 원가족과 원만한 관계를 가지도록 격려한다. 가족체계에 대한 지식을 통해 가족들은 자신의 문제를 분석할 수 있으며, 이것은 그들에게 자신의 변화를 지속할 수 있는 기초를 제공하기도 한다.

3) 과정질문

과정질문은 사람들의 내면 또는 사람들 사이에 어떤 일이 일어나고 있는지를 탐색하는 질문이다. 이 질문은 내담자의 감정이나 정서보다는 인지적인 면에 초점을 둔다. 즉, 편안한 정서와 안정감을 제공하면서도 지적 체계를 촉진하는 질문을 한다. 내담자에게 자신의 문제가 가족들에게 어떤 영향을 미쳤는지 탐색하도록 하여 자신의 행동에 책임을 느끼게 한다. 이 같은 질문들은 행동, 특히 증상적 행동들을 대인관계의 맥락 속에서 이루어진다. 그러나 이 질문은 내담자의 과도한 감정과 불안을 불러일으키는 것이 아니라 대인관계 유형에 각자 어떤 방식으로 참여하였는가를 묻는 것이다. 가족 구성원이 자신의 딜레마를 인식하고, 잘못된 관계에서 자신의 역할을 수정하기 위한 방법을 유도하기 위한 작업이다. 즉, 스스로 해결방법을 찾도록 격려하기 위한 질문이다(Nichols, 2016).

4) 관계 실험

삼각관계를 구조적으로 변화시키기 위해 사용된다. 가족들로 하여금 체계 과정을 인식하고, 그 과정 내에서의 자신의 역할을 깨닫도록 학습시키는 것이다. 내담자들이 평소 자신의 충동에 따라 자동적으로 반응하지 않을 때 어떠한 상황이 전개되는지 경험하도록 돕는 방법이다. 예를 들어, 정서적으로 의존하려는 내담자에게는 의존된 상대방에게서 조금 떨어지도록 요구하는 경우를 생각해 볼 수 있다. 그리고 정서적으로 거리 두기를 한 내담자에게 소원한 사람에게 다가가서 새로운 관계를 맺도록 격려한다. 이때 자신과 상대

방의 사이에서 어떤 정서과정이 발생되는지를 경험하도록 한다. 이를 통해
정서적 충동에 따라 반응하지 않을 수 있는 능력을 발견하도록 돕는다.

5) 코치하기

상담자가 가족체계과정에서 가족을 가르치는 것은 삼각관계 속의 자신을
관찰하면서 가족주제를 통한 행동을 검토하는 것이다. 이것은 역기능적이거
나 도움을 넘어섰다고 걱정하는 가족을 위한 정상화 전략으로도 사용된다.
상담자는 개입 순간마다 언제 통합된 교육을 할 것인지를 결정해야 하고 항
상 가족이 이해하도록 이 같은 정보를 전해야 한다.

상담자는 가족들이 자신의 원가족에게 돌아가도록 지도하는 코치와 같다.
코치는 중립적이고 객관적인 조언을 통해 개인의 분화를 하여 내담자가 자기
이해와 가족들과 건강한 관계를 갖도록 돕는 것이다. 상담자는 내담자들이
직접 자신들의 가족문제를 해결해 나가도록 조언을 한다. 코치의 역할을 수
행함으로써 내담자의 역할을 대신하거나 가족들 간의 삼각관계에 끌려가는
것을 방지할 수 있다.

가족은 종종 다양한 확대가족과 재방문을 함으로써 이전으로 되돌아가는
것(going backwards)을 포함한 그들의 역사에 근원한 상호작용 패턴을 이해
함으로써 발전된 삶을 경험하기도 한다. 이것은 가족들이 혼란이나 자신들
의 행동에 대한 죄책감을 덜 갖게 하는 데 도움이 된다.

6) 나의 입장되기

나의 입장되기(I-position)는 감정보다 인지적인 면에 기초하여 자신의 입장
을 유지하도록 돕는 기법이다. 가족들이 스트레스 상황에 놓였을 때 상대의
행동을 지적하거나 비난하기보다 이성적으로 자신의 입장을 표현하도록 돕

는다. 이것은 가족 내에서 융합된 삼각관계에서 자신의 위치를 변경시키는데 도움이 된다. 이를 통해 상대방을 비난하거나 자신을 억압 또는 회피하지 않고 자신의 견해를 언급하도록 한다. 이것은 정서적 반사에 의해 상대방의 행동을 지적하기보다는 자기 의견을 표현하도록 돕는다.

7) 집단가족치료

여러 부부를 모아 집단으로 상담을 진행하기도 한다. 한 부부를 대상으로 상담을 진행하다가 다른 부부와 대화를 이어가거나 부부들끼리의 상호작용을 촉진하기도 한다. 한 부부가 다른 부부를 관찰함으로써 정서적 과정에 대해 배울 수 있다. 또한 다른 부부를 보면서 자신들끼리 말할 때와 같이 감정에 휘말리는 것을 방지하는 기능도 있다. 그 과정에서 부부들은 내 입장에서 표현하는 것을 배우도록 격려받는다. 상담자는 필요하다면 내 입장되기의 시범을 보이면서 참여 부부들이 변화의 능동적 주체가 되도록 돕는다.

8) 다른 가족 이야기로 대치하기

가족이 자신들의 문제에 대해 객관적이고 현실적인 인식을 할 수 있도록 비슷한 문제를 가진 다른 가족의 이야기를 들려주는 것이다. 영화나 동영상을 보여 주거나 이야기를 들려주면서, 가족들에게 체계의 기능을 가르치는 것이다. 이것은 가족들이 가족체계 내에서 자신의 역할을 볼 수 있도록 충분한 거리감을 두게 하기 위한 방법이다.

9) 다중가족치료

상담자가 부부 각 개인에 초점을 두며 대화를 이끌어 가는 방법이다. 부부

간의 갈등 수준이 높을 때는 두 사람 간의 상호작용을 최소화하면서 상담자
가 각각의 배우자와 면담을 진행한다. 한쪽의 배우자는 다른 배우자를 관찰
할 수 있기 때문에 자신의 정서에 덜 몰입하고 객관적으로 상대방의 입장을
이해할 수 있다.

제7장

구조적 모델

　개인을 사회적 존재로 이해하여 개인을 둘러싼 구조에 관심을 가진 구조적 모델(structural family therapy)에서는 비교적 단시간에 가족의 문제나 가족 특유의 양식을 파악해 가족구조를 변화시킨다. 이들은 가족구조가 변하면 동시에 가족의 지위가 변하여 결국 각 개인들의 경험도 변할 수밖에 없다고 보았다. 미누친은 『이상한 나라의 앨리스』를 예로 들고 있다. 앨리스는 거인이 되기도 하고 난쟁이가 되기도 하지만 사실 앨리스가 변한 것이 아니라, 앨리스를 둘러싼 환경의 변화가 앨리스를 거인이나 난쟁이로 만들었다는 것이다. 다시 말하면, 환경의 변화가 한 개인의 지각을 변화시킬 만큼 지대한 영향을 미친다는 점을 강조하였다(Minuchin, 2012).

　미누친(S. Minuchin)은 1950년대 말 비행청소년시설에 근무하면서 문제행동을 가진 청소년에게 개입하기보다는 가족맥락을 발전시키는 치료적 방법을 찾기 시작했다. 그러나 가족을 면담하면서 어려움을 가진 가족은 그것을 극복할 수 있는 대안이 부족하다는 사실을 알게 되었다. 따라서 변화를 위한 간결하고 구체적이며 행동지향적인 치료적 방법을 고안했다. 열악한 환경의 가족들과 오랫동안 함께하면서 독창적인 행동지향적 기법을 발전시켰다. 그는 가족구조에 관한 주요한 이론을 발전시켰을 뿐만 아니라, 가족에 대한 진단과 상담을 위한 명확한 지침이 되는 개념들을 발전시켰다. 이처럼 구조적 모델은 이론적 우수성뿐 아니라, 실용적인 면에서 탁월하여 많은 상담자가 선호하는 모델이다.

　취약계층과의 작업을 통해 발전시킨 자신들의 기법을 보다 폭넓은 계층의 가족들에게 적용해 보고 싶었던 미누친은 1965년 필라델피아 아동상담센터의 소장으로 부임한다. 그곳에서 그는 지금까지 비행과 같은 사회적 문제와 관련된 가족들에게 활용하던 기법들을 당뇨병이나 천식, 식욕부진증과 같은 의학적으로 긴급한 상황에 있는 가족에게 적용해 보았다. 미누친은 이 경험을 통해 병리는 고통받는 개인이 아닌 가족의 맥락에 있다는 점을 더욱 확신하게 되었다. 따라서 그는 자신이 개발한 은유의 사용, 적극적인 상담자의 자세를 통한 보다 체계적인 상담방법을 발전시켜 나갔다.

1. 주요 개념

　구조적 모델에서 구조란 보이지 않는 일련의 기능적 요구이다. 이것은 가족끼리의 상호작용방식과 연속, 반복, 예측되는 가족행동 등을 조직한다는 것을 의미하며, 가족이 나름대로 고유한 구조를 가졌다고 생각할 수 있다. 그러나 가족구조란 추상적인 개념이므로 이를 이해하기 위해서 가족 간의 인간관계 규칙을 이해하지 않으면 안 된다. 인간관계의 규칙을 이해함으로써 파악된 가족구조는 가족과 가족의 기능수준에서 추상적 구조일 경우가 많다. 예를 들어, 안방을 누가 쓰는가, 식탁에서 누가 좋은 자리에 앉는가, 가족의 연령은 어떠한가 등 구체적인 정보로부터 가족의 인간관계 규칙을 추리하는 것이 가능하다. 그러나 가족체계 안에서 인간관계의 규칙은 상당히 복잡하게 얽혔기 때문에 구체적인 정보의 나열만으로는 그것을 이해할 수 없다. 복잡한 인간관계의 규칙을 이해하기 위해서는 가족을 지배하는 규칙을 찾아내는 것이 중요하다. 지배적 규칙이란 가족관계를 규정하는 규칙 중 영향력이 강한 것을 의미한다. 이러한 추상적 수준의 가족구조를 이해하기 위한 매개적 개념으로 경계선, 제휴, 권력을 들 수 있다.

1) 경계선

경계선(boundary)이란 하위체계 사이에서 주로 사용하는 말이다. 경계선은 직접 보이지 않으나, 개인과 하위체계 간, 또는 가족 간에 허용할 수 있는 접촉의 양과 종류로 파악할 수 있다. 경계선이란 가족 상호작용 과정에 가족 구성원 누군가가 어떤 방식으로 참가할 수 있는가에 대한 규칙이다. 그리고 하위체계 간의 역동관계는 이 같은 경계선이 명확한지, 밀착되었는지, 분리되었는지에 따라서 애매한 경계선, 명료한 경계선, 경직된 경계선으로 구별한다. 명료한 경계선을 가진 가족은 정상적인 가족이다. 애매한 경계선을 가진 가족은 가족체계에 참여하는 것에 대한 규칙이 애매하기 때문에, 가족들은 모든 문제에 서로 지나칠 정도로 얽혀서 필요 이상 관여하게 된다. 이러한 가족을 밀착된 가족(enmeshed family)이라고 부른다. 반대로 경계선이 경직되면 가족들은 뿔뿔이 흩어져 버리는데, 이들을 분리된 가족(disengaged family)이라고 부른다. 그러나 일반적으로 언급된 3개의 경계선은 가족 내에서 맥락에 따라 적절하게 사용된다. 그런데 어떤 가족의 경우에는 유연성을 상실한 채 가족 간에 밀착된 상태나 분리된 상태를 고수하거나 때로는 양극단을 넘나들기도 한다.

2) 제휴

가족은 부부 하위체계, 부모 하위체계, 형제 하위체계의 세 가지 하위체계로 구성되었으며, 이러한 하위체계에는 많은 제휴(alignment)가 존재한다.

하위체계 구성원 간의 관계는 연합의 개념으로, 이러한 힘의 관계가 경계선 안에서 상호작용하게 된다. 제휴는 가족들이 서로 연결되는 방법 또는 가족의 상호작용 과정으로 가족체계의 한 개인이 다른 협력관계 또는 상반된 관계를 갖는 것이다. 제휴에는 연합(coalition)과 동맹(alliance)의 두 가지가 있는데, 연합은 폭력적 아버지를 통제하기 위해서 어머니와 자녀가 결속하는 것처럼 두 사람이 제3자에게 대항하기 위해 힘을 합하는 것이다. 이와는 달리, 동맹은 두 사람이 다른 공동의 목적을 위해 제3자와 제휴하는 것이다. 예를 들어, 사춘기의 자녀를 훈육하기 위해 부모가 한 팀이 되는 것으로 반드시 제3자와 적대 관계일 필요는 없다.

3) 권력

권력(power)이란 개개인의 가족이 상호작용 과정을 통해 다른 사람에게 미치는 영향력이다. 권력은 일반적으로 절대적인 권한을 의미하는 것이 아니라, 경우에 따라 달라진다. 또한 권력은 가족의 적극적인 교류 여부에 따라 달라질 수 있다.

미누친은 가족구조를 명료화하기 위해서 [그림 7-1]과 같은 가족지도(family map) 도표를 사용하였다.

구조적 모델에서는 가족의 하위체계의 유형, 바람직하지 않은 하위체계 간의 경계, 가족체계와 그것을 둘러싼 생태학적 맥락의 경계에 관심을 가졌다. 가족지도를 활용해 [그림 7-2]과 같은 다양한 관계를 한눈에 파악할 수 있다. 왼쪽 그림은 부부의 갈등관계로 인한 긴장을 완화하기 위해 자녀라는 제3자

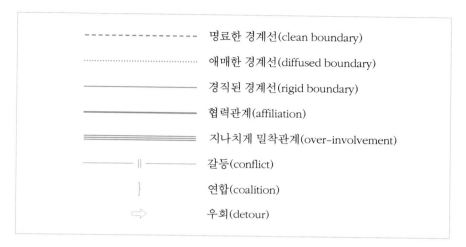

[그림 7-1] 가족지도에 사용되는 기호

출처: Minuchin (2012).

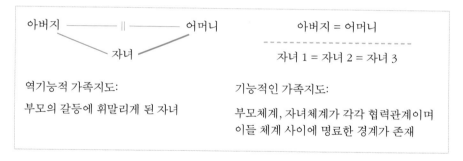

[그림 7-2] 가족지도의 예

를 부부 사이에 끌어들여 삼각관계를 이룬 것이다. 이들 부부는 자신들의 관심을 많은 문제가 있다고 규정한 아들의 문제에 집중함으로써 표면적으로는 부부관계를 그대로 유지할 수 있다. 오른쪽의 그림은 부부와 형제라는 각각의 하위체계에서 협력관계를 유지하며 세대 간에는 분명한 경계선을 가진 경우로 기능하는 가족의 가족지도이다.

구조적 모델을 사용하는 상담자는 가족체계에 합류하면서 가족이 도움을 원하는 IP(Identified Patient: 가족이 문제로 지목한 사람)의 증상 또는 문제행동이 가족의 기능이나 구조와 어떤 관계가 있는지를 판단한다. 증상이나 문제가 구조와 관계가 있다는 사실을 발견하면 가족에게 체계, 하위체계 간의 경계를 수정하거나 가족 내의 연합과 같은 변화가 필요하다는 것을 직접 알린다.

구조적 모델에서는 문제들이 역기능적 가족구조에 의해 유지된다고 보았다. 그러므로 상담은 가족구조를 변화시켜 가족문제를 해결할 수 있도록 하는 것이다. 상담목표는 구조의 변화이며, 문제해결은 체계적 목표의 부산물이다. 상담자는 가족의 구조를 변화시키기 위해 가족체계에 참여하는데, 그들은 경계선을 바꾸거나 하위체계를 재정비하여 가족 각자의 행동과 경험을 바꾸려고 노력한다. 그러나 상담자는 단지, 가족기능이 변화하도록 도울 뿐 문제해결은 가족이 해야 할 부분이다.

문제행동의 변화와 향상된 가족기능은 서로 연관된 목표이다. 문제행동을 변화시키는 가장 효율적인 방법은 그 같은 문제행동을 유지시키는 가족 유형을 바꾸는 것이다. 효과적으로 기능하는 가족의 특징은 가족을 지지하는 체계이다. 구조적 모델의 목표는 가족이 서로 지지하면서 개인이 문제행동을 해결하고 성장하도록 촉진하는 것이다. 이것은 결국 가족체계의 성장으로 이어질 것이다. 이와 같은 상담목표는 그들이 제시하는 증상과 구조적 역기능의 특성에 의해 설정된다. 가족체계의 상호교류규칙을 재구조화하는 것도 구조적 모델의 목표이다. 가족은 대안적인 방식과 다른 가족과 보다 만족스러운 상호작용방식을 습득해 미래의 갈등과 스트레스에 보다 잘 대처할 수 있도록 한다. 이를 위한 세부적인 상담목표는 하위체계 간의 명확한 경계선 설정, 가족위계질서의 강화, 가족의 실상에 맞는 규칙으로 변화하는 것이다. 새로운 구조의 출현은 전체로서 가족은 물론 IP에게 변화를 주기 위해 의도된 것이다. 이러한 관점에서 볼 때 부적절한 가족규칙을 새로운 규칙으로 대체하는 것이 필요하다. 이것은 가족이 고정된 역할과 기능에서 벗어나 가족항상성을 유지하기 위한 문제행동을 더 이상 할 필요가 없어져서 IP의 문제는 사라진다.

이와 같은 가족 재구조화의 결과로 또다시 문제행동이 나타날 가능성은 줄어들고, 전체로서의 가족이 그들의 성장 잠재력을 증가시킬 수 있는 가능성은 커진다. 상담자는 가족이 가능한 한 융통성과 변화의 영역을 탐색하고 잠재적인 구조적 대안을 활성화시켜 변화하도록 한다.

2. 상담기법

가족은 변화를 위해 상담자를 수용하고 상담자의 개입에 반응해야 한다. 그러나 이것은 가족의 입장에서 보면 스트레스를 증가시키고 자신들의 항상성을 흔드는 일이다. 그러므로 상담과정에서 필연적으로 가족 내의 구조적 변화가 일어날 수밖에 없다. 따라서 먼저 가족이 제시하는 문제를 체계적 관점에서 재명명하여 행동의 변화를 유도하는 것이 필요하다. 즉, 상담에 온 가족이 현재 가진 문제를 개인이나 외부의 힘으로 단정하면, 상담자는 이것을 가족구조의 기능에 관련된 문제라고 재정의한다. 상담자는 이처럼 동일한 문제를 보다 새롭고 건설적인 방향으로 제시할 수 있어야 한다. 또한 면담과정을 통해 가족교류의 구조를 관찰해 그것을 변화시키도록 노력한다. 가족역동도 구조적 모델에서 다루어야 할 중요한 부분이다. 상담자는 이를 위해 지도자의 입장으로 가족체계에 참여하여 가족구조를 그려 보면서 구조를 변화시키기 위한 개입도 한다.

1) 상담과정

구조적 모델에서는 평가를 위한 면담과정을 별도로 가지지 않는다. 일반적으로 가족구조의 평가는 가설이며, 이러한 가설에 따라 상담목표가 설정된다. 상담목표를 향해서 치료적 개입이 행해지며 그 결과는 다시 가족구조를 평가하기 위한 자료로 피드백되는 과정을 거친다. 이러한 과정을 도표화하면 [그림 7-3]과 같다. 구조적 모델에서는 한 회기의 면담 중에도 이러한 과정을 반복하면서 가족구조의 변화를 시도한다.

여기서 알 수 있듯이 평가-목표설정-치료적 개입은 연속된 하나의 과정이다. 그러나 실제 상담과정에서는 상담자가 전체 과정을 염두에 두고 치료적 개입을 시도하는 것이 일반적이다.

구조적 모델기법은 가족의 보다 바람직한 교류유형을 발달시킬 수 있는 맥락을 만드는 것이 중요하다는 이론적 근거에서 출발하였다.

기법은 목적에 따라 가족 상호작용에 합류, 가족 상호작용의 재구성, 가족 상호작용의 창조라는 세 범주로 나눌 수 있다. 가족 상호작용에 합류한다는 것은 상담목표에 도달하기에 앞서 상담자가 추구하는 가족과의 인간적 교류

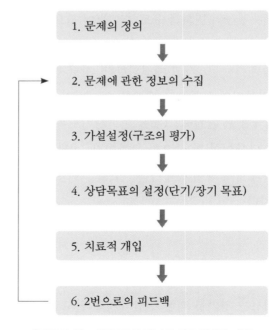

[그림 7-3] 가족구조의 평가와 목표설정의 과정

에 관한 기법이다. 가족 상호작용의 재구성보다 기능적인 가족구조를 만들기 위해 가족 간의 상호작용에 변화를 일으키려고 시도하는 기법이다. 가족 상호작용의 창조란 상담자가 치료적 효과와 연결될 수 있는 가족 간의 상호작용을 의도적으로 만들어 내는 기법이다(Gurman & Kniskern, 1981). 그러나 이러한 세 가지 범주의 기법은 서로 독립된 것이 아니라, 보완적인 역할을 한다. 실제로는 새로운 가족구조를 만들기 위해 몇 개의 다른 범주의 기법이 동시에 또는 연속적으로 사용되기도 한다.

2) 가족 상호작용에 합류

가족 상호작용에 합류하는 것은 가족구조를 재구성하거나 새로운 상호작용을 만들기 위한 중요한 기초작업이다. 상담자와 가족 간의 원활한 상호작용이 전제되지 않는다면 치료적 변화는 기대할 수 없기 때문이다. 가족과 상담자가 신뢰 속에서 서로 협력하면서 상담을 계속하기 위해 합류(joining)는 중요한 요소이다. 합류는 상담자가 가족과 인간적인 관여를 하는 것으로 정의된다. 즉, 라포와 비슷한 개념인데 라포가 치료적 관계의 정서적인 면을 의미한다면, 합류는 상담자의 행동을 표현하는 용어라고 말할 수 있다. 합류는 의도된 행동적인 기법이지만 상담자의 자연스러우면서도 배려 깊은 공감적 이해가 선행되어야 한다. 합류를 촉진하기 위한 기법으로는 추적, 유지, 모방이 있다.

(1) 추적

추적(tracking)이란 상담자가 가족이 지금까지 해 오고 있는 의사소통이나 행동을 계속하도록 지지한다. 이것은 가족이 보이는 기존 상호작용의 흐름을 거스르지 않고 상담자가 자연스럽게 가족 속으로 들어가는 것이다. 다시 말하면, 가족과정의 흐름에 합류하는 것이다. 추적 기법의 실천은 상담자의 지지적 언급, 내용을 명료화하기 위한 질문, 가족이 말한 핵심용어를 반복하기, 흥미롭게 열심히 듣는 태도 등을 들 수 있다.

(2) 유지

유지(accomodation)는 상담자가 가족과 합류하기 위해서 자신의 행동을 가족의 상호작용에 맞추는 것이다. 즉, 상담자는 가족 상호작용의 법칙을 존중하고 그것을 따르기 위해 노력한다. 미누친은 '유지'라는 단어를 사용해 적응의 중요성을 묘사하고 있다. 이것은 상담자가 가족이 가진 그들의 기존 구조를 유지할 수 있도록 존중하는 것이다. 상담 초기 관계를 성립할 때 유용한 기법이다.

(3) 모방

모방(mimesis)은 상담자가 가족의 언어, 비언어적 행동을 활용해 합류를 촉진하는 것이다. 상담자는 팬터마임처럼 가족의 흉내를 낸다. 의식적 또는 무의식적으로 모방하려는 대상의 언어 사용, 동작, 감정의 표현, 비유적 표현 등에 주목하는 것이다.

3) 가족 상호작용의 재구성

상담목표는 가족의 상호작용 패턴을 변화시켜서 더 이상 IP가 문제행동을 보이지 않는 바람직한 가족구조를 만드는 것이다. 이러한 목표를 달성하기 위해 기존의 가족 간 상호작용 패턴을 변화시키려는 시도가 가족 상호작용의 재구성이다.

이것을 실현하기 위해 구체적으로 활용하는 기법은 크게 체계의 재편성, 증상의 초점화, 구조의 수정을 들 수 있다. 체계의 재편성은 가족을 바람직한 위치로 직접 움직여서 가족의 상호작용에 변화를 시도하는 기법이다. 증상

의 초점화는 증상을 바라보는 가족의 시각을 달리하여 상호작용 유형을 변화
시키려는 기법이다. 또한 구조의 수정은 구조적 모델의 독특한 기법으로 가
족의 상호작용 유형에서 나타나는 경계선, 제휴, 권력에 직접 개입하여 변화
를 초래하려는 시도이다.

(1) 체계의 재편성

체계의 재편성은 기존의 가족환경에서 가지고 있는 가족들의 배열을 바꿈
으로써 구조를 변화시키는 기법이다. 자신의 원가족과 분리가 어려운 부인
이 친정어머니를 모시고 살면서 남편과 친밀한 관계를 유지하지 못할 경우를
예로 들 수 있다. 상담자는 그들의 가족에서 친정어머니를 물리적으로 분리
함으로써 바람직한 가족의 상호작용이 일어나도록 도울 것이다.

(2) 증상의 초점화

증상의 초점화는 가족이 호소하는 증상에 직접 관여해 가족 상호작용 유형
을 변화시키려는 기법인데, 이때 증상은 역기능적 가족구조의 반영이라고 본
다. 상담자는 증상의 기능을 무력화시켜서 더 이상 가족 상호작용에서 증상
이 필요하지 않도록 만든다. 증상의 초점화를 통해 가족 상호작용의 개선을
시도하기 위한 기법은 가족상담에서 자주 사용되고 있는데, 구조적 모델은
증상의 제거뿐만 아니라 가족구조의 변화까지 추구한다. 증상의 초점화를
위해 다음과 같은 방법을 활용한다.

첫째, 증상의 강조이다. 일반적으로 IP의 증상은 그를 힘들게 하지만 한편
으로는 이차적인 이득이 있다. IP에게 증상은 고통스럽지만 주위 사람의 관
심을 끌거나 책임회피를 할 수 있는 이점도 있다. 또한 가족에게도 IP의 문제
는 여러 가지 이차적인 이득을 가져온다. 증상의 강조란 IP나 가족이 얻을 수
있는 이차적인 이득이 일어나지 못하도록 증상을 과장하는 것이다.

둘째, 증상의 축소이다. 이는 증상의 강조와는 반대로 가족들이 가진 IP 증

상의 중요성을 경감시키는 기법이다. 이것의 목적은 증상의 강조와 마찬가지로 IP 증상 위주의 가족이 상호작용하는 유형을 변화시키는 것이다. IP의 증상을 다른 문제와 비교해 다른 문제를 더욱 부각시킴으로써 상대적으로 현재의 증상을 경시하도록 만든다.

셋째, 새로운 증상으로 옮겨가는 것이다. 증상의 재정의는 학파에 따라 재명명, 증상에 대한 긍정적 의미 부여로 정리되는데, 한마디로 증상에 붙이는 라벨을 바꾸는 것이다. IP의 증상에 대한 의미는 보는 시각에 따라 다양한 관점을 가지므로 이 같은 시도가 가능하다. 가족이 가진 상식적인 관점에서는 증상이란 부정적인 것이나, 실제로는 그로 인한 이차적인 이득도 있다. 이처럼 증상의 재정의 목적은 새로운 증상의 이행과 함께 새로운 가족 상호작용을 창조하는 것이다.

(3) 구조의 수정

구조의 수정은 구조적 모델의 독특한 기법들이다. 이러한 기법은 가족체계의 경계선, 제휴, 권력에 직접 관여해 가족구조를 변화시키는 것이다. 구조적 모델을 지향하는 상담자는 계획적 또는 의도적으로 기능적 구조가 변화하는 것을 목표로 하면서 다양한 치료적 개입을 시도한다. 구조수정의 기법에는 가족지도, 가족 상호작용의 해체, 유형의 강화, 유형의 재조직이 있다.

첫째, 가족지도는 구조적 모델에서 자주 사용되는 비언어적 기법이다. 이러한 기법은 때로는 가족 상호작용의 개선뿐 아니라 평가의 목적으로도 사용된다. 가족이 상담과정에서 상호작용하는 경우, 각각 어떤 위치에 있는가는 가족의 구조를 반영하는 셈이다. 이러한 가족지도는 가족평가의 수단이 될 뿐만 아니라, 상담이 진행되는 동안에도 필요한 경우 지도를 다시 만들어 구조를 수정하는 치료적 기법으로도 사용된다. 또한 미누친은 가족지도를 자주 사용하며, 상담과정에서 가족들에게 계속 좌석이동을 요구함으로써 물리적으로도 가족구조를 경험하도록 하는 것으로 유명하다.

둘째, 가족 상호작용의 해체는 상담자가 가족이 역기능적인 구조를 지속하지 못하도록 제지하는 기법이다. 가족상담이 필요한 가족은 일반적으로 IP의 증상을 중심으로 상호작용하기 때문에 가족이 IP의 증상에 대처하는 방법은 지금까지의 가족구조를 반영하고 있다. 따라서 가족이 IP의 증상에 경직된 상호작용을 하거나 IP나 가족이 자신만의 능력으로는 빠져나오지 못할 때, 가족의 상호작용을 분해함으로써 가족에게 새로운 상호작용의 계기를 마련한다. 미누친은 상호작용의 해체를 스트레스의 증가라고도 불렀다. 전자는 이러한 기법의 결과이며, 후자는 이러한 기법을 사용하는 방법에 관한 용어이다. 증상 위주로 상호작용을 하면 가족은 어느 정도의 스트레스를 경험하게 된다. 이러한 스트레스는 새로운 상호작용을 시도한다는 미지의 결과에 대한 불안은 아니다. 오히려 스트레스의 정도가 낮기 때문에 기존의 상호작용에 고착되는 것이다. 이러한 해석에 근거해 기법을 고려한다면 상담자가 가족의 고착된 상호작용에 스트레스를 증가시킴으로써 새로운 가족 상호작용에 대한 불안이나 스트레스를 상대적으로 줄일 수 있다.

셋째, 가족 상호작용의 차단은 상호작용을 해체하는 기법의 하나로, 상담자가 가족에게 익숙한 상호작용 유형을 방해하는 것이다. 차이의 강조는 상담자가 가족 사이에 존재하는 태도의 다른 점들을 강조함으로써 협력체계를 이루고 있는 기존의 상호작용을 해체시키는 것이다. 때로는 상담자가 가족들이 협력하는 관계 이면에 숨어 있는 갈등을 표면화하도록 자극하여 상호작용을 해체하기도 한다.

넷째, 가족 상호작용의 강화는 가족구조의 개선을 목적으로 가족 상호작용이 여러 가지 유형 중 일부분을 강조하는 기법이다. 일반적인 경우에는 가족 상호작용의 유형에 따라 반복되고 있기 때문에 상호작용의 재구성이나 수정이 필요하지 않다. 그러나 갈등으로 인해 각각의 유형이 지닌 가능성을 충분히 발휘하지 못하면 상호작용의 유형을 재조직함으로써 서로의 갈등을 배제하여 효율적인 상호작용이 일어나도록 도와야 한다.

4) 가족 상호작용의 창조

상담이 필요한 시점에 있는 가족들이 주로 사용하는 상호작용이 역기능적이라는 전제를 한다면, 역기능을 보이는 가족구조는 변화해야 한다. 그러나 가족의 입장에서 보면 가족상담에 오게 된 동기는 IP의 문제를 개선하기 위해서이다. 따라서 가족구조에 문제가 있다는 상담자의 견해를 좀처럼 인정하기 어렵다. 상담자는 이 같은 가족이 가진 기대의 차이에서 어떻게 상담에 필요한 정보를 끌어내어 그것을 치료적으로 활용할 수 있는가가 중요하다. 가족이 의미 있다고 생각하지 않거나 상담 장면에서 가족이 자발적으로 드러내지 않는 정보를 수집하기 위한 기법을 가족 상호작용의 창조라고 부른다. 물론 가족 간 상호작용은 가족이 상담자를 찾아오기 전부터 존재하는 것이다. 여기서는 상담에 유익하다고 생각되는 정보를 얻기 위해서 상담자가 의도적으로 가족 간에 어떤 상호작용을 촉진시키는 것을 의미한다. 동시에 가족 상호작용의 창조는 가족 상호작용의 재구성을 위한 기초가 된다. 가족 상호작용의 창조를 위한 기법으로는 구조화, 실연화, 가족 내의 과제 설정이 있다.

(1) 구조화

상담자는 가족 상호작용에 어떤 영향을 주기 위해 가족에게 관여하는 방법을 의도적으로 구조화하는 경우가 있다. 즉, 구조화는 상담자가 상담목표에 도달하기 위해서 의도적이고 계획적으로 시도하는 치유적 관여를 의미한다. 따라서 상담자는 가족과 관여하는 방법이 항상 가족구조의 개선에 직접 또는 간접적으로 영향을 줄 수 있도록 고려하는 것이 중요하다.

(2) 실연화

실연화는 상담면담 중에 가족에게 역기능적인 가족 간의 교류를 실제로 재현시키는 것이다. 이것은 언어로 문제를 설명하는 방법과는 달리, 행동을 중시하는 것으로 구조적 모델의 독특한 기법이다. 가족들의 설명을 통해 가족의 역동을 이해하려는 기존의 방법과는 대조적이다. 실연화에서는 가족이 상담과정에서 문제를 둘러싼 상호작용을 실연하는 것이다. 문제를 언어로 설명할 때는 IP가 문제라는 전제에서 가족들이 인식하고 있는 것을 표현하기 때문에 상담자는 자칫 가족의 생각을 근거로 해석할 위험성이 있다. 그에 비해 실연화는 직접적이어서 가족의 실생활의 상호작용이 그대로 드러날 가능성이 있으므로 상담자가 객관적으로 가족구조를 이해하는 데 효과적이다. 또한 실연화는 상담자에게 정보의 양과 질을 향상시키는 것 이외에도 다음과 같은 몇 가지 이점이 있다.

첫째, 상담자가 적극적으로 가족과 관여할 수 있어서 치료적 관계를 형성하는 데 도움이 된다.

둘째, 가족은 자신들의 문제에 관여하는 방법을 재현해 봄으로써 그들 스스로가 문제를 가족체계라는 맥락에서 관찰할 기회를 가질 수 있다. 이런 경험을 통해 가족에 대한 기존의 이해, 즉 문제파악이 절대적 진실이 아니라는 것을 깨닫게 될 가능성도 높다. 실연화의 경험은 가족이 문제를 가진 IP 중심의 관점에서 가족이 역기능적인 상태를 이해하는 데 도움이 된다.

셋째, 가족이 서로 문제에 대해 이야기하는 것이 아니라, 문제를 실제로 경험하면서 자신들이 그런 상호작용에 어떻게 관여하고 있는지를 파악할 수 있다. 이를 통해 구조변화가 일어날 개연성도 높다는 것이다.

실연화의 기법은 세 가지 단계로 나뉜다.

- 제1단계: 상담자는 가족 상호작용을 관찰하면서 어떤 역기능적인 부분에 초점을 맞출 것인가를 결정한다.
- 제2단계: 상담자가 가정한 역기능적인 상호작용을 이해하기 위해서 가족들에게 그 상황을 재연하도록 요구한다.

• 제3단계: 상담자는 치료적 개입을 위해 가족들에게 기존의 방법과는 다른 상호작용을 시도하도록 촉진시킨다.

(3) 가족 내의 과제 설정

가족 내의 과제 설정은 상담자가 가족이나 어떤 특정 상호작용에 관여하는 과제를 제시하는 것이다. 지시된 과제는 언제, 어디서, 누구와, 어떻게 상호작용해야 하는 것인가를 명확히 설명해야 한다. 이러한 과제는 상담과정에서도 요구될 수 있지만 '매일 저녁 7시부터 7시 30분까지'라는 식으로 상담과정 이외의 시간이나 공간에서 실행하도록 요구할 수 있다. 과제 설정의 목적은 구조적 모델 기법의 목표에 관련된 정보를 수집하고 상호작용의 개선을 다지는 기초작업이다. 실연화와 과제 설정은 비슷하지만 과제 설정에서는 시간, 장소, 상호작용의 유형이 명확히 제시된다는 점이 다르다.

제8장

경험적 모델

가족에게 문제를 둘러싼 통찰이나 설명을 하기보다는 가족의 특유한 갈등과 행동양식에 맞는 경험을 제공하려고 노력하는 것이 경험적 모델 (experimental family therapy)의 중심축이다. 그리고 가족이 나타내는 역기능의 모습이 다양한 만큼 상담자가 가족에게 주려는 경험 또한 다양하다. 그들이 제공하는 경험이란 가족들이 자발적으로 자신을 열어 보일 수 있는 기회, 표현의 자유, 개인의 성장 등을 의미한다. 경험적 모델을 지향하는 상담자들은 상담과정에서 경험하는 대인관계 자체가 성장에 주요한 자극이 된다는 믿음이 있었다. 이때 상담자는 어떤 경험을 제공하든지 간에 과거를 들추기보다는 현재에 초점을 맞춘다. 즉, '지금-여기'에서 상담자와 가족 간에 일어나는 과정을 중시한다. 가족과 상담자 간의 상호작용은 현재 상담에 참여하는 가족이나 상담자 모두가 성장할 수 있는 계기가 된다고 보았다.

체계론적 관점을 가진 초기 상담자 중에도 내용보다 과정을 중시한 치료접근을 시도한 경우가 있다. 그중에서도 휘태커(C. Whitaker)는 상담과정에서 경험이 결정적 역할을 할 수 있다고 생각하여 다양한 치료전략을 세웠다. 예를 들어, 그는 가족이 함께 팔씨름, 좌석이동, 게임 같은 신체적 상호작용을 할 수 있도록 커다란 치료공간을 확보해 상징적 경험주의 접근을 시도하였다. 그는 상담과정에서 가족 각자의 경험을 통해 서로 배우며, '마치 …… 인 양'의 표현에서 내용의 전환이 이루어진다면 다양한 의미를 이해하기 위한 기회를 제공해야 한다고 보았다. 그러나 그의 임상기법은 체계화되지 못했기 때문에 상담자들이 지속적으로 뒤를 이어가기 힘들었다. 그에 비해 인본주의적 개념을 바탕으로 성장기법을 개발하는 데 관심을 가졌던 사티어(V. Satir)는 자신의 이론과 실제적 방법을 잘 정리하였다. 따라서 현재에도 성장 지향적인 그녀의 경험적 모델은 꾸준히 이어지고 있다. 여기서는 우리나라에서도 많이 알려진 사티어 모델을 중심으로 경험적 모델을 소개한다.

사티어는 인간은 근본적으로 성장하려는 잠재력과 생명력을 가지고 태어났으므로 적절하게 양육되면 건강한 성인으로 발달할 수 있다고 주장하면서, 이것을 나무의 속성에 비유해 종자모델이라고 불렀다. 그녀는 자신의 치료적 접근을 상담자와 가족이 함께 힘을 모아 가족의 건강한 교류를 촉진하여 성장을 자극하는 데 목표를 둔 성장모델이라고 설명하였다.

사티어는 대학에서 교육학을 전공한 뒤 초등학교 교사로 교편생활을 하면서 다양한 가족을 만난 것이 계기가 되어 그 후 임상가의 길을 걷게 되었다. 이 같은 젊은 시절의 경험은 상담과정에서 그녀가 보여 주는 따뜻한 교사로서의 역할과 무관하지 않다. 그녀의 상담은 감정표현을 중점으로 하며, 접근 방법은 상담기간에 가족을 훈습과 활동에 참여시키는 경험적인 것이다.

1. 주요 개념

경험적이라는 용어에서 알 수 있듯이, 경험적 모델에서는 이론적 접근보다는 가족이 직접 경험하는 것에 관심을 갖는다. 그들은 가족과 깊은 교류를 가짐으로써 가족을 변화시킬 수 있다는 신념을 가지고 상담에 임한다. 경험, 만남, 직면, 성장, 존재, 자발성, 행동, 지금 여기 등은 경험적 모델을 지향하는 상담자가 즐겨 사용하는 개념이다. 이들은 인위적인 학문적 노력을 거부하며, 치료적 변화는 경험 증가에서 비롯되는 것으로 지적 반응이나 문제의 근원을 파악하는 데 있지 않다고 주장하였다. 이들에게 상담은 가족과 상담자 간의 친밀한 관계이며, 개인이나 가족뿐만 아니라 전체 가족체계의 성장을 촉진하는 과정이다(Nichols, 2016).

경험적 모델은 현상학적 기술, 심리극, 내담자 중심의 만남의 결과이다. 이것은 1960년대 개인상담에서 많이 활용되었다. 상담자는 선택, 자유의지, 특히 자기결정과 자기달성을 위한 인간의 능력을 강조한다. 혼란스럽고 역기능적인 행동은 성장과정 중의 일시적인 실패이며 단지 그들의 능력과 가능성을 표현하는 데 무엇인가 부족한 결과의 부산물로 보았다. 환경적 요인에 의해 개인의 충동이 부정되고 감정을 억제하게 되면 역기능이 생기며, 이로 인해 성장은 지연된다. 따라서 각 개인은 독특하기 때문에 당면한 문제를 해결하는 과정에서도 획일적인 이론에 근거하기보다는 각 개인이 가진 잠재력을 개발하도록 도와야 한다. 그러므로 상담은 상담자와 가족 간에 실질적이며 진실되기 위해 노력하는 인간적인 만남이 우선되어야 한다고 보았다.

경험적 모델을 지향하는 상담자는 합리적인 사고보다 경험의 우수성을 강조한다. 상담자들은 활동적이고 자기개방을 하며, 내담자들의 감정이나 내면적인 경험에 보다 가까워지도록 다양한 방법을 사용하였다. 그들이 목표로 하는 지금−여기에서의 감수성, 생활에서 온 경험이 상담을 통해 지지받는다. 그러므로 상담자는 현실적이면서도 진정한 마음으로 상담에 임해야 한다. 그들은 가족과의 직접적인 만남을 통해 상담자 자신의 경험을 넓히려 하기 때문에 상담과정에서 자신의 부족한 부분을 드러내는 것에 인색하지 않았다.

사티어 역시 다른 경험적 모델을 지향하는 상담자와 마찬가지로 현상학적 이론에 많은 영향을 받았다. 그녀의 가족상담의 주요 개념은 가치체계, 자존감, 가족규칙, 의사소통 유형에서 찾아볼 수 있다. 사티어의 상담은 네 가지의 전제가 있다.

첫째, 모든 행동에는 합리적 또는 적절한 동기가 있다. 어떤 상황에서 사람들이 하는 행동은 그들이 그 상황에서 할 수 있는 최선의 행동이다.

둘째, 모든 사람은 치유될 수 있으며, 치유는 상담과정에 내재되어 있다. 내용보다는 과정이 상담에 도움이 되는 중요한 요소이다.

셋째, 마음과 신체는 체계의 한 부분이다. 따라서 신체적 활력과 정서적 안녕은 서로 연결되어 있다. 그러므로 상담을 할 때는 인간이 가진 신체적 또는 정신적인 모든 회로를 활용하는 것이 바람직하다.

넷째, 자존감과 효과적인 의사소통은 서로 관련이 있다. 자존감은 한 개인이 배우자 선택, 부부관계 방식, 부모자녀관계의 요구, 스트레스에 대한 반응, 사물에 대처하는 능력, 유연성, 차이나 애매함을 처리하는 능력, 성장을 통한 자유를 즐기는 것에 영향을 준다.

사티어는 자존감과 효과적인 의사소통을 하는 능력은 비례한다는 점을 강조하였다(Woods & Martin, 1984).

정상 가족이란 구성원들이 서로의 성장을 돕는 가족이다. 각 가족들은 서로의 의견을 귀담아 듣고 사려 깊게 존중하며, 자신들이 모두 가치 있고 사랑받는다고 느끼면서 애정의 교환을 자유롭게 한다. 또한 이들 가족은 융통성과 건설적인 문제해결능력이 있다. 성장하는 부모는 변화의 불가피성을 깨닫고 그것을 수용하여 창조적으로 사용하려고 노력한다. 우리 인간의 행동은 [그림 8-1]에서 보듯이 수면 아래에 존재하는 감정, 지각, 기대, 열망 등에 의하여 결정된다. 따라서 상담자는 내담자가 과거에 자신과 다른 사람에 대해 가졌거나 다른 사람이 자신에 대해 가졌던 기대, 감정, 지각, 그리고 열망 등이 무엇 때문에 아직 해결되지 못했는지를 파악하는 것이 중요하다. 상담

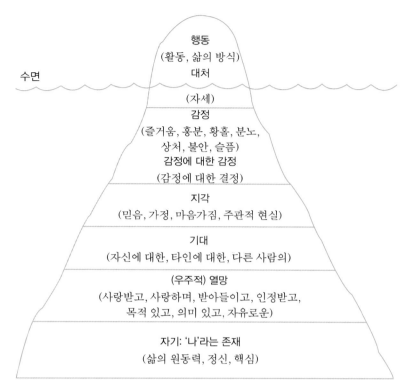

수면

행동
(활동, 삶의 방식)
대처
(자세)
감정
(즐거움, 흥분, 황홀, 분노,
상처, 불안, 슬픔)
감정에 대한 감정
(감정에 대한 결정)
지각
(믿음, 가정, 마음가짐, 주관적 현실)
기대
(자신에 대한, 타인에 대한, 다른 사람의)
(우주적) 열망
(사랑받고, 사랑하며, 받아들이고, 인정받고,
목적 있고, 의미 있고, 자유로운)
자기: '나'라는 존재
(삶의 원동력, 정신, 핵심)

[그림 8-1] 사티어 모델의 개인 빙산

출처: Banmen (1995).

과정에서 이러한 미해결과제를 직접, 지금-여기에서 경험하면서, 적절한 개입방법을 사용해 내담자가 성장하고 과거의 상처를 치유하도록 돕는다(Satir et al., 2000).

사티어는 인간의 역기능 근원은 자존감, 가족규칙, 의사소통의 방식, 맥락에서 비롯된 것이라고 보았다. 그중에서도 가족들이 자신과 다른 가족에 대해 느끼며 반응하는 정서적 수준과 인간의 잠재적인 능력에 보다 많은 관심을 가졌다. 다시 말하면, 사티어는 정직하고, 직접적인 의사소통방법에 관심을 가지면서 가족이 그와 같은 의사소통을 할 수 있도록 도왔다. 동시에 가족들이 자존감을 발전시키도록 융통성이 있으며 합리적인 가족규칙을 발견하도록 촉진하였다. 이와 같은 경험을 통한 성장을 도모하기 위해 조각, 비유, 심리극, 유머, 접촉 등의 기법이 사용되었다. 그러나 그녀는 이러한 기법에만 의존하지 않고 내면에서 우러나오는 정서적 지지와 따뜻함을 내담자에게 전달하는 능력의 소유자였다. 가족들은 이러한 지지에 힘입어 직접적이고 정직한 의사소통을 하면서 감정을 나눌 수 있었다. 그녀는 사람들이 이 같이 직접적이며 '지금-여기'에서의 만남을 통해 성숙해진다고 믿었다. 특히 가족의 자존감 향상에 많은 관심을 가졌다. 자존감이란 한 개인이 자신에 대해 가지는 일종의 평가개념으로 자신의 사고, 가치관, 그리고 행동에 많은 영향을 미친다. 우리 내면에는 항상 사랑과 인정을 받으려는 욕구가 있다. 어린 아동의 경우, 이러한 욕구를 충족시킬 수 있는 최초의 사람은 부모이며, 이것은 점차 가족과 친구 그리고 주위의 사람들로 확대되어 간다. 또한 이 모든 관계는 사랑과 신뢰를 기초로 한다. 자존감은 가족구조와 부모자녀관계가 중요하게 부각되는 어린 시절의 관계에서부터 형성되기 시작한다. 부모가 자녀에게 적절하게 반응하지 못하거나, 자녀가 자기가치와 자존감을 학습하고 발전할 수 있는 기회를 제공받지 못하면 자존감이 낮아질 수 있다. 그뿐만 아니라 부모의 의사소통이 부정적일 경우 자녀의 자존감은 손상될 수 있다. 자신에 대해 가지는 감정은 에너지를 만드는 중요한 요소이다. 즉, 우리는 자기 자신을 사랑하고 감사할 때 에너지가 만들어지기 때문에 자존감은 인간의 기본욕구라고 할 수 있다.

경험적 모델의 목표는 가족을 안정된 상황에 머물게 하는 것이 아니라 성장시키려는 데 있다. 감수성, 감정의 표현, 자발성과 창조성, 확실성의 성장이 상담의 일반적인 목표이다. 물론 증상의 감소나 사회적인 적응도 중시하지만, 내면세계에 대한 경험의 확대를 상담의 기본적인 목적으로 삼았다. 치료적 개입은 독자적이고 도전적이며 때로는 상식을 뛰어넘는 특유한 것이다. 상담자는 가족이 자기인식, 자기신뢰, 인간적인 성장을 할 수 있도록 돕는다. 만약 이러한 치료적 개입이 성공한다면 내담자와 상담자 모두 성장한다고 믿었다.

　사티어의 성장지향적 가족상담은 자신의 자존감을 높이고 인생에 대한 선택권을 스스로 갖도록 돕는 개인 성장을 중시하였다. 한 개인의 성장은 가족체계의 건강과 통합됨으로써 이루어진다. 따라서 개인의 성장을 위해 먼저 가족이 희망을 가지도록 도와야 한다. 그녀는 이와 같은 궁극적인 목적을 달성하기 위해 가족들이 협력하는 과정과 기술을 강화하는 데 힘을 쏟았다. 또한 각 개인은 스스로 선택할 수 있으며 그 결과에 책임져야 한다는 것을 인식시킴으로써 가족 개개인과 가족체계의 건강을 증진시키려 하였다. 사티어는 개인의 낮은 자존감을 회복시키기 위해 자신의 가치를 인정할 수 있는 감정과 자원을 발견하도록 도왔다. 그리고 이를 활용하여 문제 상황에 잘 대처할 수 있도록 원조하였다. 이 같은 상담목표를 달성하기 위하여 가족체계는 다음과 같은 변화가 요구된다.

　첫째, 각 가족들은 다른 가족 구성원에게 자기 자신과 다른 사람에 대해 보고, 듣고, 느끼고, 생각한 것을 명확히 표현할 수 있어야 한다.

　둘째, 각 개인은 자신의 특징적인 것에 관해 말할 수 있으며, 그것은 존중되어야 한다. 그리고 의사결정은 강요보다는 탐색과 협상을 통해 이루어지도록 한다.

　셋째, 가족들은 서로의 차이점을 인식하며, 이것은 성장을 위해 활용되어야 한다.

2. 상담기법

　경험적 모델은 다른 가족치료모델과는 달리 상담과정에서 가족의 상호작용을 촉진하는 것만으로는 충분치 않다고 생각했다. 오히려 상담자는 가족 개개인의 경험 수준을 성장시킴으로써 보다 정직하고 친밀한 가족 상호작용을 만들 수 있다고 보았다.

사티어는 인간적인 성숙을 제공해야 한다는 일관된 생각을 가지고 있었으나, 그것에 접근하는 방법은 시간의 흐름에 따라 달라졌기 때문에 그녀의 상담기법을 요약하는 것은 쉬운 일이 아니다. 사티어는 첫 상담부터 가족의 변화에 적극적으로 개입해 가족을 자신이 의도한 방향으로 이끈다. 이처럼 그녀의 기법은 가족의 자발성과 개인적 노출에만 의존할 만큼 소극적이지 않았다. 그녀는 가족이 명료한 의사소통을 하도록 적극적으로 행동했다. 또한 가족의 관점을 그들의 과거 사건에 대한 불평에서 문제해결로 바꾸려고 노력하였다. 모든 가족의 자존감을 지지하고 그들의 문제나 상호작용에서 긍정적인 의도를 찾아내어 확대시킴으로써 가족에게 새로운 관점을 제시했다. 한 예로 사티어는 어떤 목사님 가족과 만났다. 고등학교에 다니는 아들이 같은 학년의 여학생 2명에게 동시에 임신을 시켜서 학교에서 의뢰한 사례였다. 첫 상담에 참석한 이들 가족은 아들이 2명의 소녀를 임신시켰다는 사실 때문에 모두 위축되어 있었다. 이때 사티어는 "대단한 능력이구나. 어떻게 한꺼번에 두 친구에게 아이를 가지게 할 수 있었니?"라고 물었다. 사실 가족들은 임신이라는 문제에 압도당해 아들이 성적으로 건강한 청년이라는 점을 생각할 여유가 없었다. 이것은 가족이 보지 못하는 긍정적인 부분을 사티어가 찾아내어 가족에게 일깨워 준 것이다.

그녀는 상담을 시작하면서 가족 스스로가 명확한 상담목표를 설정하기를 기대하였다. 따라서 가족 각자에게 상담에서 무엇을 기대하며, 왜 여기에 와 있는지 언어로 말하게 했다. 그녀는 모든 가족에게 각각 자신의 기대를 표현하게 하여 가족 간에도 차이가 있다는 점을 깨달을 수 있도록 했다. 이를 통해 같은 상황이더라도 가족의 생각이나 시각이 다를 수 있다는 사실을 받아들이도록 도왔다. 특히 의사소통의 불일치에 많은 관심이 있었기 때문에 가족이 지닌 불일치를 노출시키기 위해 상담과정에서 각자가 생각한 바를 표현하도록 격려하였다. 그녀는 가족 각자에게 자신들은 독특한 존재라는 자존감을 심어 주었다. 또한 다른 사람이 대신 대답하기를 기다리지 말고 자신의 견해를 스스로 표현하도록 격려했다. 그녀는 부드럽고 사실적인 질문을 통해 부모에게 자녀들의 말을 경청하는 자세를 보여 주는 동시에 자녀들에게는 어떻게 부모의 관점과 행동을 이해해야 하는지도 가르쳐 주었다. 상담자의 주요 역할은 변화하는 가족의 모델이 되는 것이다.

치료적 변화는 행동적인 것만이 아니고 내면과정이 보다 중요하므로 정서적 경험이 상담의 변화를 일으키는 중대한 요소이다. 정서적 경험은 상담자와 내담자의 참만남에서 시작된다. 상담자는 전문가의 역할을 상실하지 않으면서도 가족과 가까운 거리를 유지한다. 그리고 가족에 대한 자신의 개인적인 영향을 활용하여 변화를 촉진하는 진실한 사람이 되어야 한다. 면담 중 경험하는 감정표현과 친밀감은 중요하다. 경험적 모델을 지향하는 상담자는 정서적 강도를 자극하기 위해 면담에서 가족조각기법, 안무, 은유, 재정의, 유머, 접촉, 의사소통, '나'를 주어로 한 표현 등을 사용하였다. 특히 부정적인 문제나 상황을 긍정적인 것으로 전환시키는 재정의가 자주 사용되었다.

1) 의사소통 유형

사티어는 감정의 전달을 강조했기 때문에 의사소통을 향상시키는 방법으로 경험적인 것을 적극적으로 활용했다. 역기능적 의사소통은 언어적 메시지와 비언어적 메시지의 의미가 불일치하는 이중 메시지로 전달된다는 특징이 있다. 이러한 이중 메시지는 자존감이 낮으며, 남의 감정을 상하게 하는 것에 두려움을 갖는 사람들에게서 자주 나타나므로, 상담을 통해 그들의 자존감을 높이는 것이 필요하다. 특히 스트레스 상황에서 가족이 자주 사용하는 의사소통에 관심을 두면서 그것을 경험적 기법과 연결시키려고 노력하였다. 사티어는 스트레스 상황에 있는 사람들이 자주 사용하는 의사소통을 유형화하여 회유형, 비난형, 초이성형, 산만형, 일치형으로 나누었다.

단어	정서	행동
• 동의: "내 잘못이다." "네가 없으면 난 아무것도 아니다." "나는 너를 행복하게 하기 위해 존재한다."	• 구걸: "나는 힘이 없다." 변명하는 표현과 목소리 비굴한 신체적 자세	• 의존적, 순교적: '지나치게 좋게' 처리한다. 사죄하고, 변명하면서, 모든 것을 제공한다.
내적 경험	심리적 영향	신체적 영향
"아무것도 아닌 것같이 느낀다." "나는 아무 가치가 없다."	신경과민 우울증 자멸적인 성향	소화기관의 고통 위장애 당뇨 편두통 변비

자신을 무시

자원: 돌봄, 예민성

[그림 8-2] 회유형 반응

출처: Satir et al. (2000).

첫째, 회유형은 [그림 8-2]에서 나타난 것처럼 자신의 가치나 감정을 무시한 채 다른 사람에게 자신의 힘을 넘겨 주고 모두가 동의하는 말만 한다. 회유하는 사람은 다른 사람과 상호작용하는 상황은 존중하지만 자신의 진정한 감정은 존중하지 않는다. 즉, 자신이 안정을 유지하는 것은 자신이 느끼는 감정보다는 상대방에게 '예'라고 대답함으로써 가능하다고 생각하면서 자신의 스트레스를 다루는 방법이다.

둘째, 비난형은 [그림 8-3]에서 나타난 것처럼 약해서는 안 된다는 의지를 가지고 자신을 보호하고 다른 사람이나 환경을 괴롭히거나 나무란다. 비난

단어	정서	행동
• 논쟁, 불일치: "너는 아무것도 제대로 하지 못한다." "뭐가 문제라는 거야?" "모든 것은 네 잘못이야."	• 비난: "내가 최고야." 분노에 차 있다. 무시하고 싶다.	• 공격: 심판 명령 힘이 있어 보이는 자세 약점 발견 경직성

내적 경험	심리적 영향	신체적 영향
소외됨: "나는 외로운 실패자이다."	편집적 사고 이탈행동 공격적 성향	근육긴장과 통증 혈액순환의 문제와 고혈압 관절염 천식

다른 사람을 무시

자원: 강한 주장

[그림 8-3] 비난형 반응

출처: Satir et al. (2000).

하기 위해 다른 사람의 가치를 격하시키면서 자신과 상황에만 가치를 둔다. 비난형의 사람은 다른 사람에게 자신을 힘이 있고 강한 사람으로 인식시키려고 노력한다.

셋째, 초이성형은 [그림 8-4]에서 나타난 것처럼 자신과 다른 사람을 과소평가하는 것이다. 지나치게 상황만 중시하며 기능적인 것에 대해 합리적으로 언급하고 자료와 논리를 중요시한다. 초이성적으로 의사소통할 때는 가능하면 결함이 보이지 않도록 뜻을 알 수 없는 말로 자세히 설명한다. 즉, 감정에 초점을 두는 것에서 상황에 초점을 두는 것으로 바꾸는 것이다.

단어	정서	행동
• 객관적: 규칙과 '옳은'것에 관한 자료 사용 추상적인 단어와 긴 설명 정확한 논리적 설명 "사람은 지적이어야 한다."	• 완고, 냉담: "사람은 어떤 희생을 해도 냉정하고, 조용하고, 침착해야 한다." 경직된 굳은 자세 고자세	• 권위적: 강직, 원칙론적 행위 행동을 합리화 조작적, 의도적, 강제적

내적 경험	심리적 영향	신체적 영향
"나는 상처받기 쉽고 고립된 느낌이다." "어떤 감정도 표현할 수 없다."	강박적–강제적 반사회적 사회적으로 위축 지나친 긴장감	건조성 질병 점액, 임파선에 질병 발생 심장마비 근육통

자신과 다른 사람을 무시

자원: 지식

[그림 8-4] 초이성형 반응

출처: Satir et al. (2000).

넷째, 산만형은 [그림 8-5]에서 나타난 것처럼 즐거워하거나 익살스럽지만 심리적으로는 혼란스럽다. 산만형의 의사소통을 하는 사람은 위협에 직면하면 그것을 무시하고 마치 위협이 존재하지 않는 것처럼 행동하므로 주위를 혼란스럽게 한다. 그들의 행동과 말은 다른 사람의 행동이나 말과는 무관하다. 초점이 없기 때문에 말의 의미나 내용이 없으며 혼자 바쁘고 산만하다. 기능적이며 원만함, 책임감, 정직성, 친근감, 능력, 창의성, 현실적 문제를 제대로 해결할 수 있는 능력을 갖지 못한 사람들의 의사소통이다.

다섯째, 일치형은 자신이 중심이 되어 다른 사람과 관계를 맺으면서 접촉

단어	정서	행동
• 관계 없는 단어 사용: 뜻이 통하지 않고, 이야기에 요점이 없다. 계속해서 "그대로 놔두 라."고 말한다.	• 혼란스러움: "나는 실제로 여기에 있 는 것이 아니다." 계속해서 움직인다. 비스듬히 앉는다.	• 산만함: 부적절한 조정 지나친 활동성

내적 경험	심리적 영향	신체적 영향
"아무도 상관 않는다." "거기는 내게 적절한 곳이 아니다." 균형이 없다. 끼어듦으로써 주의를 끌려 고 한다.	혼란스럽다. 부적절하다. 정신질환을 보인다.	신경계통 장애 위장애 당뇨병 편두통 변비

자신, 다른 사람,
상황을 모두 무시

자신
상황 / 다른 사람

자원: 즐거움,
자발적, 창의력

[그림 8-5] 산만형 반응

출처: Satir et al. (2000).

하고 사람과의 연결이 필요할 때 스스로 직접 선택한다. 이들은 자신과 다른
사람을 돌보고 현재의 상황을 아는 위치에서 반응한다(Nichols, 2016).

경험적 모델을 지향하는 상담자는 상담과정 중 이 같은 의사소통 유형을
가족조각기법을 활용해 경험하도록 하여, 자신들이 가진 의사소통의 어려운
점을 깨달아 바람직한 의사소통으로 변화하도록 돕는다.

2) 가족조각기법

경험적 모델에서 진단적 수단과 치료적 수단으로 함께 사용하는 가족조각
기법(family sculpting technique)을 소개하려 한다.

가족조각기법은 1973년 칸터(D. Kantor)와 딜(F. Duhl)이 개발한 이래, 팹
(P. Papp)이 광범위하게 사용하였다. 가족조각기법의 주요 특징은 어느 가족
이 자신이 가진 가족관계나 서로의 상호작용 패턴을 가족들을 활용하여 위치
나 자세를 만들어 표현하도록 하는 것이다(Duhl, Kantor, & Duhl, 1973). 예를
들면, 친밀함이나 권위와 같이 가족기능의 다양한 측면이 가족조각으로 나타
날 수 있다.

가족관계에서 감정적 관여는 중요한 요소이다. 그러한 감정적 관여는 다
른 사람과 거리라는 은유적인 표현으로 묘사되는 경우가 많다. 즉, 가족이 서
로를 '보다 가깝다.'든지 '지나치게 멀다.'고 표현하기도 한다. 그리고 '너와
나는 매우 가까운 사이'라든지 '어제 대화로 우리의 틈을 좁혔다.'는 문장도
자주 사용된다. 이처럼 가족을 상징하는 이미지를 객관적인 기술로 파악해
보려는 노력의 하나가 가족조각기법이다.

가족조각기법이란 가족 중 한 사람이 자신의 이미지에 따라 다른 가족을 공
간에 배열한 후 신체적 표현을 덧붙이도록 요구하여 가족관계를 파악하는 무
언의 동작표현이다. 즉, 공간개념을 활용해 가족체계를 상징적, 비유적으로
묘사하는 것이다. 가족조각기법은 현실 공간에 사람을 놓고 자세나 표정을
사용하여 조각으로 만들어 가족들이 가진 특정한 대인관계에 대한 그들의 인
식이나 감정을 나타낸다.

가족조각기법을 시행하려면 우선 조각가, 모니터, 연기자가 필요하다. 조
각가의 역할을 하는 가족은 자신이 가족을 어떻게 보는지에 따라 작품이 만
들어 간다. 모니터의 역할은 주로 상담자가 담당하는데, 조각가와 그 과정에
참여하는 다른 가족을 도와주고 지도한다. 그리고 조각이 만들어지는 역할

을 하는 연기자는 일반적으로 조각가 이외의 가족이 담당하게 되는데, 이때 조각가의 이미지를 충실히 반영한 가족체계를 묘사하는 것이 중요하다. 때로는 이들 이외의 청중이 있는 경우도 있지만 가족상담의 경우에는 가족과 상담자가 앞에서 언급한 각각의 역할을 하는 경우가 일반적이다.

가족조각기법은 아동이 상담에 참가할 때 더욱 효과적이다. 아동은 언어보다 비언어적으로 표현할 때 자신의 감정이나 지각에 보다 솔직할 수 있다. 이 기법은 가족에게 자신들의 문제를 언어 이외의 방법으로 표출하거나 가족이 자신의 감정을 깨닫게 하는 데 유용하다. 때로는 상담과정에 대한 가족의 저항을 해결하기 위해서도 사용된다.

구체적인 실시단계는 다음과 같다.

첫째, 가족의 동의를 얻는 단계이다. 상담자는 상담관계를 맺고 있는 가족에게 면담 중에 가족을 보다 잘 이해하기 위해 좀 색다른 것을 해도 좋으냐고 물어서 가족의 동의를 구한 후 가족 전원을 일어나게 한다. 일반적으로 가족들은 지금까지 경험하지 않은 새로운 것을 한다는 부담이 많아서 앉아서 이 접근에 대한 많은 설명을 들을수록 마음에 부담을 가질 수 있다. 가족은 새로운 경험이라는 점 때문에 주저하는 경우가 있으므로 이 기법이 가족을 이해하는 데 유용한 방법이라는 사실을 부각시킬 필요가 있다.

둘째, 조각가를 선정하는 단계이다. 가족 중 한 명을 조각가로 정하게 되는데, 일반적으로는 문제를 드러낸 가족 구성원이 조각을 하지만, 때로 이 제안을 기쁘게 받아들인 사람부터 시작해도 좋다.

셋째, 조각을 만드는 단계이다. 만들 사람이 정해지면 다른 가족 앞에 서게 한 후 "지금부터 가족은 진흙 덩어리입니다. 가족의 몸이나 얼굴을 마음대로 움직여서 당신이 생각하는 가족의 이미지를 나타내 주세요."라는 설명을 한 후 조각을 만들도록 한다. 이때 특별한 규칙은 없지만 상담자는 가족에게 조각가의 지시를 따르도록 강조하는 것이 좋다. 모든 가족의 배치를 끝내면, 상담자는 조각가에게 자신도 이 작품의 어딘가에 들어가 자신의 모습을 만들도록 지시한다. 사람들에게는 어떤 상황에서 웃거나 이야기하는 것으로 자신을 드러내지 않으려는 일종의 자기방어이므로 조각을 만드는 동안 가족들이 이야기하거나 웃지 않게 하는 것이 중요하다. 그리고 이러한 과정은 처음부터 천천히 진행하도록 배려하는 것이 좋다.

넷째, 자신들의 감정을 나누는 단계이다. 조각으로서 가족 배치가 끝나면, 상담자는 모든 가족에게 그 자세를 그대로 유지하면서 1분 정도 정지하도록 요구한다. 이것은 가족에게 자신들의 내면 감정과 만날 수 있는 기회를 주기 위한 시도이다. 그 후 상담자는 각 개인에게 조각하는 동안 어떤 느낌이 들었는지 물어본다. 이때 상담자는 가능하면 가족들이 감정과 관련된 많은 피드백을 할 수 있도록 도와주어야 한다. 예를 들어, 아버지가 자신의 경험을 '아버지의 역할은 한가운데에 우뚝 서 있어야 하는 것 같다.'라는 이성적 수준에 근거한 피드백을 한다면 '우뚝 서 있었더니 주위가 허전했다.'는 식으로 자신의 감정을 나타내는 표현을 하도록 격려하는 것이다.

가족조각기법은 여러 가지 변용이 가능하다. 일반적으로 자주 사용되는 기법은 경직된 가족이나 가족 전체의 힘이 미약한 가족에게는 은유적 기법이 도움이 된다. 대부분의 사람은 걱정과 불안을 안고 상담에 임하지만 자신들의 문제가 노출되는 것을 원하지 않기 때문에, 상담자는 될 수 있으면 가족에게 편안한 경험을 하도록 하는 것이 중요하다. 은유의 사용은 이것을 돕는 효과적인 방법이다. 은유적인 표현으로 가족조각을 할 경우에는 가족에게 먼저 가족의 이미지를 은유적으로 표현해 보면서 워밍업 작업을 하면 좋다. 가족을 은유적으로 표현한다면 무엇이냐고 물으면 가족은 동물원의 동물이나 자동차, 침몰해 가는 배 등 자신이 가진 가족이미지로 표현할 것이다. 상담자는 가족 중 한 명의 은유를 선택하여, 자신의 가족이미지를 다른 가족을 이용하여 조각하도록 제안한다. 이때 중요한 것은 감정을 피드백할 때, 가족의 한 구성원인 아버지로서가 아니라, 조각가가 아버지가 언급한 은유의 표현—예를 들면, 자동차의 엔진과 같은—으로 자신의 감정을 표현하도록 한다. 마지막으로 역할해제라는 의식을 행하여 경직된 가족이 가족조각기법을 통해서 받을 수 있는 충격을 줄일 수 있다. 그러나 조각기법은 매우 상징적이고 은유적인 것이므로 이러한 과정은 훈련된 전문가에 의해서 신중하게 이루어지는 것이 바람직하다.

상담자는 가족조각기법을 어떻게 활용할 것인가에 대한 명료한 생각을 가지고 이 기법을 사용해야 한다. 즉, 상담목표를 달성하기 위한 원조로서 가족조각기법을 어떻게 이용하는가의 문제에 나름대로 해답을 가지는 것이 바람직하다.

가족조각기법을 활용한 상담의 예를 통해서 가족조각기법의 진행과정을 소개한다.

김준호는 18세로 올해 K대 상경계열에 입학하였으나 3월 이후 학교에 출석한 날은 닷새를 넘지 못했다. 부모들은 출석일수가 모자라서 이대로라면 학점을 받기 힘들다는 학교의 연락을 받고서야 아들의 문제를 알았다. 이 가족은 학생생활연구소의 소개로 어떤 상담기관에서 가족상담을 받고 있다. 3회기에 실시한 가족조각은 [그림 8-6]과 같다.

[그림 8-6] 가족조각

조각가인 준호는 먼저 아버지를 창문 옆으로 데리고 갔다. 아버지의 발은 안을 향한 채 온몸을 비틀어 밖을 보게 하였다. 그러고 나서 어머니를 중심으로 누나와 여동생을 뒤엉켜 한데 묶었다. 상담자가 준호도 이 작품 어딘가에 들어가 조각의 일부분이 되어 달라고 부탁을 하자, 준호는 당황하며 잠시 머뭇거리더니 아버지와 어머니의 한가운데 벽을 향해 쭈그리고 앉았다.

　　준호의 가족인 아버지, 어머니, 두 딸, 준호가 되어 그림과 같은 가족조각을 경험해 본다. 그리고 경험을 통한 느낌을 나눈 후, 가족조각에서 알 수 있는 가족구조는 무엇인지를 파악해 보면 이 기법을 이해하는 데 도움이 될 것이다.

제9장

해결중심 모델

해결중심 모델(solution focused family therapy)은 문자 그대로 내담자의 문제보다는 해결에 초점을 둔 접근이다. 이 접근을 지향하는 상담자는 가족 스스로가 문제해결의 방향과 해결능력이 있다고 생각해 그들이 관점을 문제중심에서 해결중심으로 전환하도록 돕는다. 이 접근은 상담과정에서 문제의 원인이라고 생각하는 부적응을 고치거나 제거하려는 노력이 필요 없다고 주장한 최면의학자인 에릭슨(M. Erickson)의 영향을 받은 드 쉐이저(S. de Shazer)와 인수 버그(Insoo Kim Berg)가 개발하였다. 이들은 1980년대 초부터 체계이론을 중심으로 받은 가족상담의 훈련과 경험을 근거로 밀워키 단기가족치료센터에서 임상활동을 해 왔다. 이들은 임상경험을 통해 가족이 일상생활에서 생긴 욕구를 충족하기 위해 상담하려는 문제를 활용하는 것이 바람직하다고 생각하였다. 따라서 이들은 가족에 대한 긍정적 시각을 가지고 문제보다는 가족이 적용해 왔거나 적용 가능한 해결방안 등을 탐색하는 데 상담의 초점을 맞췄다. 이처럼 해결중심 모델은 적극적으로 문제해결을 시도하였다. 문제해결을 위해 반드시 원인을 밝힐 필요는 없다고 생각했으며, 문제가 무엇인가를 찾기보다는 가족이 원하는 해결이 무엇인가에 초점을 두어 내담자를 도우려 했다. 즉, 이들은 상담을 통해 가족이 기대하는 미래가 어떤 것인가를 분명히 하는 것이 가족에게 좀 더 도움이 된다고 보았다.

　이처럼 해결중심 모델의 원리는 건강한 것에서 시작한다. 가족이 어떤 문제때문에 상담하러 왔지만, 그 문제에 집중하기보다는 내담자가 언급하지 않는 건강한 것을 찾으려는 시도에 많은 노력을 한다. 이 접근은 반이 채워진 우유컵을 보면서 반 잔밖에 없다고 생각하는 가족에게 남은 반잔에 어떤 것을 넣고 싶은지를 생각하도록 돕는 접근이다. 또한 이 상담에서는 가족을 인간 행동의 이론적 가설의 틀에 맞추어 평가를 하지 않는다. 이것은 내담자가 겪는 문제에 대해 어떤 특정 가정을 하지 않음으로써 문제해결을 위해 상담자가 이끄는 것이 아니라 내담자 중심의 상담을 하기 위함일 것이다. 즉, 정형화되고 규범적인 해결방안을 제시하기보다는 내담자의 견해를 그대로 수용하면서 내담자가 원하는 해결방안의 방향에 맞추려는 접근이다.

1. 주요 개념

　해결중심 모델은 인간에 대한 긍정적인 철학에서 출발한다. 상담자는 가족이 일상생활에서 성공한 여러 가지 경험이 있다고 믿는 것이 중요하다. 이러한 믿음을 근거로 가족은 문제를 해결할 수 있는 잠재능력이 있다는 사실을 인정하고, 그것을 확대하거나 강화하려고 한다. 해결중심 모델을 지향하는 상담자는 문제보다는 해결중심의 입장을 지지하기 때문에 문제가 어떻게 발생했느냐 하는 원인에 관해서는 그다지 관심을 두지 않는다. 이들은 인간관계에서는 분명한 원인과 결과가 없기 때문에 문제의 원인을 밝히기보다는 문제가 해결된 것을 어떻게 알 수 있는가를 인식하는 것이 중요하다고 보았다. 즉, 문제의 내용보다는 문제에 대해 어떤 해결방안이 있으며, 어떻게 새로운 행동 유형을 만들어 낼 수 있는지에 초점을 둔다. 상담자는 가족에게 무엇 때문에 상담에 왔는지에 대한 정보를 요구하기보다는 가족이 적용할 수 있는 해결방안을 모색하는 데 초점을 맞춘다. 그러므로 해결중심 모델은 가족과 상담자가 함께 해결방안을 발견하고 구축하는 과정을 중시한다. 그것은 어떤 증상이나 불평을 일으키는 유형에도 항상 예외는 존재하므로, 그들은 잘못이나 과거의 실패를 고치려는 노력보다는 과거의 성공이나 장점을 찾아 키우는 것이 치료적인 의미가 있다고 보았기 때문이다.

해결중심 모델의 기본 원리와 철학을 정리하면 다음과 같다.

- 병리적인 것보다는 건강한 것에 초점을 맞춘다.
- 가족에게서 강점, 자원, 건강한 특성, 탄력성을 발견해 상담에 활용한다.
- 탈이론적인 관점을 지향하면서 이론보다 가족의 견해를 중시한다. 따라서 인간행동에 대한 가설에 근거해 가족을 평가하지 않는다.
- 쉽고 간단한 해결방안을 중시하므로 상담에서는 작은 변화에 초점을 맞춘다.
- 예외적인 상황을 탐색해 문제 상황과의 차이점을 발견하여, 문제가 발생하지 않는 상황을 증가시킴으로써 가족의 긍정적 부분을 강화한다.
- 과거의 문제보다는 미래와 해결방안 구축에 관심을 집중하여 현재와 미래의 상황에 적응하도록 돕는다.
- 상담자와 가족이 함께 해결방안을 발견하여 구축하는 과정에서 협력적 자세를 중시한다.

드 쉐이저는 시카고 여행만을 고집하는 사람을 예로 들어 은유적으로 해결중심 모델의 상담과정을 설명하였다. 여행을 원하는 사람에게 여행에 앞서 준비할 것은 무엇이며 어떤 방법으로 시카고에 갈 것인가, 얼마 동안 그

곳에 머물 것인가에 대한 질문을 하지 않는다. 오히려 그가 가려는 시카고는 어떤 곳인가라는 목적지에만 초점을 맞추어 물어본다. 그 물음에 대해 답하기 시작하는 사람은 자신의 희망사항, 기대를 탐색하면서 시카고에 가면 사람들을 만나 근사한 식사를 할 것이라고 표현하였다. 그는 이러한 대답을 하면서 자주 있는 일은 아니지만 현재 자신의 생활에서도 가끔 친구들과 즐겁게 식사했던 사소한 기억을 찾아냈다. 그는 이런 잊혀진 기억을 확장해 가는 동안 반드시 시카고에 가야 한다는 자신의 주장은 잊은 채, 현재 생활에서 자신이 좋아하는 사람들과 어떻게 많은 시간을 보낼 것인가라는 해결방안에 근거한 탐색을 하게 되었다. 드 쉐이저에 의하면 이것이 문제의 목표, 자원, 기대에 초점을 둔 해결중심 모델의 특성이다. 내담자는 시카고 여행이라는 근본적인 문제해결방안을 찾으려고 했지만, 친구와 함께했던 시간이 부족했다는 부수적 문제를 발견하고 이에 대한 해결방안을 탐색한 것이다(de Shazer, 1985).

또한 해결중심 모델에서는 한 부분의 변화가 전체 체계의 변화를 가져온다는 체계론적 입장을 지지하였다. 그들은 살아 있는 생물체인 인간에게는 항상 변화가 있으며 스스로 새로운 것을 창조할 수 있다고 믿는다. 따라서 상담자들은 내담자에게 정상적이라고 생각하는 것을 강요하지 않고, 가족이 현재 드러낸 문제에만 집중한다. 해결중심 모델을 지향하는 상담자는 가족은 잠재적인 변화의 욕구를 가졌다고 생각하며 변화를 진정으로 원하는 가정에서 상담을 시작한다. 드 쉐이저는 가족이 진정으로 변화하고 협조하기를 원한다고 보았기 때문에 가족이 변화과정에서 저항을 보인다는 개념을 부정하였다. 만약 가족이 저항을 보인다면, 그것은 상담자의 개입방법이 자신에게 적합하지 않다는 표현이라고 보았다. 따라서 상담을 위해 성취할 수 있는 목표를 협상하여 가족에게 긍정적인 변화가 일어나게 조장하는 것이 상담자의 역할이라고 보았다.

문제해결을 할 때 복잡한 문제의 해결방법이라고 해서 반드시 복잡한 것은 아니다. 오히려 작고 성취할 수 있는 목표를 세움으로써 가족에게 성취감을 주는 것이 중요하다. 작은 변화는 눈덩이처럼 뭉쳐져 큰 변화를 초래하는 모체가 되며 해결을 위한 출발점이 된다. 작은 목표라도 긍정적인 변화를 경험한 사람들은 낙관적 감정을 느끼며 미래의 변화에 대해 더욱 자신감을 가지게 된다.

상담목표는 도움을 받으러 온 가족에게 그들 자신의 생활을 보다 만족스럽게 하기 위해서 현재 자신이 하는 것과는 다른 것을 하거나 생각하게 하여 현재 가족의 문제들을 해결하려는 데 있다. 상담자는 모든 사람은 이미 자신의 문제를 해결할 능력이 있다고 믿는다. 따라서 그들은 가족 스스로 설정한 목표에 도달하기 위해서 가족이 가진 자원을 활용한다. 가족은 때로 지나치게 부각된 문제로 인해 기능할 수 있는 능력을 일시적으로 상실하면서 혼란에 빠질 때도 있다. 상담자는 상담에 온 가족은 자신들이 가진 해결능력을 잘 사용하지 못하고 있다고 보는 것이 중요하다. 따라서 상담자는 가족이 아직 활용하지 못한 능력을 찾아야 하며 나아가 그들의 문제를 효율적으로 다룰 수 있는 방법을 함께 모색해야 한다. 성공하지 못한 해결방안보다는 이미 과거에 성공했던 해결방안을 이야기함으로써 가족에게 희망을 줄 수도 있다.

2. 상담기법

해결중심 모델은 내담자와 가족과 상담자 자신의 상담관계를 몇 가지 유형으로 나누어 각각의 유형에 맞는 접근을 시도하였다. 또한 가족이 해결방안에 관한 풍부한 탐색을 할 수 있도록 정교한 질문기법도 개발하였다. 그리고 각 회기 마지막에 가족에게 주는 메시지도 구조화되어 있다.

해결중심 모델의 초기에는 일방경을 통해 자문을 위한 치료팀을 운영하는 팀접근 방식의 상담구조로 진행되었다. 치료팀은 관찰실과 상담실로 연결된 인터폰을 활용해 상담과정에서 가족을 만나는 상담자와 연락함으로써 상담에 참여한다. 이것은 문제의 다양한 관점, 즉 해결의 다양한 관점을 제공하는 데 치료팀이 효과적인 역할을 한다고 생각했기 때문이다. 보통 1시간으로 예정된 상담을 시작한 지 45분 정도 지나면 가족과 만나는 상담자는 5~10분 상담을 중단한 채 상담실을 나와 치료팀과 의논하는 시간을 갖는다. 치료팀과 상담과정을 검토하면서 가족의 강점이나 탄력성을 중심으로 메시지를 작성한다. 상담자는 상담실로 되돌아가서 치료팀이 작성한 메시지를 가족에게 전달함으로써 한 회기의 면담을 종료한다. 현재에는 팀접근 방식으로 진행하는 경우는 많지 않다. 그러나 한 명의 상담자에 의해 상담과정이 이루어져도 이 같은 구조를 염두에 두고 진행하는 것이 바람직하다. 예를 들어, 가족들에게 메시지를 전달할 때, '우리가 오늘 나눈 것들을 정리하도록 제게 잠시 시간을 주시겠어요.'라고 요구하고 잠시 침묵한 후 메시지를 전달하는 것이 효과적이다.

1) 가족과 상담자의 관계유형

상담자는 첫 상담에서 가족을 만나면 먼저 가족과 상담자의 관계유형을 나누려고 노력한다. 그들은 가족이 상담에 오게 된 동기와 상황 등을 고려하여 고객형, 불평형, 방문형의 세 가지로 구분한다. 이러한 세 가지 관계 유형은 가족의 개인적 특성이 아니라, 가족과 상담자 간에 일어나는 상호작용을 통해서 결정된다. 상담효과는 오직 가족에게만 달려 있다고 보는 전통적 모델의 관점은 일반적으로 가족에게 '당신이 회복되고 싶으면 이렇게 저렇게 해야만 한다.'고 지시를 한다. 이 경우 도움이 필요한 내담자들은 자신의 견해를 상담자에게 충분히 전달할 기회를 놓쳐 버리고 만다. 이와는 달리 해결중심 모델은 상담효과는 내담자와 상담자가 함께 이루어 낸다고 보았다. 가족과 상담자가 맺는 세 가지 유형의 관계는 유동적이므로 상담자는 변화하는 관계유형에 따라 끊임없이 다르게 반응해야 한다. 이처럼 상담과정이란 가족과 상담자의 상호작용이라고 믿기 때문에 이들의 관계유형을 강조한다.

첫째, 고객형 관계유형의 가족은 문제해결을 위해 어떤 시도라도 하려는 동기를 가진 상태이다. 다시 말하면, 고객형의 가족은 자신이 해결방안의 한 부분이라고 느끼며 문제해결을 위해서 무엇인가 하려는 의지를 보인다. 대부분의 상담자는 이러한 관계의 가족은 수용적이며 상담동기가 높기 때문에 이 같은 관계유형을 선호하지만, 실제로 고객형 가족의 비율은 그다지 높지 않다.

둘째, 불평형 관계유형의 가족은 다른 사람을 위한 상담목표를 가진다. 일반적으로 불평형의 가족은 그들의 불평이나 상담목표를 상당히 구체적으로 기술하지만, 자신에게 해결방안의 실마리가 있다고 생각하지 않는다. 불평형 관계유형의 가족은 증상을 보이는 가족 때문에 본인은 희생되었다고 생각하며, 상담과정에서 자신의 어려운 입장과 역할에 관해 이해받기를 원한다. 따라서 그들은 자신의 위치나 역할을 변화시켜야 한다고 생각하지 않는다. 상담자는 이러한 관계유형과 상담을 할 때는 가족을 상담받아야 할 대상으로 생각하기보다는 상담에 활용할 수 있는 자원으로 생각하는 것이 바람직하다. 따라서 상담자는 불평이나 목표에 대해 불평형 관계유형의 가족과 함께 탐구하기로 합의하며, 탐구하는 과정에서 해결방안을 가져올 수 있는 새로운 관점을 찾아 나간다.

셋째, 방문형 관계유형의 가족은 치료를 받아야 하는 필요성이나 문제해결의 동기가 약한 사람들이다. 이들은 왜 상담을 받으러 오는지를 이해하지 못한 채 상담에 임했기 때문에 상담에 대해 무관심하거나 왔다는 사실을 불편해한다. 이들의 상담은 일반적으로 배우자나 부모, 또는 교사가 의뢰한다. 상담자가 방문형 관계유형 가족에게 다른 사람의 요구와 결정에 따르는 것이 얼마나 힘들었는지를 이해할 때, 그들은 자신이 이해받는 느낌을 가질 것이다. 이러한 과정을 통해 상담자에 대한 신뢰가 생기며, 이를 계기로 상담을 시작할 수 있고 상담목표를 협상할 수 있는 관계로 발전한다.

2) 목표 설정하기

해결중심 모델에서는 해결방안과 관련된 상담목표를 가족 스스로 설정하도록 돕는 것이 중요하다. 그들 스스로가 바람직한 상담목표를 설정하는 데는 다음의 몇 가지 원칙이 필요하다.

첫째, 가족에게 중요한 것을 목표로 삼는다. 가족에게 중요한 것을 상담목표로 두면 가족은 목표를 성취하기 위해 보다 많은 노력을 한다. 대부분의 가족은 자신들에게 어떤 변화가 일어나야 하는지 모르는 것이 아니라, 단지 자신의 목표를 정확한 언어로 표현하는 것이 어려울 뿐이다. 그러므로 상담자의 역할은 이들이 자신들의 목표를 언어로 표현할 수 있도록 격려한다. 또 다른 어려움은 가족이 서로 다른 목표를 가질 때이다. 이런 경우 상담자의 역할은 각자의 의견을 자유롭게 표현하는 과정을 통해 서로 이해하고 가족 간에 동의할 수 있는 영역을 찾아내도록 돕는 것이다.

둘째, 가족이 설정하는 상담목표는 작고 성취할 수 있는 것이어야 한다. 왜냐하면 목표가 작을 때 성취 가능성이 높기 때문이다. 또한 이러한 성공의 경험은 가족에게 희망을 갖게 하며 변화에 대한 동기를 높일 수 있다.

셋째, 구체적이며 명확하고 행동적인 것을 목표로 한다. 목표를 명료하게 언급하면 가족과 상담자는 진행과정을 쉽게 평가할 수 있으며, 목표의 확인도 가능하다.

넷째, 목표를 설정할 때는 없는 것보다 있는 것에 관심을 가진다. 목표는 가족에게 그들이 현재 하는 어떤 행동을 금지하는 것보다 새로운 행동을 시작하게 도울 때 실현될 가능성이 높다. 따라서 부정적인 단어를 사용하지 않은 상담목표가 보다 효과적이라는 사실을 알아야 한다. 즉, 목표는 내담자가 하지 말아야 하는 것 대신에 해야 하는 것에 관해 서술하는 것이 바람직하다. 예를 들어, 상담목표를 '남편이 술을 마시지 말았으면 좋겠다.'보다는 '남편이 술을 마시는 대신 아이들과 놀아 줬으면 좋겠다.'로 표현하도록 돕는다.

다섯째, 가족에게 목표는 끝이 아니라 뭔가를 시작하는 첫 단계라는 인식을 준다. 가족들은 처음 상담을 받으러 올 때, 대부분 최상의 상태를 추구하는 목표를 언급하는데, 이러한 목표의 성취는 한 단계씩 추구하지 않으면 안 된다. 상담자는 가족이 표현한 목표를 존중하면서 가족이 원하는 결과를 성취하기 위해 처음 단계에서 필요한 것이 무엇인지를 명확하고 구체적으로 설명하도록 돕는다.

여섯째, 가족생활에서 현실적이고 성취 가능한 것을 목표로 삼는 것이 중요하다. 어떤 가족의 경우에는 현실적이고 성취 가능한 목표설정이 어렵지만, 대부분의 가족은 자신에게 가장 중요한 현실적인 자원을 찾을 수 있는 힘이 있다. 따라서 상담자는 가족이 실제로 실행할 수 있는 목표를 설정하도록 도와야 한다.

일곱째, 목표를 수행하는 것은 힘든 일이라고 인식시킨다. 가족들에게 작은 변화라도 실행하는 것은 어렵다는 점을 이해시키는 것은 큰 도움이 된다. 이것은 어떤 변화를 경험했을 때 그들이 느끼는 만족감이나 성취감이 증대될 수 있기 때문이다. 또한 가족이 목표에 도달하지 못했다면, 이것은 보다 열심히 해야 할 일이 남았다는 신호일 뿐이라는 여유도 줄 수 있다.

3) 해결을 향한 질문기법

상담과정이란 가족이 문제와 문제를 해결하는 과정에 능동적으로 참여하도록 개입하는 치료적 대화에 의해 구성된다. 해결중심 모델에서 가족에게 하는 질문은 문제해결에 도움이 된다는 가정과 믿음이 있기 때문이다. 그러므로 상담자는 상담과정에서 가족이 해결방안을 찾으며 과거에 성공했던 경험을 근거로 자신의 능력을 인정할 수 있는 질문을 하려고 노력한다. 해결중심 모델에서는 상담 이전의 변화를 묻는 질문, 예외질문, 기적질문, 척도질문, 대처질문이라는 해결방안을 구축하는 데 유용한 질문을 개발하였다.

(1) 상담 이전의 변화를 묻는 질문

많은 사람이 문제를 더 이상 감당하기 어려울 때 주변 사람이나 상담기관에 도움을 청하는 경향이 있다. 따라서 도움을 청한 후 얼마간의 시간이 흘러서 상담을 받으러 오면 긴장이나 불안이 감소되었거나 문제의 심각 정도가 완화된 경우가 종종 있다. 해결중심 모델에서는 이러한 상담 이전의 변화를 매우 관심 있게 관찰하며, 가족 스스로가 발견하지 못한 해결방안을 찾을 때 활용한다. 상담자는 가족에게 심각했던 문제가 어떻게 완화되었는지를 되돌아볼 수 있는 질문을 하여 의식적 또는 무의식적으로 그들이 실행한 방법에 관해 인정과 칭찬을 한다. 그리고 다른 사람의 도움 없이 스스로 노력했다는 점과 그들이 지닌 해결능력을 인정하며 그것을 강화하고 확대할 수 있도록 격려한다.

(2) 예외질문

가족은 자신들이 이전에 성공한 경험이 있거나 현재도 잘하는 것이 있는데, 그것에 대한 인식이 없는 경우가 있다. 왜냐하면 가족은 자신이 지금 겪는 어려움에만 집착해 현재 상황을 부정적인 방향으로만 이해하기 때문이다. 상담자는 예외적인 상황을 찾아 인식시키고 가족이 가진 자원을 활용해 그들의 자존감을 강화하려고 노력한다. 한마디로 말하면, 예외질문은 일상생활에서 자주 했지만 인식하지 못하는 것을 발견하고 그처럼 성공했던 행동을 의도적으로 시행하도록 강화시키는 기법이다. 해결중심 모델을 지향하는 상담자는 가족과 상담자 모두 문제의 예외를 발견하고 그런 예외가 강화될 수 있는 전략을 찾는다면 단기상담이 가능하다고 주장한다.

(3) 기적질문

기적질문은 문제가 해결된 상황을 상상함으로써 자신들이 해결하기를 원하는 것을 명료화할 뿐 아니라 상담목표를 설정하는 데 도움이 된다.

질문과정을 통해 해결 상황에 대한 그림을 작은 것에서 점차 확대해 가도록 한다. 가족은 상담자의 질문에 대답하는 동안 기적을 만드는 장본인이 바로 자신임을 알게 된다. 그리고 작은 일부터 시작해야 하는 것을 인식하며 변화된 상황을 구체적으로 상상해 보고, 그것이 상담목표라는 사실을 깨닫게 된다. 이러한 내적인 과정은 변화의 근거가 된다.

일반적으로 기적질문은 "오늘 저녁 집에 가서서 주무시는 동안 기적이 일어나 '지금 겪고 있는 문제'가 모두 해결되었습니다. 그러나 잠자는 동안에 기적이 일어났으니까, 무슨 일이 생겼는지 아무도 모르지요. 아침에 눈을 떴을 때 무엇을 보고 지난밤에 기적이 일어났다는 것을 알 수 있을까요? 그리고 다른 가족들은 당신에게 기적이 일어난 것을 어떻게 알 수 있나요?"라고 할 수 있다. 이처럼 가족이 긍정적으로 대답하도록 질문하는 것이 중요하며, 질문을 통해 가족 스스로가 기적을 현실화하기 위해서 새롭게 행동해야 한다는 것을 암시해야 한다.

(4) 척도질문

척도질문은 가족이 해결방안을 찾기 위한 것과 관련된 보다 많은 정보를 제공한다. 또한 변화에 대한 동기를 강화하고 다음 단계로 발전하기 위해서 어떤 시도를 해야 할지 탐색하기 위해 만든 질문이다. 가족에게 문제의 심각성, 상담목표, 성취 등을 수치로 표현하게 하는 질문이다. 예를 들어, "저도 어머님이 무척 어려운 상황에 처했다는 걸 공감할 수 있어요. 0이라는 숫자는 아이와의 관계가 최악일 때를 의미하고, 10은 모든 것이 해결되어 아이와 아무런 문제가 없는 안정된 상태라면, 지금 어머님은 0과 10 사이 어디에 있나요?"라고 질문한다. 이와 같은 질문은 변화 정도를 사실적으로 설명하며 구체적인 목표를 세우는 데 용이하다.

(5) 대처질문

대처질문은 만성적인 어려움과 위기에 관련된 질문이다. 가족이 매우 낙담하고 좌절하여 비관적인 상황일 때, 상담자가 '모든 것이 잘될 테니 걱정하지 마라.' '염려하지 마라. 긍정적인 것만 보라.' 등으로 위로나 격려를 하면 가족은 더 힘들어할 수 있다. 어려운 상황에 직면한 가족에게는 성공했다는 느낌을 갖게 하는 대처방법에 관한 질문이 더욱 바람직하다. 이 질문은 가족에게 새로운 힘을 갖게 하며, 가족 스스로가 자원과 강점을 발견하게 하는 데 도움이 된다. 그리고 어려운 상황에서 견디고 더 나빠지지 않았다는 사실을 강조하면서 위기에서 살아남기 위해 노력한 것을 발견하고 그것을 확대하기 위한 근거로 이용한다.

두 번째 면담 이후 가족을 만나면 상담자는 우선 지난번 상담 이후 어떤 것이 변화했는지를 탐색하는 질문을 한다. 그들의 일상생활에서 긍정적인 변화가 있었다면 누가, 언제, 어디서, 무슨 일을 겪었는지에 대해 자세히 질문한다. 그리고 가족이 긍정적인 방향으로 변화한 것을 인정하면서 그것을 강화한다. 덧붙여서 변화 정도와 변화에 대한 의지 등에 대한 척도질문도 한다. 지금까지 설명한 질문기법을 해결방안 구축과정에서 어떻게 활용하는지를 정리하면 [그림 9-1]과 같다.

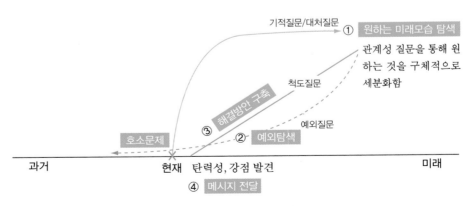

[그림 9-1] 해결중심 모델

4) 메시지 전달하기

해결중심 모델에서는 가족에게 전달하는 메시지가 치료적으로 중요한 의미를 가진다. 메시지에는 칭찬, 과제에 대한 이론적 근거를 제시하는 연결문, 과제의 세 부분으로 이루어진다.

첫째, 칭찬은 가족과 상담자 간의 관계유형에 상관없이 모든 가족에게 자주 사용된다. 칭찬이 갖는 효과는 크다. 칭찬은 가족의 자존감을 높일 수 있다. 어려움이 있는 가족은 내가 무엇을 잘못했는지를 알고자 한다. 무엇이 잘못되었나를 생각하고 있을 때 상담자에게서 칭찬을 듣는 것은 가족의 자존감을 높이는 데 도움이 된다. 그러나 가족에 대한 칭찬은 추상적인 서술보다는 면담과정에서 드러난 구체적인 사항을 활용할 때 더욱 효과적이다. 가족은 자신들의 관점을 인정하고 이야기를 수용하며 더 나아가 실패조차도 인정받는다고 느끼면 상담에 보다 적극적으로 참여할 것이다. 그러나 이러한 칭찬은 가족의 파괴적 행동을 눈감아 주는 것과는 다르다는 점을 명심해야 한다.

둘째, 연결문이란 지금 어려움을 겪는 문제를 일반화하거나, 가족에게 필요하다고 판단되는 사실을 교육한다. 이러한 과정은 가족에게 그 다음에 제시하는 과제에 대한 이해를 돕기 위함이다. 상담자가 가족에게 과제에 대한 이론적 근거를 제시하고 가족이 그것을 해야 하는 이유를 명확히 이해한다면 실천할 가능성은 높아진다.

셋째, 가족에게 구체적인 과제를 지시한다. 그러나 상담자는 [그림 9-2]와 같이 면담과정과 가족과의 관계를 고려해 과제 형태를 선택한다. 예를 들어, 방문형 관계유형이라고 생각되는 가족에게는 칭찬만 하고 다른 과제는 주지 않는다. 어떤 변화를 추구하는 과제를 제시하기보다는 상담에 참여하는 것을 원치 않는데도 그들이 올 수 있었던 점을 높이 평가하여 자신을 이해해 주는 상담자로 남는 것이 중요하다. 이것은 내담자가 진정으로 도움을 필요로

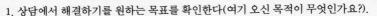

1. 상담에서 해결하기를 원하는 목표를 확인한다(여기 오신 목적이 무엇인가요?).

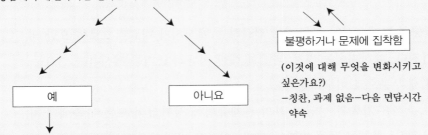

불평하거나 문제에 집착함

(이것에 대해 무엇을 변화시키고
싶은가요?)
-칭찬, 과제 없음-다음 면담시간
  약속

예   아니요

2. 문제가 없는 예외상황을 발견한다(언제 문제가 일어나지 않았나요?).

예   아니요

3a. 예외상황이 의도적인가,   3b. 기적질문/가상질문
    우연인가를 확인한다.   (문제가 다 해결되었을 때 조금이라도 어떻게 다르게 행동할까요?)

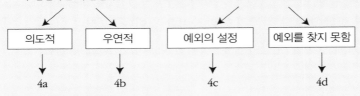

| 의도적 | 우연적 | 예외의 설정 | 예외를 찾지 못함 |

4a   4b   4c   4d

제시할 수 있는 과제

4a. 같은 것을 더 하기
    내담자에게 예외적인 상황이 일어날 수 있는 행동을 더 많이 하게 하는 과제를 준다.

4b. 어떻게 그렇게 되었는지 발견하기
    1) 내담자에게 예외적인 상황이 언제, 어떻게 전개되는지를 관찰하게 한다.
    2) 지금부터 다음 면담 때까지 예외가 얼마나 있을 것인가를 예상하도록 한다.

4c. 작은 부분을 실행하기
    기적이 일어난 것처럼 행동하게 하고, 무엇이 달라지는가를 관찰하게 한다(예: 동전 던지기).

4d. 대처방법에 대해 관찰하기
    1) 다음 면담 때까지 상황이 왜 더 나빠지지 않는가를 관찰하게 한다.
    2) 다음 면담 때까지 내담자의 생활에서 더 일어나기를 원하는 것이 무엇인가를 관찰하여 보고하도
       록 한다.

[그림 9-2] **과제부여의 기저선**

출처: 가족치료연구모임 역(1996).

할 때 다시 찾을 수 있는 여지를 남겨 두는 셈이다. 불평형 관계유형의 가족에게는 어떤 것을 관찰하라는 과제가 적당하다. 그들은 자신들이 변화해야 한다는 의지는 적지만 다른 가족에게 기대하는 부분이 많기 때문에 문제를 둘러싼 다양한 관찰을 할 수 있는 능력이 있다. 상담자는 불평형의 가족이 지금까지 해 온 문제중심의 관찰에서 벗어나 긍정적인 관점에서 관찰할 수 있게 돕는 과제를 주는 것이 중요하다. 이 같은 과제를 제시할 때는 문제중심에서 벗어난 다른 관점의 시도가 왜 필요한지를 설명할 수 있는 연결문의 역할이 중요하다. 변화의 의지가 있는 고객형 관계유형이라고 판단된 가족에게는 변화를 향해 실천할 수 있는 과제를 준다. 그들은 해결방안을 모색하고 그것을 수행하는 데 적극적인 역할을 할 준비가 되어 있어 과제를 실천하는 데 충실할 것이다.

제10장

내러티브 모델

　사람들은 자신들이 가진 신념체계에 따라 스스로 경험한 것에 대한 의미를 부여하며 해석하려고 한다. 그런데 개인을 둘러싼 환경이 다양하기 때문에 그들이 지닌 믿음에 따라 제각기 다른 이야기를 서술하며, 서술된 이야기는 개인의 행동으로 연결된다. 내러티브 모델(narrative therapy)(한국에서는 이야기치료로 번역되어 사용되고 있으나 그것은 내러티브의 본질을 충분히 담아내지 못하고 있기 때문에 내러티브 모델로 표현함)은 사람들이 어떤 예상이나 선입관 없이 사물 자체를 파악하는 것이 불가능하다는 후기 구조주의 철학과 관련이 있다. 그들의 관점에 의하면 사람들이 가지는 사물에 대한 지식은 자신들의 경험에서 유래한 것이다. 즉, 인간이 어떤 사물에 대해 안다는 것은 다른 사람의 경험을 자신의 관점에서 나름대로 해석하는 것에 지나지 않기 때문에 실체는 필연적으로 한계를 가질 수밖에 없다. 사람들은 자신의 경험과 상상력을 활용해 다른 사람이 언어화한 경험을 자신의 입장에서 해석한다. 이 같은 전제를 가지고 출발한 내러티브 모델은 개인이나 가족이 변화를 추구할

수 있는 다양한 새로운 버전의 이야기를 창조할 수 있도록 길을 열어 준 혁신
적인 접근이었다.

내러티브 모델은 호주의 화이트(M. White)와 뉴질랜드의 엡스턴(N. Epston)
에 의해 발전되었다. 이들은 프랑스의 사회철학자 푸코(M. Foucault)가 주장
한 것처럼 어떤 사회에서 힘 있는 사람들에 의해 형성된 지배적인 이야기가
그 사회의 특정 집단을 배제할 수 있다는 점에 관심을 가졌다. 즉, 사람들은
의사, 심리학자, 교육자 등에 의해 확립된 기준으로 만들어진 사회의 지배적
인 이야기를 자신에게 내면화하고 진실로 받아들여 모든 사물을 판단한다는
것이다. 이렇게 본다면 내담자의 병리적인 문제는 단지 사회의 지배적 스토
리에서 벗어난 주변의 스토리일 뿐이다. 따라서 내러티브 모델을 추구하는
상담에서는 내담자가 현재 보이는 문제 자체보다는 그 문제에 어떤 의미를 부
여하는가가 보다 중요하다.

내러티브 모델은 기법보다 패러다임의 전환이 보다 중요한 요소이며, 혁신
적 패러다임의 변화는 기존 상담분야에서 본다면 상당히 도전적이다. 내러티
브 모델을 지향하는 상담자는 내담자가 자신의 삶에서 문제와 더불어 깊숙이
스며든 주도적인 이야기를 찾아내며, 그들이 더 이상 그 같은 삶의 스토리 속
에 머물지 않도록 돕는다. 더 나아가 이야기의 재진술 과정을 통해 내담자의
삶의 스토리에 대한 대안적 의미를 창조하며, 동시에 행동에서도 대안적 방법
을 추구하도록 돕는다. 이 접근에서 중요한 것은 가족들이 호소하는 문제의 이
야기에 타당성을 부여하여 가족 스스로가 삶의 전문가라는 점을 인정하도록 하
는 것이 중요하다. 이것은 상담자에게는 내담자나 가족을 존중하는 협력적 자
세를 가질 수 있게 하며, 내담자에게는 스스로 대안적 이야기를 찾아낼 수 있
는 힘을 주는 것이다.

1. 주요 개념

내러티브 모델을 지향하는 상담자는 내담자에 대한 평가나 병리적 분류를
하지 않는다. 그들은 내담자와 만남 자체가 개입이므로, 존경 어린 호기심의
자세에서 내담자의 이야기를 경청한다. 내담자가 어떤 경험을 이야기하면
그것에 대한 의미를 탐색하는데, 치료적 개입단계에서는 내담자 삶의 스토리
가 가진 강점이나 탄력성이 강조된다. 또한 상담과정을 통해 낡은 이야기를
재건축하고 도전하면서 서술된 대안적 스토리를 만들어'간다. 내러티브 모
델에서는 증상을 평가하는 것이 아니라, 그것을 단지 납득하기 어려운 것으
로 이해한다. 그래서 상담자의 관심은 이 같은 효과적 해결방법을 발견하기
어려운 이야기를 어떻게 재배치할 것인가에 있다. 그러므로 부정적인 표현
을 다루는 적절한 질문은 '왜 이 같은 방법을 사용하는가'에 있지 않고, '다른
무엇으로 어떻게 하면 이것을 멈추게 하는가'이다. 예를 들어, 어떤 부인이
상담자에게 남편은 현재 알코올중독이며, 남편의 집안 내력을 살펴보면 여러
세대에 걸쳐 알코올 문제가 지속적으로 이어져 왔다고 호소하였다. 그리고
남편은 가족을 지나치게 통제하고 위협적으로 대하며, 모든 가족을 정서적
으로 학대하고 있다고 덧붙였다. 이것은 문제를 잘 서술하고 있는 듯이 보이
지만, 이 같은 표현은 그들의 문제해결에 도움을 주지 못한다. 오히려 부인
이 언급한 다양한 라벨에 의해 가족들은 더욱 무기력해지며 절망에 빠질 수
있다. 남편 역시 가장이란 가족을 통제하기 위해 때로는 독단적이며 위압적
이어야 한다고 주장할지도 모른다. 어릴 때부터 술이 생활의 일부인 문화에
서 성장해서 알코올이 자신의 정체성의 상징처럼 되어 버렸다는 남편의 스
토리도 알코올 문제의 어려움을 겪는 가족을 돕는 데 그다지 도움이 되지 않
는다. 상담자의 관심은 가족이 어떻게 몇 대에 걸쳐서 내려온 생물학적 증상
과 투쟁할 수 있을 것인가?에 있다.

내러티브 모델을 지향하는 상담자에게 상담과정이란 문제를 해결하는 것이 아니라, 내담자가 자신을 둘러싼 문화가 자신에게 문제중심의 삶을 받아들이게 했다는 사실을 깨닫도록 돕는 것이다. 따라서 상담자는 상담의 목표를 만들어 가는 것에 소극적이다. 그들은 내담자가 낡은 문제에서 자유로워져서 그들 삶의 스토리를 다시 쓸 수 있는 공간을 제공하는 데 보다 관심이 많다. 내러티브 모델을 지향하는 상담자는 내담자의 이야기가 무엇이든 간에 그것은 지배적인 스토리에서 구성된 것으로, 본질적인 특질은 아니라고 생각한다. 따라서 상담자의 역할은 사회적 가치에 지배당하는 개인과 가족이 그 같은 내면화된 스토리에서 자신들을 해방시키도록 돕는 것이다. 내러티브 모델을 지향하는 상담자는 문제가 그 사람이 아니며, 단지 문제일 뿐이라고 생각하므로 내담자가 문제에서 어떻게 분리되는가에 관심이 있다.

내러티브 모델의 목표는 문제해결보다는 내담자들이 그들의 중심 목소리에 지나치게 의존한다는 사실을 깨달아 선택의 폭을 풍부하게 가지도록 돕는 것이다. 더 나아가 내담자와 협력하면서 내담자와 다른 사람들을 건강하게 연결하는 데 도움이 되는 방법을 강조하는 새로운 이야기를 공동저작하는 것이다. 공동저작에 앞서, 먼저 가족들이 갈등에 직면하도록 하거나 서로에게 보다 정직해짐으로써 사람과 문제를 분리시킨 후, 가족들이 연합해 공통의 적에 대항하도록 한다. 상담자는 문제중심의 이야기를 부정하는 행동을 했거나 문제에 저항했을 때를 지칭하는 독특한 결과(unique outcomes)를 찾기 위해 내담자의 이야기에 귀를 기울인다.

내러티브 모델은 문제해결 접근 이상이다. 내러티브 모델은 사람들이 과거를 재조명하고 미래를 다시 쓰는, 즉 그들의 삶의 이야기를 다시 쓰도록 한다. 해결해야 할 문제나 치료받아야 할 증상에 관한 용어로 사람을 객관화하기보다는 상담자는 내담자들이 능력을 가진 사람으로서 삶의 이야기를 발전시킬 수 있다고 믿는다.

화이트는 어린 시절부터 아버지와 이웃에게 지속적인 성적 학대를 받아 온

27세의 제인을 만났다. 성적 학대 경험은 그녀의 삶에 여러 가지 부정적 결과를 초래해 자존감도 낮았고 우울증에 빠져 자해하기도 하였다. 화이트는 자신은 전혀 쓸모없는 인간이며 우울할 때는 가끔 아버지의 환청까지 들린다고 호소하는 제인에게 그 모든 어려움을 이겨 온 것에 놀라면서 그 원동력에 대해 물었다. 그녀는 탄력성이라는 심리내적인 표현을 하면서, 그것이 자신을 지탱해 주었다고 대답했다. 화이트는 제인에게 탄력성을 열 수 있는 여행가방에 비유하여, 여행가방이 열리듯 탄력성도 열릴 수 있다는 사실을 일깨웠다. 그는 계속해서 그녀의 삶 속에 탄력성이 존재할 때 삶이 어땠는지를 물었다. 제인은 다른 사람과의 관계, 또는 어려운 점에 대해 말하기 시작했으며, 그때부터 탄력성은 더 이상 인간의 본성을 설명하는 추상적인 용어가 아니라, 행동을 표현하는 단어로 변해 버렸다. 시간이 지나면서 그녀는 자신의 탄력성 그 자체는 아주 빈약한 것이지만, 사회적 관계는 보다 풍요롭다는 사실을 알 수 있었다. 같은 과정을 통해 그녀는 탄력성은 희망에서 왔다는 사실을 깨닫게 되었다. 상담자는 제인과 함께 희망이란 것을 어떻게 알 수 있었는지 살펴보았다. 제인은 고등학교 2학년 때 어떤 선생님이 자신을 인정해 주었다는 사실을 기억해 냈다. 화이트는 선생님이 어떻게 제인의 진가를 인정했는지, 그 시절의 다른 선생님들과 달리 어떻게 그녀를 존중할 수 있었는지를 탐색했다. 그리고 그는 선생님이 그렇게 생각할 수 있도록 제인이 어떻게 도왔는지에 대한 질문을 이어 갔다. 이 같은 질문에 대답하는 동안 제인은 자신에 대한 가치를 찾을 수 있었으며, 궁극적으로 새로운 정체성을 형성할 수 있었다(White, 2001).

이 같은 치료적 개입이 가능한 것은 이야기에 시작과 끝이 있기 때문이다. 계속 흘러가는 경험에 시작과 마지막을 부여하는 것이다. 사람들은 진행형의 인생 속에서 한 점을 잘라 내어 경험이라는 한 덩어리로 드러내 그것에서 의미를 발견하려고 한다. 시작도 끝도 없는, 그리고 정리되지 않은 기억이라는 흐름에 의미를 부여하기 위해 어떤 이야기가 한 부분을 밝게 비춘다. 이처럼 집중조명을 하는 과정에서 어떤 부분은 부각되고 어떤 것은 소멸되는데 이러한 작업은 임의적이다(Bruner, 1986). 다시 말하면, 사람들의 중심적 사건은 이미 플롯에 의한 스토리를 가지고 있어서 거기서 벗어난 것들은 무시한다. 예를 들어, '부모에게서 사랑받지 못했다.'는 스토리가 있는 자녀는 부모와의 긍정적인 경험은 무시하고 부정적인 경험만을 떠올려서 자신이 얼마나 부당하게 취급되었는지를 설명한다. 그러므로 상담자는 경험의 진리를 발견하려는 노력보다는 새로운 경험을 창조해 가는 것에 관심을 가져야 한다.

내러티브 모델의 주요 개념을 정리하면 다음과 같다.

- 어떤 경험은 다른 위치에 있는 또 다른 자신의 경험과 관계가 있으며, 그것은 스토리에 의해 의미가 결정된다.
- 스토리는 자신의 경험에서 어떤 것을 버리고 어떤 것을 선택할지 결정한다.
- 스토리는 경험을 어떻게 표현할 것인가를 결정한다.
- 스토리는 삶의 방식이나 인간관계에 영향을 주는 방향을 결정한다.

자신에게 일어났던 것을 어떻게 표현하는가는 스토리에 달렸으며, 그것은 삶의 방식이나 인간관계의 형성과 연결되어 있다. 때로는 사람들의 삶의 방식은 자신이나 다른 사람이 등장하는 스토리의 해석과정에 의해 만들어지고 구성되기도 한다. 사람들은 경험을 스토리로 엮으며, 그렇게 만든 스토리를 연기함으로써 자신의 삶에 스토리를 정착시킨다. 그런데 사람들의 삶의 스토리는 다른 사람에게 언급하지 않은 요소를 포함하는 경우가 많다.

내러티브 모델의 상담과정에서 상담자는 주로 다음과 같은 역할을 한다.

- 내담자의 스토리에 강한 관심을 가지고 협력적이며 공감적인 태도를 갖는다.

- 내담자의 삶의 역사에서 강점이나 탄력성을 찾는다.
- 새로운 스토리를 창조할 수 있도록 강제적인 방식이 아닌 존중하는 방식으로 질문한다.
- 내담자를 진단명에 의해 분류하는 것이 아니라, 그들을 독특한 개인 역사를 가진 존재로 취급한다.
- 사람들이 또 다른 삶의 스토리를 쓸 공간을 열 수 있도록, 사람들이 내면화된 지배적인 문화적 스토리에서 분리될 수 있도록 돕는다.

2. 상담기법

내러티브 모델의 상담기법은 내담자가 자신들을 지배해 온 문제에서 분리하여 잊고 있던 스토리를 되살리도록 고안하였다. 다양한 기법으로 자신과 문제, 관계에 대한 내담자의 스토리를 다시 쓰도록 촉진한다. 내러티브 모델 기법의 특징은 질문형식에 있지만, 그것이 정형화된 범주를 가진 것은 아니다. 상담자는 면담과정에서 어떤 것을 주장하거나 해석하지 않고 단지 질문과 대답만을 반복한다. 또한 그들은 내담자의 재능과 성취에 많은 관심을 가졌으며, 보다 협력적인 분위기를 조성하기 위해 내담자에게 상담자에 대해 질문할 기회를 주기도 한다.

1) 문제의 정상화

내러티브 모델의 성공 여부는 상담자와 내담자 사이에 성립된 협력적 신뢰관계에 있다. 이 같은 관계는 내담자가 서술하는 스토리를 경청하면서 공감하려는 자세에서 비롯된다. 이렇게 형성된 강력한 협력관계를 바탕으로 내담자가 언급한 스토리를 고려할 수 있다면 변화과정에 많은 도움이 될 것이다.

상담자는 내담자의 문제를 그들이 현재까지 바라봤던 시각과 조금 다른 관점에서 생각할 수 있도록 다양한 질문을 한다. 이러한 질문을 통해 내담자로 하여금 상담자가 자신을 인정하므로 그들과 함께하는 것이 안전하고 가치 있다고 느끼게 하는 것이 중요하다. 이 같은 과정을 통해 내담자는 스스로 자신들의 스토리를 객관적으로 바라볼 수 있는 여유를 가진다. 예를 들어, 알코올 문제로 고통받는 남편이 우울과 문제행동으로 일관된 자신의 역사를 자세히 서술한다. 상담자는 그것이 슬픔, 우울, 외로움이 혼재되어 나타난 것이라고 그의 삶을 정상화한다. 신뢰관계를 느낀 내담자가 자신의 스토리를 보다 정교하게 탐색해 가면서 알코올의 문제는 아내와의 소원한 관계와 연관이 있다는 것을 알게 되었다. 그리고 그는 이것을 극복하기 위한 새로운 기법을 배우는 데 동의한다.

2) 문제의 외재화

내러티브 모델에서는 초기 상담단계에서 문제를 외재화(externalization)한다. 즉, 상담자는 내담자 자신이 문제가 있거나 자신에게 문제가 있다고 생각하는 대신 문제에 대항하기 위한 그들의 생각을 표현할 수 있는 대화를 하도록 격려한다. 그들은 문제가 내담자를 포함한 가족 내의 모든 사람을 압박하고 있다는 사실을 깨닫도록 돕는다. 그리고 내담자에게 자신과 분리된 또 다른 실체로서 문제를 서술하도록 격려한다. 다시 말하면 내담자나 가족이 문제가 아니라, 단지 문제가 문제일 뿐이다. 따라서 그들은 문제를 일으키는 가족들에 관심을 집중하지 않고, 오히려 문제가 가족에 미치는 영향에 관심을 갖는다.

내담자들은 종종 독특한 병리적인 것이나 역기능적인 것을 통해 그들의 문제에 이름을 붙인 이전 경험이 있다. 그 결과 가족들은 어떤 가족의 성격적 결함이나 유약함 때문에 문제가 발생하거나 유지된다고 비난한다. 문제의 외재화는 이런 비난에 도전하는 것이다.

　상담자는 내담자와 어느 정도의 신뢰가 형성되면 문제를 드러내기 위한 질문을 시작한다. 문제는 사람들과 분리되었으므로 처음부터 사람들에게 문제의 원인보다는 문제의 영향으로 인한 결과에 대해 질문한다. 그리고 문제가 누군가에 의해 소유된 것이 아니라 문제가 그들을 소유하려 한다는 것을 암시한다. 예를 들어, "남편의 거짓말이 당신을 괴롭히고 있군요."보다는 "거짓말이 두 사람 사이에 갈등을 일으키게 했군요."라고 말한다. 문제를 외재화한다는 것은 내면화된 증상을 인격화하는 작업이다. 예를 들어, 자신의 아들이 주의력결핍 과잉행동장애(ADHD)라고 호소하는 어머니에게 "아드님을 괴롭히는 ADHD는 어떤 종류인가요? 종류를 알아야 치료를 할 수 있을 텐데요."라고 말해 아동과 문제가 분리되는 작업을 시도한다. 아동이나 부모가 ADHD를 묘사할 수 있으면, "그런 ADHD가 아드님에게 어떤 문제를 하도록 시키고 있나요?"라는 질문을 하여 증상은 가족들의 삶을 지배하려는 환영받지 못하는 침입자라는 사실을 일깨워 준다.

　이와 같은 외재화의 질문을 계속하는 동안 내담자는 문제가 자신 밖의 것이라는 생각을 하게 된다. 문제를 외재화하는 작업은 내담자나 가족을 문제에서 분리한 건강한 한 개체로 볼 수 있게 한다는 점에서 유리하다. 즉, 우울증 환자는 자신이 우울한 사람이 아니라, 자신과 가족이 싫어하는 우울에 의해 정복된 사람일 뿐이라고 인식할 수 있다. 상담자가 어떻게 우울을 물리칠 수 있으며, 예상되는 결과는 어떤지에 관한 질문을 계속해 갈 때, 내담자는 다른 시각에서 자신이 원하는 것을 바라보며 새로운 스토리를 서술할 수 있는 여지를 갖게 된다.

　상담자는 문제의 외재화를 통해 내담자에게 문제, 문제의 원인, 문제의 영향에 대해 충분한 거리를 두고 바라보도록 도와야 한다. 예를 들어, 어떤 신경성 식욕부진증 환자가 사회에서 인정받기 위해 뛰어난 외모를 지녀야 한다고 믿는다면, 우리 사회에서 여성이 어떤 지위에 있는지에 대한 폭넓은 질문을 하는 것이 바람직하다.

3) 문제의 영향탐색

사건의 영향력을 찾아내는 입장말하기(statement of position) 대화가 중요하다. 초기 개입단계에서는 문제를 지지해 온 상호작용의 패턴에서 벗어나는데, 이를 위해서는 개인이나 가족의 삶과 관계에서 이러한 문제와 영향을 자세히 탐색하는 것이 바람직하다. 상담자는 각 가족들에게 어떤 것이 부정적인 영향을 초래한다는 편견을 갖지 않은 채, 그들을 둘러싼 문제나 영향에 대해 자세히 묻는다. 이처럼 한 개인이나 가족을 둘러싼 지도를 그리는 과정을 통해 각 개인은 어떤 사건과 다른 사건은 연결되었음을 깨닫게 된다. 그리고 이 같은 지도는 각 개인에게 주도적 담론, 강요된 환경, 통제되었던 사건의 탐색으로 확대되기도 한다. 화이트가 제안한 입장대화는 내담자가 문제에 대한 또는 독특한 결과나 문제를 해결하기 위해 생각할 수 있는 것에 대한 입장을 정리하는 것으로 문제정의, 문제의 결과 탐색, 문제의 영향력 평가, 평가에 대한 근거 제시하기라는 4단계로 되어 있다(이선혜, 2020). 그러나 이 과정의 궁극적인 목적은 내담자에게 부정적인 사건의 연속성을 이해시키는 것이 아니라 독특한 결과를 찾아내는 데 있다. 상담자는 내담자에게 최근에 있었던 일들 가운데 이와 같은 독특한 일이 일어날 수 있도록 준비시켜 준 사건은 무엇인지 질문한다. 이러한 탐색과정을 통해 내담자가 독특한 결과는 단 한 번에 일어난 사건의 결과가 아니라, 자신의 삶에서 연속된 과정이었음을 깨닫게 한다.

4) 예외적 질문

내담자가 예외적인 사건이 자신들에게 중요한 것임을 받아들이면, 독특한 결과에 의한 새로운 스토리작업을 시작한다. 예외는 스토리가 아니라 단 하나의 사건에 지나지 않는데, 이것을 어떻게 스토리 속으로 끌어들이는가가 중요하다. 다시 말하면, 예외적인 사건을 스토리화하는 것이다. 예외적인 사건이 스토리 속으로 들어오기 위해서는 내담자와 가족이 그 같은 사건을 중요한 것으로 인식해야 한다. 따라서 상담자는 내담자의 이야기를 경청하면서 문제의 영향에서 벗어날 수 있었던 독특한 결과를 강조하며, 어떻게 해낼 수 있었는지에 대한 노력에 관해 묻는다. 만약 가족들이 문제중심이거나 구조화된 지배적인 스토리에 압도당해 있다면 이 같은 독특한 결과에 의한 성공은 지배적 스토리에 가려졌을 것이다. 이때 상담자는 지배적인 문화적 담론에 의해 경험한 것과는 전혀 다른 삶의 경험에 대해 질문한다. 이런 과정을 거쳐서 독특한 결과나 특이한 사건들은 새롭고 자존감을 높이는 스토리로 거듭 태어날 수 있다.

이 같은 면담과정은 내담자가 지금까지 소외시킨 사건 밖의 이야기가 자신의 삶에 채워 넣을 수 있는 사건으로 인식하도록 하는 방법이다. 아무리 작은 것이라도 성공적인 사건을 강조하면 내담자나 가족들의 역사와 연결되는 새로운 이야기가 나올 수 있다. 독특한 결과나 특이한 사건들을 이끌어 내기 위한 질문의 예는 "아내에 대한 분노가 당신을 지배하려고 할 때, 그렇게 하지 못하게 했던 때를 기억할 수 있나요? 어떻게 그렇게 할 수 있었나요?" 등이다.

이처럼 상담자가 예외적 질문의 역사를 찾아내기 위해 자주 사용하는 질문은 다음과 같다.

• 그것을 어떻게 성공할 수 있었나요?

- 자신에게 다르게 행동하라고 스스로 다짐한 적이 있었나요?
- 그것이 어떤 결과를 가져왔나요?

예외적 사건에 새로운 의미나 중요성을 부여하기 위해서 다음과 같은 질문을 할 수 있다.

- 이 같은 발견은 당신이나 당신 삶에서 무엇이 중요하다고 알려 주나요?
- 당신의 성공을 충분히 인정한다면, 당신은 자신이 보인 태도에 대해 어떤 결론을 내릴 수 있나요?

5) 스토리의 재저작

내담자의 정체성은 문제와 연결되었으며, 그것에 많은 영향을 받았다. 그러나 상담자는 문제와 연관된 상태의 정체성이 아닌, 내담자 삶 전체에 관여된 정체성에 관심을 갖는다. 내담자의 삶을 통해 모은 경험과 연관된 내담자 능력은 새로운 스토리의 재료로 사용할 수 있다. 이러한 연결을 위해 상담자는 과거와 현재의 성공한 경험을 토대로 문제를 극복한 자신에 대해 서술할 수 있는 질문을 한다. 예를 들어, "그런 상황에서 우울증을 물리칠 수 있었던 당신에 대해 이야기해 줄 수 있나요?"라고 묻는다.

때로 상담자는 새로운 자기 스토리를 뒷받침하기 위한 보다 많은 증거를 찾기 위해 문제사건과 관계된 내담자의 과거로 범위를 확대할 수 있다. "당신이 어떻게 화를 잘 통제할 수 있었는지 내가 이해할 수 있도록 당신의 지난날에 대해 이야기해 줄 수 있나요?" 등의 질문이다.

스토리를 재저작할 때 회원재구성(re-membering)이라는 기법을 사용하기도 한다. 이것은 내담자의 삶에서 중요한 영향을 주었던 인물들을 찾아내어 내담자와 그들을 다시 연결시킴으로써 이야기를 풍성하게 하는 것이다. 이들과의 재결합은 희미한 감정의 이미지를 적극적인 이미지로 만들어서 내담자가 자신의 삶을 적극적으로 이끌어 가도록 돕는다.

새로운 자기 스토리의 윤곽이 잡히면 상담자는 초점을 미래로 옮겨 가며 내담자가 새로운 스토리를 채울 수 있는 변화를 계획하도록 돕는다. "자, 당신은 자신에 대해 발견해 왔는데 이러한 발견들이 분노를 초래하는 다른 사람과의 관계에 어떻게 영향을 미칠 수 있다고 생각하나요?"라고 물어서 가족들과 희망적인 미래의 스토리를 만들어 간다. 이와 같은 과정에서 스토리는 과거, 현재, 미래를 포함한 완성된 이야기로 자리 잡게 된다.

상담자는 새로운 스토리를 공동 저작할 때, 자신들의 특별한 형태의 질문을 통해 내담자에게서 어떤 것을 끌어낼 수 있다고 생각하기보다는 내담자 스스로가 새로운 자기 스토리를 만들 수 있는 능력을 가진 사람이라고 보는 관점이 중요하다.

면담과정에서 내담자는 상담자에게 어떤 사건에 관해 이야기하는데, 이러한 이야기는 시간적인 차례에 따라 주제와 구성을 가진다. 즉, 사건은 그것과 연결된 순서와 시간이라는 시간적 차원을 가지며, 구성이나 주제가 있다. 모든 이야기에는 사건, 시간, 구성, 주제라는 네 가지 요소가 존재한다. 또한 이야기 속에는 행동의 조망(landscape of action)과 정체성의 조망(landscape of identity)이 있다. 대부분의 사람은 어떤 사건에서 결론을 내린 것은 자신의 정체성에 관한 것이며, 사건 자체를 이야기하는 것이 아니다(White, 2001). 외재화의 작업은 행동의 조망과 정체성의 조망을 분리함으로써 내담자의 삶에 관한 스토리를 재진술하도록 돕는 것이다.

구성된 새로운 스토리는 [그림 10-1]처럼 그것을 지지하는 환경에 깊숙이 뿌리내릴 때 유지될 수 있다. 따라서 상담자는 내담자가 새로 형성한 정체성을 강화할 수 있는 다양한 방법을 모색한다. 때로는 변화를 인정하는 청중이나 집단을 찾기도 하며, 상담자가 그들이 새로 쓴 스토리를 강화시키기 위해 편지를 보내기도 한다.

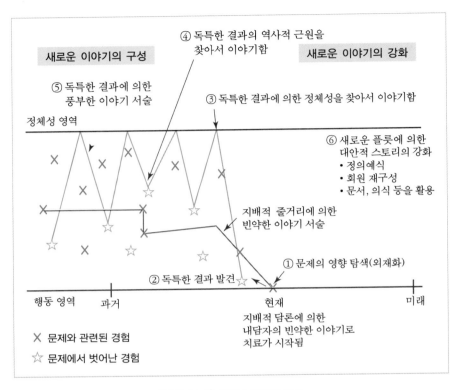

[그림 10-1] 재진술과정의 지도

출처: White 워크숍 자료집(2001)에서 인용 및 수정.

그러나 일반적으로 새로운 스토리를 부각시키기 위해 상담과정에서 발견한 작은 변화에 대해 계속 질문한다. 예를 들어, "지난주 술이 당신을 얼마나 지배했으며, 당신은 술을 얼마나 많이 통제할 수 있었나요?"라고 묻는다.

이와 같은 질문을 통해 내담자는 자신에게 문제를 넘어선 힘이 있다는 사실을 깨닫게 되며, 비관적인 이야기에서 거리를 두고 속박을 덜 당할 수 있다. 그런데 만약 내담자가 아직 비관적인 스토리 속에 머물기를 바라면서 아무것도 진전된 것이 없다고 대답하면 상담자는 내담자에게 '다르게 해 보는 것을 상상할 수 있다면' 등의 질문으로 새로운 스토리를 연결시킬 수도 있다.

상담자는 각 회기 종결부분에서 외재화를 중심으로 아무리 작은 것이라도 독특한 결과를 강조하면서 그 회기의 상담과정을 정리한다.

6) 인증예식

내러티브 모델에서는 중요한 사람을 청중으로 동원하여 내담자의 새로운 이야기를 듣게 하며, 그가 들은 것을 다시 표현함으로써 내담자가 만든 새로운 스토리를 강화해 간다. 진술(telling)과 재진술(retelling), 재진술에 대한 재진술(retelling of retelling)을 통해 스토리는 더욱 풍성해지며 살아 있는 참된 것이 되어서 긍정적인 정체성에 대한 결론을 내리도록 돕는 것이다. 예를 들어, 5명의 가족이 있으면 상담자는 그중 3명과 이야기를 나누며, 나머지 2명은 대화의 청중이 된다. 이번에는 청중이었던 2명의 가족과 이야기를 하면서 조금 전 자신이 무엇을 들었는지 표현하는데, 이것이 재진술이다. 그러고 나서 청중의 입장에서 이야기를 듣고 있던 가족 3명과 다시 이야기를 시작해 그들이 재진술하는 과정을 지켜보며 무엇을 얻었는지 질문하는데, 이것은 재진술에 대한 재진술이다. 이와 같은 진술과 재진술의 과정을 반복하면 내담자의 삶에 대한 묘사는 점점 풍부해진다. 이때 상담자가 관심을 갖고 질문하는 것은 행동의 조망과 정체성의 조망에 관한 것들이다.

때로는 청중으로 가족 이외의 사람을 초청하기도 한다. 집단따돌림을 당해 자존감이 상당히 낮아진 여중생과 어머니의 상담과정에 유사한 경험을 가진 2명의 소녀를 초대하여 상담과정을 지켜보게 하였다. 상담 중반에 들어서면서 이번에는 지금까지의 상담을 지켜본 두 명의 소녀를 중심으로 상담을 진행한다. 예를 들어, 상담자는 2명의 소녀에게 "지금까지 상담하는 걸 봐 왔는데, 두 사람의 주목을 끌었던 것은 무엇인가요?"라는 질문을 한다. 이것은 풍부한 서술로 이끌기 위한 질문이다. 그리고 소녀들이 대답하면, 그것이 어떻게 그들의 관심을 끌었는지에 대한 질문으로 이어가 내담자의 긍정적인 정체성을 강화시킨다. 이런 과정을 진행한 후 다시 여중생과 어머니의 상담으로 되돌아온다. "조금 전 2명의 친구 이야기를 들으면서 자신이 몰랐던 걸 발견할 수 있었나요?"라는 질문을 통해 내담자 스스로가 긍정적인 삶의 결론을 끌어내도록 돕는다. 이것은 상담자가 설득하기보다는 지지하고 동료집단을 사용함으로써 지배적인 스토리를 해체하는 좋은 방법의 예이다.

내러티브 모델에서는 내담자의 변화를 인정하는 다양한 시도를 한다. 앞의 두 소녀의 예처럼 자신은 생존자가 되어 다른 사람을 지지하는 인증자로서 타인의 상담에 초대되기도 한다. 엡스턴은 새로운 스토리를 담은 치료적 편지기법과 새로운 삶의 목표를 추구할 때 도움이 되는 대화확대를 위한 다양한 질문을 개발하였다. 또한 그는 어려움을 해결한 사람들이 어떻게 그 문제를 극복할 수 있었는지에 대한 아이디어를 다른 사람들에게 제공하기 위해 같은 문제를 극복한 내담자의 편지나 동영상을 활용하기도 하였다.

문제에 굴복하지 않고 성취한 부분과 개인의 새로운 스토리에 대한 칭찬을 하기 위해 상담기관에서 작성한 인증서를 주거나 실제 축하파티를 열어 주는 경우도 있다. 어려운 문제를 성공적으로 도전해 결국 문제를 패배시켰다는 개인에 대한 감사의 의식은 개인의 새로운 스토리를 창조하는 데 공헌하는 부분이 크다. 예를 들면, 화이트는 [그림 10-2]와 같은 내용이 담긴 인쇄된 인증서를 내담자에게 수여하기도 하였다.

아동을 위한 증명서의 예:

> ### 야수 조련사와 공포 체포자 증명서
>
> 이 증명서는 _____가 야수 조련사와 공포 체포자의 프로그램을 훌륭히 수행하였으므로 앞으로는 야수 조련사와 공포 체포자로서 완벽한 능력을 가지고 있음을 증명합니다. 그리고 거짓말쟁이 작은 벌레인 다른 친구도 도울 수 있음을 증명합니다.

어른을 위한 증명서의 예:

> ### 죄책감으로부터의 탈출 증명서
>
> _____은 지나친 죄책감이다. 죄책감은 더 이상 자신의 삶의 우선순위가 아니다. 위 사람은 자기 자신을 삶의 우선순위로 선택했음을 인정한다. 이 증명서는 _____을 기억하는 데 도움이 될 것이며, 지금까지 최상의 책임감을 가진 자세로 살아온 삶에는 사임할 것이다. 또한 더 이상 삶의 한 부분만 강조하거나 타인을 자신의 삶에 살도록 허락하면서 상처받는 일은 하지 않을 것이다.

[그림 10-2] 인증서의 예

출처: White & Epston (1990).

제11장

정서중심 모델

1990년대에 들어오면서 정서를 인지의 부산물로 여기던 흐름이 재조명 받으면서 정서에 대한 관심이 높아졌다. 특히 커플상담에서 관계회복을 시도할 때 정서를 적극적으로 다뤘다. 관계를 해결하기보다 정서적인 소통으로 친밀감을 높이면 커플들이 안정된 관계를 유지할 수 있다고 보았다. 이처럼 커플상담에 정서와 정서적인 의사소통을 강조한 접근을 정서중심 모델(Emotionally Focused Couples Therapy: EFT)이라고 불렀다. EFT는 1980년대에 존슨(S. Johnson)이 자신의 개인적 경험을 통해 커플 간 정서의 중요성을 깨닫고 커플에게 의사소통과 협상기술을 가르치는 행동치료를 실시하면서 시작되었다. 그 후 그린버그(L. Greenberg)와 함께 '커플은 안전한 환경에서 서로에게 정서를 표현할 수 있을 때 변화가 일어난다'고 주장하면서 EFT를 개발하였다. EFT는 기존의 여러 상담모델을 상호보완적으로 활용했기 때문에 3세대의 가족상담으로 분류할 수 있다. EFT는 [그림 11-1]에서처럼 친밀한 관계에 대한 성인 애착이론, 사람들의 기능과 변화에 대한 경험주의, 관계를 설명하는 체계이론을 기반으로 한 통합된 모델이다.

　비난하고 회피하는 커플이 만드는 부정적 고리에는 정서와 애착욕구가 내재되어 있다. 남편과의 관계에서 친밀감을 상실했다는 슬픈 감정과 그것으로부터 자신을 보호하고 싶은 아내의 욕구는 커플의 상호작용 방식을 경직시키거나 때로는 분노로 표현된다. 이것은 남편을 더욱 위축시키고 물러나게 만든다. 즉, 아내의 분노의 이면에는 친밀함, 유대감, 사랑을 주고받고 싶은 욕구와 자신의 욕구를 거부하는 남편에 대한 분노와 상처, 관계단절에 대한 슬픔이 있는 것이다. 위축된 남편 역시 분노를 표출하면 관계가 단절될 것 같은 두려움 때문에 자리를 피함으로써 관계를 지키려고 한다. 계속되는 아내의 비난과 분노 앞에서 남편은 자신이 무가치하다는 감정이나 아무것도 할 수 없다는 무력감을 느낀다. 이렇게 보면 남편의 경우에도 위축 이면에는 외로움, 무가치함, 수치심 등의 정서가 존재하는 것이다. EFT는 애착과 관련된 정서반응을 통해 자신의 경험을 처리하는 내적인 면과 커플의 상호작용패턴으로 드러나는 대인관계적인 면을 모두 고려한다. 체계적 패턴, 내적 경험, 자기상이 파트너에게 어떤 자극과 영향을 주는지를 고려하며 경험과 상호작용을 확대해 간다. 정서중심 모델의 목표는 애착과 안전, 신뢰와 접촉 그리

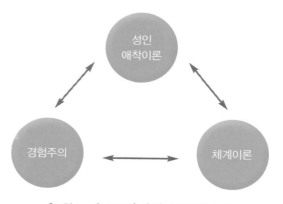

[그림 11-1] EFT의 세 가지 이론적 배경

출처: 박성덕, 이유경(2008).

고 이러한 것을 방해하는 요소에 초점을 두면서 커플이 안정감과 유대감을
가질 수 있도록 돕는 구조화된 단기치료이다.

1. 기본 개념

1) 성인 애착이론

애착은 유아와 부모 관계에서만 중요한 것이 아니라 모든 사람에게 필요한
것이다. 애착관계는 살면서 경험하는 불안이나 취약성을 자연스럽게 해독시
켜 준다. 특히 커플이나 부모 자녀 간의 애착관계는 그들이 성장해 가는 데
적절한 상황을 제공한다. EFT는 성인 애착이론에 뿌리를 두고 있다.

대부분의 사람들은 평소에는 자신의 내면에 존재하는 콤플렉스를 의식하
지 못한 채 생활한다. 그런데 어떤 계기로 콤플렉스가 자극을 받으면 방어적
태도를 보이면서 회피하거나 분노를 표출한다. 사실, 회피와 분노 밑에 존재
하는 슬픔, 수치심, 두려움 등의 감정이 드러나는 것을 막으려고 이러한 부정
적인 정서는 확대된다고 볼 수 있다. 따라서 EFT에서는 내담자의 애착 불안
정을 명확히 밝히고, 박탈감과 상실된 신뢰와 유대감을 건설적으로 처리할
수 있도록 도우려고 한다.

유아기 애착이 부모의 주도로 애착관계를 형성하는 것과 달리, 성인 애착
은 커플들이 서로 주고받는 것을 기대한다. 따라서 성인 애착은 마음속으로
사랑하는 사람에게서 위로와 위안을 얻을 수 있는 표상적 부분을 중요시한
다. 그리고 성적 부분도 중요한 역할을 한다. 그러므로 성인 애착이론은 정서
조절과 타인을 지각하는 방식에 초점을 둔다.

애착에서 변화란 행동반응이 변화되는 수준, 즉 더욱 개방적이고 공감적
으로 변하고, 정서를 조절할 수 있는 것이다. 관계의 변화로 이어지면서 자신

이나 타인에 대한 상이 바뀌고 애착관계에 대한 정보를 통합하는 방식도 달라진다. 이 같은 변화는 여러 수준으로 나타날 수 있다. 상담자는 일반적으로 커플관계가 안전하게 결합되도록 재조직하기 위해서 새로운 애착 반응을 촉진시킨다.

2) 경험주의

사람들은 소속감을 느끼면서 타인으로부터 가치를 인정받고 싶어 하는 사회적 존재이다. 그런데 이 같은 욕구가 제한되거나 부인되면 문제가 발생한다. 그렇기 때문에 상담과정에서 수용과 공감은 경험을 재처리하고 새로운 의미를 부여하는 것이 중요하다. 로저스(C. Rogers)는 내담자의 경험에 대한 공감적 반영이란 그들이 가진 내적 경험의 불안정한 틈을 찾아서 처리해 주고, 내담자의 경험을 정리하고 조직화하는 것이라고 언급했다. EFT에서는 경험을 처리하는 과정이 제한되거나 교착상태에 빠지면 문제가 발생한다고 보았다. 따라서 상담에서는 새로운 경험이나 경험처리 방식을 통해 성장하도록 도왔다.

EFT는 상담과정을 통해 내담자의 경험을 폭넓게 이해하며, 그들이 의식하고 있지 못한 부분을 통합하고, 새로운 의미체계를 만들어 가는 변화과정에 초점을 두고 있다. 내담자들은 자신의 경험에 대해 상담자보다 전문가일 수밖에 없다는 사회구성주의 자세를 가졌다. 따라서 상담자는 과정 자문가이며, 상담은 상담자와 내담자가 협동하여 찾아가는 현재의 과정으로 이해한다.

경험주의에서도 사람들의 정서를 중시하여 상담과정에서 현재의 경험을 조직하거나 타인에게 반응하는 방식을 변경하도록 도왔다. 즉, 내담자가 경험을 구별하여 분류하며, 기대와 반응을 조직할 수 있도록 도와준 것이다. 이 같은 과정을 통해 감정의 틀이 새로운 경험을 하면서 재구조화된다고 보았다.

통찰력이나 정서의 정화를 습득하는 것만으로는 변화를 기대할 수 없기 때문에 경험의 처리과정을 확대하거나 강력한 교정적 정서를 경험하도록 함으로써 변화를 추구하였다. 이처럼 변화는 정서적으로 경험하고 표현하거나 정서 경험을 개인이 중요한 경험으로 조직하는 방식과 그것을 타인과 의사소통하는 방식을 바꿀 때 가능하다.

3) 체계이론

체계를 구성하는 각 요소는 서로 견고한 관계를 유지하며, 예측 가능하고 구조화된 방식으로 일관성 있게 상호작용하는 속성이 있다. 따라서 체계이론은 현재의 상호작용과 개인행동을 유발하고 경직시키는 상호작용의 영향력에 초점을 둔다. 그리고 치료적 개입은 문제가 되거나 증상으로 나타나는 행동을 포함하여 반복적인 상호작용 고리를 중단시키는 것이다(Minuchin, 2012). EFT는 상호작용의 패턴을 변화시키는 체계이론을 토대로 하기 때문에 먼저 전체적인 맥락에서 파악하여 관계적 요소들이 어떻게 상호작용하는지를 살펴본다. 즉, 변화를 위해서 상담자는 체계를 구성하는 요소들이 상호작용하는 방식의 변화에 초점을 두기 때문에 구성원 자체에는 집중하지 않는다.

순환적 인식론은 단순히 하나의 행동이 다른 행동의 원인이라 할 수 없다. 따라서 각자의 행동은 순환적인 고리를 형성하여 비난자가 위축된 파트너의 행동을 불평하면, 위축자는 비난자의 불평에 반응하여 더욱 위축된다는 것이다. 이처럼 내적 동기나 의도보다는 타인에 대한 각자의 행동에 초점을 맞춘다. 내용보다는 행동에 포함된 의사소통적인 부분, 표현되는 방식에 따라서 나타나는 명령과 관계의 요소를 강조한다. 그러므로 상담자가 친밀감과 소원함, 자율성과 통제라는 상반된 용어를 활용하여 커플이 서로의 상호작용에 집중할 수 있도록 해 준다. 상담자는 궁극적으로 지금까지 지속된 커플의 부정적이고 고정된 상호작용 고리를 변화시키려고 노력한다.

구조적이고 체계적인 개입의 목표는 상호작용을 재조직하여 관계 속에서 개인을 성장시키는 데 있으며, 이것은 커플이 변화된 관계와 욕구에 효과적으로 적응하는 데 도움이 된다. 즉, 소속감이나 자율성을 지지하고 접촉을 늘릴 수 있는 체계를 만들어 서로의 차이와 욕구를 수용하게 만든다.

2. 상담기법

EFT에서는 결혼생활에 미치는 원가족의 영향을 중요시하지 않으며 커플들에게 의사소통 기술도 가르치지 않는다. 이들은 소위 1세대의 상담자들이 사용한 역설과 문제 처방을 하는 전략적 접근이나 결혼과 관계에 대한 비현실적인 기대와 믿음을 바꾸려고도 노력하지 않았다. 존슨은 스스로를 과정 자문가이고, 관계상의 춤을 재조직하도록 돕는 안무가로 소개할 정도로 상담자의 협력적 역할을 강조하였다. EFT가 관계의 방향을 알려 주는 전문가가 아니라, 커플의 뒤에서 좇아가면서 필요할 때 도와주는 협력자라는 점을 강조한 것이다. 즉, EFT는 궁극적으로 커플에게 새로운 방식을 실험할 기회를 제공하여 그들이 만들고 싶어 하는 관계방식을 선택하도록 돕는 데 있다.

이를 위해 그들이 사용하는 기법과 과정은 다음과 같다.

1) 상담과정

EFT는 상담과정이 9단계로 나뉘어 진행되는 단기치료이다. 1, 2단계에서는 커플이 상대 파트너에게 보이고 있는 부정적인 반응을 볼 수 있도록 도와주어 개인의 내적 경험을 깨닫고 커플 간의 갈등과 거리감을 일으키는 부정적인 고리를 이해하게 한다.

　1단계를 통해서 커플은 상담자가 자신을 도와줄 수 있다고 생각하며, 이해받고 있다는 감정과 희망을 갖게 된다.

　2단계에서 상담자는 커플의 이야기가 밝혀지면서 커플 간의 관계를 통해 개인이 어떤 경험을 하고 있는지를 알아보며, 커플이 상호작용하는 과정을 자세히 살펴본다. 그 과정에서 부정적인 고리는 무관심이나 철회에 대한 항의와 애착 불안정에서 비롯된 것으로 본다. 다시 말하면, 충족되지 못한 애착 욕구와 애착 두려움으로 이해한다. 따라서 안전한 애착 형성과 커플 간의 정서적인 교류를 방해하는 요소를 살핀다.

　3단계에서는 커플이 서로에게 행동하게 만드는 상호작용 과정에서 인식하지 못하고 있는 정서에 접근한다.

　4단계에서는 문제를 부정적 고리, 숨겨진 정서, 애착 욕구로 재구성한다. 또한 애착 욕구를 사용하여 커플 간의 문제에 대한 관점을 확대시킨다.

　5단계에서는 주로 정신 내적인 문제를 다루며, 상담자는 커플이 애착 욕구와 두려움을 서로 표현할 수 있게 도와줘야 한다.

　6단계에서는 상대 파트너가 정서적으로 새로운 경험을 하고, 상담자는 커플의 상대 파트너에 대한 시각과 반응을 확대시켜 나간다. 결국 커플의 신뢰와 안정적 결합을 형성할 수 있는 토대를 마련하는 과정을 위해 보다 개인에게 집중하여 진행된다.

　7단계에서는 새롭게 경험되고 표현된 정서를 이용하여 상호작용 태도를 변화시키고 상호작용을 재조직해 간다. 현재 그들에게 일어나는 정서 경험에 접근하여 안전감과 유대감을 바라는 욕구를 명확하게 표현하는 것을 시도한다. 이를 위해 파트너를 향하여 애착적인 의미를 명백히 밝히는 것이 중요하다. 상대가 자신에게 중요한 사람이고, 누구도 대신할 수 없는 사람이라는 의미를 전달하면, 강력하고 즉각적인 효과를 거둘 수 있다.

　8단계에서는 안정과 신뢰가 회복되어 동반자적 관계를 회복하면 커플 간의 문제를 적극적으로 탐색하도록 한다. 이것은 관계에 대한 시각이 변하면 문제의 본질과 의미를 변화할 수 있기 때문이다. 따라서 관계 문제를 해결하기 위한 새로운 기회를 제공한다.

9단계에서는 커플이 일상생활에서 안정적인 패턴을 통합하는 것에 초점을 맞춘다. 즉, 현재의 정서적 교류를 유지하도록 커플에게 서로 의미 있는 것을 주기적으로 반복하도록 한다. 이 같은 동반활동으로는 헤어지고 만날 때 키스하기, 편지 쓰고 메모 남기기, 종교적 의식에 참여하기, 함께 독서하기 등등이 있는데 이를 통해 지속적으로 변화를 기억해 가도록 한다. EFT에서는 이것을 애착의식이라고 부른다.

2) 치료적 동맹의 형성과 유지

상담자는 무비판적인 태도를 유지하면서 커플의 상호작용 체계를 파악하여 그것에 합류하는 것이 중요하다. 공감적이고 진실성 있게, 파트너의 경험을 존중하면서 커플과 치료적인 관계를 맺는다. 커플은 각자 부족하거나 결함이 있는 존재로 보기보다는 변화가 가능하고 성장 잠재력이 있다고 보았다. 여기서는 인본주의 철학을 바탕으로 공감적 조율(empathic attunement), 수용, 진실성의 기술을 활용한다.

공감적 조율이란 내담자의 비언어적 메시지와 신체적 단서가 되는 행동이나 반응, 그것들이 의미하고 있는 정서에 초점을 두는 것이다. 즉, 상담자는 내담자가 언급한 내용보다는 지금의 관계에서 무엇을 원하며 경험한 것의 핵심이 무엇인가에 초점을 맞추는 것이다. 내담자에게 공감적 조율의 메시지가 전달되면 내담자는 안도, 위로, 안전을 느끼면서 자신을 더 개방하게 된다. 상담자는 내담자에게서 받은 감동을 나누거나 자신의 실수를 인정함으로써 필요하다면 내담자가 상담자의 해석을 교정하는 것까지 허용한다. 이런 과정을 통해 상담자는 내담자와 인간적으로 진실한 만남을 가질 수 있다.

3) 정서 경험에 접근하여 재구조하기

정서는 인간의 기본 관심사나 욕구가 상황에 적절한가를 자동적으로 평가함으로써 야기되는 행동화 경향이다. 이는 과거 경험과 관련된 생득적 · 정서적 욕구, 환경에 대한 현재 자각 양상, 대인관계 결과의 예측을 모두 통합하는 높은 수준의 정보처리 체계이다. 그러므로 서로의 정서에 다가가게 되면 상대 파트너의 행동을 이해하고 새로운 의미를 갖게 되고, 의식수준에서 인식하지 못한 내재된 정서나 경험을 만나게 된다. 이때 상담자는 변화를 위해 내담자에게 다른 반응을 제시하거나 가르쳐서는 안 된다. 오히려 파트너의 분노나 조용한 침 등의 강한 부정적 반응을 탐구할 수 있도록 인정해 주거나 도와주는 것이 필요하다.

정서는 호불호를 먼저 평가하고 그것에 반응하도록 신체가 각성하면서 자극에 대한 초기 평가를 재평가하여 마지막으로 자극에 반응하는 과정을 거친다. 또한 정서는 현재 상황에 나타나는 직접적인 반응인 일차 정서와 직접적인 반응을 극복하려는 시도나 일차 정서에 대한 반발로 나오는 부수적인 반응인 이차 정서로 나뉜다.

커플의 정서 경험을 추적하고 반응하면서 커플의 정서과정을 좇아간다. 상담자가 적절하게 반영하여 치료적 동맹을 맺으면 상호작용 이면에 있는 정서 반응을 구체화하는 데 도움이 된다. 이때 상담자는 커플이 경험하는 두 수준의 정서 경험, 즉 이차 정서에 초점을 기울이는 것과 내재된 감정인 일차 정서를 강조하는 것에 초점을 두어야 한다.

상담자의 인정하는 자세는 치료적 동맹을 촉진하고, 앞으로 나아갈 내담자의 내적 경험을 더 깊게 탐색할 수 있도록 해 준다. 상담자의 지속적인 인정을 통해 내담자는 자신이 경험하고 있는 경험을 타당한 것으로 바라보게 되고, 이런 과정을 통해 자신의 감정을 수용할 수 있게 된다.

커플 관계에 대한 대화를 나눌 때, 커플의 정서 경험을 확대하기 위한 비언어적 정서표현, 신체단서, 새로운 경험에 대한 정서를 탐색하도록 상담자는 '~할 때 당신은 어떤 느낌이 드나요?'라는 환기적 반응에 대한 질문을 자주 활용한다. 이것은 모호하고 불확실한 정서를 명확하게 하여 정서 경험을 탐색하고 개입하는 데 도움이 된다. 이를 통해 배경으로 물러나 있던 특정 반응을 부각시키면서 경험과 상호작용을 재구조화한다. 이를 위해 내담자가 자신의 정서 경험을 보다 쉽게 하도록 RISSSC의 기법을 사용한다.

RISSSC는 정서 경험을 보다 잘 하기 위해서 상담자들이 사용하는 기술의 약자이다. 의도적으로 중요한 단어와 문장을 여러 차례 반복함(Repeat)으로써, 내담자가 자신의 감정 경험에 개입할 수 있도록 한다. 추상적인 단어로는 표현이 불가능한 감정을 포착하고 그것을 유지시키기 위해 이미지(Image)를 이용하거나 단순한(Simple) 문장으로 내담자에게 반응한다. 때로는 내담자가 감정을 더 쉽게 경험할 수 있도록 회기의 진행 속도나 말의 속도를 천천히(Slow)하거나 부드러운(Soft) 목소리로 대화를 이끌어 간다. 그리고 내담자가 언급한 언어(Client's words)를 그대로 사용하여 내담자로 하여금 인정받고 있다는 감정을 느낄 수 있도록 노력한다.

4) 상호작용의 재구조화

EFT모델은 변화란 단순히 새로운 정서 경험만으로 야기되는 것이 아니라 새로운 정서 경험을 통한 새로운 상호작용을 통해 이루어진다고 보았으며, 기본적인 재구성은 각 파트너가 경험하는 주관적인 고통을 커플이 같이 만들어 내는 부정적인 상호작용 고리로 규정한다. 그리고 이러한 고리의 맥락에서 각 파트너의 행동을 재구성한다. 커플의 부정적 상호작용 고리 이면에는 유기 불안이나 연결에 대한 갈망과 같은 일차 정서가 있는데, 이것이 건드려지면 표면적으로 화, 비난과 같은 이차 정서가 일어난다고 보았다.

상담자는 커플의 상호작용의 순차적 흐름에 주목하고 행동을 관찰하면서 커플의 반응 패턴을 추적하고, 서로가 보이는 반응 패턴을 커플에게 다시 반영해 준다. 이런 과정을 통해 상담자는 커플 상호작용은 반복적으로 나타나는 것임을 알려 준다. 때로는 이러한 고리를 외재화함으로써 커플의 기본적인 반응 패턴과 태도를 보다 명확히 깨달을 수 있도록 돕는다.

　상호작용의 재구성을 통해 커플 모두를 힘들게 하는 '부정적인 상호작용'이라는 공공의 적에 대항하여 함께 참여할 수 있는 맥락을 만들어 준다.

　상담자는 특정 방식으로 한 파트너가 상대에게 반응하도록 요구한다. 이때 새로운 감정 경험을 표현하도록 격려하거나 자신의 욕구와 소망을 직접 표현하도록 지지한다. 이러한 재연을 통해 커플은 서로 대화할 수 있는 기회를 갖는다. 이때 상담자의 융통성이 필요하다. 커플이 자신들의 새로운 경험과 파트너에게 보이는 새로운 행동과 반응에 직면하게 될 때, 상담자는 각 파트너에게 반응하고 조화를 이룰 수 있도록 과정중심적 개입을 한다.

제3부

가족상담의 실제

가족상담의 임상활동은 가족을 대상으로 하고 있다. 그런데 지금까지 많은 심리치료는 대부분 개인을 대상으로 한 임상을 그 기본적인 틀로 보고 있기 때문에 기존의 상담기법으로 가족을 만날 때는 어려움을 경험하게 된다. 개인상담을 실시한 경험이 있는 상담자라고 할지라도 복수의 인물을 상담의 단위로 고려해야 하는 가족상담의 할 경우에는 누구와, 무엇을, 어떻게 시작할 것인지에 대한 주저함을 보이는 것이 일반적이다.

효과적인 가족상담은 분위기와 템포를 고려해 가면서 복잡한 스텝을 밟는 댄스와 비슷하다고 생각한다. 상담자의 자기성찰, 공감능력, 내담자의 가치를 존중하고 이해하는 것은 댄스에서 안정적인 분위기에 해당한다고 생각된다. 상담자와 내담자 사이에 신뢰관계가 형성되면 호소문제를 둘러싼 여러 가지 정보를 수집하고 평가하면서 개념화한다. 개념화를 통해서 상담목표와 개입방법이 정해지면 복잡한 스텝을 밟으면서 댄스를 추는 것처럼 상담과정에서도 언어적 · 비언어적 의사소통을 하면서 치료적 개입을 한다. 그리고 시간이 지나면 내담자와의 활동은 마무리를 해야 한다. 춤을 춰 보지 않은 사람들은 좀처럼 한발을 내딛기 어려운 것처럼 상담자들도 이런 과정을 머릿속으로 그리면서도 임상현장에서 머뭇거리는 경우가 많다. 여기서는 가족상담을 진행할 때 습득해야 하는 기술들과 실제로 진행할 때 고민하게 되는 다양한 문제를 언급하려고 한다.

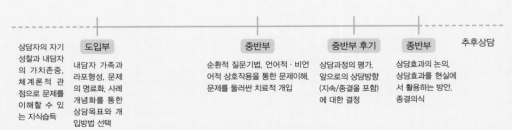

[상담과정에서 다루어야 할 부분]

제12장

가족평가

임상현장에서 만나는 내담자는 한 개인이건 가족이건 간에 어떤 문제를 가지고 있으며 그것에 대한 도움을 얻고자 상담자에게 온다. 따라서 치료적인 접근을 하려면 먼저 문제를 이해해야 한다. 그런데 둘 이상의 구성원의 특성을 파악하여 가족 단위로 종합하여 평가하는 것은 복잡한 작업이다. 또한 가족은 끊임없이 외부체계의 상호작용을 하며, 학교나 친구와 같은 가족 이외의 관계에서도 영향을 받는다. 가족은 다른 집단과는 달리 개인적인 요인, 시공간에 걸친 역사, 외부 사회체계와의 상호작용 같은 다양한 부분과 연결되어 있어서 이러한 요소들에 대해 통합적인 평가가 이루어져야 한다. 이처럼 '가족의 복잡성을 어떻게 포착하느냐'의 문제가 가족평가에서 가장 큰 어려움이다.

또 다른 고민은 무엇을 위해 평가를 하는가에 대한 것이다. 가족이 문제를 가지고 있는 경우, 문제해결에 대한 각 가족들의 동기나 강점 및 자원 등도 평가할 수 있다. 물론 상담계획을 설정하기 위해 가족의 역동과 이들 간의 상호작용을 파악하기 위해 자료를 수집하고, 평가하기도 한다. 그리고 이를 통해 가족구조와 관계유형, 가족과 외부체계의 상호작용 등을 파악할 수 있는 이점도 있다. 그러나 상담을 촉진하기 위해 내담자와 가족관계에 초점을 둘 것인가, 아니면 가족체계적 관점에서 '전체로서의 가족'이라는 치료단위를 전제로 한 기준에 의해 가족에 관한 정보나 견해를 재구성하기 위한 평가를 할 것인지에 대한 판단이 필요하다.

가족평가는 가족을 변별하기 위해서보다는 가족에게 어떤 형태의 상담이 바람직한가를 결정짓는 도구로 사용하는 것이 바람직하다. 가족평가는 상담 방향을 결정하기 위한 과정인 동시에 상담의 실제적인 과정으로 이해하는 것이 바람직하다. 다시 말하면, 가족평가는 가족에 대한 정보와 가족 간의 기능에 대한 정보를 얻기 위해 상담자가 설계한 연속적인 행위이다. 가족평가가 치료적 의미를 가지는지의 여부는 상담 전체의 맥락에서 논의될 문제로, 상담자가 추구하는 방향과 방법에 따라 위치가 달라질 수 있다. 그러나 상담자는 평가 그 자체를 치료적 개입이라고 생각하는 자세가 중요하다. 즉, 평가는 치료적 개입과 가족 진단이라는 두 가지 목적에 모두 사용할 수 있어야 한다.

가족평가는 접근방식에 따라 주관적 평가와 객관적 평가, 또는 양적 평가와 질적 평가로 나누기도 한다. 상담자의 관찰이나 면접기록 등은 객관적이면서 질적 자료를 확보할 수 있는 평가방식이며, 가족 구성원의 지각을 주로 반영한 주관적 평가도 중요한 자료가 된다. 양적 평가는 척도나 체크리스트 등 계량화된 평가방식을 의미하며, 질적 평가는 면접과 관찰 등을 포함한다.

표 12-1   가족평가의 접근방식과 유형

	주관적 평가	객관적 평가
양적 평가	체크리스트, 설문지, 척도 등	생활조사, 연구문헌 등
질적 평가	관찰, 면접 등	가계도, 가족화, 평가도구 등

출처: 김유숙, 전영주, 김요완(2017).

상담자는 내담자와 처음 만났을 때, 일상적으로 나누는 사소한 대화부터 평가를 시작하는 것이 바람직하다. 가족상담의 경우에는 이러한 과정을 통해 가족들이 서로 어떻게 기능하는지 파악할 수 있는 중요한 정보를 얻을 수 있다. 상담자는 다양한 정보를 파악할 때 가족에게 반드시 가족체계이론을 이해시키려고 노력할 필요는 없다. 그보다는 가족을 이해하는 상담자가 가족을 체계로 보고 있는지가 중요하다. 상담에 임하는 초기단계에서 가족들은 종종 자신들이 경험한 정리되지 않은 감정 때문에 현재 자신들에게 어떤 문제가 있으며, 무엇을 원하는지를 잘 모르는 경우가 있다. 이때 상담자는 가족기능의 개념이나 방법을 가지고 가족을 평가하면 도움이 된다. 여기서는 가족상담이라는 상황에서 유용하게 사용하는 도구인 질문지를 통한 양적 평가와 가계도와 평가도구나 놀이를 활용한 질적 평가를 소개하려 한다.

1. 양적 평가

가족상담을 진행하기에 앞서 가족에게 자기보고식의 질문지로 자신의 가족을 평가하는 경우도 있다. 임상에서 사용되는 질문지의 대부분은 상담자들이 자신이 만난 가족의 문제를 유형화하거나 평가하기 위해서 개발된 것이다. 상담과정에 자기보고식 질문지를 사용하면 다음과 같은 이점이 있다.

첫째, 어떤 가족에게 다른 가족의 걱정이 무엇인지에 대해 체계적으로 이해시킬 수 있는 기회를 제공한다.

둘째, 가족 각자에게 자기노출을 할 수 있는 기회를 제공한다. 사람들은 그들이 걱정하는 특정한 또는 잠재적인 문제에 대해 언어로 표현하는 것보다 질문지로 답하는 것에 부담을 덜 느낀다. 예를 들어, 어떤 부부는 부부문제에 대한 각자의 설문지 결과를 나누면서 자신에게 해당되는 문제에 대해 비교적 긍정적인 평가를 했다는 것을 알 수도 있다. 이처럼 자신들이 어떤 문제에 대해 편향된 지각을 한다는 통찰은 그 자체만으로도 치료적 효과가 있다.

현재 가족상담 분야에서 자주 사용되는 질문지법의 평가도구는 다양하지만, 일반적으로 활용되는 평가도구로는 맥매스터 모델(McMaster model, Epstein, Bishop, & Levin, 1978), 응집력과 적응성 측정 척도(Family Cohesion and Adaptability Evaluation Scales: FACES) 라는 순환모델의 질문지(Olson et al., 1979), 비버어즈 모델(Beavers model, Beavers, 1981)을 들 수 있다(김유숙 외, 2017). 여기서는 가족 전체의 기능을 파악하는 맥매스터 모델과 순환모델인 FACES를 소개한다. 임상현장에서는 그 밖에도 많은 객관적인 도구를 사용하는데, 상담자는 각 도구의 특성을 파악해 내담자의 상황에 알맞은 것을 선택하는 지혜가 필요하다. 가족상담에서 평가도구를 선택할 때는 개인의 가족역할, 집단으로서의 가족, 가족의 상호작용을 고려하는 것이 바람직하다.

1) 맥매스터 모델

캐나다의 맥매스터 대학교 정신과에 있던 엡스타인(N. Epstein) 등에 의해 개발된 맥매스터 모델(McMaster model)은 가족기능을 문제해결, 의사소통, 역할, 정서적 반응성, 정서적 관여, 행동통제, 가족의 일반적 기능 차원의 일곱 가지 측면에서 파악하였다(Epstein et al., 1982). 원 도구에서는 53문항이지만 한국의 문화적 특성을 고려해 〈표 12-2〉에 제시된 수정된 단축형(정수경, 1993)이 주로 사용된다.

표 12-2 맥매스터 가족기능 척도

매우 그렇다	그렇다	그렇지 않다	전혀 그렇지 않다
1	2	3	4

※ 다음은 귀하의 가족을 나타낸 질문입니다. 해당되는 곳에 표시하십시오.

우리 가족은
1. 서로를 잘 이해하지 못하기 때문에 우리가 해야 할 일을 계획하지 못한다.
2. 누군가가 기분이 나쁘면 왜 그런지를 안다.
3. 위기가 닥치면 서로에게 도와 달라고 부탁할 수가 있다.
4. 갑자기 큰일을 맞게 되면 어떻게 할 바를 모른다.
5. 서로에 대한 애정표현을 하지 않으려고 한다.
6. 슬픈 일이 있어도 서로에게 그런 얘기를 하지 않는다.
7. 자신에게 중요한 일일 때만 서로에게 관심을 가진다.
8. 집에서 할 일이 충분히 나누어져 있지 않다.
9. 규칙을 어겨도 그냥 지나간다.
10. 빗대어 말하기보다는 직접 솔직하게 얘기한다.
11. 감정적으로 반응하지 않는 식구들이 있다.
12. 우리가 두려워하는 일이나 걱정에 대해 얘기하기를 꺼린다.
13. 각자의 역할을 다하지 못한다.
14. 가족의 문제를 해결하려고 애쓴 후에 그것이 잘 되었는지 아닌지에 대해 얘기하곤 한다.
15. 지나치게 자기중심적이다.
16. 서로에게 감정을 표현할 수가 있다.
17. 화장실을 사용하는 방식이 정해져 있지 않다.
18. 서로에 대한 사랑을 표현하지 않는다.
19. 우리에게 관계 있는 일에만 서로 관여하게 된다.
20. 가족들이 개인적인 관심사를 알아볼 시간이 별로 없다.
21. 개인적으로 얻는 것이 있다고 생각할 때 서로에게 관심을 보인다.
22. (나쁜) 감정문제가 나타나면 거의 풀고 지나간다.
23. 다정다감한 편은 아니다.
24. 어떤 이득이 있을 때만 서로에게 관심을 보인다.
25. 서로에게 솔직하다.
26. 어떤 규칙이나 기준을 고집하지 않는다.
27. 어떤 일을 부탁하고 나서 나중에 다시 일러 줘야 한다.
28. 집에서 지켜야 할 약속들을 어기면 어떻게 되는지 잘 모른다.
29. 함께 있으면 잘 지내지 못한다.
30. 가족으로서 각자가 해야 할 일에 대해 불만을 가지고 있다.
31. 좋은 의도이지만 서로의 생활에 너무 많이 개입한다.
32. 서로를 믿는다.
33. 누가 해 놓은 일이 마음에 들지 않으면 그 사람에게 말한다.
34. 문제를 해결하려고 할 때 여러 가지 방법을 생각해 본다.

출처: 정수경(1993).

(1) 문제해결: 문항 14, 22, 34

문제해결은 가족이 효과적인 가족기능을 유지하면서 가족문제를 해결하는 능력이다. 대부분의 가족은 유사한 범위에서 통합과 기능에 어려움이 있다. 다만 효과적인 가족은 문제를 해결하고, 효과적이지 못한 가족은 문제에 잘 대처하지 못하는 차이가 있을 뿐이다. 따라서 문제를 해결하는 데 어려움이 있는 가족은 비효과적으로 기능하는 가족이라고 할 수 있다. 그러므로 일반적으로 가족에게 해결되지 않은 문제가 적을수록 그 가족은 건강한 가족이다.

(2) 의사소통: 문항 2, 10, 25, 33

의사소통 기능이란, 가족 내에서 정보가 어떻게 교환되는가 하는 것으로, 이 척도에서는 언어적인 것에 국한하였다. 실제의 의사소통에서는 목소리 억양, 얼굴 표정, 시선, 신체언어 등 비언어적 의사소통이 중요한 부분을 차지하는데, 맥매스터 모델에서는 그 부분이 배제되었다는 한계가 있다. 의사소통을 결정하는 중요한 요소는 의사소통을 하는 사람이 의견을 얼마나 솔직하고 명료하게 전하는가, 의사소통의 양은 충분한가, 의견을 전달하려는 사람이 존재하는가, 마음이 열려 있는가 등이다.

(3) 가족의 역할: 문항 8, 13, 20, 27, 30

가족의 역할이란 개인이 가족기능을 충족시키기 위해 반복적으로 하는 행동유형이다. 과제를 달성하기 위해서 역할이 적절하게 분배되어야 하며 가족은 분배된 역할을 실행하는 것이 필요하다. 가족 간에 역할분담이 적절히 이루어지지 못하거나 이미 과중한 부담을 가진 가족들에게 또다시 어떤 역할이 부과될 때 어려움을 겪는다. 건강한 가족일수록 가족기능이 각 가족을 충족시킬 수 있으며 역할분담과 책임도 명백하다.

가족의 역할은 가족이 건강하게 기능하기 위한 필수적 기능과 그 밖의 가족기능으로 구별한다. 필수적 기능이란 물질적인 자원을 마련하는 것, 가족을 양육하고 격려하는 것, 배우자끼리 성적으로 만족하는 것, 생활하기 위한 기본적인 기술을 획득해 가족을 유지하는 것이다. 그 밖의 가족기능이란 특정 가족에게만 기능하는 것이다. 예를 들어, 가족 중 한 명을 이상화하거나 반대로 희생양으로 만드는 것이다. 이처럼 가족이 가진 특별한 역할은 개인이나 가족병리를 반영하는 경우가 있으므로 상담자가 가족을 이해하는 데 도움이 된다.

(4) 정서적 반응성: 문항 5, 11, 18, 23

정서적 반응성은 주어진 자극에 따라 적절한 내용과 적절한 양의 감정으로 반응할 수 있는 능력을 의미한다. 내용 면에서 다음과 같은 두 가지 질문을 할 수 있다.

- 가족이 일상적인 정서생활에서 다양한 느낌을 경험하거나 반응하는가?
- 경험된 정서는 상황적 맥락에서 자극에 부합하는가?

효과적인 정서생활을 하는 가족의 경우 질적 또는 양적인 면에서 모두 적절한 정서적 경험을 할 수 있는 가능성이 있다. 의사소통의 차원은 가족이 경험하는 감정을 어떻게 전달하는가를 다룬 것이라면, 정서적 반응성이란 가족이 정서를 경험하는 것과 관련이 있다. 정서는 애정, 안정감, 즐거움 등의 안전감과 두려움, 비애, 분노, 우울과 같은 위기감으로 구분된다. 적절한 수준의 정서적 반응이 무엇인지, 그리고 어떻게 정서를 표현하는지는 문화적인 특성에 따라 다르다.

건강한 가족은 적절한 강도와 지속성을 가지고 다양한 정서반응을 할 수 있는 능력을 가진다. 반대로 역기능적인 가족은 반응하는 정서의 범주가 극도로 한정되어 있거나 반응의 질이나 양적인 면에서 부적절하다.

(5) 정서적 관여: 문항 7, 15, 19, 21, 24, 31

정서적 관여란 가족 서로에 대한 관심이나 배려의 양과 질의 문제로 가족 전체가 가족들의 흥미, 활동, 가치관에 얼마나 관심을 보이는가를 의미한다. 맥매스터 모델에서는 정서적으로 서로 관여하는 정도를 다음의 다섯 가지로 분류하였다.

첫째, 서로 전혀 관여하지 않는 수준으로 가족은 서로에게 소원하거나 무관심해 가족은 서로 충족되지 못한다.

둘째, 감정이 배제된 관여로 가족들이 서로 관여하는 것은 의무감이나 다른 가족을 통제하거나 단순한 호기심이 있을 때만 일어난다.

셋째, 자기도취적 관여로 다른 사람에 대한 관여가 주로 자기중심적일 때 일어난다. 즉, 어떤 가족이 다른 사람의 일을 진심으로 걱정하거나 보살피는 마음에서보다는 자기 자신의 존재가치를 유지하기 위해 다른 가족과 관여하는 것이다.

넷째, 공감적 관여로 이것은 어떤 문제에 관여할 때 가족 구성원에게 무엇이 필요한가를 진정으로 이해하고 그 사람에게 관여하는 바람직한 관계이다.

다섯째, 공생적 관여로 가족이 지나치게 관여한 나머지 개인의 발달에 장애를 초래할 위험이 있다.

가족이 건강한지의 여부를 판단하기 위해서는 정서적 관여 형태를 보아야 한다. 양 극단에 위치한 관여의 결핍이나 공생적 관여의 형태가 가장 효과적이지 않은 관여의 형태이다.

(6) 행동통제: 문항 4, 9, 17, 26, 28

행동통제는 지금 상태를 유지하거나 어떤 새로운 상황에 적응하기 위해 다른 가족들에게 영향을 주는 것과 관련이 있다. 이 과정에서 가족 구성원의 행동을 통제할 필요가 생기기도 한다.

맥매스터 모델에서는 행동통제를 다음의 네 가지 유형으로 분류하였다.

첫째, 경직된 통제는 어떤 통제가 행해지는지를 예측하기는 쉬우나, 건설적이지 못하고 적응력도 낮다. 이것은 일상생활이나 역할을 현재상태로 유지하는 데는 도움이 되지만, 어떤 가족이 새로운 발달과제에 직면해 변화가 필요할 경우에는 바람직하지 않다.

둘째, 유연한 통제는 예측 가능하며 건설적이고 환경변화에 적절하게 적응할 수 있다. 다소 지지적이며 교육적인 성격을 가지기 때문에 가족이 그들의 이상이나 규칙을 함께 공유하기 쉽다. 따라서 과제 달성이 용이하다.

셋째, 방임적 통제는 어느 정도 예측이 가능하지만 건설적이지 않다. 어떤 일을 준비하거나 실행하는 것에 어려움이 있고 우유부단하여 의사소통과 역할분담에 문제가 생긴다. 이러한 무질서한 가족 속에서 자란 아동은 정서적으로 불안정하며 다른 사람의 주의를 집중시키려 하거나 충동을 억제하거나 통제하는 힘이 약하다.

넷째, 혼돈된 통제는 예측할 수 없으며 건설적이지 못하다. 때로는 엄격하게 통제하기도 하고 또는 자유방임적이므로 그다음에 어떤 것이 일어날지 예측할 수 없다. 사건의 변화는 가족을 둘러싼 상황이나 필요에 의해서가 아니라 어떤 가족의 기분이나 감정에 의해 일어나는 경우가 많다.

(7) 가족의 일반적 기능: 문항 1, 3, 6, 12, 16, 29, 32
가족의 정신건강 및 병리적인 면을 종합적으로 측정하는 것이다.

2) 순환모델(FACES)

이 도구에서는 문헌연구 결과, 응집력과 적응력이라는 가족행동이 가족을 유지하는 데 기본적이라는 것을 밝혀냈다(Olson et al., 1989). 올슨(D. Olson) 등은 〈표 12-3〉과 같은 가족 응집력과 적응성 측정 척도(Family Cohesion and Adaptability Evaluation Scales: FACES)라는 순환모델의 질문지를 개발하였다.

표 12-3 가족 응집력과 적응성 측정 척도

※ 다음은 귀하의 가족을 나타낸 질문입니다. 해당되는 곳에 표시하십시오.

전혀 그렇지 않다	다소 그렇지 않다	그저 그렇다	다소 그런 편이다	정말 그렇다
1	2	3	4	5

1. 우리 가족은 서로 돕는다.
2. 우리 가족은 누구나 쉽게 자기 생각을 가족들에게 이야기한다.
3. 고민이나 비밀이 있으면 가족이 아닌 사람과 이야기하거나 의논하는 편이다.
4. 집안의 중요한 일을 결정할 때는 모든 가족이 참여한다.
5. 우리 가족은 집에 오면 그날 있었던 일을 서로에게 이야기한다.
6. 우리 형제들은 부모님의 교육이나 생활지도 방법에 대해 우리들이 생각하는 것을 말씀드리곤 한다.
7. 집안에 일이 생기면 우리 가족은 함께 일을 처리한다.
8. 문제가 생기면 우리 가족은 함께 의논하고 의논을 통해 만족스러운 해결책을 찾으려고 한다.
9. 우리 가족은 멋대로 행동하는 경향이 있다.
10. 우리 가족은 순서를 정해서 집안일을 한다.
11. 우리 가족은 각자의 친구를 좋은 친구로 인정한다.
12. 우리 집의 규칙은 상황에 맞게 조절된다고 본다.
13. 우리 가족은 자신의 일을 결정하기 전에 가족들과 먼저 상의하는 편이다.
14. 우리 가족은 하고 싶은 말이 있으면 스스럼없이 이야기하는 편이다.
15. 우리 가족은 집안을 위해서 무엇을 해야 할지를 모르는 것 같다.
16. 우리 부모님은 우리 형제들의 의견을 존중해 주시는 편이다.
17. 나는 부모님과 형제들에 대해 깊은 애정과 친밀감을 느낀다.
18. 우리 부모님은 상이나 벌을 공정하게 주시는 편이다.
19. 가족이 아닌 사람에게서 더 깊은 친밀감과 편안함을 느낀다.
20. 우리 가족은 문제나 고민거리가 생기면 새로운 해결방법을 찾아보려고 한다.
21. 우리 가족은 가족이 합의한 결정을 잘 따른다.
22. 우리 가족은 집안일을 나누어서 하며, 자기가 맡은 일에 대해 책임감을 갖고 있는 편이다.
23. 우리 가족은 함께 여가시간을 보내는 것을 좋아한다.
24. 우리 가족의 규칙은 바꾸기가 힘들다.
25. 우리 가족은 집에서 서로 대하기 싫어한다.
26. 우리 가족은 어떤 문제가 생기면 그 문제에 대해 서로 상의하는 편이다.
27. 우리 가족은 서로의 친구에 대해 잘 알고 있다.
28. 우리 가족은 마음속에 있는 생각을 이야기하는 것을 서로 꺼린다.
29. 가족 전체가 합심하여 행동하기보다는 몇몇 가족원끼리만 짝을 지어 행동하는 편이다.
30. 우리 가족은 취미활동을 같이 하는 편이다.

출처: 김유숙, 전영주, 김요완(2017).

　홀수번호 문항은 응집력에 관한 문항이며, 짝수번호 문항은 적응성에 관한 문항이다. 문항번호 3, 9, 15, 19, 24, 25, 28, 29는 역점수를 준다.

　이 도구는 많지 않은 문항 수에 비해 신뢰도와 타당도가 높아서 임상현장에서 자주 사용되는 척도이다. 또한 이 척도는 현재 가족에 대한 인식을 묻는 현실가족과 원하는 가족 모습을 묻는 이상적 가족에 대해 각각 질문하도록 구성되어 있다. 이러한 두 번의 질문을 통해 현실가족과 이상가족의 차이를 파악할 수 있다. 연구자는 가족이 어떤 위치에 해당하는지를 규명하는 것보다 가족이 응집력과 적응성 정도에 대해 어떻게 인식하는가에 보다 많은 관심이 있었다. 따라서 상담자는 이 도구를 가족평가의 의미보다는 치료적 개입방법으로 활용할 수 있다는 점에서 높이 평가한다.

　이 모델은 [그림 12-1]에서 알 수 있듯이 적응성과 응집력은 각각 4개의 수준으로 구성해 총 16개의 가족유형으로 나누었다. 적응성이란 가족의 변화를 허용하는 정도, 균형을 유지하려는 정도를 말한다. 즉, 가정생활의 압박이나 갈등의 반응에서 그들의 규칙, 역할, 구조 등을 유연하게 조정할 수 있는 가족능력을 의미한다. 가족이 효율적으로 기능하기 위해서는 균형을 유지하려는 힘과 변화하는 능력이 적절한 조화를 이루어야 한다. 혼돈된 가족은 가족생활의 문제와 관련된 어떤 구조도 가지고 있지 않다. 유연한 가족은 규칙이나 역할변화를 인정함으로써 문제를 해결하는 능력을 가진다. 구조화된 가족은 유연한 가족보다 역할이나 규칙을 수용하는 능력이 부족하다. 경직된 가족은 역할이나 규칙의 변화를 소극적으로 받아들이며 그들은 현상유지를 위해 많은 노력을 한다.

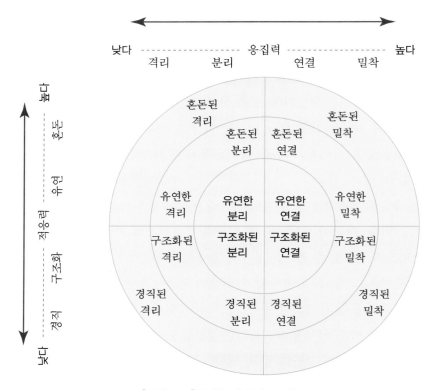

[그림 12-1] 순환모델의 가족유형

출처: Olson, Russell, & Sprenkle (1989).

응집력은 가족 구성원 서로의 정서적 결합의 정도를 나타내는 것이다. 즉, 가족들에게 부여된 개인의 자율성과 가족이 함께하는 정도와 관련이 있다. 응집력 역시 조화를 이루는 것이 중요한데, 어떤 조화가 최적의 상태인가는 가족이 속한 문화에 따라 달라진다. 분리된 가족은 낮은 응집력을 보여서, 가족은 최대한의 자율성을 즐기며 가족 안에서 자신을 동일시하려는 노력은 전혀 하지 않는다. 분리된 가족은 개인의 자율성에 가치를 두지만 그들은 가족의 통합과 정체성의 감각도 함께 지니고 있다. 연결된 가족은 친밀함에 가치를 두며, 각 구성원의 자율성 발달을 인정하고 돕는 경향이 있다. 융합된 가족은 가족의 친밀성을 가장 가치 있게 생각하는데, 때로는 자립을 방해하는 희생적인 가족결합을 강요하기도 한다.

　순환모델에서는 중간 범위의 가족이 적응성이나 응집력에서 적절한 점수를 가지면 건강한 기능을 한다고 보았다. 이와는 달리 일반적으로 두 차원의 극단적인 점수를 나타내는 가족은 역기능의 특징이 있다고 보았다. 그러나 올슨 등은 극단적인 점수를 가진 모든 가족이 역기능이 존재한다고 단정하지 않았으며, 또한 중간 범위에 있는 가족들에게 반드시 역기능이 존재하지 않는다고 단정하지 않았다.

2. 질적 평가

　상담자들은 가족을 직접 만나면서 얻은 정보나 행동관찰과 같은 임상적 직관을 통해 가족을 평가하는 경우가 많다. 물론 상담자의 주관이 개입되는 면담이나 행동관찰을 평가 방법으로 인정할 수 있는가에 대한 의문은 있으나, 이것은 가족 상호작용을 파악하는 중요한 요소라고 생각한다. 특히 비언어적인 다양한 매체를 통한 가족평가 방법을 통해서도 가족 생활환경에 관한 다양한 정보를 제공받는 경우가 있다. 여기서는 가족상담의 초기단계에 자주 사용되는 가계도를 활용한 면담, 도구를 활용한 평가와 가족놀이평가를 소개한다.

1) 가계도

　가계도(genogram)는 보웬의 이론을 기초로 3세대 이상에 걸친 가족 구성원에 관한 정보와 그들 간의 관계를 도식화하는 방법이다. 가족 구성원과 그들 간의 생물학적·법적 관계를 포함하는 기본구조, 출생, 죽음, 결혼, 질병 등과 같은 인구학적 자료, 융합과 분리, 갈등과 동맹 같은 가족 간의 관계 등을 포함한다. 또한 성격특성, 생활사건과 관련된 변화, 가족역할을 기록할 수도 있다. 이렇게 도식화된 가족의 정보들을 통해 상담자는 다세대적 맥락에서 가족의 정서과정을 살펴보면서 현재의 가족문제를 볼 수 있게 한다. 또한 가족관계나 기능의 유형을 도식화함으로써 원가족과 어떤 삼각관계를 형성하고 있는지 체계적으로 생각할 수 있도록 돕는다. 최근에는 상담자들이 다양한 이론적 관점을 가지고 가계도를 활용하고 있다(McGoldrick et al., 2011에서 재인용).

가계도는 일반적으로 초기 면담과정에서 이루어지기 때문에 가족 모두의 참여를 독려하면서 상담자가 작성한다. 가계도의 작성은 상담자가 우선 가계도의 이론적 근거를 설명하면서 시작한다. 즉, 가계도를 통해 가족배경이 현재의 문제에 어떻게 영향을 미쳤는지 등의 가족의 기원에 관한 정보를 얻을 수 있는 효과적인 수단이라는 점을 가족에게 알린다. 이때 스케치북이나 화이트보드로 작업하게 되면 참여한 가족도 자신들의 가족정서 과정을 한눈에 볼 수 있다. 상담자는 가계도를 그린 후 가족에 대한 각자의 견해와 느낌을 서로 나누는 시간을 준다. 때로는 가족들에게 이전 세대부터의 신화나 규칙, 정서적인 문제 등에 관해 물어봄으로써 반복되는 유형을 확인한다. 그리고 상담이 진행되는 동안 새로운 정보가 나타날 때마다 조금씩 수정하는 방식으로 이루어진다.

(1) 가계도 작성방법

첫째, 가족구조를 도식화한다. 가계도는 각 가족 구성원이 한 세대에서 다음 세대까지 생물학적, 법적으로 어떻게 관련되는지를 도표로 묘사하는 것이다. 이것은 사람을 나타내는 기호와 관계를 묘사하는 선으로 구성된 지도와 같은 것이다.

둘째, 가족 구성원에 관한 정보를 기록한다. 가계도의 뼈대인 가족구조를 도식화하게 되면 다음에는 가족 구성원의 이력(연령, 출생 및 사망 시기, 직업

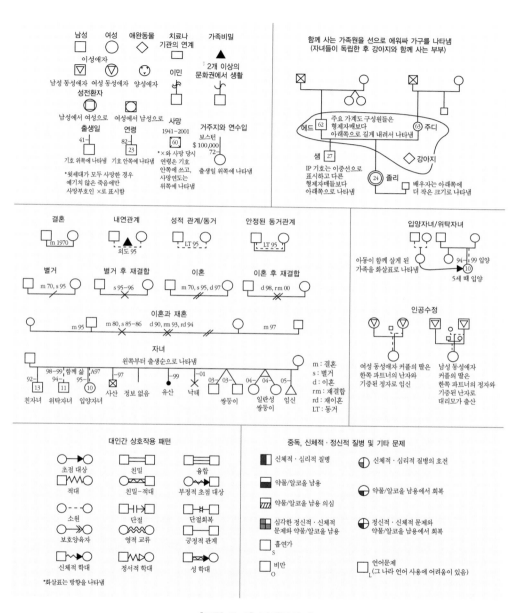

[그림 12-2] 가계도의 예

출처: McGoldrick, Gerson, & Petry (2011).

교육 수준), 가족의 역할(가족 구성원 각자의 신체, 정서, 행동에 관한 비교적 객관적인 정보), 가족생활의 중요한 가족사건(과도기, 인간관계의 변화, 이주, 상실과 성공) 등에 관한 정보를 덧붙인다.

셋째, 가족관계를 표현한다. 이 단계는 지금까지와는 달리 추론에 근거한 작업이다. 이것은 가족의 보고와 상담자의 직접적 관찰에 근거하여 각 가족 구성원의 관계를 도식화하는 것이다. 가족 구성원인 두 사람의 다양한 관계를 각각 다른 선으로 나타낸다.

넷째, 연대표를 작성한다. 필요하다면 연대표를 작성하여 가족들이 그들의 문제들을 맥락 안에서 바라볼 수 있도록 한다. 연대표는 긴 가로줄을 그리고 나서 그것을 상담자가 선호하는 방식을 따라 연도를 나타내는 일정한 단위로 나눈다. 그 선 위에 인생의 전환점이 되는 중요한 사건이나 생애주기 사건들을 표시하고 밑에 '아버지 실직'과 같은 사건을 기록한다.

(2) 가계도를 통한 평가

완성된 가계도나 연대표에 대한 해석은 면접을 통해 수집한 정보들을 기초로 하여 이루어진다. 일반적으로 가계도의 해석은 우선 현재 가족의 구조나 구성과 관련한 부분부터 시작하는 것이 바람직하다.

첫째, 부부관계와 형제자매관계를 중심으로 가족의 구성을 살펴본다. 사별이나 이혼으로 인한 한부모 가정에는 자녀양육의 어려움이나 부모의 외로움 등의 문제가 없는지 보며, 재혼가정의 경우에는 계부모간 갈등이나 계자녀의 충성심 갈등 등의 문제가 있는지 살펴본다. 또한 형제자매의 출생순위 및 시기, 자녀에 대한 가족의 기대, 성역할에 대한 부모의 편견 등을 살펴본다.

둘째, 가족생활주기상 가족의 위치와 관련된 것으로, 가족이 일련의 가족생활주기 중 어느 단계에 있는지 보고, 각 단계의 과업을 성공적으로 달성했는지, 전환기마다 가족의 재조직이 성공적으로 이루어졌는지 등을 살펴본다.

셋째, 세대에 걸쳐 반복되는 유형을 살펴보는데, 즉 증상 배후에 있는 다세

대에 걸쳐 반복되는 기능(역할)유형, 관계유형, 가족 내 지위와 관련된 유형
이 있는지 살펴본다. 예를 들어, 가정폭력이 반복된다든지, 모녀간의 동맹이
세대별로 전수된다든지 하는 것이다.

넷째, 가족역할과 기능의 균형에 관한 것으로, 기능적인 가족은 가족의 역
할과 특성이 균형을 이루며 서로 부담을 공유하고 특정 가족이 지나치게 과
장된 역할을 하거나 제한된 역할을 하지 않는다.

가족 내의 상호작용과 인간관계는 제한 없이 유입되어 바뀌기도 하며 유형
대로 반복을 되풀이하기도 한다. 가계도는 이러한 유형의 반복을 예측 가능
하게 한다.

개인은 세대, 연령, 성 등의 가장 일반적인 요인에 의하여 가족체계 내에서
조직된다. 가족구조의 어느 부분을 담당하는지에 따라 그 개인의 기능이나
인간관계의 유형, 다음 세대에서 형성될 가족유형까지 영향을 받을 수 있다.
한 세대에서 일어난 일은 다음 세대에서도 되풀이된다. 즉, 비록 실제의 행동
은 여러 가지로 표현된다 하더라도 같은 문제가 여러 세대에 걸쳐 나타나는
경향이 있다. 가계도에서는 이처럼 한 세대에서 다음 세대로 계속되거나 또
는 변화하는 가족의 구조, 관계, 기능의 유형을 찾아볼 수 있다.

이러한 체계적 접근은 현재의 가족뿐만 아니라 과거까지도 이해할 수 있도
록 한다. 역사적 관점에서 볼 때, 우리는 사건 속 우연의 일치에 대해서도 체
계적 견해를 가져야 한다. 다시 말하면 가족 내 다른 부분에서 동시에 일어난
사건을 단지 우연으로 보지 않고 오히려 체계적인 방식으로 상호 관련된 것
으로 보아야 한다. 가계도에서 드러나는 역사와 관계유형은 문제를 규정하
는 데 중요한 실마리를 제공한다. 즉, 증상이 어떤 관계유형은 보호하고 다른
관계유형은 배제시키기 위해서, 또는 이전 세대에서 물려받은 유산을 보호하
기 위해서 어떻게 작용하는지를 한눈에 알 수 있다.

가계도는 상담자가 가족체계에서 주요 삼각관계를 파악하여 그러한 삼각
관계의 유형이 한 세대에서 다음 세대로 어떻게 계속되는지 살펴봄으로써 그

들을 변화시킬 전략을 설계할 수 있도록 돕는다.

(3) 가계도 해석 시 도움이 되는 개념

상담자는 가계도를 이해하기 위해서 가족상담의 기본 개념을 이해하고 있으면 도움이 된다. 이 같은 개념들은 가계도 작성 시 상호작용을 관찰하면서 추론하거나 가계도 작성 후 직접적인 질문을 하여 파악할 수도 있다. 그러나 직접적인 질문보다는 가족 간의 상호작용을 직접 관찰함으로써 추론하는 것이 바람직하다.

① 가족규칙

가족 내에는 수많은 규칙이 존재한다. 그러나 역기능적인 가족의 경우에는 가족규칙이 한정되어 있으며, 역기능의 정도가 심하면 심할수록 가정은 적은 수의 규칙에 의해 운영된다. 또한 기존의 규칙은 오랜 기간 존재해 왔으므로 상호작용의 패턴이 쉽게 바뀔 수 없다는 것을 알아야 한다. 가족 내의 규칙은 매우 미묘하며 가족체계와 기능을 유지시키는 표면화되지 않은 내재적인 규칙이 있는데, 이는 오랜 기간 반복되는 가족교류를 통해 성립된 불문율이다. 따라서 이러한 가족규칙은 가족들이 맺고 있는 관계에서 반복적으로 드러내는 유형을 통해 추론할 수밖에 없다. 예를 들어, 권위적인 아버지가 있는 가정에서 '우리 모두 아버지가 말하는 대로 하자.'고 서로 이야기를 나누고 합의하지 않아도 그 집안의 모든 구성원은 아버지의 말에 복종해야 한다는 사실을 암암리에 터득해 행동으로 옮긴다. 이처럼 가족규칙이 가족 간의 행동을 유형화시키고, 이것이 가족생활을 운영하는 데 강력한 영향을 미친다.

② 가족신화

가족신화는 가족의 의식, 역할, 규칙의 상호작용으로 전개되는 가족에게 스며들어 있는 신념의 한 부분이다. 즉, 가족 구성원 그리고 그들 간의 관계에 대한 기대와 공유된 믿음으로 구성된다. 가족신화의 특징은 모든 가족들이 의심 없이 공유하는 믿음과 기대라는 점이다. 상담자는 가족신화가 때로는 자신들에게 불합리하게 작용할 것이라는 사실을 알면서도 가족은 그것이 자신들에게 없어서는 안 될 중요한 정서적 부분이라고 여긴다는 점을 알아야 한다. 가족신화에 집착하면 가족의 새로운 시도보다는 오히려 기존 관계의 변화를 저지하며 가족이 습관적인 기능을 반복하도록 조장한다.

③ 가족의식

가족의식은 질적인 측면을 측정하는 요소 중 하나이다. 전통적인 가족의식은 어떤 특정한 목적을 향하는 행동양식이며, 계속 이어 온 역사로서의 정당성을 획득하는 가족 상호작용의 과정이다. 즉, 가족의식이란 가족문화의 핵심적 요소로서 세대를 통해 전수된다. 가족의식은 세대 간의 연관성을 제공하고, 가족의 삶의 과정에서 연결고리를 제공한다. 가족의식은 설날이나 추석 같은 명절이나 생일에 전형적으로 보여 주는 활동이 포함된다. 때로는 역기능적 구조를 가진 가정에서 보이는 일상적인 상호작용 패턴에서도 찾을 수 있다. 특히 폭력적인 청소년의 경우는 오랜 세대에 걸쳐서 파괴적인 가족의식이 전수되는 경우가 있으므로 그런 것을 파악하는 것이 중요하다.

④ 융합과 분리

가족 내의 융합과 분리의 개념은 미누친에 의해 가족 구성원과 하위체계의 경계선이 경직되거나 유착된 체계를 묘사한 것이다. 이를 통해 현재 가족기능 상태를 이해할 수 있다. 융합과 분리는 가족이 서로 얼마나 관여되었는지의 여부를 파악하는 개념이다. 그런데 이러한 개념을 이해하기 위해서는 우선 경계선 개념을 이해할 필요가 있다. 경계선은 가족이 서로 얼마나 관여하는지를 측정하는 데 유용하다.

그리고 융합과 분리는 가족의 개인적 정체성의 강도와 가족의 친밀함의 수준을 알리는 중요한 지표가 된다. 융합이 약한 가족들은 종종 침묵하거나 위축되었으며 서로 고립되어 있고 친밀감이 부족하다. 때로는 우리 가족은 친밀해야 한다는 가족신화 때문에 진정한 의미에서 정서적으로 친밀감을 느끼지 못하면서도 서로 친하다고 주장하는 거짓 친밀감을 드러내기도 한다. 융합과 분리는 가족 친밀성의 단계와 가족들의 개인적 정체성의 강도에 따라 가족 사이를 구별하는 중요한 개념이다.

⑤ 부모화

부모화는 가족을 평가할 때 자주 사용하는 개념이다. 일반적으로 부모화란 자녀가 가족 내에서 부모나 배우자의 역할을 대신 수행하는 것을 의미한다. 대가족, 한부모 가족, 맞벌이부부의 가족에게는 부모의 권한이 자녀에게 분배되는 것이 때로 자연스러운 현상이다. 그런데 가족상담에서 부모화는 한쪽 부모가 적절한 역할을 수행하지 못한다고 생각할 때, 부모의 대용물로 부적절하게 역할수행을 하는 경우에 사용한다. 부모역할을 대신 수행하는 자녀는 정서적·지적·신체적으로는 부모의 역할을 수행할 준비가 되지 않았는데도 부모역할이나 책임감을 수행해야 하는 경우가 많다. 이러한 경우 부모로서의 역할기대는 자녀가 아이로서 가진 욕구와 상충될 수 있으며 아동이 가진 능력으로 자신의 욕구를 극복할 수 없을 때도 있다. 결과적으로 자녀는 심리적 압박감을 느끼며 아이가 달성해야 할 다른 측면의 발달과업을 제대로 해내지 못한다.

⑥ 삼각관계

많은 상담자는 가족관계에 삼각관계가 존재한다고 주장한다. 가족이 정서적인 관계를 맺을 경우, 두 사람으로 구성된 이인 체계는 불안이나 긴장을 유발할 가능성이 많아서 안정을 유지하기가 어렵다(Kerr & Bowen, 2005). 따라서 두 사람 사이에 수용하기 어려운 문제가 생기면 이인 체계는 긴장을 줄이려는 시도로 세 번째 요소인 제3자나 문제를 끌어들여 삼각관계를 형성한다. 가장 보편적으로 인식되는 삼각관계는 부부와 자녀 세 사람이 만드는 삼각관계다. 어떤 경우는 부부와 알코올이라는 문제로 삼각관계를 형성하기도 한다. 또는 상담자가 가족의 삼각관계 대상이 될 수도 있다. 특히 두 사람이 상담을 받는 부부상담에서는 이러한 현상이 자주 일어난다. 삼각관계는 이인 체계 속에서 긴장을 느끼는 사람이 제3자나 문제에 관심을 가지면서 생긴다. 그리고 때로는 두 사람 모두가 삼각관계의 제3의 요소가 제공하는 이익을 얻으려고 투쟁하기도 한다.

가족관계 유형에서 잘못된 삼각관계를 파악할 수 있다. 잘못된 삼각관계는 어떤 병리적인 문제를 초래할 수 있는 잠재적인 요소를 가지므로 때로는 체계의 갈등과 해체를 가져올 수 있다. 잘못된 삼각관계의 전형적인 유형은 부모 세대와 다른 세대에 속하는 자녀가 만들어 내는 것이다. 세대가 다른 이들 두 사람은 한 사람의 가족에게 대항하기 위해 연합한다. 예를 들어, 남편과 갈등관계에 있는 어머니가 장남에게 아버지 역할을 기대함으로써 생기는 삼각관계를 생각할 수 있다. 그런데 객관적으로 보면 어머니와 아들은 분명히 연합하고 있으나, 그들 자신은 연합했다는 사실을 인정하지 않는다. 이처럼 연합의 당사자들이 이러한 사실을 계속 부정한다면 관계유형은 정형화되며 병리적인 상황으로 이어진다.

2) 확장된 가계도

가계도는 여러 세대에 걸친 가족정서체계를 도식화하는 방법에서부터 전략적 개입을 위한 체계적 가설설정, 가계도의 면담을 통한 무의식의 작용에 대한 '투사적인' 가설을 파악하고, 단순한 가족 내의 인구학적 정보를 알리는 것 등에 이르기까지 최근 그 응용범위가 다양화되고 있다. 서구에서는 기본

가계도가 다양한 형태로 확장되면서 가족치료 임상에서 활발하게 적용되고
있다. 1973년 팝(P. Papp) 등이 가계도의 가족조각을 제안한 것을 비롯하여
확장된 다양한 가계도들이 있다. 여기서는 색으로 표시하는 색채코딩 가계
도, 사회적으로 구성된 가계도, 가족놀이가계도를 소개하려고 한다.

(1) 색채코딩 가계도

미국 신시네티 대학교 섭식장애클리닉의료센터에서 기본가계도에 색을
이용해 코딩하는 색채코딩 가계도(color-coded genogram)라는 새로운 시도를
하였다(Lewis, 1989). 상담자는 여러 가지 특성이나 주제의 목록을 만들고, 거
기에 색을 부여한다. 제시된 문제나 가족에 따라 항목이 다를 수 있으며, 표
준목록을 모든 가족에 적용할 수도 있다. 예를 들어, 신체이미지에 대한 관
심, 성적 학대, 완벽주의 등이 상담에서 주된 이슈였던 신경성 과식증 여성을
위해 분노, 통제, 평화유지 등을 포함한 다음과 같은 목록을 작성하였다.

- 녹색: 명백하게 또는 공공연하게 통제하기
- 파랑: 평화유지자
- 빨강: 자유로운 분노 표현(적절하게 또는 부적절하게)
- 보라: 별거로 인한 어려움
- 노랑: 성적 이슈들(외도, 성적 학대, 근친상간, 강간, 불감증 혹은 기타 성적
  역기능, 성에 대한 과도한 관심, 동성애)
- 검정: 신체적 또는 정신적 문제
- 갈색: 신체이미지의 왜곡이나 강박
- 주황: 알코올이나 약물 문제
- 검은 점무늬: 완벽주의

상담자는 가족에게 가계도를 그리게 한 후, 매직 마커와 색이 정해져 있는

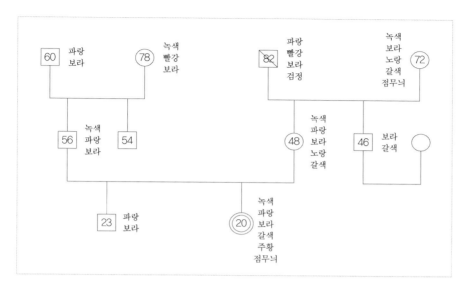

[그림 12-3] 색채코딩 가계도의 작성 예

출처: Lewis (1989).

목록을 건네준다. 가계도에 각 가족 구성원에 해당한다고 생각하는 것을 목록에서 찾아 구성원의 기호에 가족이 결정한 색을 칠하게 하였다. 이때 모든 가족들이 그것에 동의해야만 색을 칠할 수 있다. 의견이 일치하지 않을 때는 해당 기호 주위에 부분적으로 색을 칠하거나, "어머니 불일치" "희선이는 빼고 전부"와 같이 의견수렴 과정을 기록한다.

　색채코딩은 초기단계에서 가계도를 진단도구로 사용할 수 있다. 필요에 따라서는 상담이 진행되는 과정에서 가족들에게 과제로 제시할 수도 있다. 진단도구로 사용할 때는 가족들은 누가 어떤 색을 갖느냐, 선택한 색에 대해 가족들이 무슨 이야기를 하느냐, 의견의 일치 여부를 위해 가족들이 논의할 때 가족유형, 힘겨루기, 동맹 등을 파악하는 것이 바람직하다.

　루이스는 가계도에 색을 칠하는 것은 여러 가지 장점이 있음을 언급하였다. 우선, 이러한 활동은 대개 가족에게 즐거움을 제공하며, 초반부에 진행되는 가족상담 회기에 대한 불편함이나 적대감을 완화시킬 수 있다. 또한 가족

비밀이 위협적이지 않은 상황에서 노출될 수 있다. 예를 들어, 가족 중의 동성애나 정신장애 등과 같은 정보가 원이나 사각형 기호 주위에 색으로 조용하게 표현될 수 있다. 마지막으로 가장 중요한 강점은 이러한 특성들이 세대를 통해 어떻게 나타나고 있는지에 대해 알 수 있다. 즉, 색의 패턴을 통해 가족과 상담자 모두는 개인의 증상에 대한 세대 간 영향의 실마리를 찾게 된다는 것이다.

(2) 사회적 관계 가계도

가계도는 임상적으로 유용하지만 가족을 바라보는 관점이 지나치게 단정적이라는 단점이 있다. 일반적으로는 가계도에 따라 치료체계를 한정하면서 이것을 모든 가족에게 동일하게 적용하려는 경향이 있다. 사회구성주의이론에서 보면 치료체계는 가족마다 다르게 구성될 수 있다. 따라서 상담과정에서 내담자가 자신의 세계를 어떻게 바라보는가가 더욱 중요하다(김유숙 역, 2004).

밀레비스키(Milewski-Hertlein)는 내담자의 사회문화적 맥락이 가계도 구조에 중요하다는 점을 인식하여 사회적 관계 가계도(socially constructed genogram)를 제안하였다. 사회적 관계 가계도는 개인의 삶에 있어서 사회적 맥락의 중요성을 강조한다.

어떤 사람은 기본가계도를 그릴 때 나타나진 않지만, 그럼에도 불구하고 중요한 정보를 가질 수 있다. 개인의 삶은 항상 변화무쌍하므로, 사회관계 가계도는 개인에 영향을 미치는 변화만을 기록하는 기본가계도보다 훨씬 쉽게 그러한 변화를 반영할 수 있다.

사회적 관계 가계도의 작성은 굴리시안 등의 '양파'이론에 영향을 받았다. 양파는 여러 겹을 이루고 있다. 체계이론에서, 각 층은 양파의 겹과 유사하다. 가족체계는 보다 큰 체계에 둘러싸여 있으며, 보다 큰 체계는 또 다른 더 큰 체계에 둘러싸여 있다. 따라서 사회적 관계 가계도 작성에서 개인은 중앙에 있게 되며, 나머지 부분은 마치 양파를 반으로 자른 것과 같이 중심을 둘러싼 원으로 이루어져 있다(Anderson et al., 1988).

[그림 12-4]는 아동문제로 상담기관을 찾은 한부모 가정 어머니의 사회적 관계 가계도이다(Milewski-Hertlein, 2001). 원은 내담자와 가까운 정도를 나타내며 중심원에 가까울수록 내담자와 친밀함을 의미한다. 기본가계도에서 내담자는 사회적으로 고립되어 있었고, 지지를 얻을 수 있는 많은 가족과 바람직하지 못한 관계를 맺고 있었다. 그러나 사회적 관계 가계도를 작성함으로써 그녀가 누구를 자신의 가족의 일부로 받아들이고 있는지를 깨달았다. 따라서 내담자는 지금까지 어떤 행동이 자신을 고립시켜 왔는가를 이해하고, 어떻게 하면 그러한 것들을 생산적인 것으로 만들 수 있는지에 대해 탐색할 수 있었다.

사회적 관계 가계도는 치료에서 문제체계를 활용하는 데 유용하다. 그것

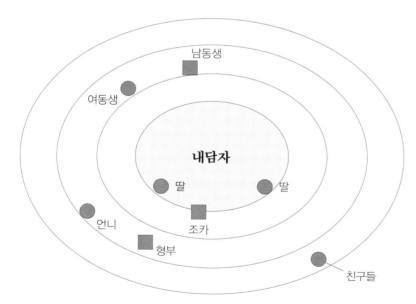

[그림 12-4] 사회적으로 구성된 가계도의 작성 예

출처: Milewski-Hertlein (2001).

은 내담자의 관계와 행동에 존재하는 패턴을 강조하고 명료화하기 위해 내담자의 삶에 있는 핵심경험을 배열할 수 있다. 상담자는 관계가 내담자에 미치는 영향을 이해할 수 있게 하며, 앞으로의 사회적 관계에 명백한 패턴을 파악할 수 있도록 돕는다. 그리고 이러한 관계나 패턴이 노출되면, 문제는 재구조화되고 재해석될 수 있으며, 필요한 경우에는 그들에게 패턴을 수정하도록 요구할 수도 있다. 내담자는 자신들이 인식하지 못했던 지지체계를 찾아낼 때 그들에게 좋은 감정을 가지며, 이것이 치료적으로 도움이 되는 경우가 많았다. 따라서 사회적 관계 가계도는 기본가계도보다 유용한데, 이는 기본가계도에는 표현되지 않는 내담자의 적절한 패턴과 경험을 평가하기 때문이다.

(3) 가족놀이가계도

가족놀이가계도(family play genogram)의 목적은 임상면담을 통해 내담자가 인식하거나 이해한 정보를 얻음으로써 기본가계도에서 얻는 정보를 보다 확대시키는 것이다. 놀이가계도에서는 가족들에게 자신과 가족에 대한 생각이나 감정을 가장 잘 나타내는 상징물을 선택하게 한다. 필요에 따라서는 가족 간의 관계 특성을 나타내는 상징물도 선택할 수 있다(Gill, 2014).

평가도구로서 가계도를 활용하고자 할 때, 상담자는 특히 신뢰가 형성되어야 하는 초기 회기의 경우 내담자가 제공할 수 있는 정보들에 의존해야만 한다. 때때로, 가족들은 가족충성심, 사생활, 공포의 감정 등 다양한 이유 때문에 정보제공을 꺼릴 수 있다. 때로 가족들은 상담과정에 저항할 수 있으며, 정보 철회를 통해 상담자를 통제하려고도 한다. 어떤 내담자는 언어적 의사소통을 불편해하며, 가족에 대한 언어적 설명이나 친밀한 관계에 대한 감정을 언급하도록 요구하면 오히려 제한된 느낌을 가질 수 있다.

가족놀이가계도는 언어적 의사소통에 대한 요구가 거의 없으며, 대신 상징과 은유적 언어를 통합한다. 놀이는 종종 개인으로 하여금 상징 언어, 이야

기, 상징물 시나리오, 혹은 은유적 언어를 통해 자신의 내면세계를 외현화한
다. 질(E. Gil) 등은 가족과 함께 사용할 수 있는 놀이치료기법을 통합시키는
데 관심을 기울여 왔다. 질은 모든 가족들에게 상징물을 선택하도록 요청하
고, 그려진 가계도에 이것을 놓게 하는 가족놀이가계도의 진행방법을 다음과
같이 소개하였다. 지시는 정확히 다음과 같다.

> "자신을 포함해서, 가족 내 모든 사람에 대한 당신의 생각과 감정을 가장
> 잘 나타내는 상징물을 각자 선택하세요. 선택한 상징물을 그 사람을 표현한
> 위치에 놓으세요."

 개인과의 작업에서 나타나지 않았던 두 가지 문제가 가족놀이가계도에 나
타날 수 있다. 첫째, 가족들은 대개 그들이 동시에 작업해야만 하는지 아니면
각각의 가족이 순서대로 선택해야 하는지에 대해 알고 싶어 한다. 만일 한 사
람이 먼저 작업하고, 다른 가족이 그 사람의 반응에 기초해 상징물을 선택하
게 되면 부담감을 느끼기 쉽다. 반면 가족이 함께 작업하면 더욱 융통성이 나
타나고 서로의 간섭이 줄어들 수 있다. 둘째, 만일 어떤 가족이 상징물을 선
택할 때 부정적이고 모욕적으로 지각될 수 있는 상징물을 선택했다면, 잠재
적으로 가족갈등을 드러내는 것일 수도 있다. 이 작업이 이루어지는 동안 과
정, 의사소통 패턴, 상호작용 유형, 삼각관계, 그리고 다른 체계적 정보를 수
집할 수 있다.
 일단 모든 가족이 선택을 하면, 상담자는 호기심을 나타내며, 치료적 대화
를 시작한다. 상담자들은 해석이나 설명하는 것을 삼가고, 성급하게 은유로
부터 벗어나려고 하는 대신 선택한 은유를 확대시킬 수 있는 기회를 제공한
다. 가족놀이가계도의 장점은 자신과 타인에 대한 각 개인의 지각을 깊이 있
게 이해할 수 있는 기회를 제공한다는 점이다. 그리고 이런 과정을 통해 가
족에게 새로운 관점에서 서로를 바라볼 수 있게 한다. 그러나 개인선택은 지

지되고 보호되어야 한다. 따라서 상담자는 가족에게 이 활동은 다른 방식으로 서로와 의사소통할 수 있는 것이라는 점을 강조할 필요가 있다. 가족놀이 가계도 작업을 하는 동안 전개되는 은유는 상담과정에서 나타나며, 긍정적 방향에서 상담을 이끄는 것이 바람직하다.

[그림 12-5]는 아버지의 지나친 간섭 때문에 위축된 16세 소녀의 가족놀이 가계도다(박정희 외, 2009). 네 살 아래의 남동생은 자신을 표현하는 상징물로 각시를 선택하였으며, 모든 가족이 아들을 여성적 상징물로 표현했다. 가부장적 가치를 가진 아버지는 아들의 이 같은 여성적 성향에 실망한 나머지 딸에게 집착하게 되었다. 아버지가 얼마나 딸을 간섭하고 있는지는 딸이 낚싯대를 자신의 영역까지 드리운 낚시꾼으로 아버지를 표현하고 있는 점에서 확연히 드러난다. 내담자가 놓은 가족 간의 관계를 표현하는 상징물을 통해 어머니의 남동생에 대한 편애와 아버지의 딸에 대한 염려를 이해할 수 있었다. 이와 같이 가족놀이가계도는 가족들이나 가족관계 특성을 상징물로 이미지화함으로써 기본가계도에서보다 훨씬 더 풍부하고 효과적으로 가족역동을

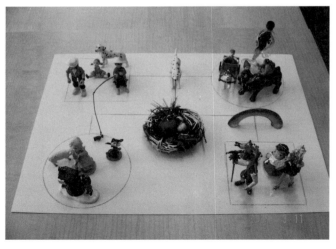

[그림 12-5] 가족놀이가계도 작성의 예

출처: 박정희, 김유숙(2009).

이해하도록 돕는다.

　가족놀이가계도는 놀이와 이미지라는 비언어화된 도구를 활용함으로써 아동이나 청소년이 포함된 가족상담에서 언어적으로 직면할 때보다 느낄 수 있는 가족들의 부담을 완화시킬 수 있다. 또한 은유적 언어나 상징적 의사소통 등을 통해 가족이 표현하지 않은 문제까지 이해할 수 있다. 가족들로 하여금 자신의 감정을 인식하고 자유롭게 표현하도록 도울 수 있으며, 아울러 다른 가족의 감정에 대해서도 이해할 수 있는 기회를 제공한다. 그리고 창조적인 놀이나 이미지를 통해 가족들이 의식수준에서 경험하지 못했던 새로운 경험을 하게 할 수 있으며, 치료적 놀이를 통해 가족 내 변화를 시도할 수 있다는 이점을 가진다.

4) 생태지도

　가족을 이해하고 치료적 개입을 하기 위해서 그들을 둘러싼 환경을 이해하는 것은 중요하다. 1975년 하트먼(A. Hartman)에 의해 고안된 생태지도(ecomap)는 가계도와 함께 가족들의 환경을 이해하는 데 도움이 되는 기법이다. 생태지도는 가족을 둘러싼 환경의 상관관계를 도식화하고 있어서 그들이 활용하고 있는 시스템을 한눈에 볼 수 있다. 또한 가족들이 둘러싼 시스템과 어떤 형태로 관여되어 있는가를 도표로 작성하고 있어서 이것으로 현재의 상관관계를 정리하면 내담자나 가족에게 유용한 사회자원을 발견하는 데 효과적이다. 또한 가족들이 스스로의 강점과 취약한 부분을 이해할 수 있으며 더 나아가 다른 관점에서 자신의 상황을 시각화하여 인식할 수 있다(Hartman, 1995).

　가족의 정확한 사실에 관한 정보를 근거로 작성하는 가계도와 달리 생태지도는 내담자나 가족의 이야기를 토대로 상담자의 객관적인 상황판단을 기반으로 작성된다. 또한 가계도의 기본 구조는 변화하는 것이 어렵지만, 시스템과의 상호작용을 표현하는 생태지도는 상황에 따라 변화할 수 있다는 점을 유의할 필요가 있다. 생태지도의 이점은 관계의 방향이나 정도, 가족을 둘러싼 체계 등을 한눈에 이해할 수 있다는 점이다. 따라서 상담자는 이를 통해 내담자와 가족, 사회체계와의 관계를 명확하게 하여 가족들이 어떤 관계성을 가지면서 생활하고 있는가를 파악할 수 있다.

상담자들은 면접을 통해 정보를 수집한 후, 그것을 토대로 상담자가 생태지도를 작성할 수 있다.

첫째, 작성방법은 먼저 중앙에 큰 원을 그리고 원 안에 핵가족의 관계를 표시한다. 가족 구성원들을 표시할 때 남성은 네모, 여성은 원으로 표시하고, 네모나 원 안에 가족들의 연령을 기재하면 좋다.

둘째, 가족과 상호작용하는 다른 체계들을 중심 원 외부에 작은 원으로 표시한다. 작은 원들은 확대가족이나 친구, 학교, 직장, 지역사회기관 등이 포함될 수 있다. 필요하다면 사회체계의 명칭과 함께 체계의 특성을 요약하여 표기할 수도 있다. 또한 현재는 관여하지 않지만, 앞으로 관계를 맺을 필요가 있는 사회체계도 함께 기록해 놓으면 도움이 된다.

셋째, 가족과 각 체계 간의 관계의 질과 자원의 흐름을 표시한다. 즉, 가족이 상호작용하고 있는 의미 있는 체계들이 설정되면 가족과 각 체계 간의 관계를 선으로 표시한다. [그림 12-6]처럼 가족과의 관계성을 강한 연결관계,

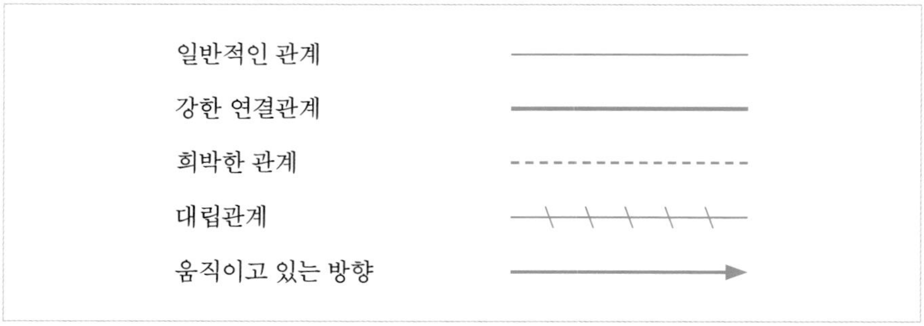

[그림 12-6] 생태지도의 관계선

일반적인 관계, 희박한 관계, 대립관계 등으로 나누어 그린다. 선의 굵기를 바꾸거나 색으로 표현하면 알기 쉽다. 또한 체계 간의 자원의 흐름이나 에너지의 상호작용도 화살표로 표시한다.

넷째, 작성한 날짜를 적어 둔다. 이것은 필요할 때마다 작성하여 비교하면 가족과 사회체계 간의 지속적인 변화를 확인할 수 있다.

희진이는 어머니와 언니와 함께 살고 있다. 일 년 전 이혼한 어머니는 경제적 어려움을 겪으면서 심한 스트레스를 받고 있었다. 어머니는 다섯 살의 희진이를 수시로 체벌하여 어린이집의 신고로 아동보호전문기관이 개입하게 되었다. 희진이는 어린이집에서 선애라는 아이와 친밀한 유대관계를 가지고 있으며, 어린이집 교사와도 좋은 관계를 맺고 있다. 이혼한 아버지와 어머니 사이에는 여전히 갈등이 지속되고 있으며, 자녀들과 아버지의 관계는 희박하다. 외조부모는 희진이의 가족과 좋은 관계를 가지고 있다. 아동보호기관의

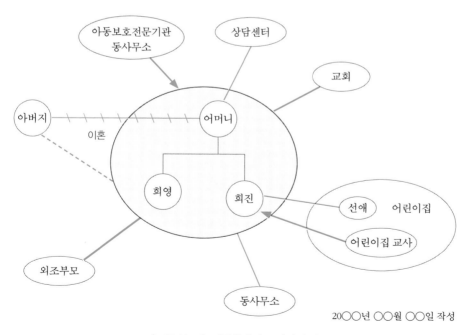

[그림 12-7] 가족생태지도 작성의 예

사례관리자가 어머니에 대한 케어를 하면서 지역의 상담기관에서 상담을 받게 해 주었다. 또한 동사무소와 연계하여 생활보호대상자로 선정될 수 있도록 도왔다. 희진이와 가족을 둘러싼 상황을 [그림 12-7]처럼 도식화하면 주위 사람들과의 관계나 사회체계의 관여를 한눈에 볼 수 있다.

이처럼 상담자는 생태지도를 제시하면서 가족들과 부족한 자원이나 변화가 필요한 부분 등에 대한 논의를 할 수 있다. 생태지도의 작업에서는 환경에서 가족과 사회체계의 상호작용이나 가족에게 스트레스를 주는 요인을 파악하는 것보다 가족과 사회체계의 상호작용을 통해 가족에게 유용한 자원을 파악하려는 상담자의 자세가 바람직하다.

3) 가족놀이평가

가족들의 역동을 파악하기 위해 다양한 놀이기법들을 활용할 수 있는데, 이것은 가족들 간에 지각과 생각, 감정을 보다 증가시킬 수 있도록 도와준다. 동전이나 찰흙과 같은 간단한 소품이나 다양한 도구의 활용 또는 페펫극과 같은 놀이 기법들을 사용할 수 있다. 이런 놀잇감은 언어적인 의사소통을 통해 표현되는 것보다 더 깊은 수준의 소통에 접근할 수 있는 잠재력을 가지고 있다. 또한 놀이기법들은 상징 언어로서 다의적이고 덜 경계적이므로 가족 단위의 상담에서 덜 위협적인 방법으로 자신을 표현할 수 있는 이점이 있다.

예를 들어, 한 아동이 자신의 가족을 '달리기 시합을 하는 동물들'이라고 표현하면서 자신을 느린 거북이라고 언급하였다. 상담자는 아동에게 가족을 상징하는 동물 피규어를 테이블로 가지고 와서 시합하는 장면을 꾸미게 하였다. 이 과정에서 누가 선두주자이며, 누가 꼴찌인지를 물어보거나 자신의 이미지인 거북 옆에 누가 어떤 모습으로 있는지를 파악함으로써 아동의 가족역동을 한눈에 이해할 수 있다. 이것은 상담자가 내담자에 의해 제공된 은유를 통해 그들의 무의식적이거나 상징적인 세계를 이해할 뿐 아니라, 이와 관련

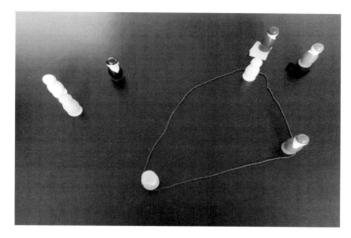

[그림 12-8] 와이즈리틀프렌즈를 활용한 가족관계 탐색

된 대화를 통해 내담자의 통찰까지 이끌어 내는 것이다. 이처럼 가족놀이평가는 때로 가족들에게 의식수준에서 경험하지 못한 새로운 경험을 제공하기도 한다. 그러므로 가족놀이평가는 어린 아동이 포함된 가족이나 언어적 수준에서 자신을 드러내기 거부하는 청소년 가족, 권위주의적인 부모에 의해 자신을 표현하지 못하는 긴장된 가족의 경우에 유용하다.

　　상담과정에 놀이를 통합하여 이들의 상호작용을 다음과 같은 관찰 범주를 가지고 관찰한다면 문제해결, 가족위계 등에 관한 확대된 렌즈를 가질 수 있게 된다.

(1) 가족들이 상담자가 요구한 과제를 조직하고 완성할 수 있는 능력이나 의지가 어느 정도인지 파악한다

　　제시한 과제를 수행하는 가족을 관찰하면 가족구조에 관한 다양한 정보를 얻을 수 있다. 예를 들어, 서로 협동적인지, 가족 중 누가 힘을 가지고 대표로서 역할을 하는지, 과제 수행을 누가 이끌며 누가 따라오는지, 누가 가족들로부터 소외되는지도 알 수 있다. 또한 과제수행을 위해 어떤 규칙을 가지고 함

께 작업하며 어떻게 합의를 이끌어 내며, 과제를 성공적으로 수행하는지를
파악할 수 있다. 여기서 '가족들이 의논하여 5분 동안에 레고로 뭔가를 만들
어 주세요.'라는 동일한 과제를 요구받은 초등학생 자녀를 둔 두 가족을 소개
하려고 한다. 두 가족 모두 초반에는 레고가 익숙한 자녀들이 과제수행의 주
도적인 역할을 하였다. 그러나 첫 번째 가족의 경우에는 창의적이고 상상력
이 풍부한 자녀가 5분이라는 제한시간에 도저히 완성할 수 없는 성을 만들자
고 했다. 부모들은 웅장한 성은 시간 내 수행하는 데 어려움이 있다고 반대하
면서 자녀의 의사와는 상관없는 탑을 만들기로 결정했다. 이에 화가 난 자녀
는 이후 과제수행에 비자발적이 되었다. 또 다른 가족의 경우에도 자녀가 군
함을 만들겠다고 하자, 부모들은 5분이라는 제한된 시간에 할 수 있는지를
검토해 보도록 조언하였다. 이들은 이 같은 타협을 하는 데 1분을 사용했으
나 나머지 시간 동안 합의에 의해 결정된 나룻배를 완성하였다. 레고작업을
하는 동안 자녀는 여전히 주도적인 역할을 했으며 부모들도 협력하면서 과제
를 즐겼다. 이 예에서 두 자녀는 모두 창의적이고 상상력이 풍부했으나 부모
들이 그것을 어떻게 돌봐 주는지에 따라 가족들의 상호작용은 차이가 있다는
것을 알 수 있었다. 부모들에게 간섭이나 압박하지 않고 지시와 한계를 제공
하면서 그 과제를 해낼 수 있는 지도력이 있는지도 파악할 수 있었다. 그리고
그와 같은 결과물에 대해 어떤 태도를 가지느냐에 따라 그것에 대한 자부심
을 통한 숙달감을 경험하게 하는지도 이해할 수 있었다.

(2) 가족들이 드러낸 은유와 관련된 표현을 이해한다

상담자들은 놀이과정을 통한 상징이나 은유적 언어에 관심을 가진다면, 가
족이 드러내지 않거나 가족들이 인식하지 못해서 언어를 통해서는 접할 수
없는 여러 가지 부분을 이해할 수 있다. 가족모래놀이로 가족역동을 파악한
청소년 자녀를 둔 두 가족을 소개하려고 한다. 모래놀이치료란 작은 소품들
을 활용하여 모래상자 속에 작품을 만듦으로써 자신들의 내적 세계를 표현하

는 분석심리학적 놀이치료 접근이다. 모래놀이치료에서는 융(G. Jung)이 언급한 '이미지의 확충'이 중요하다. 나도 모르게 손이 간 어떤 소품에 의해 이미지가 확장되면서 의식의 수준이 아닌 무의식 수준에서 작품을 만들게 되며, 이것이 자기치유력이 된다는 것이다. 그러므로 이러한 기법을 가족에게 적용할 때는 어떤 가족이 소품을 선택하여 모래상자에 놓으면 그것을 충분히 음미한 후에 또 다른 가족이 소품을 고르도록 하는 것이 중요하다. 두 사례의 청소년들은 모두 자신의 차례가 되자 불을 선택하였다. 첫 번째 가족의 부모들은 이후 자신들의 차례가 되면 불을 끄는 데 모든 신경을 쓰면서 모래상자를 꾸미는 동안 계속 힘겨워했다. 그런데 자녀는 부모의 불편함에는 개의치 않으면서 즐겁게 자신의 이미지를 확충해 나갔다. 또 다른 가족은 자녀가 놓은 불 위에 치킨이 꽂힌 바비큐 막대기를 놓음으로써 가족이 함께 캠핑하는 모습의 작품을 즐겁게 만들었다. 이 두 가족의 차이는 무엇일까? 각각의 부모는 불에 대한 상징을 각자 다르게 해석했다. 첫 번째 가족은 불의 의미를 분노와 같은 위험한 것으로 인식했으며, 두 번째 가족은 불을 에너지와 같은 긍정적인 의미로 이해했기 때문에 그 이후의 대응에 많은 차이가 있었던 것이다. 이처럼 상담자는 그 가족에 의해 형성된 은유적 표현에 관심을 가지는 것이 필요하다. 이 같은 은유들은 종종 언어를 통해서는 사용될 수도, 강요될 수도 없는 다량의 정보를 가족들이 드러내는 이점이 있다.

(3) 접촉의 수준을 파악한다

　상담자들은 가족놀이평가 과정에서는 가족들이 언어 또는 비언어적으로 드러내는 의사소통을 지켜본다. 이 과정을 통해 서로에 대해 만들어 내는 진술유형(긍정적, 부정적, 혹은 중립적)에 주목하면서 감정적 또는 신체적 접촉을 하는지, 또는 그 같은 접촉이 참된 것인지 아니면 거짓된 것인지를 파악한다. 그리고 그 같은 접촉에 대한 충분한 보상이 이루어지고 있는지도 살펴야 한다. 즉, 이를 통해 정서적 접촉의 수준에 대한 정보를 수집하고, 가족들이 신체적인 움직임과 공간의 협상, 재료의 공유 등을 필요로 하는 어떤 과제를 할 때 신체적 접촉의 수준을 관찰해야 한다.

(4) 즐거움을 경험할 수 있는 능력을 파악할 수 있다

가족들이 과제를 수행하면서 어느 정도 즐기고 있는지를 아는 것은 그 가족을 이해하는 데 도움이 된다. 유머와 놀이는 치유적인 요소를 가지고 있다. 대부분의 역기능적인 가족들은 실망과 긴장, 혹은 슬픔의 경험을 반복한다. 만약 가족들이 서로 웃거나 즐기는 것이 어렵다는 점을 알게 되면, 과거 행복했던 경험들과 기대하는 것들을 상상하는 과제를 제시하는 것도 바람직하다. 이것은 그동안 가족들에게 더 종종 무시되었던 삶과 인간관계 측면을 자발적으로 증가시킬 수 있는 실험과 실습이 되기 때문이다.

(5) 통찰의 수준

상상, 상징, 예술적 능력과 관계가 있는 우측반구 활동의 참여를 요청한 결과, 그것이 분석적 · 인지적 · 합리적인 좌측반구 활동의 활성화로 이어지는 경우도 종종 있다. 내담자들이 가족놀이에 참여할 때도 가족들은 자신들의 작업이 끝나면 그것에 대한 자발적인 통찰을 하는 경우가 있다. 때때로 이 같은 가족들의 통찰은 놀이활동에 참여하는 동안 일어날 수도 있다. 상담자는 가족들의 은유로부터 끌어낸 통찰을 목표를 촉진하거나 행동적 변화를 고무시키기 위해 치료적 언어로 통합시키려는 노력을 해야 한다. 예를 들어, 어떤 가족에게 각자가 마음에 드는 퍼펫을 가져오도록 요구했다. 이때 아버지는 입이 없는 인형을 집어 들고, 이 인형은 목소리를 잃었기 때문에 입이 없는 인형을 가져왔다고 말했다. 상담자는 가족들에게 목소리를 잃은 누군가와 어떻게 관계를 맺을 수 있는지에 대해 논의하도록 했다. 이 같은 대화를 이어 가면서 가족들이 선택한 모든 퍼펫에게 아버지가 선택한 인형이 목소리를 가지고 있었을 때는 어땠는지에 대해 물었다. 즉, 그가 목소리를 어떻게 사용했는지, 대부분 무엇에 관하여 말했는지, 그들 각자는 그것을 어떻게 느꼈는지에 대해 질문했던 것이다. 이런 이야기를 듣고 있던 아버지는 눈시울을 붉히며 자신도 목소리가 얼마나 그리웠는지에 대해 말하기 시작하였다. 그다음 회기에서 아버지는 자발적으로 커다란 입을 가진 퍼펫을 선택했다. 그 회기에 가족들은 어떻게 하면 적당히 잘 말할 수 있는지에 대해 토의하였다. 가족 모두는 이 같은 퍼펫놀이를 즐겼고, 아버지도 지금까지 침묵과 비참여의 태도를 보였던 것과는 달리 이번 회기에는 자신의 의견을 말하기 시작하였다.

놀이를 매개로 하면 가족들 사이에 더 깊은 의사소통과 새로워진 지각, 높아진 상호작용적 경험과 새로워진 흥미에 대한 잠재성이 활성화될 수 있다. 이것은 가족들에게 활력을 불러일으키며 재구조화하는 데 도움이 된다.

제13장
가족상담 개입계획의 기술

이 장에서는 가족과 상담을 할 때 기초가 되는 기본적인 상담 기술에 대해 다루고자 한다. 안정된 상담자들은 상담장면에서 위협적이지 않고 신뢰할 만한 분위기를 제공해 가면서 내담자가 변화할 수 있도록 격려한다. 다루는 내용이 충격이나 압도할 만한 무게감이 느껴질 때라도 따뜻하고 수용적인 자세로 의사소통을 한다. 대부분의 내담자들은 지금까지 자신의 방식으로 느끼고 생각하고 행동하는 것에 대해 비난을 받아 온 경험을 있기 때문에 면담 과정에서 신뢰관계를 형성하는 것은 더욱 중요하다. 따라서 비난보다는 개방적인 수용이 치료적 동맹을 발전시키는 데 도움이 된다. 내담자들은 상담자가 정직하며 필요할 때 적절하게 자기개방도 한다고 느낄 때 자신의 문제에 더욱 몰두할 수 있다.

여기서는 상담자들이 상담과정을 진행할 때 가족들과 적절한 유대감과 경계를 어떻게 맺을 것인가에 도움이 되는 기술들을 소개하려고 한다. 즉, 가족들과 적절한 정서적 관계를 유지하면서 동시에 가족들 간의 상호작용이 일어나도록 돕는 균형에 필요한 기술들이다. 구체적으로는 상담에 임하는 상담자의 자세에 대해 언급한 후, 체계론적 관점을 기반으로 순환적 질문과 가족 사례개념화를 다루려고 한다.

1. 상담자의 자세

상담이란 고민이나 불안, 고독과 같은 개인적인 문제에 대하여 개별적 또는 집단적으로 도와서 내담자의 정서 안정이나 개인이 당면한 어려운 문제의 해소 또는 환경에 적응할 수 있도록 돕는 과정이다. 인류학자인 클루크혼 (C. Kluckhon)은 모든 사람과 공통적인 부분, 일부의 사람과만 같은 부분, 어느 누구와도 같지 않은 그 사람만이 가지고 있는 독특한 부분으로 한 인간을 나누고 있다(김유숙 외 공저, 2013에서 재인용). 이는 상담자로서 자세에 몇 가지 시사점을 제공하고 있다고 생각된다. 즉, 상담자는 내담자를 돕는 과정에서 판에 박힌 상투적인 생각이나 어떤 문화가 가진 고정적이며 단일한 사고로 내담자를 바라보는 것을 스스로 경계해야 한다는 것이다. 그런 의미에서 상담을 시작하기 전에 다음의 질문에 스스로 자문해 보면 좋을 것 같다.

1) 나는 인간관계에 대한 관심을 가지고 있는가

가족과 작업하는 상담자는 다양한 인간관계를 볼 수 있어야 한다. 한 개인을 둘러싼 환경에는 다양한 인간관계가 존재하기 때문에 그 범위는 우리가 이해하는 것보다 훨씬 넓다. 일반적으로 심리치료에서는 개인에 초점을 맞추고 정신내면의 과정에 좀 더 관심을 기울이고 있다. 그러나 이러한 개인에 대한 접근에는 한계가 있다. 예를 들어, 청소년의 문제행동을 개인적인 것으로 다루면 이해하기 어려운 경우가 많다. 오히려 그들의 상황을 고려한 맥락 속에서 이해하려고 할 때 그들의 문제를 보다 잘 이해할 수 있다. 따라서 가족을 만나는 상담자는 그들과 관련된 사회 속에 있는 개인의 내면문제보다는 대인관계의 패턴에 주목한다. 그것은 마치 도로에서 차들이 어떻게 하면 순조롭게 달릴 수 있는가에 관심을 가진 교통공학자와 같다. 반면, 정신내면에 관심을 가진 상담자는 자동차의 내부기계가 잘 기능하고 있는지에 관심을 가지는 자동차정비사에 비유할 수 있다. 그러나 이 두 가지는 서로 분리된 개념이 아니라, 서로 보완적인 관계에 있다. 즉, 각각의 자동차가 잘 정비되어 있는 것이 교통이 순조롭게 흐른다고 보장하는 것처럼 한 개인의 건강은 그가 속한 사회가 건강하다는 것을 보다 확실히 해 주는 것이다. 반대로 아무리 잘 정비된 자동차라도 복잡하고 뒤엉킨 교통체계 속에 들어가서는 제 기능을 발휘할 수 없다. 자동차는 잘 정리된 교통체계 속에 들어가야 보다 순조롭게 달리는 것처럼 개인의 발달과 적응은 보다 잘 기능하고 있는 사회체계 내에 있을 때 촉진되는 것이다.

따라서 한 개인이 보이는 문제행동은 개인의 문제가 아니라, 보다 넓은 사회라는 맥락 속에서 이해되어야 한다. 즉, 한 개인이 드러내는 문제행동은 그가 속한 사회라는 배가 구조를 원하면서 보내는 구조신호라고 이해할 수 있다. 체계는 여러 가지에서 기능을 하면서 체계로서의 균형을 유지하려는 자기조정능력을 가지고 있다. 상담자가 만나는 대부분의 가족은 일시적으로 자기조정 능력을 상실하여 혼란에 빠져 있다.

그러므로 상담에서 개인의 문제는 그 개인의 내적인 문제로서만이 아니라, 그를 둘러싼 전체로서의 사회라는 맥락 속에서 이해되고 개인과 사회 전체의 사이에 널려 있는 고정된 상호작용의 양상, 즉 악순환을 끊고 가족 자체가 가진 회복력에 의해서 사회와 개인의 기능 회복을 꾀하는 것이다.

2) 문제를 보는 시각이 순환적인가

가족상담을 추구하는 상담자들은 가족들의 상호작용 패턴 속에서 문제가 어떻게 지속되는지를 이해하고 치료적 개입을 모색하려는 노력을 하였다. 원인(A)에 의하여 결과(B)가 일어난다는 A⇒B의 도식으로 인과관계를 이해하는 데는 한계가 있다. 이것은 어떤 바이러스(A)에 의해서 어떤 질병(B)이 생긴다고 보는 경우인데, 이것은 어떤 현상을 파헤쳐 가면 그것은 어떤 요소로 환원하는 것이 가능하다는 과학적 사고모델이다. 이 경우 어떤 현상을 이해하려고 할 때, '왜'라는 물음이 중요하며 결과보다는 원인을 거슬러 찾아가는 방향으로 문제를 탐구하게 된다. 한편, 원인(A)에 의하여 결과(B)가 일어나고 있는데, 그 결과(B)가 다시 원인(A)이 되어 어떤 결과를 불러일으키는 경우도 있다. A⇔B의 도식으로 설명될 수 있는 순환적 인식론이다. 예를 들면, 부모자녀 사이에서 부모가 자녀를 꾸짖어서(A) 자녀는 부모를 피하게 되며(B), 이러한 자녀의 행동(B)에 대하여 다시 부모가 자녀를 다그치게 되는(A) 경우이다. 물론 보다 많은 부분으로 구성되는 복잡한 체계에서도 이러한 모델을 응용하는 것이 가능하다. 즉, 어떤 개인의 행동은 그가 속한 사회의 다른 구성원에게 계속하여 영향을 미치고 그 행동이 돌고 돌아서 최초의 구성원에게 다시 영향을 주는 것처럼 일련의 행동의 연쇄가 원을 이룬다고 보는 것이다. 이 경우는 직선적인 견해와는 달리 어떤 현상의 이해는 '어떻게'가 보다 중요하다.

살아 있는 생물체인 인간의 경우에는 모든 구성원의 행동이 다른 구성원들에게 영향을 미치는 순환적인 인과관계망을 형성하고 있으므로 사실에 접근하는 지름길은 순환적 입장에서 이 문제를 파악하는 것이다. 순환적인 인과관계에서는 원인이 곧 결과가 되며 결과가 곧 원인이 된다. 따라서 이때 중요한 것은 생활체계 안에서 이루어지는 일들이 서로가 서로에게 영향을 주기도 하고 받기도 하는 과정이라는 점이다.

3) 상담자는 협력적 관계에 있어야 한다고 생각하는가

20세기 초 사물을 객관적으로 검증할 수 있다고 주장한 논리적 실증주의와는 달리 구성주의는 객관성과 주관성은 나눌 수 없으며, 주관적인 경험을 이해함으로써 비로소 사물을 알 수 있다고 보았다. 또한 구성주의에서는 사물 자체가 객관적으로 존재하는 것이 아니라, 사람에 의해서 만들어져 있는 것으로 이해된다. 따라서 현실은 관찰자의 구성이며 상담자들은 그들이 가족 안에서 보는 것을 객관적인 현실이라고 가정해서는 안 된다. 사회구성주의에서의 객관적 현실보다는 개인의 정신적 구성에 관심을 가진다. 이와 같은 이론을 주장하는 이론가들은 상담자가 내담자와 보다 평등한 동반자적 관계를 형성하기 위하여 전문가적 태도를 벗고 협력적인 관계를 중요시하였다. 그렇게 함으로써, 가족에게 권한을 부여하고 상담이 선택과 이해를 위한 상호적인 탐색이 되기를 기대한 것이다.

구성주의는 개개인들이 어떻게 그들 자신의 현실을 창조하는가에 초점을 두었지만, 가족상담은 상호작용의 역할을 강조하기 때문에 사회구성주의가 근간이 되고 있다. 따라서 상담자는 자신이 보는 현실은 사회적이며 언어적인 산물로, 언어를 통하여 현실이라는 강력한 메시지를 그대로 상담에 적용하려고 노력해야 한다. 즉, 현실이란 사람들이 그 문제에 대하여 어떻게 지각하고 이야기하느냐에 따라 다르게 존재하므로, 같은 상황을 다른 관점에서 보고 이야기할 수 있다면 문제는 더 존재하지 않는다고 본 것이다.

4) 상담에 임할 때, '알지 못함'의 자세를 가지고 있는가

상담자와 내담자는 새로운 의미, 새로운 현실 그리고 새로운 이야기를 공동으로 개발한다. 상담자의 역할, 전문성, 역점은 자유로운 대화의 영역을 개척하여 '새로운 것이 무엇인가'가 생겨날 수 있도록 대화과정의 발생을 촉진하는 것이다. 중요한 것은 변화를 일으키는 것이 아니라 대화를 위한 공간을 넓혀 가는 것이다. 해석학적으로 보면 상담에 있어서 변화라는 것은 대화를 통하여 새로운 이야기를 창조하는 것을 의미한다. 그리고 대화가 진행됨에 따라 전혀 새로운 이야기, 지금까지 말한 적이 없었던 스토리가 서로의 협력에 의하여 창조된다(Anderson & Giilishian, 1988).

이렇게 본다면 상담이란 '치료적 대화'라고 불리는 것 속에서 일어나는 언어적인 사건이다. 치료적 대화는 대화를 통하여 서로를 탐색하는 것이며, 서로가 교류하는 속에서 아이디어를 주고받으면서 지금까지와는 다른 새로운 의미를 발전시키는 것이다. 상담자는 대화적이며 치료적인 질문을 사용하여 치료라는 예술을 실천한다. 치료적 질문은 대화가 전개되는 공간과 대화과정을 발전시키는 중요한 수단이 된다. 이것을 달성하기 위해서 상담자는 정형화된 질문이나 특정의 대답을 추구하는 질문을 하는 것이 아니라, 알지 못함의 자세에서 질문하는 전문성을 발휘한다.

'알지 못함'의 자세라는 것은 상담자의 활발하며 순수한 호기심이 그 표현에서 전해져 오는 듯한 태도나 자세를 의미한다. 즉, 상담자의 행위나 태도는 이야기되는 것에 대해서 좀 더 깊이 알고 싶다는 욕구를 나타내는 것으로, 내담자, 문제, 변화해야만 하는 것에 대해서 미리 준비된 의견이나 기대를 나타내는 것이 아니다. 따라서 상담자는 내담자에 의해 끊임없이 배우는 입장이 된다.

2. 순환적 인식론에 근거한 질문기법

사람들의 질문에 답을 하는 형태는 크게 기술하기와 설명하기라는 두 가지 방법이 있다. 어떤 현상을 과거로부터 현재까지 차례대로 나열하면서 이해한 것을 말하는 것은 기술하기이다. 이것으로 현상을 이해하면 과거는 원인이며, 그 후에 일어난 것은 결과라는 선형적 인식론을 가지게 된다.

과거 경험의 기술(원인) ┄┄┄┄┄┄┄┄▶ 현재 경험의 기술(결과)

그러나 경험들이 연결하여 어떤 의미체계를 만들어 낼 수 있다고 본다면 과거의 경험을 시간적 계열에 따라 원인과 결과로 이해하는 것은 한계가 있다. 설명하기는 지금까지의 경험을 지금 여기에서 누구와 어떻게 상호작용하면서 그것을 재구성하느냐에 중점을 둔다. 즉, 지금 여기라는 현재와 과거의 경험을 연결하는 것이다.

과거 경험에 대한 의미 생성 ◀┄┄┄┄┄┄┄ 지금 여기에서 말하는 사람과
　　　　　　　　　　　　　　　　　　　 듣는 사람의 상호작용

사회구성주의 관점을 가진 상담자들은 질문은 정보를 수집하기 위한 것과 새로운 경험을 불러오기 위해 것이라고 생각한다. 따라서 내담자가 기술하

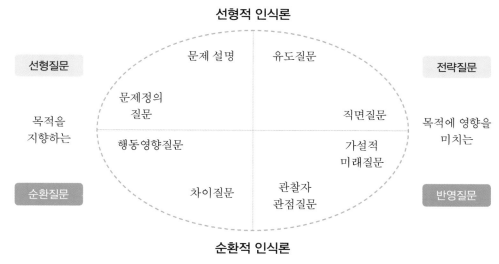

[그림 13-1] 순환적 인식론을 포함한 질문유형

출처: patterson et al. (2021).

기보다는 설명하기로 말할 수 있도록 질문한다(김유숙 외 공저, 2013). 이 같은 질문은 경험에 다가가는 것뿐 아니라, 질문을 통해 내담자가 자신에게 의미 있는 경험을 만들어 내게 할 수도 있다. 상담자는 문제해결을 위한 방안을 제시하기보다는 내담자 스스로가 새로운 경험을 발견할 수 있도록 적절한 질문을 하는 것이 바람직하다. 이것에 도움이 되는 것이 [그림 13-1]에서 언급한 순환적 인식론에 근거한 질문들이다.

여기서는 사례를 기반으로 질문기법을 설명하려고 한다.

> 초등학교 4학년인 선모의 부모는 잦은 다툼을 거쳐서, 선모가 세 살 때 이혼을 했다. 그 후 선모는 친할머니와 아버지와 함께 생활했는데, 이 시기의 부자관계는 좋았다. 초등학교 1학년 때 아버지가 재혼을 하면서 아버지는 아내, 아내의 딸과 함께 다른 곳에서 생활하고 선모는 할머니와 단 둘이 생활하기 시작하였다. 선모는 초등학교 2학년 때부터 거짓말, 늦은 귀가, 도벽과 같은 문제행동들이 나타나기 시작했으나, 학교생활은 적응을 잘 하는 편이었다. 아버지는 선모가 문제행동을 일으키자, 이전과 달리 용돈을 줄이거나 잔소리를 하는 등 엄격해졌다. 일 년 전부터는 일주일에 2~3일은 본가로 가서 지내면서 선모의 행동을 통제했다. 선모는 아버지의 이 같은 행동에 반발하며, 더욱 문제를 일으키면서 잦은 충돌을 했다. 결국, 아버지는 선모를 체벌하면서 문제를 개선하려고 했다. 선모는 아버지의 신체적 학대를 피해 가출한 후, 3일간 노숙생활을 하였다. 노숙생활이 계기가 되어 아동보호전문기관이 개입하게 되었다. 현재 아버지와 할머니는 선모의 문제행동이 개선되어 가정으로 복귀하기를 기대하며 기관의 개입에 협조적이다. 일시 보호시설에 수용되어 있는 선모는 아버지가 새어머니의 말만 듣고 자신을 학대했다고 주장하면서, 가정으로 돌아가는 것을 거부하고 있다.

독자들은 이 사례의 아버지와 상담을 하게 된다면 어떤 질문을 할 것인가?

그림의 원의 윗부분에 해당하는 선형적 인식론을 근거로 하여 문제를 설명하거나 문제를 정의하도록 하는 질문으로 시작할 것이다. 상담을 진행해 가면서 필요하다면 유도질문을 통하여 문제를 명확히 하거나 때로는 직면을 통해 아버지의 통찰을 촉구할 수도 있다. 이런 질문유형은 이미 충분히 알고 있으리라 생각되는데 톰(K. Tomm, 1988)은 상담의 가능성을 밝히고 이해하는 데 사용되는 질문들을 네 가지 범주로 설명하였다. 그는 그 범주들을 선형적, 순환적, 전략적, 반영적 질문이라고 명명하였다(Patterson, 2021에서 재인용).

선형적(lineal) 질문이란 탐색적이고 연역적이며 내용중심이다. 탐색하고 추론하는 내용으로 채워진 것으로서 사실과 관련된 질문이다. 이러한 질문을 통해 수집된 정보는 문제를 설명하는 것으로 여겨진다.

> 상담자: 선모는 왜 집보다 밖에서 오랜 시간 머무르려고 할까요?
> 아버지: 선모가 새로운 가족을 싫어하면서 저와의 관계도 악화되었어요. 우리에 대한 분풀이를 나쁜 짓으로 표현하고 있다고 생각해요. 얘가 생각보다 어린 것 같아요. 그러니까 아이가 달라져야 해요.

순환적(circular) 질문은 탐색적이며, 상담자의 알고자 하는 자세에서 우러나오는 질문들이다. 이러한 질문을 통해 얻은 정보는 누가 또는 무엇이 변해야 하는가를 가려내는 대신에 가족 내 상호작용을 파악하는 데 유용하다. 이를 통해 문제가 보다 큰 체계와 연결되어 있다는 점을 부각시킨다.

> 상담자: 선모가 집을 나가지 않은 날도 있나요? 그날은 어떤 일이 있어서 아이가 집을 나가지 않았나요?
> 아버지: 제가 본가에 가는 날이면 선모는 집에 있어요. 아마 제 잔소리가 듣기 싫어서 집에 있었던 것 같아요.
> 상담자: 선모가 집을 나가지 않으면 아버님은 어떻게 행동하셨나요?

아버지: 특별히 한 건 없지만, 아이를 야단칠 일은 없지요.

순환적 질문은 다시 네 가지 유형으로 나눌 수 있다.

첫 번째 유형은 한 가족 구성원이 다른 두 가족 구성원들 사이의 관계나 상호작용에 대해 이야기하도록 하는 것이다. 예를 들어, 상담자는 할머니에게 "선모와 선모 아버지는 어떻게 지내나요?" 또는 "아드님이 손자를 야단치면 할머니는 어떻게 하시나요?"라고 물어볼 수 있다.

두 번째 유형은 각 개인에게 실제 또는 가설적 상황에서 가족들이 보인 반응에 대해 순위를 매기게 하는 것이다. 상담자는 "선모의 문제행동에 가장 화가 난 사람은 누구인가요? 그다음은요?"라고 묻거나 또는 "이 문제가 해결되면 누가 가장 안심할까요? 그다음으로 안심할 사람은 누굴까요?"라는 질문을 할 수 있다.

세 번째 유형은 시간의 흐름에 따라 나타나는 차이들을 파악하는 것이다. 이 질문들은 과거에 일어났거나 미래에 일어나리라 예상되는 특정 사건과 관련되어 있을 수 있다. 예를 들어, "선모가 이번에 집에 돌아오면, 선모는 뭐가 달라질 것이라고 생각하나요? 그걸 보고 누가 어떤 반응을 보일까요?"라는 질문이다. 또는 선모 아버지에게 이혼 후에 선모의 행동이 어떻게 달라졌는지에 대해 질문을 할 수도 있다.

네 번째 유형의 순환적 질문은 질문에 대답하고 싶어 하지 않거나 그 자리에 없는 개인에 대하여 간접적으로 정보를 얻는 것이다. 상담자는 아버지에게 "오늘 선모가 이 자리에 있다면, 선모는 무엇이 가장 큰 문제였다고 말할까요?"라고 묻는 것이다.

전략적(strategic) 질문은 도전적이며 교정적이다. 종종 특정 방향 내에서 새로운 가능성을 제기하거나 가족이 현재 문제에 반응하는 방식을 변화시키기 위한 것이다. 상담자는 어떤 가족이 다른 가족에 대한 그들의 반응 행동을 재배열하게 함으로써 현재의 연속적인 상호작용을 차단하려고 시도하는 데 도움을 줄 수 있다. 전략적 질문을 할 때 가장 중요한 것은 가족이 문제에 대응하는 방식을 바꾸는 것이다.

> 상담자: 선모가 물건을 훔쳤을 때 아버님이 야단치거나 매를 들지 않고 얼마나 걱정하고 있는지 말했다면 어떤 일이 일어났을까요?
>
> 아버지: 아이가 갑자기 너무 많은 문제를 일으켜서 그런 건 생각할 겨를이 없었어요. 아마 집을 나가는 일은 없었겠지요.
>
> 상담자: 선모가 다르게 행동할 수도 있다는 것을 알면서도 실행에 옮기지 못하는 건 아버님의 문제라는 생각도 드는데, 어떻게 생각하세요?

반영적(reflexive) 질문들은 내담자들이 질문을 통해 새로운 반응을 생각해 보게 한다. 가족을 어떤 특정한 방향으로 움직이게 하지 않으면서 가족 안에서 변화를 가능하게 한다. 상담자는 내담자가 이전의 반응과 다르고 그보다 나은 새로운 반응을 발견할 수 있으리라는 희망과 함께 매우 중립적인 입장을 가진다. 행동변화에 초점을 맞추는 대신 대안에 대해 생각해 보도록 하기 때문에 지시하지 않으면서 변화를 이끌게 된다. 어떤 분명한 행동변화에 집중하는 대신에 대안들을 향해 문을 열어 두는 것이다.

> 상담자: 선모가 다시 가정으로 돌아가 아버님이 기대하는 생활을 한다면 아버님의 태도도 달라질 수 있다는 걸 선모에게 어떻게 알릴 수 있나요?
>
> 아버지: 저를 원망하는 마음이 클 거라는 걸 알고 있고 그걸 말해도 된다고 알려 줄 것 같아요. 제가 어떻게든 선모의 나쁜 버릇을 고치려고만 해서 아이가 어떤 생각을 하는지 잘 몰랐어요. 자주 대화를 해야지요.

이 모든 유형의 질문에 있어서, 언어적 기술뿐만 아니라 비언어적 방법으로도 내담자에게 상담자의 자세와 관점을 전달한다. 비언어적 의사소통과 언어적 질문이 일치한다면 보다 효과적인 의사소통이 가능해진다.

3. 가족사례개념화

1) 사례개념화는 왜 필요한가

상담자들은 문제를 해결하기 위한 개입방법을 찾기 위해 초기 상담과정에서 문제를 둘러싼 여러 요인에 관한 정보를 수집하여, 문제의 원인을 파악하려고 한다. 1990년대에 들어서면서 이 같은 일련의 과정에 사례개념화라는 용어를 사용하기 시작하였다. 그리고 최근에는 이것이 상담자의 능력을 가늠하는 핵심요소의 하나로 인식되고 있다. 사례를 개념화하는 것은 평가와 임상적 과정의 중간점에 있다고 할 수 있다. 사례개념화의 궁극적인 목적은 한 개인이나 가족에 대한 진단이 아니라 개입을 하기 위한 것이다.

따라서 사례개념화는 내담자에 대한 정보를 모아서 조직화하고 내담자의 상황과 부적응적 패턴을 이해하고 설명하며, 상담을 안내하고 초점을 맞추고 도전과 장애를 예상하고 성공적인 종결을 준비하기 위한 방법 및 임상적 전략이라고 정의할 수 있다(Sperry & Sperry, 2015). 상담자는 내담자를 만나기 이전에 접수면담자료나 의뢰기관의 의뢰서 등을 토대로 내담자의 주된 호소문제를 둘러싼 잠재적 가설을 세우는 것이 바람직하다. 이 같은 가설을 초기 면담과정에서 지속적으로 검증해 가면서 무엇이 문제를 초래하는 유발요인이며 그것이 어떻게 유지되고 있는지를 이해하는 것이 필요하다. [그림 13-2]와 같이 촉발요인과 유지요인에 대한 이해를 통해 호소문제를 둘러싼 부적응적 패턴을 파악할 수 있다.

[그림 13-2] 요인, 부적응 패턴, 호소문제와 사례개념화의 관계

　이것은 상담목표와 개입방법을 결정하는 중요한 단서가 된다. 스페리(L. Sperry) 등에 의하면 사례개념화는 진단 공식, 임상 공식, 문화 공식, 상담개입 공식으로 나눌 수 있다. 진단 공식이란 내담자의 호소문제와 촉발요인 또는 유지요인과 더불어 기본적인 성격패턴을 기술하고 '무엇이 일어나고 있는가'를 파악하는 것이다. 임상 공식은 내담자의 부적응적 패턴을 설명하면서 '왜 일어났는가'에 대한 답을 찾는 것이다. 이것은 사례개념화의 중심이 되는 구성요소로서 진단 공식과 상담개입 공식을 연결한다. 문화 공식이란 사회적 · 문화적 요인을 분석하여서 '문화가 어떤 역할을 하는가'라는 질문에 답을 하는 것이다. 문화적 정체성, 스트레스 등에 대한 각 개인의 상호작용을 구체화한다. 상담개입 공식은 상담개입 계획을 위한 명확한 청사진을 제공한다. 진단 공식, 임상 공식, 문화 공식의 논리적 확장으로 '어떻게 변화시킬 것인가'에 대한 답을 찾는다. 여기에서 상담목표, 상담의 초점, 구체적인 상담개입, 목표달성 과정에서 예상되는 도전과 장애물을 포함한다(Sperry, 2015). 사례개념화는 무엇이 일어나고 있으며, 그것이 왜 일어났는지에 대해 이해하면서 그것에 대해 무엇을 하는 것이 적절한가를 다루는 것으로, 여기서 더 나아가 문화는 어떤 역할을 하는지까지 포괄적으로 이해하는 것이 이상적이다. 그러나 효율적인 사례개념화에서는 이 같은 문제를 둘러싼 악순환과 해결에만 초점을 두는 것보다 이 과정을 진행할 때 예상되는 어려움뿐

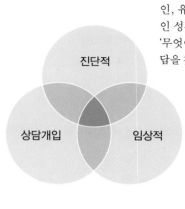

'어떻게'에 대한 질문
치료 개입 계획을 위한
청사진을 제공하는 것
으로 '어떻게 변화시킬
것인가?'에 대한 답을
찾는다.
치료 목표, 치료의 초
점, 전략과 구체적인 치
료 개입, 이 같은 목표
를 달성하는 과정에서
예상되는 도전과 장애
물에 대해 정리한다.

'무엇'에 대한 질문
내담자의 호소문제, 촉발요
인, 유지요인과 함께 기본적
인 성격패턴을 기술하고
'무엇이 일어났는가?'에 대한
답을 찾는다.

'왜'에 대한 질문
내담자의 패턴을 설명하
고 '그것이 왜 일어났는
가?'에 대한 답을 찾는다.
사례개념화의 중심 구성
요소로 진단적 체계화와
치료 개입 체계화의 연결
고리가 된다.

[그림 13-3] 사례개념화의 구성요소

만 아니라, 내담자가 가진 강점이나 탄력성도 함께 파악하는 것이 중요하다.

2) 가족상담 사례개념화의 특징

사례개념화나 사례개념화의 요소들은 대부분 개인상담에 초점을 맞추고
있어서 가족단위의 상담을 진행할 경우 적합하지 않다. 이를 보완하기 위해
프로차스카(J. Prochaska, 1995)는 사례개념화의 요소로 내담자의 증상과 상
황적 문제, 부적응적 사고, 현재의 대인관계 갈등, 가족체계적 갈등, 개인 내
적 갈등을 제시하여 대인관계나 가족에 대한 변수를 고려하였다(성혜숙, 김
희정, 2012에서 재인용). 그러나 이것은 가족 간의 역동을 중시하는 가족상담
의 특수성을 충분히 담아내지 못했다. 최근 들어, 가족상담 영역에서도 증상
보다는 가족 또는 사람들 간의 대인관계 역동이라는 개념을 토대로 한 사례
개념화를 시도했으나(Reiter, 2016), 아직 가족상담의 목표나 특수성을 고려한

표 13-1　상담과정에서의 순환적 질문의 활용

현재 상황 탐색	과거 상황 탐색	미래 탐색 또는 대안적 탐색
• 누가 무엇을 하나요? • 그러면 어떤 일이 일어나나요? • 그다음에는 무슨 일이 일어나나요? • 이런 일이 일어날 때 그들은 어디에 있나요? • 그러면 그들은 무엇을 하나요? • 이런 일을 누가 처음 알아차리나요? • 그는 어떤 반응을 보이나요? • 그가 그렇게 하지 않을 때 어떤 일이 일어나나요?	• 그때 누가 무엇을 했나요? • 문제를 해결하기 위해 어떤 노력을 했나요?	• 만약 그가 그렇게 했다면(혹은 그렇게 하지 않았다면) 그들은 어떻게 다르게 했을까요?
차이의 탐색	차이의 탐색	차이의 탐색
• 그것이 항상 이런 방식으로 이루어져 왔나요?	• 그것이 어떻게 달랐나요? • 그것이 언제 달랐나요? • 그때 또 어떤 것들이 달랐나요? • 그것이 지금 이루어지고 있는 것과는 어떻게 달랐나요?	• 만약 그들이 이것을 한다면 어떻게 달라질 것 같나요?
동의/비동의	동의/비동의	동의/비동의
• 이 일이 이렇게 일어나는 것에 대해서 당신과 동의하는 사람이 누구인가요?	• 누가 당신에게 동의하나요?	• 만약 이런 일이 이루어진다고 할 때, 당신에게 동의할 것 같은 사람은 누구인가요?
설명/의미	설명/의미	설명/의미
• 이것에 대한 당신의 설명은 무엇인가요? • 당신에게 이것은 무엇을 의미하나요?	• 이런 변화를 당신은 어떻게 설명하나요? • 이런 변화는(혹은 변화하기 어려운 것은) 당신에게 무엇을 의미하나요?	• 당신이 이것이 일어날지도 모른다고 믿는 이유를 나에게 말해 주세요. • 그들이 그렇게 설명한다면 당신은 어떻게 생각할까요? • 당신에게 이것이 의미하는 것은 무엇인가요?

출처: Thomlison (2015).

구체적인 사례개념화의 요소들을 제시한 경우는 많지 않다.

가족상담 사례개념화의 특징을 살펴보면 다음과 같다.

첫째, 한 개인을 중심으로 이루어지는 개인상담의 사례개념화보다 많은 대상을 고려하면서 가족 전체의 역동을 파악해야 한다. 다수의 가족이 함께 참여할 때만이 아니라, 한 명의 가족과 면담을 진행할 때도 가족의 역동에 초점을 두어야 한다. 상담자는 가족의 역동을 파악하기 위해서 면담을 진행하면서 〈표 13-1〉과 같은 질문을 하면 도움이 된다.

가족상담의 초기면담을 통해 각 가족의 특성에 관한 정보를 파악하고 이를 토대로 문제행동을 순환적으로 보는 것이 필요하다. 이처럼 순환적 인식론의 이해는 앞으로 상담과정에 누구를 참여시킬 것인지를 결정하며, 표면에 드러난 내담자와 달리 또 다른 내담자는 누구인지를 파악하는 중요한 단서가 된다.

둘째, 가족이나 가족체계를 포함한 보다 넓은 맥락에서 문제행동을 이해한다. 상담자는 개인의 특성뿐만 아니라, 가족이나 그를 둘러싼 체계를 포함한 다양한 관점에서 현재 드러난 문제를 이해해야 한다. 상담자들은 초기상담과정에서는 문제가 처음 발견된 시기와 문제의 발생과 관련이 있다고 생각하는 사건들에 대해 파악하면 좋다. 그리고 발생한 문제에 대한 주위 사람들의 반응과 해결방법 등에 대해서도 관심을 가진다.

셋째, 체계론적 관점을 가지고 문제를 이해한다. 다양한 맥락에서 파악한 정보들은 순환적 인식론으로 이해하기 때문에 원인과 결과보다는 가족들의 상호작용을 파악한다. 가족문제를 이해할 때는 서로가 서로에게 영향을 주고받는 과정에 주목하는 것이 바람직하다. 역기능적인 행동을 유발하는 관계나 맥락이 무엇인지를 파악할 수 있다면 행동을 기능적으로 개념화하고 치료적 전략을 발전시키는 데 도움이 된다. 이런 틀에서 파악된 정보들을 체계론적 관점에서 수평적 관계, 때로는 세대 간의 관계를 넘어선 종적 상호작용의 패턴을 이해한다. 이때 가족구조, 역할, 관계, 역동을 시각적으로 파악하기 쉬운 가계도 활용이 가족 상담자들이 체계적인 관점으로 사례개념화를 하는 데 도움이 될 수 있다. 필요에 따라서는 생태지도 등을 통해, 내담자와 가족을 둘러싼 보다 큰 체계에 대한 이해를 하는 것도 바람직하다.

넷째, 상담자 자신이 추구하는 사례개념화의 관점을 파악하는 것이다. 산 정상을 오르기 위한 다양한 등산로가 있듯이 문제를 이해하는 방법도 다양하다. 상담자가 가족과 문제를 어떻게 바라보고 있으며, 이런 상담자의 자세는 가족들에게 영향을 주고 있다는 것을 인식할 필요가 있다. 1980년을 기점으로 가족상담은 전환점을 맞이하게 되었다. 가족들의 관계를 이해하고 이를 토대로 사례를 이해하던 상담자들은 점차 가족과 상담자 자신의 관계를 재조명하며 이를 적극적으로 사례개념화와 평가에 반영했던 것이다.

내담자의 변화를 이끄는 영향력에 관한 연구에서 치료 여부와 무관한 내담자와 가족의 환경 요인을 의미하는 상담 외적 요인이 40%, 내담자와 상담자의 관계를 의미하는 관계요인이 30%, 상담에 대한 기대와 희망, 플라세보 요인이 15%, 모델과 기법이 15%라는 결과가 있었다(Lambert, 1992). 이 결과를 보면 상담과정에서 모델이나 기법과 같은 전문적 영역보다는 내담자와 상담자의 상담관계, 이에 영향을 받는 내담자의 상담에 대한 기대와 희망, 그리고 이를 활용한 상담 이외의 환경 변화가 중요하다는 것을 알 수 있었다. 상담자 자신이 선호하는 가치, 자세, 접근방법을 이해하고 그에 따른 한계를 인정할 때, 상담자는 내담자로부터 보다 많은 정보를 얻을 수 있다.

3) 각 모델에 따른 가족상담 사례개념화

가족상담 사례개념화는 개인사례 개념화와 달리 개인에게서 문제의 원인을 찾는 개인적 결함모형이 아니라, 관계와 관계 간의 역기능을 파악하는 대인관계적 모형으로 문제를 이해하는 것이 중요하다. 즉, 체계론적 관점에서 보면 문제행동은 체계 사이 또는 요소와 체계 간에 작용하는 상호관계의 변화와 관련이 있다. 인간의 증상행동은 환경 속에서 전개되기 때문에 항상 환경의 영향을 받고 있다. 따라서 개인체계를 넘어서 대인관계라는 환경을 고려하지 않을 수 없다. 문제행동은 개인의 문제가 아니라 가족 또는 보다 넓은 맥락 속에서 이해되어야 한다고 강조되었다. 이 같은 가족상담 사례개념화의 공통분모를 가지고 각 모델이 문제를 바라보는 인식, 지향하는 상담목표와 주요 개념을 포함하여 사례를 이해하는 것이 필요하다.

여기서는 임상현장에서 자주 사용되는 다세대 모델, 경험적 모델, 구조적 모델, 해결중심 모델, 내러티브 모델을 중심으로 문제에 대한 인식, 상담목표, 도움이 되는 개념을 〈표 13-2〉에 정리하였다.

표 13-2 가족상담 모델의 핵심적 개념

	다세대 모델	경험적 모델	구조적 모델	해결중심 모델	내러티브 모델
문제에 대한 인식	• 불안의 산물 • 다세대를 거친 정서적 융합의 결과	• 성장과정 중의 일시적 실패 • 환경요인에 의한 성장지연	역기능적 가족구조	문제를 확대하여 가족 스스로 해결할 수 있는 능력을 일시적으로 상실	사회적 담론에 의한 빈약한 이야기
상담 목표	• 자아분화 • 탈삼각화	• 가족 구성원의 성장 • 자존감 회복을 통한 가족체계의 안정과 통합	문제를 유지시키는 가족유형의 차단을 통한 구조변화	이전 경험을 토대로 한 문제의 해결방안 구축	삶의 주인이라는 주체의식을 가지고 새로운 이야기 창조
사례 개념화를 할 때 도움이 되는 개념	• 자아분화 • 삼각관계 • 핵가족정서과정 • 가족투사과정 • 다세대전수 • 형제순위 • 정서적 단절 • 사회적 정서과정	• 가족규칙 • 의사소통 방법	• 경계선 • 제휴 • 권력	• 내담자의 기대 • 문제에서 벗어난 예외탐색 • 적용 가능한 해결방안	• 이야기를 이끌고 있는 줄거리(plot)의 이해 • 내면화된 담론 • 담론에서 벗어난 독특한 성과의 탐색

　　가족상담 사례개념화를 통해 문제에 가려서 보이지 않던 가족의 탄력성, 강점을 보다 파악할 수 있으며 이는 가족에게 희망을 주고, 그 희망이 상담 이외의 과정에 변화로 이어지는 결과를 초래할 수 있다. 이처럼 가족상담 사례개념화는 가족의 역기능적 관계를 파악하는 것이 아니라, 가족에게서 드러나지는 않지만, 그 배경에 존재하는 탄력성이나 강점을 이끌어 내는 데 있다.

제14장

가족상담 개입의 실제적 문제

상담자들은 특정한 개입방법을 선택할 때 과정과 내용, 타이밍, 그리고 가족들의 불안 수준을 고려해야 한다. 개입은 대화 또는 상호작용의 과정이나 내용에 초점을 맞출 수 있다. 상담자가 어떤 상담모델을 선택하든지 간에 상담관계는 상담의 성패에 중요한 영향을 미친다. 여기서는 상담을 진행하는 과정의 절차나 예상되는 어려움에 대해 다루고자 한다.

1. 상담 전 고려해야 할 사항들

상담자는 내담자와 만나기 전에 상담과정을 어떻게 운영할 것인가에 대한 나름대로 지침을 세워야 한다. 예를 들어, 상담에 누구를 참석시킬 것인가, 어떤 형태의 상담계약을 할 것인가, 가족의 특별한 요구에 어떻게 대응할 것인가에 대한 것들이다. 가족을 만나기 전에 상담의 진행방법에 대해 미리 정리해 보는 것은 초보 상담자에게는 상담과정에서의 불안을 감소시킬 수 있어서 바람직한 상담관계를 형성하는 데 도움이 된다.

1) 가족체계의 명료화

상담하러 오는 가족 중에는 현재 자신들에게 어떤 도움이 필요한지에 대해 분명한 생각을 가지고 오는 경우가 있다. 그런데 이러한 생각은 대부분 가족문제를 이해하는 그들 나름의 잘못된 견해에 기초하기도 한다. 예를 들어, "우리 아이는 지나치게 산만해서 ADHD같아요. 그러니까 선생님이 이 아이가 집중할 수 있도록 해 주세요."라고 요구하는 어머니가 있다. 이러한 요구는 내용보다 과정을 통제하려는 의도가 담겼으므로 상담자가 어머니의 이 같은 요구를 그대로 받아들이면 상담을 성공으로 이끌 가능성은 그만큼 낮아진다. 그러나 상담자가 상담 초기부터 가족이 가진 견해를 부정하고 정면으로 대립하면 그들은 상담에 오지 않을 것이다. 따라서 상담자는 상담 초기에 지금 무엇이 일어나는지를 상실하지 않는 범위에서 가족의 관점을 따라가는 것이 바람직하다. 어느 정도 시간이 지나 가족과 상담자 사이에 라포나 신뢰감이 형성되어 가족과 신뢰관계가 형성되면 상담자의 견해를 언급하는 것이 바람직하다. 이때 가족의 유형에 따라 상담자는 한 단계 낮은 자세(one down position)에 서거나 역설적인 방법을 사용하기도 한다. 이러한 과정을 통해 문제를 바라보는 가족의 관점이 바뀔 수 있다. 문제에 관한 관점 전환은 가족들에게 융통성을 가르쳐 주며 상담이 진전됨에 따라 문제해결능력을 높일 수 있으므로 중요하다.

그러나 대부분의 가족은 가족상담에 대한 분명한 생각 없이 상담에 임하기 때문에 자신들이 어떻게 행동해야 할지 몰라 불안해하거나 상담자에게 방어적이거나 상담을 거부하기도 한다. 따라서 상담자는 초기면담을 할 때 가족상담의 과정과 목적을 설명함으로써 가족의 두려움을 완화시켜 안심하도록 돕는 것이 중요하다. 이것은 가족상담의 구조나 의미에 대한 개관하는 효과도 있다.

　가족들은 상담의 여러 단계를 거치면서 가족체계에 관한 개념을 자주 듣는다. 초기단계에서 가족체계 개념은 가족상담과 개인상담의 차이를 이해하는 용어로 가족들에게 사용된다. 상담 중반부에는 이것이 증상이나 가족문제의 재명명으로 활용하기도 한다. 종결단계에서는 가족 내에서 무엇이 변했는지를 명료화하는 데 도구로 사용된다. 이처럼 필요에 따라 가족체계 개념은 다양하게 정의되면서 사용된다. 경우에 따라서는 가족체계를 모빌과 같은 비유로 설명하는 것이 도움이 된다. 이것은 하나가 흔들리면 다른 것도 모두 흔들리는 모빌처럼 가족이 서로 연결되었다는 의미를 함축한 항상성의 개념을 포함하기도 한다. 이처럼 상담자가 가족체계를 정의하는 다양한 개념을 가지고 있다면 가족들도 그것을 보다 쉽게 이해할 수 있다.

2) 상담에 참가하는 가족범위

　가족을 처음 만날 때 중요한 것은 평가를 위한 첫 회기에 가족 전원이 참석해야 한다는 점을 납득하지 못하는 가족에게 이해할 수 있는 설명을 하는 것이다. 특히 가족들이 상담자가 자신들의 문제 상황을 제대로 알지 못해서 가족 모두를 만나려고 한다고 생각할 때 가족참여의 이점을 설명하는 것은 도움이 된다. 특히 상담을 회피한다고 판단되는 경우 유용하다. 부모들처럼 가족 중 중요한 위치를 차지하는 가족이 자신들이 문제행동과 무관하지 않다는 것을 이해한다면 가족 모두가 상담과정에 참여하는 것에 대한 저항은 사라질 것이다. 또한 가족들에게 잘 기능하는 가족이 앞으로 진행될 상담과정에 도움을 줄 수 있기 때문에 함께 만나는 것이 상담을 성공적으로 끝낼 수 있다는 점도 부각할 필요가 있다.

　상담 초기에 한 사람 또는 그 이상의 가족이 소극적으로 참여하거나 참여를 거부하는 경우도 자주 볼 수 있는데, 상담 중반부에는 탈락으로 이어지기도 한다. 상담자는 참여거부를 다양하게 다룰 수 있으나, 참여를 원치 않는 어떤 가족의 거부는 어떤 형태로든 가족문제와 연결되었다는 점을 간과해서는 안 된다.

상담에 참석하지 못하는 가족이 있을 경우에는 비협조적이라고 단정 짓지 말고, 참여할 수 없는 다른 이유가 있는지를 파악할 필요가 있다. 어떤 이유로 참여하지 않느냐에 따라 다양한 전략이 중요하다. 비협조적인 이유로 상담에 오지 않는다면, 비협조적인 가족이 상담에 참여할 수 있는 방법을 모색하는 것이 좋다. 그러나 물리적으로 참여가 곤란한 가족의 경우에는 자칫 희생양이 될 수 있기 때문에 상담자는 이 같은 문제가 생기지 않도록 현재 그 자리에 없는 가족을 위한 배려가 필요하다. 예를 들어, 현재 참석하지 못한 가족을 위해 빈 의자를 준비할 수 있으며, 상담을 진행하면서도 참석하지 못한 가족의 의견을 추론할 수 있도록 가족들에게 순환적 질문을 하는 것이 바람직하다. 때로는 참석하지 못한 가족에게 편지나 전화 등으로 상담 내용을 전할 수도 있다.

호소문제는 자녀 또는 부부관계에 관한 것인데, 부부 중 한쪽이 출석을 거부하는 경우에는 부부 또는 부모로서 기능하는 데 어려움이 있을 가능성이 있다. 처음부터 어느 한쪽이 참가하지 않는 경우, 상담자는 참석하지 않는 배우자와 의사소통할 수 있는 방안을 모색하는 것이 필요하다. 그리고 이러한 접촉은 한 단계 낮은 자세로 접근하는 것이 바람직하다. 즉, 상담자가 문제해결을 보다 효과적으로 하기 위해서 가족에 대해 상담자보다 많은 걸 알고 있는 그의 참여가 필요하다고 전하는 것이다. 이것은 전문가인 상담자로서 요구하거나 그 사람이 문제의 일부라고 알리는 것보다 훨씬 설득력 있게 받아들일 수 있다.

때로는 사춘기 자녀가 상담을 거부하는 경우도 있다. 또는 부모가 문제는 특정 아이에게 있으니까 다른 자녀들을 상담에 포함할 필요가 없다는 이유로 다른 자녀를 데리고 오지 않으려 한다. 상담을 거부하는 쪽이 자녀인 경우에는 비교적 해결이 간단하다. 상담자는 부모에게 자녀가 상담하러 오는 것이 바람직하다고 판단하면, 충분한 대화를 통해 자녀가 상담하러 오도록 해야 한다고 부모를 이해시킨다. 그러나 부모가 자녀의 참여를 원치 않는 경우에는 다양한 가능성을 생각해야 한다. 부모는 그들이 가진 문제는 현재 문제행동을 보이는 자녀에게 있다고 보기 때문에 다른 자녀가 참여하는 것을 막고 싶거나 다른 가족을 상담에 참여시켜 자신들이 가진 가설이 흔들리는 것을 두려워하고 있는지도 모른다. 부모들이 특정 자녀를 상담에 참여시키고 싶지 않을 때는 대부분 나름대로 이유를 댄다. 이처럼 부모가 다른 자녀가 상담에 참여하는 것을 원하지 않을 때는 원론적으로 접근하는 것이 바람직하다. 즉, 초기 면담에서 가족 전원이 함께할 때 유용한 점이 무엇인지를 설명한 후, 첫 면담 이후 누가 참여할 것인가 등은 앞으로 논의가 가능하다는 점을 알린다. 무엇보다 상담자로서 가족 모두를 만나서 가족에 대해 보다 많은 이해를 하고 싶다는 점을 강조하는 것이 바람직하다. 또한 상담자는 가족이 말하고 싶지 않은 정보를 무리하게 알려고 하지 않을 것이라는 상식적인 사실도 강조할 필요가 있다.

어린 자녀를 상담과정에 참여시킬지의 여부를 결정하는 것도 중요하다. 저자의 견해로는 기본적으로 어린 자녀를 상담과정에 참여시키는 것이 여러 가지 면에서 도움이 된다고 생각한다. 어린 자녀는 의외로 좋은 정보 제공자가 될 수 있다. 아이들은 모든 것을 솔직하게 말하기 때문에 가족구조를 파악할 수 있는 뜻하지 않은 정보를 제공하기도 한다. 그러나 이러한 이점이 있는 반면, 어린 자녀를 가족상담에 참여시키면 여러 가지 문제도 뒤따른다. 그중 가장 큰 어려움은 어린 자녀와의 의사소통문제이다. 그러므로 상담자는 어린 자녀가 자신의 내적 세계에서 무엇이 일어나는가를 표현하는 데 도움이 되는 여러 가지 통로를 알고 있어야 한다. 모래상자, 퍼펫, 인형과 같은 놀잇감은 유용한 보조기구가 될 수 있다. 일부 상담자는 어린 자녀가 자신이 가진 가족의 판타지를 놀이 형태로 투사하도록 가족놀이치료 등을 활용하기도 한다.

어린 자녀가 면담에 참석한다면 이름이나 나이 등의 일상적인 대화를 통해 상담 초기부터 적극적으로 상담과정에 포함시키는 것이 바람직하다. 특히 상담자는 어린 자녀에게 상담에 참여한 것에 대해 언어적, 비언어적으로 자주 관심을 드러내야 한다. 이러한 방법을 통해 어린 자녀가 상담자를 자신의 기분을 이해해 주며 자신의 수준에 다가올 수 있는 사람으로 인식하는 것이 중요하다. 부모의 입장에서 보면 자신의 자녀에게 친절한 사람에게는 호감을 가질 수 있으므로 이런 점에서도 상담자는 어린 자녀와 좋은 관계를 유지할 필요가 있다. 또한 상담자가 상담과정에서 부모 자녀의 상호작용을 직접 관찰할 수 있다. 필요하면 부모에게 상담자와 어린 자녀의 상호작용을 보여 줌으로써 성인과 아동의 바람직한 모델을 제시할 기회를 제공하기도 한다. 그러나 이때 상담자가 보이는 자녀와의 긴밀한 접촉이 부모의 권리에 상처를 주지 않도록 항상 부모의 권위를 존중해야 한다. 이처럼 자녀를 가족상담에 포함하면 내용 면에서는 물론 가족의 상호작용이나 대인관계를 파악하는 데 도움이 된다.

첫 회기에 전 가족이 모두 오는 경우는 생각보다 많지 않다. 상담자들이 처음에는 개인이나 커플, 또는 부모 중 한 사람과 자녀 등, 체계의 일부와 접촉하는 것이 일반적이다. 대부분의 상담자들은 첫 회기 또는 두 번째 회기에 상담에 참여하지 않은 가족 구성원을 상담에 참여시키려는 시도를 한다. 내담자에게 다른 가족 구성원들을 초대하라고 요청하기도 하고 상담자가 그들을 참여시키기 위하여 직접 가족 구성원들과 접촉하기도 한다.

3) 상담계약

상담자는 가족과 상담과정에서 무엇을 다룰 것인지 계약을 맺는 것이 바람직하다. 이러한 계약은 상담자가 선택한 다양한 개입방법의 효율성과 가족에게 일어나는 변화를 정확하게 평가할 수 있는 기회를 제공한다. 가족에게도 자신들의 변화를 가늠하는 데 사용될 기준을 가지는 것이므로 도움이 된다. 목표 달성 여부를 평가하기 위한 기준설정은 그것 자체만으로도 가족에게 치료적 의미를 가질 수 있다. 또한 가족은 계약을 협상하는 과정에서 상담자의 다양한 질문에 대답해야 하는데, 이런 과정은 상담자에게 가족의 상호작용을 관찰할 수 있는 기회이다. 상담기간과 빈도, 상담에 대한 가족의 기대는 계약을 협상하는 동안 결정되어야 한다. 이것은 가족들에게 앞으로 일어나는 모든 것은 자신들이 계획한 범위에서 이루어진다는 자각을 하는 데 도움이 된다.

상담계약에는 예정된 상담의 횟수와 간격, 상담시간, 참석하는 사람, 상담목표, 상담비용 등을 포함한다. 또한 상담목표를 통해 앞으로 언급될 문제를 구체화함으로써 상담과정에서 상담자가 그들의 문제를 해결해 줄 것이라는 수동적인 생각에서 벗어나도록 한다. 상담횟수의 언급은 내담자에게는 상담이 무한정 이어질 것이라는 그들의 인식을 바꿀 수 있기 때문에 중요하다. 상담횟수는 변화를 가져오기 위해 필요하다고 생각하는 기간에 따라 상담자와 내담자가 함께 정할 수 있다. 그리고 기간에 가족과 상담자가 해야 할 역할을 정한다. 이처럼 계약에서 횟수를 한정하는 것은 가족에게 현재의 어려움에도 출구가 있다는 점을 확인시키는 셈이다. 바꾸어 말하면 가족들을 계속해서 누군가의 도움이 필요할 것이라는 절망감에서 벗어나게 하는 이점이 있다. 그 밖에 계약에서는 상담과정에서 이루어진 것은 상담실 밖에서 말하지 않는다는 것, 예약된 상담에 오지 못할 경우와 같이 예외적인 상황에 대해서도 먼저 합의하는 것이 치료적으로 유용하다. 사전통고 없이 상담약속을 파기한 경우에 가족이 상담비용을 부담해야 하는 이유를 이해시키는 것도 중요하다. 그러나 계약을 통해 가족과 상담자가 만나서 추구해야 하는 변화를 명확히 서술하는 것이 무엇보다 중요하다. 이것을 명확히 이해시키지 않으면 상담이 성공할 확률은 적다.

4) 개인상담의 수락 여부

가족 중 한 명이 개인상담을 요청할 경우에는 먼저 그러한 제의를 하는 개인의 의도와 그에 대한 나머지 가족의 의견을 확인한다. 만일 개인상담을 원하는 의도에 다른 가족이 부정적인 생각을 가지지 않았다면 상담자가 여러 가지 상황을 고려해 개인상담을 할 수 있다. 이때 상담자가 고려해야 할 조건은 다음과 같다.

첫째, 개인상담이 가족상담에 미칠 영향을 고려한다.

둘째, 상담자가 개인상담의 목적과 의도를 모든 가족과 나눌 수 있는지의 여부를 확인한다. 개인상담에서 다루는 내용을 다른 가족에게 알려도 좋은지, 필요할 경우에는 가족상담에서 참고할 수 있는지의 여부를 확인한다.

셋째, 가족이 가족상담과 개인상담의 비용을 함께 책임질 수 있는지의 여부를 확인한다. 개인상담을 반대하는 가족이 있을 때 그 해결은 상담자가 아닌 가족에게 맡기는 것이 바람직하다. 상담자는 이와 같은 문제해결 과정을 관찰하면서 가족관계의 구조와 상호작용에 관한 다양한 정보를 얻을 수 있다.

경우에 따라서는 상담자가 먼저 개인상담을 제안하기도 한다. 이 경우에도 가족상담에서 먼저 어떤 가족 구성원에게 개인상담을 하려는 상담자의 의견을 알리는 것이 좋다. 이처럼 다른 가족이 반감이나 의혹을 해소한 후 개인상담을 진행해야 한다. 어떤 상담자의 경우에는 특정 가족과 유대를 증진시키기 위해 개인상담을 고려하는데, 저자의 견해로는 개인상담은 어디까지나 전체 가족상담의 효율성을 높이는 범위에서 이루어져야 한다.

5) 비밀유지

가족상담의 중요한 특징은 개방성을 촉진하는 것이다. 그러나 가족 전원이 상담에 임하면서 때로는 어떤 문제나 정보에 대해 가족 내에서 비밀로 해야 하는 경우가 있다. 이 같은 비밀유지는 상담자에게 어려운 문제이다. 일반적으로 상담자는 스스로 바람직한 의사소통의 모델을 보이면서, 가족끼리의 정보가 공유될 때 그것에 긍정적인 의미를 부여함으로써 자유롭고 솔직한 의사소통을 장려한다. 예를 들어, 한 사람이 다른 사람을 비판할 때 상담자는 "나는 당신이 그런 기분을 정직하게 말하려고 결심한 것에 감탄합니다."라고 언급한다. 즉, 행동이나 언행 그 자체보다 그것의 이면에 있는 의도에 긍정적인 의미를 부여한다. 가족상담에서는 상담과정에서 드러난 여러 가지 정보를 가족 전원과 공유할 수밖에 없다. 이와 같은 특성 때문에 어떤 가족은 자신이 상담과정에 참여하지 못할 때, 상담과정에서 무슨 일이 일어났고 누가 어떤 발언을 했는지 궁금해하는 경우도 있다. 상담 초기에 이 점에 대해 명확히 하는 것이 도움이 된다. 특히 지금까지 정보를 공유하기 어려웠던 가족이거나 서로에게 효과적인 의사소통을 한 경험이 없었던 가족에게는 더욱 필요하다.

때로는 어떤 가족은 상담자가 자신에게 보다 많은 관심을 가지기를 원해 상담과정 이외의 형태로 정보를 주려고 한다. 즉, 상담자에게 전화하거나 상담이 끝난 후 상담자를 밖으로 끌고 가 개인적으로 이야기하고 싶어 한다. 어떤 경우에는 다른 가족 앞에서 상담자와 따로 이야기하고 싶다고 요구하기도 한다. 상담자는 이러한 행동의 의미를 신중하게 고려해야 한다. 개인상담을 할 것인가 또는 전화가 왔을 때 어떻게 대응할 것인가는 가족체계에 대한 이해를 근거로 결정하는 것이 바람직하다. 상담과정에서 이러한 문제를 다룰 수 있다면 이상적이다. 예를 들어, "지난주에 어머니가 나가시면서 요즘 제게 아이에게 이상한 버릇이 생겼다고 말씀하셨는데, 전 그걸 통해 어머니가 아이에게 얼마나 관심이 많은지 알 수 있었어요. 오늘은 먼저 그런 어머니의 걱정에 대해 이야기해 볼까요?"라고 표현하는 것이다. 이처럼 개인이 언급한 이야기를 가족 전체에서 언급함으로써 그러한 행위에 대해 긍정적인 의미를 부여함과 동시에, 그 행위가 가진 바람직하지 않은 효과는 제거할 수 있기 때문에 유용하다. 때로는 상담자가 가족 하위체계와 시간을 갖거나 상담시간의 일부에 그들과 만나는 경우가 있다. 그때 가족이 자신들과 나눈 상담내용을 다른 가족들에게 알리지 않도록 요구할 수도 있다. 이 같은 경우를 대비하여 상담계약을 맺을 때, 필요에 따라 상담자는 특정 가족과 비밀을 가질 수 있으며 그 내용은 다른 가족에게 말하지 않을 수 있다는 점에 대해 미리 가족의 동의를 얻는 것이 중요하다.

2. 첫 회기 상담과정

상담자가 가족을 돕기 위해 먼저 접촉하는 사람은 도움을 원하는 가족 구성원이다. 따라서 여기서는 상담자가 첫 회기 면담과정에서 가족과 접촉할 때 생기는 여러 가지 상황에 대해 언급하려 한다.

1) 전화에 의한 사전 상담

가족상담은 다른 심리치료에 비해 초기 전화 상담을 중요시하여 훈련된 전문가가 접수면담을 시행하기도 한다. 왜냐하면 전화 상담을 통해 상담자는 첫 회기의 상담에 누가 참석해야 하는지를 명확히 전달하여 상담의 방향과 구조를 확립시킬 수 있기 때문이다. 자녀의 문제로 전화하는 어머니는 대부분 먼저 자신이 혼자 와서 의논하고 싶다고 말한다. 이때 만약 훈련받지 않은 사무직원이 전화를 받으면 사무적으로 상담시간을 정하는 것으로 끝날 것이다. 이것은 결국 어머니의 뜻을 받아들이는 결과가 될 것이고, 나중에 참석할 남편이나 자녀는 상담자와 어머니 사이에 이미 어떤 불공평한 연합이 형성되었다고 생각할 위험이 따른다. 그러나 훈련된 상담자가 전화를 받으면 첫 회기 상담에 누가 참석해야 할지에 대한 이야기를 나눔으로써 이때부터 상담의 구조와 방향을 설정할 수 있다. 상담자는 어머니에게 임상경험에 의하면, 가족의 신뢰가 필요하기 때문에 첫 번째 만남은 가족 모두가 참석하는 것이 도움이 된다고 전할 수 있다. 혼자 오려는 어머니의 감정을 상하게 하지 않으면서도 모든 가족이 참석하도록 권유할 수 있다. 다음은 그와 같은 반응의 예이다.

> "문제가 아이에게 있다는 것과 남편이 그 아이에 대해 별로 신경을 쓰지 않는다는 것은 지금까지 어머니의 말씀을 통해 충분히 알았습니다. 그런데 제 경험에 비추어 보면 첫 상담 때는 모든 가족이 참석하는 게 바람직합니다. 다행히 어머니는 변화하려는 의지가 강해 제가 충분히 도울 수 있다고 생각합니다. 이게 중요합니다. 학교에서도 아이가 상담에 올 수 있도록 조퇴를 허락해 줄 것입니다. 여기 오시는 것을 남편분이 내켜 하지 않으면서 뭐라고 하시면 제게 전화해도 좋습니다. 물론 저는 어머니를 혼자 만날 수도 있지만, 그건 첫 상담 이후에 결정하고 싶습니다. 첫 만남은 모든 가족이 함께 만나는 게 무엇보다 중요하니까요."

저자의 경험에 미루어 보면, 상담자가 이같이 요청했을 때 협조를 거절하는 가족은 극히 드물다. 왜냐하면 이런 형태의 메시지에는 모든 사람의 참석과 협조를 통해 상담자가 자신들을 얼마나 돕고 싶어 하는지가 잘 드러나기 때문이다. 또한 상담자의 능력에 대한 믿음도 생겨서 상담을 받으러 오는 가족의 입장에서도 앞으로 만날 상담자는 유능하다고 느낄 수도 있다. 상담 이전에 이처럼 가족에게 상담자에 대한 신뢰감을 심어 줄 수 있다면 그 이후 진행되는 상담과정에 많은 도움이 될 수 있다.

상담자는 일단 첫 상담에 가족이 모두 참석하면 전화를 나눈 가족 구성원에게 "일전에 전화로 나누었던 이야기를 여기서 다시 한번 해 주시겠어요?"라고 부탁하면서 상담을 시작한다. 이처럼 전화를 걸었던 사람에게 이전에 나누었던 이야기를 반복하게 하는 것은 모든 가족이 문제를 공유한다고 느끼게 하는 이점이 있다. 그리고 다른 가족들이 가지는 염려와, 이전에 어떤 대화가 오갔는지 모르기 때문에 어떤 말을 해야 할지를 주저하면서 느끼는 불편함을 줄일 수 있다. 또한 그것은 가족들이 함께 이해하는 것이 얼마나 유익한지를 알려 줄 기회가 되기도 한다. 상담자는 전화를 건 사람의 설명을 경청한 후, 그가 말한 내용의 요점을 명확히 하거나 혹시 빠진 것이 있으면 다시 상기시킬 수 있다.

2) 문제의 명료화

상담과정에서 만나는 가족은 종종 여러 부분에서 조각난 것처럼 느껴진다. 그들은 자신들의 문제에 대해 서로 의견을 달리하기도 하며 문제에 대한 감정의 강도도 차이가 있다. 따라서 상담자는 제시된 문제를 명료화하려는 노력을 하지 않으면 자칫 자신이 만나는 가족이 기능적으로 장애가 있다고 판단해 잘못된 방향의 상담을 전개할 수 있다.

가족과 상담자의 첫 만남은 서로가 어색하거나 다소 긴장되기 때문에 일상적인 대화를 통해 그들이 느끼는 불안감을 해소하려고 한다. 그렇다고 이같은 사교적인 대화를 길게 할 필요는 없다. 어떤 시점이 되면 "무엇이 여기오게 했지요?"라는 질문을 통해 지금까지의 일상적인 대화에서 왜 가족상담을 받으러 왔는지에 대한 화제로 초점을 전환해야 한다. 상담자가 이렇게 물어보면 가족들은 가족문제가 무엇인지를 말해야 하는 신호로 받아들일 것이다. 어쩌면 가족은 오히려 가족상담에 왜 왔으며, 자신들이 겪는 문제가 무엇인지 물어 줄 것을 기대하는지도 모른다. 왜냐하면 상담경험이 없는 가족들은 TV나 영화에서 보았던 정형화된 상담장면을 떠올릴 텐데, 그런 장면의 대부분은 그들이 왜 거기에 있으며, 그들이 겪는 문제가 무엇인가에 대한 질문에서 시작되기 때문이다.

상담자는 가족상담을 원하는 가족과 처음 만나면, 가족상담에 대해 정확한 이해를 할 수 있도록 설명하는 것이 필요하다. 가족상담은 일반적으로 함께 생활하는 가족 전원과 만나는 것에서 시작되는데, 다른 전문가에 의해 가족상담을 권유받은 가족은 상담자가 왜 가족 전원을 만나야 하는지를 이해 못하는 경우가 많다. 따라서 상담을 받으려는 가족과 처음 만나서 가족이 함께 상담에 참석하는 것이 어떻게 중요한지에 대한 이유를 설명하는 것이 필요하다. 즉, 개인의 문제는 그들이 일부분으로 몸담은 가족의 맥락에서 보다 잘 이해할 수 있다고 설명한다. 그리고 한 사람의 가족이 보이는 행동은 필연적으로 다른 가족에게 영향을 준다는 점과 다른 가족이 문제해결의 일부가 될 수 있다는 점을 이해시킨다.

문제가 무엇인지 잘 정리되면 반은 해결된 것이라는 말이 있듯이 현재 가진 문제를 명료화하는 것은 임상적으로 중요한 단계이다. 상담자는 가족들에게서 언급된 여러 가지 문제를 들을 수 있으나, 동시에 언급되지 않는 문제들도 관찰해야 한다. 문제를 명료화하는 과정에서 가족이 드러내는 파괴적인 상호작용을 적절히 다룬다면 가족은 상담자의 전문성을 신뢰할 수 있을 것이다. 또한 문제를 명료화함으로써 가족은 자신들이 문제에 어떻게 개입되었는지 이해할 수 있다.

가족에게 현재 어려움을 주는 가족문제의 윤곽을 그리게 하는 것은 종종 상담의 첫 개입이 될 수 있다. 가족문제를 명료화하는 것은 가족이 경험하는 혼란에 자신이 어떤 기여를 했는지 이해하게 하며, 그것은 치료적으로 도움이 된다. "남편이 아이들과 좀 더 잘 지내기를 원해요."라는 진술은 문제를 보다 특정한 행동적인 용어로 정의할 때, 해결에 좀 더 다가갈 수 있다. 예를 들어, "남편이 아이들을 포함한 가족 모두가 일주일에 세 번은 저녁식사를 같이 하길 원해요."라고 표현하는 것이다. 이것은 그들의 문제를 가족이 실천할 수 있는 정도의 조각으로 나누는 것으로 성공을 위해 모든 가족이 무엇을 해야 할지 깨닫게 하는 데 유용하다. 상담자가 해야 할 일은 성취감을 맛볼 수 있는 조각을 골라낼 수 있도록 가족을 돕는 일이다.

문제를 명료화하기 위해서는 각 가족 구성원이 문제가 무엇이며, 변화할 필요가 무엇인지에 대해 표현할 기회를 가질 수 있어야 한다. 문제의 윤곽을 명확히 하는 것은 상담의 초점이 바뀌어야 한다는 비유적인 메시지의 전달이다. 그리고 나서 두 번째 회기 이후의 상담과정은 "우리가 지난번 만난 이후, 무엇이 변화되었나요?"라는 질문으로 시작한다. 이 질문은 변화 과정에 대한 책임이 가족에게 있다는 점을 암시하는 것이어서 가족이 변화를 위한 자발성을 갖게 하는 데 도움이 된다.

문제를 명확히 할 때 '왜, 지금'은 중요하다. 대부분의 경우 제시된 문제는 정확하지 않으며 오랜 기간 지속된 것이다. 그런데 가족들이 이 시점에서 상담을 원하는 것은 지금 문제를 해결하려는 의도를 가졌다는 점에서 중요한 정보이다. 이런 과정에서 가족 각자가 생각하는 문제는 무엇이며, 어떻게 변해야 하는지를 표현하도록 한다. 상담자는 무엇이 변해야 하는지를 정의하는 과정에서 가족의 관점이 변해야 한다는 중요한 메시지를 전달할 수도 있다.

상담자는 가족들이 문제를 이야기하는 동안 누가 먼저 이야기하는가, 가족들이 호소하는 문제 이외의 다른 것에 관해서도 이야기하는가, 특정 가족이 이야기를 방해하는가, 가족 중 연합을 이루는 가족이 있는가, 가족 중 누가 힘을 가졌는가 등을 파악해야 한다. 또한 가족과 상담하면서 가족구조와 기능과 증상에 관한 가설을 검토할 수 있어야 한다.

마지막으로, 문제에 대한 가족의 지각을 결정짓는 것이 무엇인가를 고려하는 것이 필요하다. 그런데 상담자는 이 부분을 평가할 때 부정적 행위의 용어를 감정의 표현으로 바꿀 수 있는 능력이 있다면 도움이 될 것이다. 예를 들어, 어떤 가족이 다른 가족의 문제를 '나쁜'이라는 용어로 단정할 때, 상담자가 그 문제를 '슬픈'이라는 표현으로 바꿀 수 있도록 돕는 것이다. 문제를 바라보는 관점을 이렇게 변화시킬 수 있다면, 문제해결로 이어질 가능성은 한층 더 높아진다.

3) 가족과 관계 형성

관계를 확립하는 것은 상담자와 가족이 서로의 정서를 공유한다고 느끼기 시작하는 복잡한 과정이다. 치료적 관계가 확립되면 가족 변화라는 부수적인 효과를 기대할 수 있다. 가족은 과거의 상담 경험을 토대로 현재 만나는 상담자에게도 이전의 다른 전문가와 같은 방식의 관계가 맺어지기를 기대할지 모른다. 따라서 상담자가 가족에게 이번 가족상담에서 새로운 관계가 필요하다는 사실을 일깨우지 못하면 그 상담은 성공할 수 없을 것이다. 로저스(C. Rogers)는 상담자의 필요충분조건으로 수용, 공감적 이해, 진실성을 언급했는데, 미누친에 의하면 이것은 가족상담의 초기단계에서 더욱 필요하다. 상담 초기단계에서는 가족이 자신들의 문제를 노출하도록 돕기 위해 상담자가 직면보다 수용적 자세를 보여서 가족이 안전하다고 느끼게 하는 것이 필요하다. 또한 가족들은 이러한 공감 이외에 보다 명확한 안내와 충고를 기대하기 때문에 상담자는 이들에게 자신들의 문제해결에 도움을 줄 수 있는 전문가로 인식될 필요가 있다. 상담자의 자기확신은 가족이 상담자를 신뢰하는 데 결정적인 역할을 할 수 있다.

상담의 초기단계에서는 라포의 확립이 중요하다. 따라서 최초의 면담, 때로는 2, 3회까지 면담의 중요한 목적은 라포의 형성이며, 이것은 상담과정 전체를 통해 지속되어야 한다. 라포는 서로 이해하며 조화를 이룬 상태라고 정의할 수 있다. 공감적 관계를 가지면서 서로에게 따뜻함을 느끼는 것이다. 구조적 접근에서 말하는 합류는 상담자가 가족이나 가족체계와 직접적인 관계를 맺으려 할 때 사용되는 행동기법이라는 것은 이미 설명한 바 있다. 그런데 상담자는 가족체계에 합류하기 위해서 가족의 조직과 유형을 받아들이고 거기에 융합될 수 있어야 한다. 예를 들어, 권위적인 아버지가 있는 가족의 경우에는 먼저 아버지에게 질문을 하거나 또는 다른 가족에게 질문할 때도 아버지의 동의를 얻어서 질문을 하는 등 상담자가 가족이 가진 기존의 질서 속으로 들어가는 것을 의미한다.

안정된 물리적 환경은 라포를 확립하는 데 도움이 된다. 비언어적 요소 중 가장 중요한 것은 상담자의 행동이다. 라포를 형성하려는 사람의 행동에 자신의 행동을 조화시키는 것이 라포 형성에 도움이 된다. 예를 들어, 가족의 자세나 움직임, 언어의 사용 속도나 크기를 맞출 때 라포 형성은 쉽게 이루어진다. 그렇지만 상담자의 태도를 라포를 형성하려는 사람의 모든 행동에 맞출 필요는 없다. 오히려 지나치게 세심한 배려 때문에 상대가 침범당한다는 느낌이 들지 않게 하는 것이 중요하다. 가족상담의 경우 상담자는 모든 가족의 행동에 맞추기 어렵기 때문에 가족들의 공통된 행동을 찾아내는 것이 유익하다. 또는 가족과 만날 때, 가족 각자의 행동에 차례로 적응하는 것도 바람직한 방법이다.

상담자의 언어적 의사소통은 라포 형성에 도움이 되기도 하고 때로는 저해요인이 되기도 한다. 그러므로 상담자는 면담할 때 가족이 주로 사용하는 어휘에 주의를 기울이는 것이 유익하다. 즉, 상담자는 가족이 자주 사용하는 언어나 표현을 함께 사용하는 것이 바람직하다. 왜냐하면 문화나 사회계층에 따라 선택하는 어휘가 다르기 때문에 상담자가 가족이 익숙하지 않은 언어를 반복해서 사용한다면 라포 형성에 도움이 되지 않을 것이다. 같은 의미에서 라포를 형성하는 또 다른 방법은 가족과 만나는 초기단계에는 가족이 가진 관점을 무시하지 말고 그것을 받아들이는 것, 상담자 자신은 상대적으로 낮은 위치에 서는 것, 상담자와 가족이 공통으로 나눌 수 있는 경험이나 관심을 이야기하는 것 등이다.

4) 상담목표의 설정

목표설정은 가족뿐만 아니라 상담자에게도 중요하다. 모든 상담기법은 목표를 명확히 할 때 진전이 빠르다. 어떤 결과를 추구하는가를 명확히 정리하지 못하면 결과의 성공 여부를 판단하기 어려울 것이다. 또한 상담자는 목표를 구체화함으로써 가족이 상담에 대해 가질 수 있는 지나친 기대나 환상에서 벗어날 수 있다. 그러나 상담목표는 상담이 진행되면서 계속 수정될 수 있다는 점을 간과해서는 안 된다. 예를 들어, 상담자가 이 가족은 변화할 가능성이 전혀 없다고 판단하여 가족에게 부담이 되지 않는 목표설정을 해서 상담을 진행하였다. 그런데 상담회기를 거듭할 동안 상담자의 예상과는 달리 변화의 가능성을 보이는 경우도 임상현장에서는 종종 있다. 이 경우라면 이미 설정된 목표의 변경은 당연한 것이다.

목표는 모든 상담에서 중요하지만, 가족상담처럼 많은 가족이 관여하는 경우에는 특히 중요하므로, 이에 대해 충분한 검토가 필요하다. 무엇보다 상담자와 가족이 목표의 도달 여부를 어떤 형태로 알 수 있는지에 대한 합의를 하는 것이 중요하다. 그러나 가족과 합의된 목표를 도출하는 과정은 그렇게 간단하지 않으며, 특히 가족 간에 불일치가 심할 때는 더욱 어렵다.

상담목표를 확립하는 것은 가족뿐 아니라 상담자에게도 중요하다. 상담자의 입장에서 보면 목표설정은 상담개입의 영향에 대한 피드백을 얻는 데 도움이 된다. 구체적인 방향이나 초점이 없으면 상담자나 가족들이 상담효과에 대한 회의와 의문을 가지기 쉽다. 이 같은 의문이나 회의는 비생산적이어서 가족의 신뢰뿐 아니라, 상담자의 심리적 안정을 저해하기도 한다. 또한 상담목표의 확립은 가족들에게 바람직한 변화는 무엇이며 시간은 얼마나 걸려야 하는지에 대한 기준을 이해하는 데 도움이 된다. 첫 상담에서 가족들이 변화하기를 원하며 상담에서 달성되기 바라는 것에 도달하기 위한 목표를 확립하는 것이 중요하다. 명확한 목표를 만드는 지름길은 가족이 상담을 통해 달성하고 싶은 상태를 구체적으로 표현하는 것이다. 그리고 상담자와 가족이 바람직한 상태와 현재의 상태가 어떤 점에서 차이가 있는지를 분명히 할 수 있다면 상담에 도움이 될 것이다. 그러나 가족에게는 바람직한 상태를 언어화하여 명확한 목표를 만드는 것은 그다지 쉬운 작업이 아니다. 어떤 가족은 구체적인 목표를 정하는 데 의견충돌이 있을 수 있다. 상담자는 이런 경우 앞으로 모든 가족이 3회 정도 만난 후 구체적인 목표와 나아갈 최선의 방향을 정하자고 제안할 수 있다.

또한 목표란 상황에 따라서는 단기목표와 장기목표로 구분하는 것이 가능하다. 가족상담의 경우에는 목표에 다양한 가족이 관련되어 있으므로 첫 단계부터 최종의 목표를 합의하는 것은 불가능하다. 따라서 보다 판단하기 쉬운 몇 가지 목표를 단계적으로 나누어 최종목표에 달성하도록 하는 것이 바람직하다. 가족상담을 할 경우에도 단계를 밟아서 진행하는 것이 최선이다. 이때 가족에게 반드시 중간목표를 설정하도록 요구할 필요는 없지만, 중간목표를 설정해 점검해 가면 가족이 자신들의 목표에 도달할 수 있다는 희망을 가질 수 있다는 점에서 바람직하다.

평가단계에서 잠정적으로 세운 목표는 면담과정을 통해 다시 논의하는 과정을 거쳐서 상담목표로 확정된다. 그러나 때로 상담자는 가족들이 불안해하고 성급하게 좌절해 버리는 것을 막기 위해 일정 기간 내담자의 모호함을 받아들일 여유가 필요하다. 이러한 모호함을 거쳐 내담자 스스로가 자신들의 변화를 명료하게 표현할 수 있다면 치료적 의미는 높다. 또한 상담자는 이러한 과정을 통해 상담은 변화에 영향을 주기 위해 존재하며 변화의 목표가 중요하다는 것을 가족에게 인식시킨다.

5) 면담을 통한 가족 이해

가족의 역사에 어느 정도 비중을 두고 그에 대한 정보를 수집하는가는 상담자가 추구하는 모델에 따라 다르다. 그러나 상담자는 최소한 가족이 어떤 과정을 거쳐 현재에 이르렀는지를 파악하면 가족을 이해하는 데 도움이 된다. 일반적으로 부모의 출생과 그들의 어린 시절 이야기부터 가족 역사를 파악한다. 그런데 만약 부모들이 이 같은 질문에 대답하기를 주저한다면 상담자는 어떻게 지금 가족이 형성되었는지에 관심이 있으며, 단지 그 배경에 대해 이해하고 싶다고 설명한 뒤, 질문하는 것이 바람직하다. 그리고 질문은 자녀의 출생과 지금까지의 발달에 대해서도 계속 이어 간다.

대부분의 상담자는 상담 초기단계에서 가족사를 탐색하거나 가족에 대한 많은 정보를 얻기 위해 가계도를 활용한다. 가계도는 앞에서 언급한 것처럼 여러 세대에 걸친 가족에 관한 정보와 그들 간의 관계를 도식화한 것으로 복잡한 가족 상호작용의 패턴을 한눈에 볼 수 있는 이점 때문에 상담과정에서 자주 사용된다.

가족평가의 주요한 목적은 가족의 현재 기능을 이해하는 것이다. 가족 역사를 이해하는 것은 준비과정으로 필요하며, 현재 어떻게 기능하는가를 이해하는 것이 무엇보다 중요하다. 가족이 어떻게 기능하는지를 알기 위해 그 가족에게 직접 질문을 하기보다는 가족관계에서 경험한 것을 토대로 상담자가 추론하는 것이 바람직하다. 상담자가 가족관계를 파악하기 위해 가족 간의 상호작용을 직접 관찰하거나, 때로는 가족에게 서로의 관계에 대해 질문한 후 그들의 언어적 · 비언어적 반응을 관찰한다.

그러나 가족은 자신들이 어떻게 기능하는가를 적절하게 묘사하지 못하는 경우가 더 많다. 따라서 가족에게 질문할 때, 가족이 집단이나 조직으로서 어떻게 기능하는가를 질문하는 것이 아니라는 점을 분명히 전달하는 것이 필요하다. 밀란학파는 가족을 만나기 전에 상담자가 접수상담 등으로 수집한 정보를 토대로 먼저 가설을 세운 후 상담에 임했다. 이때 가설이란 입증 또는 반증을 얻기 위한 탐색의 기초로서 일시적으로 가지는 추론이다. 따라서 상담과정에서는 이러한 추론을 검증해 나간다.

상담자의 가설은 중상을 처방하거나 원인과 결과를 나타내는 직선적인 것이어서는 안 된다. 가설을 설정할 때, 하나가 다른 하나에 영향을 미치면 도미노 현상처럼 체계 전체에 영향이 파급된다는 체계론 관점을 가지는 것이 바람직하다. 즉, 전체로서 가족체계를 대상으로 삼아야 한다. 예를 들어, 어떤 청소년이 신경성 식욕부진중이라는 것만으로는 충분한 가설이 될 수 없다. 가족 간의 관계를 염두에 두고 그러한 관계가 어떻게 서로 결합하여 전체로서 하나의 가족체계를 구성하는지를 파악하는 것이 중요하다.

상담자는 이렇게 얻은 정보를 체계적으로 평가해야 한다. 이때 가족은 어떻게 기능하는가, 호소하는 문제는 그러한 기능과 관련이 있는가, 관련 있다면 어떻게 관련 있는가를 검토한다. 어떤 사례를 정형화하여 판단할 때, 중요한 문제는 가족이 호소하는 문제가 가족의 기능장애에 나타내는 정도와 개인의 신체적 요인과 같은 다른 요인에 기인하는 정도이다. 중상을 평가할 때는 그 사람의 성격특성과 가족이나 보다 넓은 사회적 맥락을 염두에 두는 것이 필요하다.

정형화된 평가도구를 사용할 때는 가족에게 왜 그러한 도구를 사용해 가족을 평가하려는지에 대한 상담자의 의도를 이해시킨 뒤 실시하는 것이 바람직하다. 즉, 이것은 단순히 사실을 나열할 뿐만 아니라, 이러한 사실과 사실 간에 존재하는 관련이 중요하다는 점을 가족이 인식할 수 있어야 한다. 때로는 상담자가 추구하는 이론적 모델을 사용해 가족에게 가족체계에 대한 설명을 할 필요도 있다. 그리고 평가 결과는 가족에게 피드백되어야 하는데, 피드백의 방식은 사례의 특성이나 상담자가 추구하는 이론적 방향에 따라 좌우된다. 그러나 모든 상담자는 그러한 과정이 가족에게 단순히 평가 결과를 전하는 것만은 아니라는 점에 동의한다. 즉, 통찰 그 자체만으로는 유익하지 못하다. 상담자는 그들의 문제를 어떻게 이해하는가를 아는 데 그치지 말고, 그것을 변화와 연결시키지 않으면 안 된다. 따라서 피드백에는 상담자 관점을 검토할 사항이나 평가 항목이 포함될 필요가 있으며, 상담의 필요 여부, 필요하면 어떤 형태의 상담을 해야 하는지도 언급해야 한다. 따라서 피드백은 상담의 시작인 셈이다.

6) 첫 상담의 종료

초기 상담이 종료될 때, 가족은 다음에 무엇이 일어날지를 아는 것이 중요하다. 상담자는 가족에게 가족상담을 계속하고 싶은지의 의향을 물어서 가족이 앞으로 상담을 계속 원한다면, 다음의 상담 일정을 정하게 된다. 그리고 상담자는 앞으로의 상담에 어떤 가족이 참여할 것인가를 논의해야 한다. 상담자는 만약 중요한 인물이 초기 상담과정에 참여하지 못했다는 것을 알게 되면 가족에게 다음 상담에 함께 올 것을 권하거나 가족과 함께 어떻게 접근할 때 올 수 있을지에 대한 의논을 한다. 경우에 따라서는 동거하지 않는 확대가족을 상담에 참여시키는 것이 필요할 경우도 있다.

3. 상담과정에서의 의사소통문제

가족 상담자들은 가족들이 나누는 대화를 통해 가족의 상호작용을 관찰함으로써 관계적 패턴을 파악하고 부정적 상호작용 패턴을 중단시키기 위해서 개입한다. 잘못된 관계 패턴들을 확인하고 중단시키는 것은 치료가 내용으로부터 과정으로 이동하는 데 도움을 주며 회기와 회기를 연결하는 끈을 제공한다. 이처럼 상담에서는 상담자와 가족 사이에 일어나는 언어적, 비언어적 의사소통이 중요한 역할을 한다. 따라서 상담자는 상담 중에 일어날 수 있는 여러 가지 의사소통의 상황을 이해하는 것이 도움이 된다. 여기서는 상담 중 의사소통문제에 관한 브록과 바나드(Brock & Barnard, 2009)의 정리를 참고로 다양한 상황에 대한 고려와 해결방안에 대해 언급하려 한다.

1) 잡담을 하는 경우

상담자는 상담 초기에 가족이 지닌 불안을 완화하기 위해 일상적인 대화를 하는 경우가 많다. 일상적 대화는 상담자와 내담자가 친숙해질 수 있는 수단이지만, 지나치게 사용할 경우 오히려 상담을 방해할 수도 있으므로 신중히 사용해야 한다. 따라서 적절한 시점에 일상적 대화의 종료를 알리는 것이 중요한데, 자주 사용하는 방법으로 "그런데 이번 한 주는 어떻게 지내셨나요?"라고 묻는 것이다. 첫 회기 상담이라면 "어떤 어려움을 겪고 계신가요?"라고 물을 수 있으며, 때로는 보다 구체적으로 "가정생활에서 어떤 변화를 원하시나요?"라고 질문할 수 있다. 회기마다 지나치게 일상적인 대화를 하는 가족과 상담을 한다면, 상담자는 가족이 일상적 대화를 할 때 서 있다가 상담이 시작되는 것을 알리기 위해 자리에 앉는 비언어적인 사인을 사용할 수도 있다.

2) 모든 가족이 동시에 말하는 경우

어떤 가족의 경우에는 저마다 자신들의 의견을 말하려고 상담과정에서 동시에 자신의 이야기를 하는 경우가 있다. 이때 상담자는 가족 각자의 의견을 존중하면서도 체계적으로 듣기 위한 나름대로의 방안을 가져야 한다. 다음과 같은 방법은 도움이 될 것이다.

첫째, 상담자가 특정 가족 구성원을 지정해서 질문하는 방법이다. 첫 회기 상담 시에는 불안하기 때문에 모든 가족이 한꺼번에 이야기하는 경우가 있는데, 상담자가 특정 가족을 지정해서 질문하면 그 불안을 감소시킬 수 있다.

둘째, 상담자가 가족을 대변해서 이야기한다. 이 같은 시도에도 모든 가족이 동시에 말하면 이것은 가족의 항상성을 유지하기 위한 수단으로 볼 수 있다. 즉, 가족이 현재 상황을 유지하려고 이 같은 메시지 교환을 방해하는 행동을 하고 있다고 추론할 수 있다.

셋째, 어린 자녀가 있는 경우에는 모자나 막대기 같은 소도구를 사용해 발언할 사람을 정하는 규칙을 만들 수 있다. 이때 상담과정에서 갖는 모든 규칙에 대한 이유를 설명하면 도움이 된다. 예를 들어, "조용히 해 주세요! 모든 사람이 한꺼번에 이야기하면 제가 들을 수 없어요. 그래서 지금부터 한 가지 규칙을 만들려고 해요. 규칙은 저를 제외하고 이 펜을 가진 사람만 말할 수 있어요. 처음엔 어색하겠지만 시간이 지나면 쉬워질 거예요. 나는 여러분이 이 규칙을 지킬 수 있다고 믿어요. (펜을 영호에게 주며) 자, 영호부터 얘기를 해 볼까?"라고 언급한다. 아동의 경우 이 규칙을 쉽게 어기지만 상담자는 그때마다 규칙을 또다시 설명해 주면서 끼어드는 자녀를 제지하고, 방해받은 사람이 계속 얘기하도록 지시한다. 어른들의 경우라면 상담자는 가벼운 언급이나 미소, 손짓 등을 통해 가볍게 제지를 하면서 방해받는 사람이 계속 말할 수 있도록 한다.

넷째, 모든 시도가 아무런 효력을 발휘하지 못하면 잠시 상담을 중단한다. 이것은 가족들이 어떤 구조에 대해 대항하려는 전략의 하나로 여러 사람이 한꺼번에 말한다는 것을 정확히 인식시키는 것이며, 동시에 상담자는 이러한 소득 없는 싸움에 휘말리고 싶지 않다는 것을 간접적으로 전하는 것이다. 규칙을 지키는 목적은 가족들이 자유롭게 이야기할 수 있도록 서로가 허용하는 것이라는 것을 이해시키기 위해서 규칙을 지킬 준비가 되어 있을 때만 다시 시작할 것이라고 알려 준다. 상담자가 제시한 새로운 규칙은 가족들의 의사소통의 향상, 문제를 잘 다룰 수 있는 자원을 개발하는 데 도움이 된다는 것도 가족에게 알린다.

3) 아무도 발언하지 않는 경우

상담에서 가족들이 침묵하는 것은 여러 가지 원인을 생각할 수 있다. 일반적인 원인은 가족 상호작용이 원만하지 못할 경우와 자신의 생각이나 감정을 억압하는 경우이다.

상담자는 가족이 보이는 침묵이 무엇을 해야 할지 모르기 때문에 생기는 것인지, 대화기술의 부족에 의한 것인지, 아니면 항상성 유지를 위한 방편인지를 파악하는 것이 중요하다. 이전의 상담 경험, 삶의 다른 영역에서 적절한 대인관계 기술이 있는가를 고려하면서 그 같은 물음에 대한 판단을 한다. 예를 들어, 부모들이 그들의 직업에서 적절한 대인관계를 유지하거나 자녀들에게 친한 친구가 있다면 이 같은 침묵은 대인관계의 기술 부족에서 기인한 것은 아니다.

만약 가족이 상담경험이 없기 때문에 침묵한다면 상담과정이란 서로에게 기대하는 생각이나 감정을 나누는 곳이라고 이해시켜서 자신들의 감정을 이야기할 수 있도록 격려한다. 또한 부모의 기능 수준이 낮아서 자녀들이 고립되었다면, 구체적인 대인관계기술을 가르치는 것이 바람직하다. 때로는 가족이 상호작용할 수 있도록 상담자가 가족의 감정을 대변하기도 한다.

첫 상담과정에서 가족의 생활에 대한 정보, 상담에 참가하게 된 결정적인 사건 등에 대해 정보를 얻을 때도 있다. 상담자는 이렇게 얻은 정보를 통해 각 가족들이 경험한 서로에 대한 걱정을 이해하며, 이를 바탕으로 가정환경에 대한 정보를 부분적으로 파악한다. 상담자는 가족의 생각과 감정을 추론해 이를 공개적으로 표현함으로써 침묵이라는 가족규칙을 깨뜨린다. 예를 들어, "제가 보기에 지금 남편분이 아무 말도 하지 않는 건 아내분이 한 말에 동의하지 않는다는 표현으로 생각되는데요."라고 언급한다. 때로는 감정이입으로 가족 각각의 관점을 정확히 대변할 수 있도록 노력한다. 이처럼 상담자의 도움을 통해 가족은 자신의 감정을 표현하는 방법을 넓혀 간다. 그리고 지금까지 가졌던 염려와는 달리 이러한 표현이 반드시 위기를 초래하지 않는다는 것을 경험하면 그동안 상담자가 하던 대변자의 역할은 점차 사라질 수 있다.

4) 두서없이 떠드는 경우

이런 경우 상담자는 섣불리 말을 가로채지 않으면서 발언권을 얻는 방법을 찾을 필요가 있다. 대부분의 상담자는 가족에게 수용력이 부족하게 보이는 것을 피하기 위해 두서없이 떠드는 가족들을 그냥 방치하는 경우가 있다. 두서없이 떠드는 가족을 위해 다음과 같은 방법을 사용할 수 있다.

첫째, 상담자가 합법적으로 끼어들어 가족에 대한 관심과 이해를 전달한다. 비언어적·언어적 방법으로 가족의 주의를 끌어낸 뒤 그들의 생각이나 감정을 요약하는 방법이 있다.

둘째, 상담자가 선택한 화제로 대화를 재조정한다. 혼자만 이야기하는 가족이 대답하거나 계속 이야기할 기회를 얻기 전에 다른 사람에게 질문하거나 주제를 바꾸는 방법이 있다.

5) 어떤 가족이 다른 가족을 대신해서 말할 경우

다른 사람을 대신해서 이야기하는 사람의 입장에서는 모든 것을 잘하는 것처럼 느낄 수 있으나, 대변을 당한 당사자는 무시 또는 억압을 당한다고 느껴서 좌절하기 쉽다. 그러므로 가족 중 어느 누구도 다른 사람을 대신해서 이야기해서는 안 된다는 규칙을 만드는 것이 효과적이다. 이것은 상담자가 가족들이 이미 가진 일상적인 의사소통 유형에 익숙해지기를 거부하는 것으로, 가족의 안정성을 흔들어 놓는 전략이다. 예를 들어, "저는 영란이가 자신의 생각이 무엇인지를 말했으면 좋겠는데요." "아직 영란이가 어떻게 생각하는지를 파악하기 어렵군요. 영란이가 자신의 방식으로 설명했으면 좋겠어요." "제가 부탁하지 않는 한 어느 누구도 다른 사람을 대신해서 이야기하지 않는다는 규칙에 모두 동의했으면 좋겠는데……. 그 방법을 통해 서로에게 더 많은 것을 배울 수 있다고 생각하거든요."라고 표현할 수 있다.

6) 가족이 상담자에게만 말을 하는 경우

가족이 다른 가족과의 상호작용은 무시한 채 상담자에게만 말을 하는 경우는 초기 상담과정에서 자주 보이는 현상이다. 상담자가 지속적으로 청취자의 역할을 하면 자신도 모르는 사이에 삼각관계에 휘말리게 된다. 이때 이 같은 삼각관계가 형성되면 가족들이 신뢰나 친밀감을 갖는 대신 상담자와 가족 중 한 명과의 관계에 대한 상호작용만 발전한다. 이러한 어려움은 가족의 발언 중 언급된 가족 구성원에게 직접 이야기하도록 요구함으로써 해결할 수 있다. 즉, 발언한 가족 구성원과 시선이 마주치지 않으면서 "당신이 그것에 대해 어떻게 반응했는지 영호에게 이야기해 보세요."라고 요구하면서 가족을 바라본다. 그리고 덧붙여 가족상담에서는 가족 간의 상호작용이 중요하다고 설명해 준다. 때로는 의자를 재배치해 나란히 앉아 있던 두 사람을 마주보게 앉히거나 상담자가 자신에게만 말하는 가족 구성원과 나란히 앉기도 한다.

7) 다른 가족을 비난하는 경우

초기 상담과정에서는 가족이나 상담자 모두에게 상담은 새로운 경험이므로 최선의 행동을 하려고 노력하지만, 시간이 지나면서 불안이 어느 정도 감소하여 익숙해지면 평소의 상호작용을 드러낸다. 이와 같은 상호작용에는 비난, 직면, 공격, 방어 등이 포함되는데, 상담자는 초기에 이와 같은 행동에 대응하는 것이 중요하다. 만약 이런 행동이 고조되었는데도 어떤 조치가 없다면 가족들은 상담과정에서 이 같은 행동을 해도 괜찮다고 받아들일 수 있다. 가족상담의 목적은 가족체계의 기능과 항상성을 변화시켜 새로운 행동을 만드는 데 있음을 명심해야 한다. 따라서 이를 다루는 방법으로 다음과 같은 방안을 생각할 수 있다.

첫째, 제지하는 표정을 짓거나 손을 흔들거나 일어서는 등 상호작용을 멈추게 할 만한 행동을 한다.

둘째, 어떤 가족을 비난하는 사람에게 건설적인 방법으로 자신의 감정과 생각을 다시 이야기하도록 요구하면서, 공격적인 행동이 의사소통 과정에서 어떻게 도움이 되지 않는지에 대해 설명한다. 때로 상담자는 가족에게 공격적인 말의 의미를 설명하게 하여 그가 전하려는 메시지가 덜 공격적이면서 자신의 감정을 보다 분명하게 전하는 방향으로 나아갈 수 있도록 도와준다. 이처럼 상담자가 역기능적인 의사소통을 막기 위해 일관된 주의를 기울이면 가족들은 자신들의 의사소통을 보다 기능적이고 새로운 유형으로 변화시킬 것이다.

8) 문제를 분명하게 정의하지 못할 경우

가족들이 명료한 의사소통을 하도록 도우며, 잘못 사용되는 용어나 증상에 대해 그 의미를 분명히 하는 것은 전 상담과정에서 상담자가 해야 할 중요한 역할이다. 가족이 이 같은 요구에 응하면 의사소통은 도움이 되지만, 대부분의 가족은 당황할 것이다. 가족이 혼란을 느끼거나 무엇을 의미하는지 알지 못하는 경우에는 용어나 증상을 명확히 정의할 기회를 준다. 용어나 증상을 정확히 이해할 때, 가족이 가질 수 있는 이점을 깨닫도록 돕는 것이 필요하다.

4. 변화를 이끌어 내는 기법

체계변화를 추구하기 위해 가족에게 특정 행동을 증진시키는 기술을 습득하도록 돕는 것은 필요한 일이다. 여기서는 가족의 기존 상호작용 유형과는 다른 행동패턴을 만들기 위해 도움이 되는 몇 가지 기법을 소개하고자 한다.

1) 문제의 재정의

상담자는 가족이 자신들의 호소문제에 집착할 경우, 가정생활의 다른 측면으로 방향을 전환시킬 수 있어야 한다. 예를 들어, 우울한 기분 때문에 상담센터를 찾아온 대학생에게 이전에 경험한 긍정적인 사건을 목록으로 작성하도록 하여 과제를 수행하는 동안 잠시라도 부정적인 생각과 감정에서 벗어나게 하는 것이다. 가족상담에서도 가정에서 문제를 일으키는 것은 자녀 탓이라며 청소년 자녀의 문제행동에 집착하는 부모를 만나면 상담자는 자녀에 대한 관심을 가족체계로 전환하기 위해 자녀의 증상을 재구성하기도 한다. 상담자가 가장 많이 쓰는 개입방법의 하나가 재정의, 재명명, 긍정적 의미 부여라는 역설적 방법이다. 학파에 따라 달리 부르지만, 기본적으로 이 세 가지 개념은 동일하다. 문제를 바라보는 가족의 시각을 바꿈으로써 새로운 해결방안을 찾으려는 것인데, 때로는 짧은 피드백으로 때로는 긴 문장으로 진술된다. 저자의 임상적 경험에 의하면 긴 문장보다는 짧게 언급하는 것이 가족에게 의미를 보다 강렬하게 전달할 수 있다. 재정의를 할 때는 가족이 새로운 시각의 개념을 믿고 따를 수 있도록 그 같은 시각에 대한 논리적인 근거를 함께 제시하는 것이 바람직하다. 재정의 맥락에서 증상에 새로운 이름을 붙이는 것을 재명명이라고 한다. 어떤 가족의 특정 행동과 성격특성은 재명명에 의해 새로운 라벨을 붙이는데 가족은 이러한 과정을 통해 스스로 재조명해 볼 수 있다. 예를 들어, 아이가 우는 것은 적극적인 감정표현이라고 재명명할 수 있는데, 가족은 이러한 재명명 과정에서 긍정적인 요소를 발견한다. 그러므로 재명명할 때는 부정적인 것보다 긍정적인 용어를 사용하는 것이 바람직하다. 또한 밀란모델에서 증상에 긍정적인 의미를 붙인다는 긍정적인 의미 부여라는 표현을 사용하면서 이 같은 기법을 보다 적극적으로 활용했다.

2) 칭찬

　상담자는 가족에게 심리적으로 매우 중요한 사람이므로, 상담자의 칭찬은 가족을 변화시키는 데 도움이 된다. 특히 해결중심 모델에서는 메시지 작성 시 칭찬에 많은 부분을 할애한다. 대부분의 가족은 전문가에게서 자신들의 문제를 지적받을 것이라고 각오하는데, 예상과 달리 전문가에게서 칭찬을 들으면 이들의 자존감은 높아지고 더 나아가 변화하려는 동기가 높아진다. 따라서 가족이 과제를 성공적으로 수행했을 때 상담자는 칭찬 등의 보상에 인색해서는 안 된다. 이러한 보상에 상담자의 감정이 포함되면 보다 효과적일 것이다.

　칭찬에는 다양한 형태가 있으나, 직접적인 칭찬과 간접적인 칭찬으로 나눌 수 있다.

　첫째, 직접적인 칭찬은 상담자가 내담자에게 긍정적인 평가나 반응을 하는 것이다. 예를 들어, 상담에 참가한 아동에게 상담과정에서 어떤 것을 직접 하도록 요구하는 상황일 경우, 원하는 수준에 도달할 때까지 "잘하는데, 그래, 바로 그거야." 등의 반응을 보이는 것이다.

　둘째, 간접적인 칭찬은 질문의 형태로 내담자에게 어떤 긍정적인 요소를 암시하는 것이다. 간접적인 칭찬방법은 상담과정에서 내담자가 언급한 것 중 바람직한 결과라고 생각되는 것에 대해 다양한 질문을 한다. 예를 들어, 형제들의 싸움 때문에 언제나 집안이 소란하다고 호소하는 어머니가 요즘 집안이 약간 조용해졌다고 언급하면 다음과 같이 반응한다. "대단한데요. 어린아이들을 변화시키는 건 쉽지 않은데, 어떻게 집안이 조용해질 수 있었나요? 어머니는 그런 일이 일어나도록 어떤 역할을 했나요?"라고 질문하여 이들 가족에게 어떤 긍정적인 변화가 일어났음을 암시한다. 간접적인 칭찬은 가족이 가진 좋은 점이나 가능성을 스스로 발견하는 계기가 되므로 직접적인 칭찬보다 치료적 효과를 더 높일 수 있다.

3) 직면

상담과정에서 직면은 양면적이다. 직면은 가족을 변화시키는 효과적인 공헌을 할 수 있지만 때로는 상담을 파국으로 이끌 가능성도 있다. 그러므로 직면은 적절한 충격과 완충상태를 제공할 수 있는 신뢰관계가 형성된 후에 사용하는 것이 바람직하다. 이러한 고려가 결여된 채, 함부로 사용되는 직면은 가족에게 상처만 남길 수도 있다. 따라서 직면은 사용하는 시기가 중요하다. 상담자가 중립적인 입장에서 직면하더라도 가족들은 종종 상담자가 누군가의 편이라고 지각하기 쉽고, 이에 상처를 받아 방어적인 태도로 바뀔 수 있다. 또한 직면은 상담자가 상황을 지각한 뒤 적절한 방법으로 사용해야 효과적이다. 일반적으로 직면하는 문제가 덜 심각하면 직접적인 방법을 사용하며, 그것이 가진 유해요소가 많다고 판단되면 은유와 같은 간접적인 방법을 사용한다.

초보 상담자는 직면을 할 때 다듬어지지 않은 요구를 가족에게 그대로 노출할 위험성이 있다. 가족들이 의식하지 못하는 좌절, 분노, 짜증과 같은 감정을 그대로 표현한다면, 가족들이 적대감을 가져서 그 이후 상담에 오지 않을 수 있다. 공격적이지 않은 직면이 보다 효과적인데, 이는 가족을 돕겠다는 상담자의 의도가 담겨 있으므로 공격적인 직면과는 상당한 차이가 있다.

4) 과제부여

상담자에 따라 가족에게 어떤 과제를 수행하도록 요구하는데, 가족에게 과제를 제공할 경우 다음과 같은 사항을 고려해야 한다.

- 가족의 과제수행 여부를 파악해야 한다.
- 가족에게 과제가 어떻게 중요하며, 과제를 수행하여 얻을 수 있는 점은

무엇인지를 설명한다.

- 셋째, 과제를 수행하는 방법에 대해 구체적인 설명을 한다. 가족은 구체적 시행방법이 제시될 때 과제를 실천할 확률이 높다.

다음 회기의 시작 단계에서 지난 회기 과제로 내준 것을 실천했는지 확인하는 질문을 하는 경우가 있다. 상담을 시작하면서 과제를 확인하는 목적은 다음과 같다.

첫째, 상담을 보다 용이하게 하는 방법으로 활용된다.

둘째, 과제의 중요성을 강조하고, 상담자와 신뢰를 유지하는 데도 도움이 된다.

셋째, 가족에게 각 상담과정이 유기적으로 연계되었으며 각 상담 회기의 활동이 이어진다는 점을 이해시키는 데 도움이 된다. 과제를 확인할 때는 주어진 과제의 실행 여부만 확인하는 것부터 실행 과제의 결과를 토대로 상담을 진행하는 것까지 다양하다. 그 좋은 예가 가계도 작성이다. 어떤 가족에게 다음 상담까지 가계도를 작성하라는 과제를 준 후, 다음 회기 상담과정에서는 가족이 그린 가계도를 중심으로 각 가족은 어떻게 느끼고, 어떤 생각을 했는지를 나누도록 상담과정을 진행할 수 있다.

가족이 과제를 실천하지 않을 때는 다음의 두 가지 해석이 가능하다.

- 상담에 대한 저항이다. 이와 같은 이유로 과제를 수행하지 않았다면 가족은 현재 변화에 대한 두려움이 있다고 판단되기 때문에 상담계획을 다시 세우는 것이 필요하다.
- 가족이 과제의 필요성을 이해하지 못했을 경우이다. 이때는 과제의 필요성에 대해 다시 충분히 설명하는 것이 바람직하다.

5. 상담과정에서 다루어야 할 특별한 가족문제

상담자는 가족이 무엇에 관심이 있는지를 파악해야 할 뿐만 아니라, 가족들이 쉽게 토론의 주제를 따라갈 수 있도록 상담을 구성해 필요에 따라 여러 화제로 적절히 전환할 수 있어야 한다. 적절한 화제 전환은 상담과정을 유연하게 하고 상담자와 가족 간의 교류를 덜 어색하게 하며 잠재적인 이해를 돕는다.

1) 가족 슬픔에 대한 처리

해결되지 않은 슬픔은 가족생활주기나 가족 각자의 발달에 정서적 제동을 걸어 성장의 저해요소가 되기도 한다. 상실에는 여러 가지 종류가 있다. 일반적으로 알려진 것은 물리적인 죽음이지만, 그 이외에 학문적인 성공을 기대한 아들이 프로게이머가 되어 아들에 대한 이상을 상실한 경우도 있다. 그리고 이혼 등 인간관계의 상실, 승진 실패, 학업성취 실패, 자녀가 원하지 않는 배우자와 결혼했을 때 등 경험에서도 다양하게 나타난다.

가족이 상실 경험을 한 시기를 탐색하는 것은 중요하다. 따라서 접수상담을 할 때, 지난 일 년간 경험한 중요한 상실이나 실망을 파악하면 도움이 된다. 가족의 현재 문제가 특정 시기의 상실과 관련이 있을 수 있다는 점도 간과해서는 안 된다. 죽음에 대해 개방적으로 얘기하는 가족이 다른 영역에서도 건강하게 기능한다는 보고가 있다(Griffin, 1993에서 재인용).

해결하지 못한 상실을 해결하기 위한 방법은 다음과 같다.

첫째, 상실에 대한 반복적이며 직접적인 질문을 통해 내담자가 상실에 대해 집착하는 감정을 표현하도록 한다. 이러한 정서 표현이나 통찰은 가족들의 역기능적인 규칙을 변화시키는 데 도움이 될 것이다. 또한 상실을 다룰 때는 '사라진다'는 애매한 표현보다는 '죽음'과 같은 직접적인 단어를 사용하는 것이 바람직하다.

둘째, 상담자는 가족들에게 자기노출이나 감정이입을 통해 상실이라는 민감한 주제를 어떻게 이야기하는지를 보여 준다. 이러한 모델링은 죽음과 같은 단어에 덜 민감하게 하며 나아가 그러한 주제에 동요 없이 직면하는 경험을 제공한다.

셋째, 가족들에게 상실을 공유할 기회를 준다. 이러한 경험으로 현재 나타났거나 앞으로 나타날 상실을 다룰 때 가족들이 어떻게 서로 도움을 줄 수 있는가에 대비하도록 한다.

2) 불안감의 유발

불안은 상담이 진행되는 동안 계속 일어나기 때문에 상담자의 통제 밖에 있지만, 상담자는 불안을 유발하는 단서를 적절히 다룰 수 있어야 한다. 상담자가 불안을 다루는 방법은 다양하다. 치료적 변화를 얻도록 가족들의 불안을 의도적으로 자극하는 경우도 있다. 반대로 파괴적인 행동을 일으킬 만한 불안심리에 대해서는 불안을 감소시키는 방향으로 정보를 재구성한다. 변화의 계기가 될 만한 불안이 존재하지 않는다면 오히려 치료적 발전을 기대하기 어려울 수도 있다. 따라서 때로는 인위적으로 조장된 위기가 가족에게 도움이 되는지에 대한 탐색을 하기도 한다. 즉, 상담자는 가족에게 변화를 일으킬 수 있는 불편감이나 긴장이 사라졌을 때, 그들의 상호작용에서 일탈을 증폭시켜 위기감을 조성하는 것이 치료적으로 필요한지 고려하기도 한다.

위기를 유발하는 방법은 여러 가지가 있다. 예를 들어, 부모가 청소년기의 자녀에게 한 개인으로서 인정하지 않는 내용이나 말투를 사용할 때, 상담자는 "너는 엄마가 한 말에 대해서 어떻게 느꼈니? 내가 만약 네 입장이라면 난 마음이 상해서 화가 났을 것 같은데 ……."라고 자녀의 입장을 지지하는 발언을 하여 이들의 상호작용에 긴장을 조성한다. 그러기 위해서 상담자는 가족의 상호작용 역동성에 민감해야 한다. 그러나 상담자가 자녀와 연합할 때는, 필요하다면 상담자가 자신과도 연합할 수도 있다는 안심감을 부모에게 주는 것이 중요하다. 부모가 이와 같은 믿음을 가지면 부적절하게 자신의 입장을 방어하지 않고 생산적으로 대화를 진행할 수 있다.

3) 위기의 처리

상담자는 위기가 치료적 변화에 도움이 되지 못한 경우에는 갈등하는 가족 사이에 개입해 삼각관계를 만들거나 과거의 위기를 언급하여 현재의 위기를 분산시킨다.

상담자에 의해 형성된 치료적 삼각관계는 가족들에게 상담자는 각자의 입장을 이해하고 들어 줄 수 있다는 확신을 심어 주는 것이다. 상담자는 두 사람이 직접적으로 상호작용하는 것을 차단해 파괴적인 분위기가 고조되는 것을 막을 수 있다. 때로는 과거의 위기상황에 대해 언급할 수도 있다. 사람들은 현재의 어려움 때문에 예전의 위기상황을 어떻게 극복했는지 잊어버리기도 한다. 과거의 위기에 대해 '이처럼 나빴던 …….'이라는 부정적 표현보다는 '이와 비슷했던 어려움을…….'이라고 질문하는 것이 바람직하다. 그리고 그 당시 가족들이 어떻게 대처했는지, 도움을 준 사람은 누군지 등 위기극복에 대해 질문하여 가족 스스로 위기에 대처하는 계획을 세우도록 돕는다. 이것은 가족들이 현재와 미래의 위기를 가족들의 약점에 기인한 것이 아니라 준비 부족으로 인식하는 데 도움이 된다.

4) 부모역할에 대한 조언

상담과정에서 가족이 가족구조나 문제 증상을 역기능적으로 이끄는 역할을 하면 상담자가 어떤 개입을 하는데, 개입 여부와 시기에 대한 결정은 상담자의 경험에 따른다.

가족생활주기의 관점에서 보면 사춘기의 자녀가 있는 단계에서는 충성심을 보다 중요하게 다룬다. 상담자는 집 밖으로 떠도는 사춘기의 자녀를 이해하지 못하는 부모에게 자녀가 부모의 권위나 부모에 대한 충성심을 부정하고 싶은 것은 이 시기의 발달과제라는 사실을 이해시키는 것이 중요하다. 사춘기의 발달과제를 이해시키는 과정에서 효과적인 부모역할이 이루어질 수 있다.

부모가 자녀를 체벌하거나 무시하는 것은 잘못된 부모역할에 대한 지각 때문인 경우가 많다. 따라서 상담자는 가족에게 올바른 부모역할에 대한 정보를 제공할 수 있어야 한다. 예를 들어, 자녀에게 필요한 것은 인내심으로 계속 가르쳐야 한다는 것, 체벌보다는 타임아웃을 사용하는 것이 바람직하다는 것, 가능하면 자녀와 많은 시간을 같이 보내라는 것 등을 교육하는 것이다. 또한 폭력적인 아동의 상담에서는 상담실에서 파괴적인 행동이 나타나기 전에 새로운 행동을 하도록 유도해야 한다. 상담자는 부모에게 아동을 직접 제지하게 지시하여 부모의 훈육방식을 관찰하고 타임아웃이나 적절한 의사소통과 같은 바람직한 방법을 제시하기도 한다.

건강한 가족을 유지하기 위해서는 부모의 하위체계 상태가 중요하다. 훈육방식에 대한 부모의 제휴를 형성하기 위해서 부모가 함께 의논해 어떤 기준을 마련할 수 있는 친밀감이 필요하다.

6. 예상하지 못한 문제 처리

1) 가족이 임의로 상담실을 떠날 때

때때로 상담도중에 가족 중 한 명이 격앙된 감정을 표현하다가 갑자기 상담실을 나가 버리는 경우가 있다. 상담자는 감정의 표현방식에 주목한다면 그런 일에 당황하지 않을 것이다. 오히려 이 같은 상황의 가족역동을 관찰하면서 가족을 이해하는 새로운 자료로 사용할 것이다. 즉, 그와 같은 돌발적인 행동에 누가 가장 영향을 받는가, 남아 있는 가족들이 어떤 반응을 보이는가, 누가 심리적인 불안을 느끼는가, 다른 가족은 이 일에 어떻게 대처하는가 등을 관찰한다. 이런 질문에 대한 대답은 상담자가 가족 속에 들어가지 않으면 경험할 수 없는 귀중한 정보이다. 또한 예상치 못한 일에 대해 가족들이 어떻게 반응하며, 가족 구성원이 상담실을 떠나지 못하도록 어떤 행동을 하는지 파악하는 계기가 된다. 때로 상담자는 가족의 기존 대응방식을 수정하여 변화의 효과를 얻을 수도 있다. 예를 들어, 화내는 것을 허용하지 않던 기존의 태도를 수정해 줌으로써 치료적 변화를 초래할 수 있다. 또한 상담과정에 대한 자료를 얻을 수 있다. 상담자는 남아 있는 가족들과 상담실을 떠난 가족을 누가 데려오며, 편안한 분위기 조성에 대해 의논하기도 한다. 떠난 가족이 상담에 돌아오든 돌아오지 않든 간에, 가족 전체로 보면 어떤 행동을 하고 어떤 반응이 일어나는지 과정을 파악하는 데 가치가 있다. 초보의 상담자의 경우, 이런 위기에 대한 책임을 자신이 떠맡으면서 가족을 위해 도움이 되는 어떤 행동을 해야 한다는 충동을 통제하는 것이 중요하다. 섣불리 가지는 가족에 대한 상담자의 책임의식은 가족들이 할 수 있는 학습경험을 박탈하는 결과를 초래할 수 있다는 점을 명심해야 한다.

2) 상담동기의 저하

가족의 상담동기를 높이는 방법은 여러 가지가 있다. 상담자가 낙관적인 태도를 보이면서 상담을 성공리에 마치면 상황이 어떻게 될 것인가를 설명하거나 상담 중에 그것을 확신하는 언어를 언급하는 것이 효과적이다. 상담에 대한 동기가 전혀 없는 가족에게는 보다 전략적인 방법이 필요하다. 직접적 방법이 설득력이 없다고 판단된 경우는 은유적 방법을 사용할 수도 있다.

고속도로의 분기점에 선 사람의 이야기를 예로 들어, 그 사람이 새로운 방향
으로 진입하면서 갖게 되는 흥분, 도전, 행복한 결과를 강조하며 상담을 모험
에 비유한다. 또 다른 역설적인 방법은 가족에게 가족이 희망하는 변화는 가
능성이 있지만, 가족이 그러한 변화를 진정으로 원하는지에 대한 확신이 없
다고 말한다. 그리고 상담자로서 상담을 지속해야 할지 망설이게 되므로 당
분간은 현재 상태를 유지하는 것이 좋겠다는 의견을 제시한다. 가족이 진심
으로 변화를 원한다면 이 같은 개입은 그들의 행동변화를 불러일으킬 자극이
될 것이다. 한편, 변화도 원하지 않는 가족이라면 상담자의 말을 그대로 수긍
할 것이다. 이렇게 하면 가족은 어느 쪽이라도 실패했다는 느낌을 가지지 않
은 채 상담을 종결할 수 있는 이점이 있다.

7. 상담 종결

상담 종결은 상담을 받아 온 가족에게는 특별한 의미가 있다. 상담자는 가
족이 상담에 의존하던 것에서 벗어나 사회관계에서 상호작용할 수 있도록 유
도해야 한다. 이러한 종결을 향한 상담자의 자세는 세심한 치료적 배려를 요
구한다.

1) 종결에 대한 계약

상담이 한정된 계약이라면 가족은 상담을 시작하는 시점에서 종결을 준비
하는 셈이다. 한정된 상담관계는 가족에게 상담이 일정 기간 가능하며 그 후
에는 상담자의 원조 없이 자신의 생활을 계속해야 한다는 불안감을 조성할
수 있다. 그러므로 이 같은 계약은 유연성을 가져야 한다. 즉, 상담의 빈도는
가족에게 변화가 일어나 문제의 강도가 소멸되어 감소할 수 있는 것이다. 어

떤 상담자는 상담을 시작할 때 계약이 만료되는 시점에서 재계약이 가능하다는 점을 알리는 경우도 있다. 유연한 방법은 선택의 자유가 온다는 이점이 있는 한편, 처음부터 회기를 한정한 것에 대한 계약을 갱신할 수 있다고 언급하면 중요한 부분이 흔들릴 수 있는 부정적인 부분도 있다. 가족과 상담 종결 시기에 대한 합의가 있더라도, 상담자는 가족이 연장을 원할 경우에는 계획에 유연성을 가지는 것이 바람직하다. 종결방법은 가족에게 그 이상의 계약연장은 필요하지 않다는 확신을 주는 경우와 몇 회의 상담을 추가로 실시하는 경우를 생각할 수 있다. 또는 다른 상담을 제안할 수도 있을 것이다. 만일 상담계약 기간이 만료되었는데도 계속하고 싶어 하면, 그 시점에서 상담에 대한 평가를 하는 것이 중요하다.

상담 초기에 회기를 한정하지 않은 경우라면 종결과정에 대한 과정이 더욱 필요하다. 한정된 계약을 한 가족은 처음부터 상담이 언제 끝날 것인지를 알고 종결에 대한 준비를 한다. 그러나 한정된 회기가 언급되지 않은 계약을 한 경우에는 어느 시점에 도달하면 종결이란 주제로 그것에 관련된 문제를 서로 언어화할 수 있도록 해야 한다.

2) 상담 종결의 지표

가족상담의 종결은 상담자에 의해 추진할 수도 있으며 때로는 가족이 종결하고 싶다고 의향을 알리기도 한다. 그렇다면 상담자는 무엇을 종결의 지표로 결정해야 하는가?

첫째, 상담 초기에 설정한 목표가 달성되었을 경우 상담의 종결을 준비한다. 초기 상담에서 명확한 목표가 상담자와 가족 간에 합의되었다면 목표달성 여부를 판단하는 데 도움이 된다. 바람직한 상황에 도달했거나 그것에 근접했다고 판단되면 가족과 함께 상담 중에 일어난 변화를 정리하는 것이 바람직하다. 만약 가족이 어떤 변화를 느낀다면 일어난 변화를 언어로 표현하도록 하는 것이 필요하다. 가족이 일어난 변화의 정도를 이해할 수 있거나 문제해결능력이 개선되었다는 것을 알 때 종결은 보다 용이하다.

둘째, 최초에 설정한 목표는 충분히 달성하지 못했지만, 상담이 더 이상 필요하지 않다고 판단될 정도로 가족기능에 변화가 있는 경우이다. 즉, 가족에게 현재 남아 있는 어떤 문제에 대처할 수 있는 자원이 있다.

셋째, 외부에서 자원이 더 이상 필요하지 않다고 판단되는 경우이다. 예를 들어, 아이가 아직 문제행동을 보이지만 부부가 자녀양육에 대해 부모로서 협력한다는 점이 확실히 개선되어 앞으로 자녀의 문제행동에 적절히 대처할 수 있으리라는 예상을 할 수 있을 것이다. 이러한 판단을 가지면 종결할 수 있다.

넷째, 상담자가 여러 가지 노력을 했는데도 상담효과가 없다고 판단했을 때다. 가족이 달성하려는 것이 비현실적이거나 은폐되었거나 그들이 기대하는 것에 대해 가족 안에서 합의가 이루어지지 못한 점을 실패의 원인으로 들 수 있다.

다섯째, 가족이 상담에 대한 동기를 상실했을 때 종결을 결정하는 것이 바람직하다. 이것은 어떤 의미에서는 상담의 실패처럼 보이지만, 다른 관점의 이해도 가능하다. 상담자는 이러한 경우 상담이 목표달성에 실패했다는 일률적인 생각에서 벗어나 가족이 진정으로 변화를 추구하는가, 또는 어떤 가족 구성원은 변화를 바라는데 다른 가족이 바라지 않는가를 탐색하는 것이 현명하다. 이것은 상담의 실패를 자칫 가족의 동기 부족으로 돌리면서 가족에게 모든 책임을 전가시킬 가능성이 있으므로 조심스러운 부분이다. 일반적으로 도움이 필요한 가족을 바람직한 상담으로 이끄는 상담자의 기술이나 경험 부족에 기인하여 실패하는 경우가 많다. 때로는 약한 동기부여 또는 변화에 대한 불안이 상담을 받는 문제의 일부분인지 모른다. 그러므로 상담자는 가족이 상담에 대한 동기부여가 부족하다고 판단될 때는 이와 같은 부분을 충분히 고려한 후, 신중하게 대처하는 것이 바람직하다. 가족의 동기 부족으로 한계를 느끼는 초보 상담자라면 경험이 풍부한 동료에게 자문을 구해야 한다.

한편, 가족이 상담을 그만하겠다는 의사를 밝힐 때도 상담자는 일정한 순서대로 종결하는 것이 바람직하다. 상담자는 상담에서 해결해야 하는 문제로 어떤 것이 남아 있는지, 어떤 목표가 달성되지 않았는지를 살펴보아야 한다. 그리고 상담자는 가족이 상담을 종결하고 싶어 하는 이유를 스스로 판단해 보도록 해야 한다. 어떤 가족의 경우에는 현 단계에서 상담을 중지할 때 악화될 위험성이 있는 징후가 발견될 수도 있다. 다양한 가능성을 염두에 두고 상담자는 다음과 같은 상담계획을 세울 수 있다. 가족과 함께 상담을 종결하고 싶어 하는 그들의 동기를 탐색한다. 이것은 모든 경우에 필요한 작업으로, 가족들이 가진 종결의 동기가 옳은가를 확인하기 위해서 필요한 절차이다. 가족은 처음 상담이 필요할 때 경험한 위기를 넘겼다고 느끼면 상담에 대한 동기가 저하된다. 이런 이유로 상담을 그만두는 것은 적절할 수도 있으나, 때로는 그렇지 않은 경우도 있다. 가족과 함께 문제를 둘러싼 현상을 점검하면서 상담계약을 다시 고려한다. 상담으로 얻을 수 있는 이익이 아직 남아 있다는 것을 지적하면 도움이 될 수 있다. 상담을 현 단계에서 종료했을 때 현재보다 악화될지도 모른다는 판단이 서면 가족에게 상담을 계속하도록 적극적으로 권유할 필요가 있다. 때로는 지속적인 상담으로 이익을 얻을 수 있다는 사실을 가족 이외의 사람에게 알리면서 도움을 요청할 수도 있다. 그러나 무엇보다 중요한 것은 상담자는 가족에게 그들이 종결하고 싶다고 결정한 권리를 존중할 것이라는 사실을 가족에게 알리는 것이다. 종결이 불가피하다는 증거가 있거나 상담을 종결하고 싶다는 가족의 욕구가 상담을 계속하고 싶다는 상담자의 의지보다 강할 때, 상담은 종결하는 편이 좋을 것이다. 왜냐하면 상담자가 지속적인 상담이 가족에게 도움이 된다는 확신이 있더라도 이러한 상황에서는 상담결과로 그 이상의 변화가 일어날 가능성이 적기 때문이다.

3) 상담 종결방법

상담모델에 따라 종결과정에 도입단계, 요약단계, 목표나누기단계, 추후상담의 4단계를 들 수 있다(Barker, 2013에서 재인용).

도입단계에서는 상담자가 종결을 고려하는 이유를 설명한다. 이것은 상담을 시작하면서 기대했던 목표가 달성되었기 때문일 수도 있으며, 때로는 예정된 상담회기를 다 채웠거나 진전이 전혀 없기 때문일 수도 있다.

요약단계는 상담 중에 일어난 것을 정리하여 상담에 관여된 모든 사람이 이룬 성장과 가족 현상을 정리할 기회를 준다. 요약은 상담을 종결할 때 활용할 수 있는 유용한 기법이다. 내담자에게 상담에서 무엇을 얻었는지 요약하게 하여 상담을 재평가하는 것이 효과적이다. 어떤 상담자는 내담자가 다시 상담을 하거나 다른 상담자를 방문할 경우를 고려하여 형식을 갖춘 상담평가를 하기도 한다.

목표나누기단계에서는 장기적 목표에 대한 탐색으로 가족의 목표도달 여부를 어떻게 아는지를 이야기한다. 상담은 지속되는 과정이며, 가족 성장과 발전의 부분이라는 것과 반대로 개인의 성장과 발전도 상담과정에서 동반되어야 한다는 점을 일깨우는 것이 필요하다.

가족 중 누군가가 더 이상 상담에 참여하는 것을 원치 않아서 종결하는 경우에도 가족상담만이 가족을 변화시킬 수 있는 유일한 수단이 아니라고 생각하기 때문에 상황이나 가족의 장래에 대해 낙관적이다. 실제로 가족은 상담자의 원조 없이 변화하면서 그들 스스로 곤란에서 벗어나는 경우가 있다. 저자는 이처럼 가족은 상담의 종결단계에서 긍정적인 피드백을 받아야만 한다고 생각한다. 중요한 것은 상담자가 필요한 변화를 수행할 수 있는 가족의 능력을 확신한다는 사실을 전하는 것이다. 예를 들어, 상담자는 가족에게 "여러분은 상담과정을 잘 마무리하셨어요. 저는 이제 여러분들이 변화가 필요하다고 느낄 때 어떻게 시작해야 할지 알고 있다고 믿어요."라는 메시지를 전하

는 것이다. 상담자는 자신들의 도움으로 가족행동이 변했다는 확신이 있어
도 가족이 행한 변화를 상담자 자신에게 귀속시키는 것은 바람직하지 않다.

상담이 끝날 때 가족이 계속 이용할 수 있는 자원을 남기는 것은 도움이 된
다. 예를 들어, 정기적으로 또는 중요한 결정을 내릴 때는 가족이 만나서 함
께 계획한다는 직접적인 과제를 실행하도록 하는 것이다. 다른 방법은 상징
적 또는 은유적 과제로 가족에게 어떤 의식을 실시한다. 예를 들어, 상담의
종결에 가족이 함께 가족의 변화를 상징하는 선언문이나 행동을 하도록 한
다. 이러한 과제나 의식은 상담을 종료하더라도 상담자가 심리적으로 가족
과 함께한다는 것을 알리는 수단이다.

때로는 상담의 종결은 가족에게 중대한 정서적 경험이 될 수 있다. 이것은
의식적이거나 무의식적으로 이전의 분리나 상실의 경험을 떠올릴지도 모른
다. 상담자가 어떻게 다루느냐에 따라 가족은 거부로 받아들여 사랑하는 사
람의 상실처럼 느낄 수도 있으며, 반대로 가족의 새로운 성취를 축하하는 것
으로 여길 수도 있다. 따라서 상담자는 가족들에게는 종결이 곤란한 것으로
받아들여질 수도 있다는 사실을 이해하고 이에 대한 주의를 기울여야 한다.
종결을 생각하는 시점보다 훨씬 이른 시기에 가족에게 자신이 어떤 이유로
종결을 계획하는지 알리는 것도 도움이 된다. 이때 상담자는 거기서 발생하
는 여러 가지 정서적 반응에 대처할 준비를 해야 한다.

가족이 얼마나 잘 지내는지에 대한 단순한 정보를 얻기 위해 추후상담을
결정하는 것은 바람직하지 않다. 상담자는 종결 후 몇 주 또는 몇 달이 지나
서 가족의 변화가 유지되는지가 확인하고 싶어지기도 한다. 그러나 이것은
가족에게 아직 여러 가지 문제가 남아 있다는 메시지로도 작용할 위험이 따
른다. 상담자가 가족의 능력에 대해 긍정적 견해를 표명한 후에는 상담이 종
결되었다는 사실을 분명히 하는 것이 좋다. "만약 제가 필요하다면 저는 언제
나 여기에 있어요. 그러나 저는 이 가족에게 실제로 그런 일은 일어나지 않으
리라고 믿어요."라고 전하는 것이다. 그런데 이렇게 말하면 추후상담을 통한

정보를 얻기 힘들다. 어떤 가족의 경우에는 상담자가 상담기간 중 가족에게 일어난 변화가 지속되는지를 아는 것이 중요하기도 하다. 이러한 딜레마를 해결하기 위해 추후상담을 상담기관 방침으로 정하는 것이 바람직하다. 상담이 종료되면 미리 정해진 시기에 따라 추후상담이 있을 것이라고 언급하는 것이다. 이 경우 상담을 종료할 때 상담자는 가족에게 추후상담이 어떤 이유로 몇 개월 후 시행될 것이라는 점을 미리 알린다. "여러분은 더 이상의 상담이 필요하지 않다고 생각해요. 그러나 저희 기관에서는 어떻게 지내는지, 어떤 진전을 보이는지를 알고 싶기 때문에 6개월 후에 다시 한번 만나고 있어요."라고 한다면 상담자의 필요에 따라 추후상담이 용이하다. 추후상담의 접촉은 전화, 편지, 상담의 형식이 있으나, 일반적으로 전화를 많이 사용한다.

제15장

원가족의 미해결된
문제해결을 통한 부부상담

가족상담을 의뢰한 경우는 물론이며, 자녀의 문제로 내담한 경우라도 체계론적 관점을 가진 상담자라면 대부분 부부관계에 많은 관심을 가질 것이다. 가족이 하위체계의 총합이라고 생각하는 이들은 하위체계 집합인 2자 관계, 3자 관계, 또는 4자 관계의 역동을 이해하려고 하는데, 이 같은 관계 중에서도 부부라는 2자 관계가 가족의 출발점이라고 생각하기 때문이다. 그러나 상담자들은 상담실에서 만나는 내담자들을 그와 같은 추상적인 집합체로 이해하는 데는 한계가 있다는 것을 경험하면서 때로는 당황하기도 한다. 부부라는 2자 관계는 남편 또는 아내의 개별성을 침범하여 다른 가족들과 연결된 가족관계에서 영향을 받고 영향을 미치는 경우가 종종 있다. 그만큼 부부상담은 쉽지 않은 작업이다.

이전의 부부상담은 아동의 문제로 상담에 온 부모들을 대상으로 그들이 부모로서 대처하는 방법이나 사고방식의 차이에 주목하면서 그것에 개입하려는 경우가 많았다. 그러나 최근에는 부부관계의 개선 또는 해결을 위하여 스스로 부부상담을 선택하는 부부들이 늘어나고 있다. 크레인(D. Crane, 1996)은 문제를 가지고 상담에 오는 부부의 유형을 다음의 여섯 가지로 정리하였다.

첫째, 부부가 가지고 있는 문제를 해결하여 보다 좋은 관계를 추구하기 위해 온 경우이다. 이때 상담자는 부부 서로 간의 이해를 돕기 위해 적절한 의사소통을 가르치는 것에서 시작하게 된다.

둘째, 어느 한쪽이 앞으로의 부부관계에 대해 불안을 감지하고 자신들의 미래에 문제가 일어나지 않았으면 하는 기대로 상담에 온다. 이 경우는 각자 자신의 배경에 문제의 소지가 있다고 느끼면서 그것이 앞으로의 부부관계에 영향을 주지 않을지에 대한 염려를 한다. 예를 들어, 자신의 부모와 사이가 좋지 않았거나 부모로부터 학대를 받았던 경험이 있는 파트너가 그와 같은 문제를 해결하지 못한 채 결혼생활을 시작하는 것이다.

셋째, 부부가 서로 고통을 느끼고 있으며 이와 같은 고통이 앞으로 문제가 될 것이라고 느끼는 경우이다. 이들은 아직 별거나 이혼의 문제가 표면화되지는 않았지만, 그렇게 될 충분한 소지가 있기에 지금 무엇을 어떻게 해야 할지 몰라서 당황한다. 이 경우 상담자는 그들이 지금까지 무엇에 열중해 왔는지를 명료화하는 대화부터 시작하면 도움이 된다.

넷째, 상담의 목적을 별거나 이혼의 가능성에 두고 있으며, 상담과정에서 이 같은 의도를 구체적으로 언급하는 부부의 경우이다. 이들은 상담의 동기를 말할 때 별거나 이혼에 앞서서 마지막으로 부부상담을 받아 보기로 했다고 말한다. 이처럼 이미 헤어질 거라는 결정을 하고 온 경우라도 상담자는 다른 선택을 찾아보는 것에서부터 상담을 시작하는 것이 바람직하다.

다섯째, 별거 또는 이혼이 진행되고 있는 부부이다. 이들은 이러한 과정을 어떻게 진행하면 좋은가에 대한 조언을 구하러 온다. 또한 최근에는 이혼숙려제도에 상담이 의무화되면서 가정법원을 통해서 자주 만날 수 있다. 이 경우에는 경제적인 것을 포함한 이혼 후 부부관계를 어떻게 해야 할지에 대해 논의하는 것이 일반적이다.

  여섯째, 부가적인 치료로서 부부상담이 선택된 경우이다. 예를 들어, 부모의 이별로 인해 아동이 행동상의 문제를 드러내는 경우가 여기에 해당한다.

  그런데 어려움을 표현하는 부부들의 이 같은 유형은 연속선상에 있기 때문에 독립되어 있다기보다 걸쳐 있는 경우가 많다. 여기서는 아직 이혼에 대해 구체적으로 언급하지는 않았지만 앞으로 전개될 자신들의 미래에 대해 불안감을 가지고 있는 부부의 사례를 소개하려고 한다. 이들은 상담과정을 통해 자신들이 현재 겪고 있는 어려움이 자신들의 원가족에서 미해결된 문제와 연결되어 있다는 것을 깨닫게 될 것이다.

1. 사례의 개요

  45세의 김해랑 씨는 공방을 운영하는 금속공예가였다. 그녀는 6개월 전부터 갑자기 심장이 고통스럽게 아프고, 몸이 떨리며 호흡하기 어려운 신체적 증상을 느끼게 되었다. 그 후에도 몇 번 더 이런 일이 반복되어 병원에 갔더니, 심장에 이상이 없는 불안발작이라는 진단을 받아서 정신과의 약을 먹었지만 차도가 없었다. 정신과 의사는 이것의 원인은 부부갈등에 있는 것 같다며, 부부상담을 권했다. 이들 부부가 주말 부부로 지낸 지는 벌써 5년이 넘는다. 돌이켜 생각해 보면, 부부가 떨어져 지내기로 결정했던 계기는 사소한 문제에서 시작되었다. 김해랑 씨는 5년여 전에 남편에게, 오래전 이혼을 당한 채 홀로 된 자신의 어머니에게 고정적으로 용돈을 보내고 싶다고 말했다. 그런데 남편이 그럴 여유가 없다고 단호히 거절하자, 그 당시 집에서 작품 활동을 하면서 나름대로 경제적 부담을 담당해 온 김해랑 씨는 서운한 감정이 들었다. 고정적인 수입은 없지만, 작품이 팔리면 제법 큰돈을 가정에 보태 왔던 그녀로서는 자신의 부모를 위해 그 정도의 금전도 사용하지 않겠다고 말하는 남편에게 모멸감을 느꼈다. 이후 공방을 한다는 핑계로 주말부부가 되어 표면적으로는 큰 문제 없이 지냈다. 그런데 일 년 반 전에 남편의 외도사실을 알게 되었다. 많은 고민 끝에 용서하고 받아들였다. 그런데 용서해 준 것에 고마워해도 모자랄 남편이 최근에는 "네가 떨어져 지내자고 했기 때문이다."라고 목소리를 높이더니 급기야 자신에게 폭력을 휘둘렀다. 김해랑 씨는 지금까지의 결혼생활이 너무 억울했고 앞으로의 결혼생활을 어떻게 유지해야 할지에 대한 판단도 서지 않을 만큼 정서적으로 불안정해졌다. 한편, 언제나 자신에게 헌신적일 것 같은 아내가 '이혼' 이야기를 꺼내자, 당황한 이성준 씨는 어떻게 하든 아내의 마음을 달래 줘야 한다는 생각에 내키지 않은 상담에 오게 되었다. 따라서 이성준 씨는 이 상담을 통해 부부 사이에 어떤 변화를 특별히 기대하는 것은 아니다. 단지 자신이 상담에 열심히 참여하는 모습을 보여 줌으로써 아내의 기분이 풀어지기를 원할 뿐이다.

1) 가족역동

김해랑 씨와 이성준 씨는 연애결혼을 했지만, 각자의 성격이나 생활패턴이 달라서 결혼 초부터 많이 힘들었다. 남편은 밖에서 에너지를 얻는 스타일이었으나, 아내는 반대였다. 사업을 하는 남편은 늦은 시간까지 각종 모임으로 집에 일찍 들어오는 날이 없었다. 다른 사람들보다 술을 많이 마시는 것은 아니지만 그런 분위기를 좋아했고, 그런 곳에 다녀오면 남편은 삶의 활력을 얻는 것 같았다. 이성준 씨는 결코 김해랑 씨가 꿈꾸던 가정적인 남편은 아니었다. 김해랑 씨는 결혼 초에는 그 같은 남편을 가정에 끌어들이려고 노력했으나, 얼마 가지 않아서 포기해 버렸다. 김해랑 씨는 자신과 삶의 스타일이 다른 남편과의 갈등에 에너지를 쏟기보다는 작품 활동을 활발히 했으며, 배려심이 많은 아들에게서 위안을 얻으면서 표면적인 안정감을 유지해 왔다. 그런데 일 년 반 전에 불거진 남편의 외도사건은 모든 것을 무너뜨렸다. 아내는 주변 사람들과 자녀들 때문에 다시 한번 살아 보기로 결정하여 일 년 반째 관계를 유지하고 있었다. 이들의 관계는 표면적으로 나아진 것도, 더 악화된 것도 없었으나, 김해랑 씨의 마음은 점점 더 힘들어져 갔다.

부부에게는 대학교 1학년인 아들과 고등학교 2학년 딸이 있는데, 두 아이 모두 별 문제 없이 학교생활을 하고 있었다. 아들은 자상한 성격으로 공부도 잘하여 모범생 소리를 듣는 한편, 딸은 공부에는 별 관심이 없이 자신의 외모에만 신경을 쓴다. 그러나 부부는 자녀들에 대해서는 각자 각별한 애정을 가지고 있다. 이성준 씨는 14세 때 아버지가 돌아가셨고, 어머니는 아버지의 사업체를 이어받아서 가정을 돌볼 겨를이 없었다. 마음은 따뜻한 분이었지만, 자녀들에게 애정표현을 거의 하지 않았고, 나이가 들어서는 잘 풀리지 않는 큰아들 걱정만 했다. 이런 가운데 이성준 씨는 부모들의 애정을 충분히 받지 못한 채 자랐기 때문에, 그가 기억하는 어린 시절 가정에서의 자신의 모습은 언제나 혼자 지내는 모습이었다. 그러나 가정 밖에서의 그는 활발하고 매사에 적극적인 아이였고, 어쩌다 방문한 친구들의 화목한 가정을 보면서 자신도 이런 따뜻한 가정을 만들고 싶다고 생각해 왔다. 김해랑 씨 역시 평범하지 않은 어린 시절을 보냈기 때문에 자녀들에게는 그런 힘든 경험을 대물림하고 싶지 않다고 마음속으로 다짐을 했다. 어린 시절의 경험은 달랐지만, 이들은 자녀들에게 물질적으로나 정서적으로 풍족함을 주는 따뜻한 가정을 꿈꾸고 있어서 자녀들이 원하는 것은 모두 제공하려고 노력해 왔다.

2) 가족관계

(1) 원가족

이성준(46세): 식품회사 사장. 아버지는 중학교 때 돌아가셨지만, 아버지에 대해 그다지 좋은 기억을 가지고 있지 못하다. 7남매의 장남이던 그의 아버지는 책임감은 강했지만 가부장적인 생각을 가지고 있으면서 고집이 세고 거칠었다. 아버지는 언제나 형들과 비교를 하면서 자신이 하는 일을 인정하지

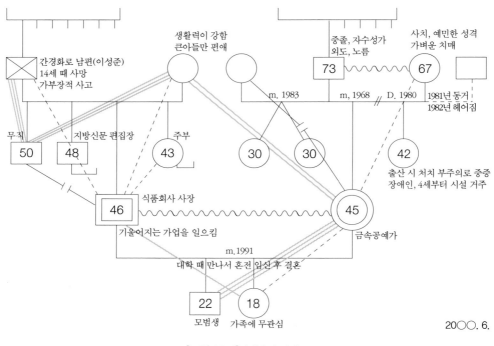

[그림 15-1] 부부의 가계도

않았다. 특히 큰아들에 대한 편애가 심해서 사업을 하시던 아버지는 술을 드
시고 오면 언제나 자녀들을 모아 놓고 큰형이 "우리 집의 가업을 물려받을 것
이므로 집안의 기둥인 형에게 잘해야 한다."는 요지의 말을 되풀이했다. 술
을 많이 마셔서 신부전증을 앓던 아버지는 간경화로 갑자기 돌아가셨다. 생
활력이 강한 어머니가 남편의 사업을 이어서 운영했지만, 집안 형편은 급격
히 기울어졌다. 부모의 과보호로 자란 큰형은 그런 상황을 받아들이지 못하
고 방황을 했으며, 작은형은 일찍 독립하여 집안과의 관계를 단절하였다. 결
국 빚더미의 집안 사업을 이어받은 이성준 씨는 여러 해 동안 노력하여 기업
을 살려 내어 친인척에게도 능력을 인정받았다. 그는 방황하면서 제대로 된
직업도 가지지 못한 큰형에 대해서는 안타깝기도 하지만, 또 한편으로는 묘
한 자만심을 느끼고 있다. 자신의 노력으로 집안의 중심이 되었지만, 이성준

씨는 자신의 원가족과 심리적, 물리적 거리를 두고 있었다. 남편이 친인척들에게 잘하지 못하는 부분을 아내가 잘 챙겨 줌으로써 큰 마찰 없이 지낼 수 있다.

김해랑(45세): 금속공예가. 예쁘고 깔끔한 외모의 소유자이지만, 자신의 주장을 별로 하지 않는 내성적인 성격이다. 그녀의 어린 시절은 불행했다. 아버지는 5남매 중 장남으로 생활력이 강했다. 아버지는 어릴 때 자신의 아버지와 갈등을 겪은 후, 가출하여 자수성가했다. 못 배운 것에 대한 열등감이 강해서 자녀들에게 공부를 강요했지만, 정작 자신은 바람을 피우고, 한때는 노름에 빠져서 자녀들에게 좋은 아버지의 모습을 보이지 못했다. 그녀의 어머니는 4남매 중 막내로 마음이 여리지만, 사치스럽고 예민한 성격의 소유자였다. 학력에 콤플렉스를 가진 아버지가 그 당시 대학을 다니던 어머니를 집요하게 따라다녀서 김해랑 씨의 부모는 결혼에 이르게 되었다. 그러나 결혼을 하자마자 아버지는 가정 일에는 소홀하고 이어지는 외도로 집안은 싸움이 잦아들 날이 없었다. 불행하게도, 여동생을 출산하는 과정에서 산후 처치를 잘못하여 중증장애아가 되었다. 여동생의 일로 더욱 심하게 싸우던 부모는 김해랑 씨가 초등학교 6학년 때 결국 이혼했다. 그런데 이혼의 계기가 된 동생은 부모 모두에게 버림받고 4세부터 시설에 맡겨진 소외된 존재가 되었다. 아버지와 살던 김해랑 씨는 중학교 때 새어머니와 함께 살게 되었다. 드러내 놓고 심하게 학대를 한 적은 없지만, 김해랑 씨는 집안에서 언제나 소외된 느낌이었고 이를 해결하기 위해 언제나 새어머니를 비롯한 가족들의 눈치를 살피면서 그들의 기대에 맞춰야 했다. 친어머니는 이혼을 한 후 곧 새로운 남자와 살림을 차렸지만 그들의 관계는 오래 지속하지 못했다. 친어머니는 그 후 줄곧 혼자 생활하면서 경제적으로도 어렵게 지내고 있다. 김해랑 씨는 이혼할 때 어머니가 자신보다 새로운 남자를 선택했다는 서운함이 있어서 어린 시절에는 친어머니와 거의 교류하지 않았다. 자신이 결혼을 하고 나서야 어머니와 다시 왕래를 하게 되었다. 최근에는 어머니에게서 가벼운 치매현상이 보이자 이전보다 더 가깝게 지낸다. 그러나 사춘기부터 지금까지 모두에게 버림받았다는 느낌을 지울 수 없어서 김해랑 씨는 자신의 가족들과 거의 교류하지 않고 있다. 그리고 이런 자신의 감정을 누구에게도 잘 드러내지 않았다. 다행히 자신의 적성에 맞는 금속공예라는 전공을 선택하여 여기서 보람을 느낄 수 있었다.

(2) 핵가족

부부는 대학에서 동아리 활동을 통해 만난 캠퍼스 커플이다. 그들은 각자의 가정에서 소외되었다고 생각했기 때문에 동아리 활동에 적극적이었고 이를 계기로 친하게 되었다. 집에서 벗어나고 싶은 김해랑 씨는 매사에 열심인 이성준 씨에게 매력을 느꼈고, 이런 남자와 결혼을 하면 안정적인 가정생활을 누릴 수 있을 것 같았다. 이 같은 호감은 혼전임신으로 이어져서 서둘러 결혼을 했다. 돌이켜 보면, 아내는 남편이 다른 남자들과는 다를 것이라는 막연한 기대도 하고 있었지만, 가족으로부터 독립하고 싶다는 강한 열망 때문에 결혼을 서둘렀던 것 같다. 남편 역시 자라면서 집에서 인정을 받지 못했는데, 자신을 믿고 따르는 아내의 모습이 좋아서 결혼을 하게 되었다고 회상하였다. 비교적 이른 나이에 결혼을 한 이들은 '양육을 비롯한 가정 안의 일은 여자, 가정 밖의 일은 남자'라는 정형화된 가족규칙을 가지고 가정을 이끌어 갔다. 그 결과, 김해랑 씨는 육아와 전공을 병행하면서 과대기능을 할 수밖에 없었다. 그러나 이성준 씨는 자신의 일에 매진할 수 있었고 결과적으로는 효소된장을 개발하여 집안을 다시 일으킬 수 있었다.

대학교 1학년인 아들은 태어날 때부터 유순할 뿐 아니라, 어머니의 마음을 잘 헤아려 주는 따뜻한 성품의 소유자로 특별한 문제를 일으키지 않고 지금까지 잘 성장해 주었다. 김해랑 씨는 아들이 어릴 때부터 남편에게서 충족되지 못한 부분을 아들을 통해 대리만족을 하면서 많은 부분을 의지해 왔다. 남

편은 이런 모습에 분노하면서 '아이를 그렇게 키우면 큰형처럼 만드는 꼴'이
라고 아내를 질타하였다. 말은 그렇게 해도 남편 역시 아이들은 부족함 없이
키우고 싶다는 강한 열망을 가지고 있어서 물질적으로 풍족하게 해 주었다.
딸은 어릴 때부터 눈치가 빠르고, 명랑했으며, 자기표현을 잘했다. 어릴 때
어쩌다 부모들이 싸우면 울고 불안해하여 부부싸움을 중단시키는 역할을 하
거나 어머니를 대변하였다. 그런데 사춘기에 접어들면서부터 자신의 외모에
만 신경을 쓰면서 부모나 가정일에는 전혀 관심을 가지지 않고 있다.

2. 상담과정

　부부상담은 10회기로 계약을 하여 도입기, 작업기, 종결기로 나누어 진행
되었다.
　도입기는 체계론적 관점을 가진 상담자에 의해 부부와의 친밀감을 형성하
면서 상담의 동기를 높이는 초기단계를 의미한다. 이 시기에는 문제에 대한
부부 각자의 생각을 표현하도록 하여 문제를 부부단위로 재정리하도록 도왔
다. 상담자와 부부 간의 신뢰감이 생기면 대부분의 부부는 상담자를 한가운
데에 두고 힘겨루기를 한다. 상담자를 둘러싼 힘겨루기의 형태는 여러 가지
이다. 예를 들어, 끊임없이 좋은 사람으로 남으려 하거나 반대로 상담자를 무
시하기도 한다. 때로는 증상을 과장한다. 이때 부부들은 지금까지 인식하지
못한 분노, 의심, 슬픔 등의 격렬한 감정을 경험하게 되어 당황하기도 한다.
굴곡이 심한 이 시기에 상담자의 역할은 부부의 힘겨루기와 그로 인해 파생
되는 감정의 태풍을 허용하면서도 서로가 지나치게 노출하여 상처를 받지 않
도록 부부의 심리적 안정감을 지켜 주는 것이 필요하다.
　작업기는 부부 각자가 횡적 또는 종적 관계를 명료화하면서 자신들의 문제
에 직면하는 시기이다. 지금까지의 결혼생활을 통해 원하는 것을 표현하거

나, 때로는 분노하고 실망하거나 위로해 주는 다양한 감정으로 상호작용하게
된다. 이러한 저변에 깔려 있는 주제는 친밀감이다. 이 시기에는 부부 각 개
인의 특성이 모두 드러나기 때문에 부부의 정서 경험에는 기복이 많을 수밖
에 없다. 이로 인해 급격한 감정변화를 경험하지만 동시에 사랑, 따뜻함, 배
려 등에 대한 경험도 하게 된다. 이 시기에는 부부들에게서 일시적인 증상의
경감이나 관계 개선의 징후가 보이므로 이 시기에 상담자는 부부 각자에 주
의를 기울여야 한다. 작업기의 후반에 접어들면 개별화(individuation)에 대한
관심이 높아진다. '우리'라는 감정이 강해지면 자해처럼 심각한 것부터 상담
에 늦거나 결석하는 소극적인 형태에 이르기까지 다양한 저항이 일어난다.
부부는 이처럼 성취감과 좌절감이 혼재된 정서 경험을 하면서 그로 인한 긴
장감을 해소하기 위해 다양한 노력을 한다. 상담자는 부부에게 이 같은 위기
속에서 어떤 일이 일어나도 괜찮다는 안심감을 여러 가지 형태로 전달하지
않으면 안 된다. 종결기는 부부가 상담자와 분리되어야 하는 시기이다. 이러
한 분리경험은 영유아기를 통해 거부된 생각, 소홀히 대해졌다는 생각, 상실
감을 되살려서 부부는 슬픔의 감정에 압도되기도 한다. 부부는 상담과정을
통해 자신이 발가벗겨졌다고 생각할 정도로 힘들었던 순간과 이를 극복했던
경험이 교차된다. 상담자는 부부의 퇴행이나 부인, 도피의 시도에 의연한 태
도를 보이는 것이 바람직하다. 이 단계에서 부부가 느끼는 상실감을 상담자
가 포용할 수 있는지 여부에 따라 부부상담의 경험이 개인의 경험으로 정착
될 수 있다고 본다.
　앞의 사례를 도입기, 작업기, 종결기로 나누어 정리해 보면 다음과 같다.

1) 도입기(1~2회기): 부부관계의 평가 및 구조화 단계

　부부가 문제의 심각성을 인식하여 공동으로 해결하려고 할 때, 부부상담은
시작된다. 그런 의미에서 첫 회기는 문제를 둘러싼 평가를 중심으로 이루어

졌다. 상담자는 이들 부부가 가진 주된 문제가 무엇이며, 그것이 얼마나 지속되어 왔는지, 오랫동안 지속되어 왔다면 왜 이 시점에 도움을 구하려 왔는지에 대해서 탐색하면서 문제를 이해하려고 노력했다. 이를 통해 현재 이들이 가지고 온 문제는 외도였지만, 결혼 초부터 이어진 부부 대화의 단절에 문제가 있음을 알 수 있었다. 따라서 상담자는 먼저 부부의 의사소통에 대한 탐색을 했는데, 갈등상황이 생기면 남편은 비난형, 아내는 회유형이라는 대처방식을 자주 사용했음을 알게 되었다. 남편이 비난하고 추적하면, 아내는 말을 안 하고 거리를 두는 패턴을 보여 왔다. 그리고 이 같은 의사소통은 각각의 원가족에서 습득된 것임도 알게 되었다. 남편은 어린 시절에는 가부장적이고 자신을 인정하지 않고 비난하는 아버지에게 압도당해서 회유형의 대처방식을 사용했으나, 그 후 사망한 아버지의 역할을 하게 되면서부터는 자신의 의사소통이 비난형으로 바뀌었다는 것을 깨달았다. 아내는 아버지의 무관심과 부재 속에서 새어머니의 기대에 자신을 맞추려고 애쓰다 보니 낮은 자존감이 형성되어 비난과 회유로 대처해 왔으며, 이런 패턴이 강한 남편과의 관계에서도 지속적으로 이루어지고 있다고 말했다. 그리고 이들 부부는 결혼 초부터 갈등상황이 생기면 그 같은 어려움에 대해 직면하여 해결하려고 하기보다는 회피함으로써 지금까지 생활의 균형을 유지해 왔다. 남편은 사업에 몰두하고, 아내는 작품활동에 몰입함으로써 자신들 사이의 긴장감을 해소해 왔다는 것이다. 또한 남편은 가정 밖에서의 대인관계를 통해, 내성적인 아내는 장남과의 밀착된 관계를 형성함으로써 가족항상성을 유지해 왔다. 그렇지만 남편과 의견이 대립되어도 자신의 감정을 드러내지 않고 남편이 원하는 대로 해 주려는 아내 덕분에 주위에서는 이상적인 부부라는 찬사를 얻고 있다고 했다.

상담자는 문제를 둘러싼 이런 이야기를 들으면서 김해랑 씨는 외도가 일어난 일 년 반 전이 아니라, 왜 지금 어려움을 겪으면서 전문가의 도움을 구하는지에 대한 이해를 할 필요가 있다고 판단하였다. 그리고 이 가족에게 더 이상 가족항상성을 유지할 수 없는 어떤 변화가 일어나고 있을 것이라고 가정하게 되었다. 이 같은 가정을 확인하는 과정에서 사이가 좋지 않은 남편과 아내 사이에서 휘말리면서 힘들 때마다 아내의 심리적 안전기지였던 아들에게 최근 여자친구가 생겼다는 사실을 알게 되었다. 즉, 남편, 아내, 아들로 이루어진 삼각관계에 변화가 일어나면서 가족항상성이 흔들리고 있었던 것이다. 남편이 아들의 유약한 행동을 비난할 때나 최근 아들의 태도가 변한 것에 대해 말할 때 김해랑 씨의 태도는 지금까지와 달리 감정적으로 심하게 흔들렸다는 점이 이를 뒷받침하였다. 따라서 남편의 부당한 대우를 참고 아들에게서 위로를 얻던 아내는 그런 것이 더 이상 가능하지 않자, 자신의 신체적 항상성이 깨져서 여러 가지의 신체적 증상을 보였다. 또한 지금까지와는 달리 남편에게 대항함으로써 부부간의 언어적, 신체적 폭력이 일어나고 있다는 가정을 할 수 있었다. 이처럼 1, 2회기의 상담을 통해 드러나지 않은 여러 가지 사실을 알 수 있었지만, 상담자는 지나치게 정보를 수집하려는 태도는 지양했다. 오히려 내담자와 라포를 형성하는 등 상담을 구조화하는 부분에 많은 시간을 할애하였다. 이렇게 얻어진 2회기에 걸친 정보는 사토(佐藤, 2004)가 제안한 부부관계의 평가지를 활용하여 다음과 같이 정리되었다.

부부관계 평가지

20○○년 6월 17일

내담자(이성준, 김해랑)

1. 문제에 대한 이해

남편: 남편은 특별히 언급한 것이 없었다.

아내: 시댁과의 단절, 남편의 외도로 인한 부부갈등을 해결하고 싶다. 상담을 통해 무엇이 문제인지를 이해하고 싶다.

2. 전형적인 갈등과 해결의 시도

이들 부부는 각자의 감정을 솔직하게 표현하지 않고, 의사소통을 단절하거나 회피함으로써 문제를 해결해 왔다. 또한 남편은 외도 등으로 가정 밖에서, 아내는 아들과의 밀착을 통해 정서적 욕구를 충족시켜 왔다. 그러나 최근 아들의 가정 밖에서 정서적 유대를 가진 대상을 찾게 되자, 이들이 유지해 온 삼각관계가 흔들리게 되었다. 이 같은 변화에 남편은 아내와의 관계에서 발생하는 갈등을 언어적 · 신체적 폭력으로 제압하려 하고 있으며, 자신의 의사를 충분히 표현하지 못하는 아내는 신체화 증상을 보이고 있다.

3. 결혼력

대학 동아리에서 만나서 혼전임신으로 결혼하였으나, 결혼에 대한 충분한 준비가 없이 이루어진 결혼으로 사료된다.

4. 관계에 대한 장단점

단점: 이들 부부는 갈등에 직면하기보다는 회피하려는 경향이 강하다.

장점: 상담에 대한 동기가 약한 남편이 관계를 유지하고 싶은 생각에 상담에 참여하고 있다.

부부는 자녀를 잘 키우고 좋은 가정을 이루고 싶다는 열망이 크다. 최근 아들이 밖에서 정서적 유대감을 갖게 됨으로써 아들을 포함한 역기능적 삼각관계가 흔들리고 있다.

5. 개입계획

- 안정된 상담경험을 제공함으로써 상담자와 부부, 부부간의 친밀감을 형성한다.
- 부부 각자의 가계도 탐색을 통해 원가족에서 미해결된 문제를 파악하여 자아분화를 하도록 돕는다.
- 원가족과의 관계패턴이 현재 부부 상호작용에 미치는 영향을 탐색하여 이들 관계에 긍정적인 변화가 일어나도록 돕는다.

- 상대방에 대한 이해를 확대시키고, 서로를 이해하는 대화기술을 익힘으로 써 의사소통능력을 향상시킨다.

[의사소통에 대한 평가]

1. 무엇을(what) 의사소통하는가?

부부는 상담에 대한 기대나 가정생활에서의 어려움 같은 주제에 대해서 상대에 대해 공감하지 못했으나, '자녀에게 기대하는 부분'에 대한 주제에는 관심을 보이면서 공유하였다.

남편은 상담 초반부터 자신의 주장을 강하게 표현했으나, 아내는 자신의 의견을 거의 표현하지 않은 채 수동적인 태도를 보였다. 그러나 남편이 자신도 아버지가 전혀 관심을 보이지 않았으나 잘 컸는데 아내는 아들을 지나치게 유약하게 키운다고 비난하자, 지금까지와는 달리 예민하게 자신의 감정을 드러냈다.

2. 어떻게(how) 의사소통하는가?

비난하고 추적하기-침묵하고 거리두기의 패턴

남편이 어떤 상황에 대해 비난하면서 추적하면 아내는 침묵하며 거리두기를 함으로써 문제를 회피해 왔다. 침묵하면서 심리적으로 거리를 두는 아내의 태도는 남편의 불안을 가중시켜 더 추적하면 아내는 "가슴이 답답하다."고 하거나 눈물을 보이는 등의 신체화 증상을 보임으로써 더 이상의 악순환이 일어나지 않도록 차단한다.

2) 작업기(3~8회기): 가계도를 통한 원가족의 미해결 문제를 파악하고 해결하기

초기 상담에서 소극적이었던 것과는 달리, 김해랑 씨는 상담과정에서 자

신이 가정을 유지하기 위해 얼마나 헌신했는지를 나열하면서 상담자에게 인
정받으려고 애썼다. 아내의 이런 태도를 본 이성준 씨는 "내가 아내의 마음을
들여다보고 있는데, 이것은 인정받기 위한 술수"라고 일축해 버렸다. 상담자
는 남편이 아내의 모든 것을 꿰뚫고 있다는 확신을 인정해 주면서 남편에게
아내에 관한 퀴즈(아내의 친구 2명의 이름, 아내가 싫어하는 사람, 아내가 요즘 걱
정하는 일, 아내가 힘들 때 위로를 얻는 방법)를 제안했다. 이를 통해 남편은 자
신이 아내에 대해 제대로 아는 것이 없다는 것을 인정하게 되었다. 한 예로,
아내가 싫어하는 사람이 누군지를 묻자, 남편은 확신에 찬 듯 시어머니라고
대답했다. 그러나 아내는 새어머니라고 하면서 자신은 새어머니나 친어머니
보다 시어머니가 더 좋은데, 남편은 시집 식구들에 대해 형식적으로만 대하
기 때문에 안타깝다고 말했다. 남편은 이런 아내의 발언이 의외인 듯, "여자
들은 시집 식구를 무조건 싫어하지 않나요?"라고 반문했으나, 곧 그러고 보
니 아내가 시집에 대해 안 좋게 말한 적이 거의 없었다고 덧붙였다. 이런 대
화를 통해 남편과 아내의 긴장감은 다소 느슨해진 것 같아서 부부 각자의 가
계도 탐색을 통해 원가족에 대한 이야기를 할 수 있었다.

　김해랑 씨는 가계도를 탐색하면서 아버지의 무관심과 부재에 대한 비난,
친어머니와 새어머니에 대한 미움으로 힘들었으며, 어린 나이임에도 불구하
고 사는 것이 어렵고 슬펐다고 회상하였다. 그리고 이 같은 원가족에서의 상
처는 남편과의 관계에도 여러 가지 영향을 주었다고 표현했다. 예를 들어, 결
혼 초에 새로운 식품개발에 몰두하면서 집을 자주 비우는 남편을 보면 어린
시절 자신들에게 무관심했던 아버지가 연상되어 더 거리두기를 하게 되었다
는 것이다. 자신의 내면에는 아직 '자신감 없는 어린 외톨이'가 존재하면서 현
재의 삶에도 영향을 미치고 있다고 말했다. 상담자가 '12세 김해랑'을 초대하
여 무엇이 그렇게 슬프고 힘들었는지를 물어보자, 시설에 맡긴 채 거의 돌보
지 않은 여동생의 이야기를 하기 시작하였다. 이 과정을 지켜본 남편은 "아내
가 여동생 이야기를 하고 싶어 하지 않아서 거의 묻지 않았다. 아내가 이토록

동생에 대한 미안함이 있다면 나도 도와주고 싶다."고 언급하면서 원한다면 함께 동생을 방문하겠다고 말했다. 상담과정에서 이런 남편의 위로가 아내에게 상당한 힘이 되는 것 같았다.

남편의 가계도 탐색을 통해 이성준 씨는 어린 시절 형에 대한 아버지의 편애는 자신에게 불리한 것만이 아니었으며 도움이 된 것도 많았다는 것을 깨달았다. 예를 들어, 어린 시절 부모의 무관심 덕분에 자신은 자유롭게 하고 싶은 일들을 했으며, 형과 비교당할 때마다 성공할 거라고 다짐했으며 그런 것들이 지금의 자기를 이 자리까지 만들었다는 것을 깨달았다. 그럼에도 불구하고 자신의 노력으로 집안을 일으킨 지금도 어머니는 나보다 실패한 형을 더 생각하는 것이 때로는 섭섭하다고 덧붙였다. 이 말을 조용히 듣고 있던 아내는 "내가 어머니를 좋아하는 부분은 바로 그 점인 것 같아요. 어머니를 뵐 때마다 내가 어린 시절부터 원했던 끝까지 품어 주는 그런 모습을 보는 것 같아요. 그런데 이 사람은 어머니 앞에서 언제나 자신이 많이 한 것만 자랑하죠."라고 남편을 비난했다. 상담자가 "김해랑 씨는 시어머니에게서 배운 것을 자녀들에게 전하고 싶은 거군요. 남편분은 아내분이 그렇게 생각한다는 걸 아셨나요?"라고 물었다. 남편은 다소 쑥스러워하면서 "그렇게 말해 줘서 고마워."라고 말했다. 상담자는 남편이 성장과정에서 자신의 의사와 감정을 충분히 수용받은 경험이 부족하여 아내와의 관계에서도 자신의 감정이나 의사를 바람직한 방법으로 표현하지 못한 채 때로는 폭력적인 행동으로도 표출하였을 것이라고 재해석해 주었다. 덧붙여서 남편 스스로가 "고마워."라고 표현할 수 있는 것은 작은 변화가 아닌 대단한 변화임을 강조하였다.

회기를 거듭하면서 부부가 서로에 대해 어느 정도 이해할 수 있는 여유가 생겼다고 판단되자, 미래에 대한 탐색을 시작하였다. 각자가 이 상담을 통해 변했으면 하는 것이 무엇인지 묻자, 남편은 "나는 아내라는 연못에 아주 작은 돌을 던졌는데, 아내가 그리는 파장은 너무 커서 난감하다."고 했다. 상담자가 구체적인 예를 요청하자, 5년 전 어머니에게 용돈을 드리는 문제에 대해 이야기할 때도 "나는 무심코 한 말인데 아내는 화를 내고, 아파서 드러눕더니 결국에는 따로 살자."고 했다. 그런 아내의 반응이 어떻게 느껴졌는지를 탐색하자, "죄인이 된 느낌이었고, 어쩔 줄 몰라서 아내를 말릴 수 없었다. 뭘 어떻게 해야 할지 몰라서 아내를 비난했었다. 아내는 표현은 잘 하지 않지만 결단이 빠르고 마음이 쉽게 바뀌지 않는 것을 알았기에 두려웠다."고 했다. 상담자는 아내에게 "이 같은 남편의 마음을 알았느냐?"고 질문하자, 그런 마음이 있는지 몰랐다고 하면서 "남편이 나를 비난하면 남편과 관계가 끝난 것 같은 느낌이 들어 너무 답답하고 불안하다."고 말했다. 상담자는 이들의 감정을 반영해 주면서 '거리두기와 추적하기의 순환'과 이것의 저변에 있는 부부들의 '버려질 것에 대한 두려움'이라는 감정을 명료화했다. 그러자 아내는 비난을 하는 남편을 보면 무시당한다는 생각으로 화가 났는데, 남편도 두렵구나 하는 생각에 지금은 화가 덜 난다고 하였다. 또한 예전에는 남편이 받아 주지 않는 것 같은 마음에 외롭고 불안했는데 지금은 희망이 보이는 것 같아 조금 편안해졌다고도 덧붙였다. 김해랑 씨는 '지금까지는 남편이 잘못해서 결혼생활이 어렵다고만 말했는데, 내 잘못도 크구나.'라고 생각되고 이것을 인정하는 것이 힘들다고 하자, 남편은 자신이 잘못한 것이 많았다고 아내를 위로하였다.

부부가 상담의 중반에 접어들면서 긍정적인 변화를 많이 보이는 중에, 아내는 다시 가슴이 답답하고 불안해서 잠을 잘 잘 수 없었다고 호소했다. 이런 신체화 증상이 어디에서 온 것 같은지에 대해 묻자, 지난번 남편이 시설에 있는 동생에게 함께 가 보자고 말해 준 후부터 수면장애가 생겼다고 말했다. 그러면서 아내는 또다시 힘들었던 자신의 어린 시절 이야기를 하기 시작했다. 자신이 성장기에 본 아버지와 친어머니는 서로의 감정을 그대로 쏟아 내고 퍼부어 대며, 참는 것을 본 적이 없었다. 아버지는 바람둥이에 무책임하면서도 끊임없이 남을 탓했으며, 그 이후 함께 살게 된 새어머니도 그때나 지금이나 끊임없이 내게 아버지를 원망하고 비난하면서 넋두리를 늘어놓았다. 부모들은 모두 책임감은 없고 원망만 있다.

김해랑 씨는 새어머니가 무섭고 싫으면서도 그녀의 마음에 들려고 노력하였고, 집안일을 열심히 도왔다. 그녀는 새어머니의 끊임없는 잔소리와 넋두리를 들어야 했기 때문에 집에 가기 싫어서, 학교가 끝나면 될 수 있으면 천천히 걸었다. 성장기 내내 우울하고 침울하고 스트레스 상황이었다는 이야기를 하면서 많이 울었다. 상담자는 어린 시절의 이런 마음을 친어머니와 새어머니가 알고 있는지를 탐색하면서 그들을 찾아가서 현재 느끼는 감정을 나누어 보도록 제안하였다. 상담자의 제안에 자신이 없다고 했던 김해랑 씨는 남편의 도움을 받아서 새어머니를 만나 어린 시절 힘들었고 잘 지내고 싶었던 마음을 전했다고 했다. 친어머니에게도 자신의 감정을 전했으며, 친어머니와 함께 동생이 있는 시설도 방문했다. 동생이 시설에서 잘 지내는 것을 보고 마음이 한결 가벼워졌다고 말했다. 김해랑 씨는 이 같은 원가족과의 작업을 통해 핵가족의 관계에서도 변화를 만날 수 있었다. 부부가 친밀감을 회복한 것은 물론이며, 자립기에 있는 자녀들과의 관계에서도 어느 정도 거리를 유지할 수 있게 되었다.

3) 종결기(9~10회기): 변화탐색과 유지를 위한 방안탐색

초기에는 상담에 소극적이었던 남편은 적극적으로 참여했으며, 가정생활에서도 변화가 보였다. 남편은 며칠 전 술을 먹고 늦게 들어와서 아내에게 말실수를 하는 바람에 아내가 충격으로 누워 버렸는데, 남편은 그 자리를 피하는 것이 더 안전할 것 같아서 그렇게 했다는 에피소드를 언급하였다. 상담자가 "이번 상담을 통해 잔소리보다는 그대로 지켜봐 주는 것이 안전한 부부관계를 유지할 수 있다는 걸 알게 되었네요."라고 재정의하자, 남편은 이 말에 동의하였다. 아내에게 남편의 이런 행동이 도움이 되었는지 물었더니, 도움이 되었지만 직접 표현해 주면 더 좋았을 것 같다는 자신의 의견을 적극적으로 언급하였다. 이 이야기를 들은 남편은 잠시 망설이다가 "내가 늦게 들어오고 말실수까지 해서 당신이 아프니까 내가 죄인이 된 느낌이었는데…… 미안해……. 하지만 당신이 옛날이야기를 곱씹지 않았으면 좋겠어."라고 말했다. 아내는 "당신이 소리를 치지 않았으면 좋겠어요. 당신과 함께 말할 수 있으면 좋겠어요."라고 대답하였다. 상담자가 이렇게 자신들이 느낀 감정을 직접 표현해 보니 어떠냐고 물었더니 부부는 웃으면서 편하다고 말했다. 상담자는 남편의 반응을 끌어내어 연결되고 싶은 욕구에 의한 추적과 아내의 안전한 관계를 유지하기 위한 거리두기를 명료화한 후, 이 같은 역기능적인 소통방식은 누구의 잘못도 아니라는 점을 알렸다. "어떻게 하면 대화를 잘할 수 있나요?"라는 부부의 질문에 먼저 상대방의 이야기를 경청하고 잘 듣고 있다는 표현으로 판단하지 않은 채 반영하고 인정해 주는 것이 중요하다는 점을 알리고, 이 같은 의사소통을 연습하게 하였다.

약속한 10회기가 되어 지금까지의 회기를 정리하자, 아내는 항상 멍한 느낌이었는데 잡생각이 없어지고 마음이 편해지고 숙면도 가능해졌다고 했다. 남편도 변화되고 있다고 느낀다고 말하면서 환하게 웃었다. 남편의 변화에 대한 질문에 먼저 최근에는 아내와 함께 지내고 있다며 말문을 열었다. 그리고 저녁 늦게까지 술 마시는 횟수가 줄었으며, 늦으면 전화를 하고 부정적인 말투도 줄였다. 무엇보다 부부가 함께 이야기하는 시간과 신체적인 접촉도 늘었다. 자신들의 이 같은 변화로 인해 자녀들도 편해졌다고 언급했다.

부부상담은 부부의 가치 탐색으로 마무리했다. 남편과 아내에게 각각 다른 색을 지닌 열 장의 포스트잇을 건네고 각 장마다 앞으로 가정을 영위할 때 필요한 가치라고 생각되는 것을 적도록 부탁하였다. 이렇게 하여 쓰인 스무 장의 포스트잇을 부부가 함께 의논하여 6개의 가치로 분류하도록 요구하였다. 이들은 [그림 15-2]처럼 행복, 봉사정신, 수용, 공동체 정신, 도전, 존중으로 정리하였다. 이들에게 각각 A4 용지를 주고 10개의 원을 겹쳐서 그리도록 했다. 그리고 그 원을 6개로 나눈 후, 부부가 정리한 가치를 각각의 칸에 하나씩 쓰도록 했다. 그러고 나서 각 칸에 쓰여진 가치를 현재 자신들이 어느 정도 가지고 있는지를 표시하도록 하였다. [그림 15-2]는 두 부부가 각자의 가치를 표현한 것이다.

부부에게 그들이 작성한 그림을 보면서 느낀 점을 나누도록 하였다. 먼저 부부는 6개의 가치에 대한 중요성을 각각 다르게 표현한 것을 시각적으로 알게 되어 상대방의 부분을 수용하도록 노력하겠다는 점을 알게 되었다고 언급했다. 상담자가 이것이 가족을 이끄는 2개의 수레바퀴라면 어떨 것 같은지에 대해 질문하자, 가족을 이끄는 두 바퀴가 되려면 각자의 가치들끼리도 균형을 가져야 할 것이라고 말했다. 구체적으로 남편은 자신의 도전에 대한 에너지를 조금 줄여서 아내가 가치롭게 생각하는 행복이나 봉사를 위해 쓴다면 바퀴가 좀 더 잘 굴러갈 수 있을 것 같다고 말했다. 아내 역시 자신에게는 공동체 정신이나 도전이 많이 부족하기 때문에 이 부분을 늘리는 데 힘을 쏟으면 균형을 가질 수 있을 것이라고 말했다. 상담자는 지금 언급한 것을 실행하기 위해서는 구체적으로 어떤 노력이 필요한지에 대해 탐색하였다. 마지막으로, 상담자는 지금까지의 변화에 대한 긍정적인 피드백과 함께 앞으로 변

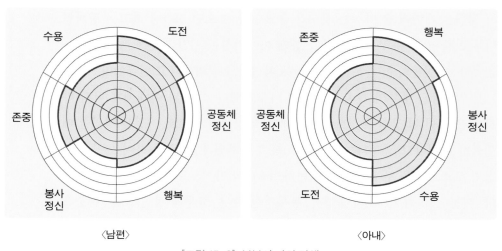

〈남편〉   〈아내〉

[그림 15-2] 부부의 가치 탐색

화와 퇴행을 반복하게 될 수 있다는 점을 주지시키면서 그것에 대한 대처방법을 미리 생각해 볼 기회를 제공하였다.

　이 부부상담을 정리해 보면 부부가 호소문제로 가지고 온 남편의 외도문제보다 부부의 역기능적 의사소통에 초점을 맞췄다. 상담을 통해 이런 바람직하지 않은 의사소통과 이로 인한 단절된 부부관계의 이면에는 원가족의 미해결된 과제가 있다는 것을 밝히고 이를 해결함으로써 아내의 신체화 증상도 완화되고 부부간에도 변화가 시작되었다. 즉, 남편과 거리두기를 하던 관계 방식이 변화하기 시작하면서 부부관계와 부모자녀관계에도 안전감을 가져오게 되었다. 남편의 경우에도 자신의 감정을 있는 그대로 표현하지 못한 채, 아내를 비난하거나 조종하려는 것을 깨닫게 되었다. 남편이 상담을 통해서 자신의 생각이나 감정을 아내에게 표현할 수 있는 기회를 가지게 되면서 가정 안에서 남편의 영향력은 건강하게 확대되었다. 또한 부부는 각자의 역할을 균형감 있게 감당할 수 있는 체계로 변화하기 위해 서로를 존중하는 의사소통 기술을 배웠다. 이를 통해 부부는 서로에게 갖는 기대와 생각들을 정직하게 나눌 수 있게 되었다.

제16장

가족놀이치료를 활용한
재혼가족상담

　재혼가족에는 많은 형태가 존재한다. 첫 결혼가족과 비교할 때 재혼가족의 구조는 매우 복잡하다. 따라서 재혼가족이 조화와 안정을 얻으려 한다면 가족들은 가족문제와 더불어 자신들 각자의 문제에도 조심스럽게 집중해야 한다. 그들은 먼저 서로가 체계로 연결되어 상호작용을 하는 사람들과 생산적으로 연결되었다는 것을 배워야 하는데, 이 같은 체계의 변화를 만드는 두 가지 하위요인은 자녀와 부모이다. 이들은 가족의 상실에도 불구하고 또 다른 체계를 만들어 가야 하는 것이다. 예를 들어, 아이들은 자신의 친부모뿐만 아니라 계부모와도 친밀감을 형성해야 한다. 또한 이들에게는 새로운 계형제들 사이에서 일반적 흥미를 발견하고 그것을 지속적인 우정으로 발전시켜야 하는 과제도 있다.

　가족놀이치료는 체계론의 관점을 가진 가족치료에 놀이치료기법을 조화시킨 것으로, 가족놀이를 지향하는 상담자는 가족을 체계로 인식하면서 내담자와 함께 만나 놀이치료와 언어적 접근이 통합된 방법으로 가족문제를 해결하려고 시도한다. 상담자는 다양한 활동, 은유적 언어, 상징적 의사소통 등으로 가족이 표현하지 않는 문제까지 이해하며 치료적 놀이를 통해 변화를 추구한다.

드러나지 않는 대인관계에 초점을 맞춘 가족치료와 놀이라는 비언어화된 도구로 자신의 내면세계를 표현하는 놀이치료는 은유라는 점에서 연결되어 있다. 특히, 아동은 놀이를 통해 표현된 은유를 사용할 때 부모와 맞서서 언어로 표현할 때보다 덜 부담감을 가지게 된다. 이처럼 놀이의 본질인 가상놀이를 반복하여 직접적, 간접적 의사소통의 중간을 제공하기 때문에 가족상담의 기법으로 바람직하다.

상담자는 상담의 단위가 어디까지나 가족이라는 점을 강조한다. 도움을 받으러 온 내담자 역시 가족단위의 서비스를 기대한다. 그러나 현실적으로는 상담과정에 어린 자녀가 포함될 경우 아동을 소홀히 다루는 경우가 종종 있다. 아동은 문제행동에 관해 언어적 수준으로 일관되는 상담과정에 적극적이지 못하다. 때때로 어른들이 문제행동에 관해 진지하게 토론하거나 아동에게 해결을 위한 의사소통을 강요하면서 그들이 표현하려는 것을 차단하면, 아동은 자신의 능력, 지식, 그리고 창조적인 자원까지 모두 억제해 버리는 경향이 있다. 아동의 문제로 가족을 만나는 상담자는 아동이 보이는 이 같은 언어를 매개로 한 접근의 한계점을 극복하기 위해서 가족치료와 놀이치료를 접목하려는 새로운 시도를 하였다. 그 예로 상담과정에 놀이적 요소인 가족인형인터뷰, 가족모래놀이치료, 가족놀이가계도 등의 기법을 개발해 사용하였다. 이때 놀이라는 은유로 자신을 표현할 수 있게 된 아동은 언어적으로 직면할 때보다 덜 위협을 느끼면서 자신을 드러내는 긍정적인 측면이 엿보였다.

다음 사례는 전화로 자신의 8세 딸 정희가 2개월 전부터 복통을 호소하면서 학교 가기를 싫어한다고 상담을 의뢰한 어머니의 이야기이다. 그러나 1회기의 대면상담에서 정희는 학교생활에 별다른 어려움은 없었다. 오히려 어머니의 상담 결과 주 호소내용은 정희의 학교생활 문제보다는 계형제인 오빠와 정희 사이의 성적 접촉에 대한 어머니의 불안임을 알 수 있었다. 상담자들(가족상담자 2명, 놀이치료자 1명)은 1회기에 정희가 만든 모래놀이 작품에 대한 분석과 어머니의 면담내용을 근거로 가족상담이 바람직하다고 판단하였다. 어머니도 별다른 저항 없이 상담자의 제안에 동의하였다. 그런데 이들이 8개월밖에 되지 않은 재혼가족이라는 점을 고려할 때, 자신들의 느낌을 언어화하는 데는 한계가 있을 것으로 예상되어 은유적 표현이 가능한 가족놀이치료를 활용하기로 하였다. 재혼가정은 현재 가족이 또다시 해체될지 모른다는 두려움과 안정에 대한 지나친 욕구 때문에 자신들이 지닌 어려움을 표현하지 못하거나, 반대로 가족 역사가 짧아서 다른 가족에 대한 배려 없이 표현하는 경우도 많았다. 특히 이 사례의 경우처럼 자녀들의 성적 접촉에 대한 구체적인 정황이 없는데도 어머니는 불안해하며, 그러한 불안이 가족의 응집력을 방해한다고 가정하면, 문제중심의 언어적 접근은 오히려 응집력이 약한 가족을 붕괴시킬 수도 있다는 우려도 있었다. 따라서 가족상담을 미술도구, 퍼펫, 모래상자와 다양한 소품이 갖추어진 놀이치료적 환경에서 시작하였다.

1. 사례의 개요

어머니와의 면담을 통해 상담실에 오기까지의 과정을 정리하였다. 이혼 경험이 있는 부모는 8개월 전 각자의 자녀를 데리고 재혼했다. 이들은 경제적으로 여유가 없어서 부모가 맞벌이를 해야 했기 때문에 결혼 후 부모와 자녀가 함께한 시간보다는 자녀들끼리 보내는 시간이 많았다. 사실, 이 가정은 재혼에 이르기까지의 기간이 짧아서 각 가족들이 서로 충분한 교류를 맺지 못한 채 갑자기 새로운 생활을 시작하였다. 어머니가 두 딸과 함께 남편 집에서 동거했는데, 8세인 정희는 새롭게 바뀐 환경 탓인지 처음부터 학교생활에 잘 적응하지 못했다. 2개월 전부터는 자주 복통을 호소하면서 학교 가기를 싫어했으나, 장기간 결석과 같은 부적응의 행동은 없었다. 진료를 했던 의사는 "심각한 상황이 아니다. 새로운 환경에 적응하기 어려워서 생기는 일시적 현상이다."라고 말했다. 어머니는 교사와도 상담을 했는데, 의사와 같은 반응이었다. 그래도 마음이 놓이지 않은 어머니는 결국 교육청에 상담을 의뢰했고, 그곳에서 상담센터를 소개해 주었다. 어머니는 정희가 이전 학교에서는 적응을 잘했다고 덧붙였다. 또한 어머니는 11세인 남편의 아들과 정희 사이가 심상치 않다는 불안을 호소했다. 그 예로 어느 날 아들이 정희의 목을 잡고 있는 것을 보았는데, 아이들은 대수롭지 않은 듯 웃고 있었다. 어머니는 순간 아들이 정희에게 신체적인 학대를 한다고 생각해 심하게 야단을 쳤는데, 정희는 의외로 아무런 호소도 하지 않았다. 그 순간 정희가 처음부터 아들을 잘 따랐다는 사실이 떠오르면서 이것이 신체적 학대가 아니라 성적 접촉일지도 모른다는 의심을 하게 되었다. 이후에도 아들과 정희의 석연치 않은 신체접촉을 자주 목격했으나 자신이 어떻게 행동해야 할지 몰라서 못 본 척하고 있다. 이 같은 어머니의 호소내용을 통해 어머니의 관심은 정희의 학교적응 문제보다는 새로운 가족형성에서 비롯된 불안에 있다고 판단하였다.

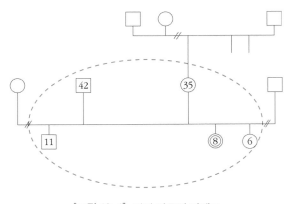

[그림 16-1] 정희 가족의 가계도

따라서 본 상담자들은 2회기 이후 '평화로운 가족 만들기 프로젝트'라는 이름으로 가족상담을 실시하였다.

　이혼한 후 한부모(남편은 4년 전, 부인은 2년 전)로 살던 부모들은 약 일 년 전에 어떤 모임에서 만나서 급속하게 가까워졌으며, 알게 된 지 4개월 만에 두 가정은 합쳐졌다. 어머니는 장래에 대해 충분한 이야기를 나눈 후 재혼할 생각이었지만, 전남편이 결혼할 것이라는 소식을 들은 후 서둘러 현재 남편의 청혼을 받아들였다. 따라서 결혼 이전 계자녀들끼리 충분한 교류 없이 한집에서 동거를 시작했다. 자녀들은 자신의 친부모들과 계속적인 교류를 가지고 있다. 재혼이란 어머니에게 모든 면에서 부담이었지만, 특히 11세 아들과의 관계는 더욱 자신이 없었다. 그러나 자신이 갖고 있는 두려움을 남편에게 표현하지 못했다. 어머니와 달리 두 딸은 처음부터 아들을 많이 따랐는데, 아들은 첫 만남부터 '우리 가족'에게 무덤덤하여 그 아이가 어떤 생각을 하는지는 잘 몰랐다. 남편은 자상한 사람은 아니지만, 자신과 두 딸에게 친절했다. 어머니는 아들과 정희의 성적 접촉을 의심하면서도 이 같은 염려에 대한 분명한 증거를 제시하지 못했다. 또한 상담과정에서 어머니는 필요 이상으로 방어적이었다. 상담자는 이러한 어머니의 태도로 미루어 현재 가진 어머니의 불안은 자신의 어린 시절 심리적 외상과 관계가 있을 것이라고 추정하였다. 상담자의 가정은 가족놀이치료 이후 진행된 어머니의 개인상담 과정에서 아버지의 폭력, 부모의 이혼, 계부의 성적 추행으로 이어지는 어머니의 불우한 어린 시절을 알 수 있었다. 열악한 가정환경 때문에 행복한 사춘기를 경험하지 못한 채, 서둘러 결혼해 두 딸을 낳은 후 이혼했던 것이다. 따라서 현재 남편에 대한 신뢰는 있으나 가정해체에 대한 막연한 두려움이 있었다.

2. 상담과정

첫 면담은 어머니와 아동의 병행상담으로 어머니의 상담은 가족상담자에
의해, 아동의 면담은 놀이치료자에 의해 각각 이루어졌다. 이 사례는 1회기
어머니와 아동의 병행상담을 포함해 총 5회기로 이루어진 단기상담이며, 2회
기 이후에는 가족 전원이 참석한 가족놀이치료가 전개되었다. 가족놀이치료
가 종료된 후 어머니의 개인상담이 별도로 이루어졌다.

'평화로운 가족 만들기 프로젝트'로 명명된 가족상담은 주 1회씩을 원칙으
로 했으나, 가족이 모두 참석하기 어려워 여러 번 연기되었다. 가족놀이치료
는 놀이치료자가 행했으나 가족상담자인 2명의 상담자도 퍼펫극의 관객 입
장으로, 때로는 가족의 변화를 확인하는 인증자의 입장으로 상담에 참여하였
다. 또한 상담과정은 문제중심 대화보다는 가족이 가진 강점과 탄력성에 초
점을 맞춘 사회구성주의적 관점에서 진행되었다. 상담과정은 기본적으로 각
회기마다 상담자가 준비한 몇 가지 놀이(가족에게는 프로젝트로 설명함) 중에
서 가족이 선택한 것으로 진행하였다.

놀이치료실에 들어선 정희는 의자의 한구석에 앉아서 좀처럼 상담자에 대
한 경계심을 풀지 않았다. 언어적 표현도 자발적이기보다는 질문에 간단히
답하거나 때로는 무시하였다. 하고 싶은 놀이가 무엇인지를 묻자 별로 없다
고 대답해 상담자가 그림 그리기를 제안했으나, 정희는 '손이 더러워져서, 잘
못 그리기 때문에'라고 말하면서 의욕을 보이지 않았다.

정희가 자신의 감정표현을 지나치게 억압한다고 판단한 상담자는 퍼펫을
활용하였다. 퍼펫 바구니에서 간호사를 꺼낸 상담자가 "난 혜련이에요. 이
곳에서 사람들이 행복하도록 도와주고 있어요."라고 자기소개를 하자, 정희
는 다소 긴장을 풀었다. 상담자가 정희에게 퍼펫을 선택해 자기소개를 해 달
라고 부탁하자 바구니 속에서 토끼를 꺼내 들고 "난 정희이고, 여덟 살……."

이라고 답했다. 이 같은 퍼펫을 통한 상호작용이 시작되면서 자발적인 의사교류가 생겼다. 정희는 "어떤 사람을 치료해요?"라고 묻는 등 상담자에게 관심을 보이기 시작했으며, 상담자가 가족소개를 부탁했을 때 별다른 저항 없이 현재 동거가족을 언급하였다. 상담의 중반부터는 정희가 관심을 보인 모래놀이치료로 진행하였다. 그러나 작품에 몰두하기보다는 자주 "같이 해요."라면서 상담자에게 의존적 태도를 보였다. 상담자의 수용적 태도에 힘입어 아동이 만든 모래상자는 백설공주, 앨리스, 언덕 위에 만든 성이라는 세 가지 세계가 표현된 작품이었다. 작품제작 과정에서 아동은 손으로 모래를 그어서 3가지 세계를 나누어 표현한 것이 인상적이었다.

- 한가운데의 백설공주 세계: 3명의 난쟁이가 호수를 파는 공사를 하고 있다. 두 사람이 '수영장처럼 수영을 할 수 있도록' 파고 있으며, 선생이라고 불리는 난쟁이는 공사감독이다. 한가운데에는 난쟁이의 집, 그 옆에는 '자신이 좋아하는' 분홍색 꽃을 놓았다. "안녕하세요?" 하고 인사하면서 백설공주가 다가오자, "꽃을 가지세요."라고 관심을 보이는 난쟁이, 그 뒤에는 '백설공주에게 반해서 부끄러워하는' 난쟁이, 나무 옆에도 '백설공주에게 넋이 나가서 꽃에 물 주는 것도 잊어버린' 난쟁이의 세계를 표현했다. 오른쪽 위의 영역에는 노파의 모습을 한 마녀가 백설공주의 모습을 '염려스러운 듯' 보고 있다고 설명했다. 정희는 마녀가 있는 곳을 "더 무시무시하게 만들어야지."라고 하면서 한구석에 큰 나무를 놓았다. 그리고 "이 나무, 학교에 있는 것 같은데……."라고 했다. 마녀의 세계에 대해서는 "아주 좋아요. 잘 만들었지요?"라고 즐거워하면서 되물었다.
- 오른쪽 구석의 앨리스 세계: 앨리스 세계를 보면서 "사실 앨리스는 이쪽(백설공주 세계)에 가려고 해요. 앨리스는 반대 세계예요."라고 말했다. 그리고 거기에 놓은 피에로를 하나씩 가리키며 "멍청하게 생겨서 이상해요." 백설공주 세계와는 반대 세계라는 것을 강조했다.

• 왼쪽 위 언덕 위의 성: 살풍경한 세계로 어떤 언급도 하지 않았다.

정희가 만든 모래상자는 정희의 내면세계를 이해할 수 있는 많은 이미지가 있었으나, 여기서는 가정과 관련한 부분에 대해서만 논의하기로 한다.

각 상징물에 대해 언급한 정희의 피드백과 판타지의 동화를 연상시키는 세 가지 세계는 얼핏 보면 정희의 정리된 내면세계를 표현하는 듯 보이나, 모래를 긋고 3개의 영역으로 나눈다는 부분이 인상적이었다. 이처럼 한 공간 속에 만든 작품이면서 이어지지 못하는 것은 분리된 어떤 것의 상징이라고 볼 수 있다. 재혼가정이라는 환경적인 부분을 고려해 본다면 현재 통합되지 못한 가정을 표현한 것이라고 추론할 수 있다. 특히 충분한 시간이 있었는데도 오른쪽 산 위 성의 세계를 살풍경하게 표현한 것과 공허한 앨리스 세계는 시사하는 바가 컸다. 그러나 난쟁이가 새로운 가능성의 원천이 되는 호수를 판다는 점에서 희망적이었다. 특히 이 작품을 가정환경과 연관시켜 이해할 때 인상적인 것은 무서운 마녀가 사는 황량한 숲이었다. 정희 자신은 "멋있지요?"라고 말했지만 새로운 가정에 대한 알지 못하는 두려움과 불안을 엿볼 수 있었다. 그러나 그 근처에 자신이 좋아하는 분홍 꽃을 놓았다는 점에서 희망적이었다. 그리고 인상적인 것은 피에로를 영접하는 앨리스의 세계인데 삭막했다. 정희는 이것을 난쟁이 세계와 반대되는 세계로 서술함으로써 가정에서 채워지지 않는 허전함이 있음을 드러내고 있었다. 그러나 모래상자 한가운데에 정희의 자기이미지로 이해되는 백설공주를 긍정적으로 바라보는 난쟁이의 세계를 넓게 표현한 점이 고무적이었다. 상담자는 난쟁이에게 도움을 받고 싶어 하는 백설공주를 통해 안정된 가정을 꿈꾼다고 이해했다. 정희는 납득할 수 없는 불안을 멋지다는 긍정적인 이미지로 바꾸려고 노력해 왔다. 그러나 살풍경과 고립된 이미지로 표현된 현실세계가 맞물려 혼란스러웠고, 이것은 결국 신체적 증상인 복통으로 이어졌다는 치료적 가설을 세웠다. 따라서 어머니의 주 호소문제인 학교를 가기 싫어하는 것은 하나의 현상에 지나지 않으며 상담목표는 재혼가족의 통합에 두어야 한다고 판단하였다.

　상담자가 어머니에게 정희의 문제를 가족이라는 맥락에서 접근하고 싶다는 의견을 전하자 어머니는 쉽게 동의하였다. 상담자는 가족 전원에게 '평화로운 가족 만들기 프로젝트'에 참가해 달라는 초청장을 우편으로 발송하였다.

　상담자는 이들 가족에게 언어적 의사소통보다 내면세계의 표출이 가능한 은유적 놀이를 통해 가족역동을 평가하기로 하였다. 이것은 앞에서 언급한 것처럼 가족으로서의 역사가 짧은 경우 자신들의 감정을 언어로 표현할 때 가족이 서로 상처받을 수 있다는 고려에서 비롯된 것이다. 가족들의 지각, 사고, 감정을 보다 정확히 이끌어 내는 데 도움이 되는 여러 가지 놀이치료기법이 있으나, 상담자는 이 가족의 치료가 모래놀이치료의 세팅 속에서 이루어지는 것을 감안하여 가족놀이가계도의 기법을 선택하였다.

　맥골드릭(K. McGoldrick) 등에 의해 개발된 가계도는 가족상담 영역에서는 자주 활용되는 기법으로 가족 간의 구조를 도식화하여 가족역동을 파악한다. 가족놀이가계도는 이 같은 전통적인 가계도에 놀이적 요소를 첨가한 것으로 상담자는 가족에게 자신을 포함해 가족의 생각이나 느낌을 가장 잘 표현한 상징물(모래놀이에서 사용되는 미니어처)을 한 가지씩 선택하게 한다. 그리고 가족을 성별에 의해 원이나 사각으로 표현한 모조지 위에 선택한 상징물을 놓는다. 배치가 끝나면 가족들은 표현한 상징물에 대한 느낌을 말하거나 필요하면 질문을 한다. 가족들은 피드백 과정에서 서로의 느낌을 들으면서 다른 가족들의 느낌을 공유하거나 이해할 수 있다(Gil, 2014).

　상담자는 가족들에게 진열장에서 각 가족을 표현하는 상징물을 가지고 와서 가족 구성원이 그려져 있는 모조지 위에 배치하도록 요구하였다. [그림 16-2]와 같이 놀잇감을 선택했는데, 아들과 어머니 사이에는 사소한 신경전이 있었으나, 다른 가족들은 별 문제 없이 선택했다. 아들은 자신을 표현하는 상징물로 늑대와 개를 선택했는데, 어머니는 하나만 선택하라는 상담자의 지시를 강조하면서 한 가지를 포기하도록 종용했다. 아들은 어머니의 말을 들지 않고 계속 2개를 놓겠다고 고집을 피웠다. 상담자는 이 같은 긴장관계는 가정에서도 자주 일어날 것이라고 생각하여 잠시 동안 상황을 그대로 지켜보았다. 결국 아버지가 개입해 아들은 개를 버렸다. 그러자 이미 오빠의 상징물로 자전거 타는 남자아이를 선택했던 정희가 자신이 선택했던 오빠의 상징물을 버리고 오빠가 포기한 개를 오빠의 상징물로 바꿨다. 이후 상징물을 모조지에 놓는 과정에서 아들은 고의로 정희가 선택한 상징물들을 원이나 사각밖으로 밀어내는 등 정희에게 소극적인 공격성을 표현했으나, 정희는 별다른 반응을 보이지 않았다. 어머니는 두 딸의 상징물로 각각 세라복의 여자아이와 드레스를 입은 여자아이를 골라 그들의 위치에 올려놓았다. 그런데 어머니는 두 딸의 상징물을 선택할 때와 달리 아들의 상징물로 공룡을 선택하면서 '아들이 좋아하기 때문에'라는 설명을 덧붙였다. 일반적으로 공룡은 자기 내면에 침입하는 알 수 없는 거대한 힘으로 이해하는데, 이 같은 관점에서 보면 어머니가 아들에게서 느끼는 통제할 수 없는 힘을 은유적으로 표현한 것이라고 이해된다. 피드백 과정에서 작은딸과 달리 정희는 세라복을 입은 여자아이를 가리키며 "난 이렇게 작지 않다."고 불만을 나타냈다. 이것은 어머

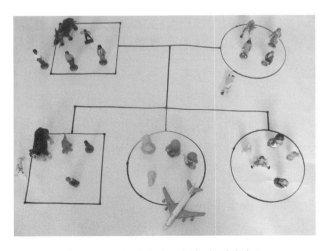

[그림 16-2] 정희 가족의 가족놀이가계도

니와 딸의 긴장관계를 이해할 수 있는 부분이었다.

상담 후반에는 자신과 다른 사람의 관계를 또다시 상징물로 표현하게 했다. 여기서 가족 모두가 상징물을 선택하는 것은 시간적·공간적으로 어려워서 가족을 대표하여 상징물을 선택할 사람을 선발하도록 부탁하였다. 가족들이 머뭇거리는 사이에 지금까지 활동에 소극적이던 어머니가 자청하였다. 어머니는 [그림 16-3]과 같이 남편과의 관계에는 예쁜 집, 첫딸과의 관계에는 앞치마를 두른 어머니, 작은딸과의 관계에는 거울을 놓았다. 그런데 아들과의 관계는 상당한 망설임 끝에 어미오리와 새끼오리가 한 쌍을 이룬 상징물을 놓았다. 피드백 과정에서 아들은 "난 오리를 싫어해요."라고 하며 어머니가 자신과의 관계를 양육형태로 표현한 것에 강한 불편감을 드러냈다. 상담자는 어머니가 전반부에 공통으로 표현한 아들에 대한 막연한 두려움을 오리라는 양육관계로 희석시키려 애쓰지만 이들 관계는 원활하지 못하다고 보았다. 그러나 이 사례는 가족의 문제점을 부각시키는 문제중심보다는 가족의 강점과 탄력성 등에 초점을 맞춘 접근이라는 점에서 이 같은 아들과 어머니의 갈등은 언급하지 않았다.

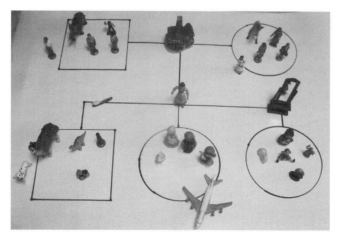

[그림 16-3] 관계의 선이 포함된 가족놀이가계도

회기를 마치면서 오늘의 과제가 평화로운 가족 만들기 프로젝트에 어떤 역할을 하겠느냐고 질문했다. 가족들은 연령에 따라 제각기 다른 표현을 했으나, 가족이 지금까지 경험하지 못한 공유된 경험을 가졌다는 점에서 많은 도움이 되었다는 긍정적인 반응을 보였다.

가족들은 이전 회기의 소극적인 태도와 달리 이번 회기가 어떻게 진행될 것인가에 적극적인 관심을 보였다. 상담자는 가능한 놀이의 종류를 열거한 뒤 가족이 한 가지를 선택하도록 했다. 가족이 결정한 놀이는 어빈과 샤피로(Irwin & Shapiro, 1994)가 개발한 퍼펫 인터뷰이다. 먼저, 현실적인 가족 퍼펫(성인남자, 성인여자, 소년, 소녀), 왕실 퍼펫(임금님, 왕비, 왕자, 공주), 직업군 퍼펫(의사, 간호사, 경찰 등), 상징적 캐릭터(마녀, 악마, 해골, 건달 등), 야생동물과 가축(개, 새, 원숭이, 악어, 고릴라 등) 같은 다양한 것을 제공해 각자 관심 있는 퍼펫을 선택하도록 한다. 그리고 나서 가족이 선택한 퍼펫을 모두 사용해 하나의 이야기를 구성하도록 가족에게 부탁한다. 상담자는 내용과 과정 모두를 고려하면서 이야기의 구성을 지켜본다. 즉, 만든 이야기의 내용에서 상징적인 부분을 이해하는 동시에 가족이 퍼펫을 선택하여 이야기를 만드는 동안의 가족역동을 파악한다.

상담자는 "오늘은 가족들과 함께 퍼펫 놀이를 할 거예요. 여기 바구니에 있는 퍼펫 중에서 마음에 드는 것을 각자 선택해 주세요."라고 지시한 후 가족을 관찰했다. 그런데 이 가족의 경우에는 자녀들의 연령이 어려서 아이들이 퍼펫을 통한 판타지 세계에 몰입할 수 있을 것이라는 예상과는 달리, 좀처럼 퍼펫을 선택하지 못했다. 따라서 상담자가 임금님 퍼펫을 들고 "안녕하세요? 내 이름을 알아요?"라고 묻자, 아들이 '사우론'이라고 대답했다. 상담자가 "그렇다. 난 암흑의 제왕이다."라고 대답하자, 아들은 상담자가 자신이 좋아하는 반지의 제왕을 알고 있다는 공통점을 찾아내고 기뻐했고, 이를 계기로 아이들이 퍼펫을 선택하기 시작했다. 큰아들이 늑대와 토끼를 집자, 정희도 따라서 토끼와 작은 늑대를 집었다. 작은딸은 올빼미를 집었다. 부모는 망설이다 아버지는 거북이 두 마리, 어머니는 고릴라를 선택하였다. 상담자는 "지금부터 선택한 퍼펫을 모두 모아서 가족의 이야기를 만들어 주세요. 그런데 중요한 것은 영화나 동화에서 본 이야기가 아니라, 우리 가족의 이야기를 만드는 거예요. 20분 동안 시간을 줄 테니까 시작과 마지막이 있는 이야기를 만들어 주세요."라고 한 후 가족을 관찰했다. 아들이 주도적으로 만든 이야기는 다음과 같다.

> 아빠 늑대와 아기 늑대가 살고 있었는데, 이들은 오랫동안 먹이를 구하지 못해 배가 고팠다. 어느 날 토끼 두 마리가 놀러 나왔다가 길을 잃어서 숲길을 헤매고 있다가 늑대를 만났다. 토끼 두 마리는 너무 무서워 떨고 있었다. 그런데 늑대들은 마음이 착해서 무서워하는 토끼를 보고 잡아먹을 생각을 하지 못했다. 그런데 갑자기 고릴라가 나타나서 "이 나쁜 늑대야, 왜 어린 토끼를 잡아먹으려고 하니?"라고 야단을 쳤다. 늑대는 "잡아먹으려는 게 아니에요."라고 말했지만, 고릴라는 믿지 않는다. 늑대는 거북이와 올빼미가 계속해서 상황을 계속 지켜봤기 때문에 도움을 청한다. 그런데 올빼미는 "난 밤에만 잘 봐요."라고, 거북이는 "난 기어 다니니까 높은 데서 일어난 일은 몰라요."라고 발뺌을 한다. 늑대들은 너무 억울했다.

아들이 쓴 스토리를 관객 입장이 된 상담자 앞에서 가족이 상연하였다. 극은 약 5분간 계속되었는데 가족들의 동의를 얻어 퍼펫극을 동영상으로 촬영하였다. 얼빈은 가족이 꾸민 이야기를 들은 후, '어떤 캐릭터가 가장 좋은/싫은 것이었는가?' '이런 이야기가 자신들의 실제 상황에 어떤 영향을 줄 것인가?' 등의 반구조화된 질문을 하였다(Irwin & Malloy, 1994). 그러나 상담자는 이 사례의 경우에는 아직 응집력이 약해서 가족이 표현한 은유를 그대로 유지하는 것이 바람직하다고 판단하여 스토리에 대한 질문은 하지 않은 채, 극을 마친 후 가족들의 느낌만 나눴다. 가족들은 처음 시작할 때와는 달리 오늘의 경험이 재미있었고 앞으로의 가정생활에도 도움이 될 것 같다는 적극적인 표현을 하였다.

4회기의 상담은 지난주에 만든 퍼펫극의 동영상을 다시 본 후 상담자들과 함께 토의하는 시간을 가졌다. 초반부 가족들의 토의 주제는 늑대의 억울함이라는 문제중심이었으나, 상담자의 개입으로 늑대가 어떻게 고릴라를 이해시킬 수 있을까라는 해결지향의 주제로 바꿨다. 늑대로 표현된 아들의 억울함은 가정에서도 자주 벌어질 것이라고 추론했으나, 상담자는 이처럼 해결지향적인 부분에 초점을 두므로 문제중심의 주제 변경에 적극적으로 개입했다. 또한 상담자는 이들의 이야기에서 배가 고픈 늑대가 먹잇감을 놓고 참을 수 있었던 인내심, 올빼미와 거북이는 자신들이 본 것만 말하는 정직함, 고릴라는 어려운 상황을 지나치지 못하는 정의감에 대해 각각 긍정적인 피드백을 하였다. 그리고 나서 상담자는 이 극의 결말이 만들어지지 않았다는 점을 상기시키면서 이 극의 결론을 만들어 달라고 부탁했다. 그리고 결론의 스토리를 만들기 전에 지난 극의 보완작업을 위한 대책회의를 하도록 요구하였다. 가족들은 거북이와 올빼미가 좀 더 극에 참가해야 한다는 데 모두 동의했다. 그러나 그것에 대한 구체적인 아이디어는 찾지 못했다. 상담자는 다음과 같이 개입했다.

상담자: 거북이는 어떤 상황에서 말을 많이 할까요?
어머니: 술을 마시면 말을 잘하는데, 보통 때는 전혀 이야기하지 않아요.
아버지: 내가 언제 그랬어? 보통 때도 말을 많이 하는데…….

어머니는 남편이 선택한 거북 퍼펫과 남편을 동일시했으며, 남편도 같은 맥락에서 반응하고 있었다. 상담자는 남편에게 "'난 몰라요.'라는 거북이의 반응을 들은 늑대의 느낌은 어떨까요?" "늑대는 거북에게서 어떤 말을 듣고 싶어 할까요?" "그 말을 들으면 상황이 어떻게 달라질까요?" 등의 질문을 해 나갔다. 또한 어머니가 선택한 고릴라를 추궁하는 캐릭터로 표현하므로 상담자는 "뭐가 이 고릴라를 이렇게 고집불통으로 만들었을까?" "고릴라가 부드러운 적은 없었을까?" "고릴라를 어떻게 도와주면 늑대의 말을 들을까?"라는 질문을 통한 적극적인 개입을 하였다. 이 같은 치료적 개입을 통해 부정적 (추궁하는 모습) 감정과 고릴라를 분리함으로써 모자관계의 새로운 가능성을 모색하도록 도왔다. 이 같은 외재화 작업은 내러티브 모델에서 자주 사용하는 기법으로 문제와 그 문제를 지닌 사람의 정체성을 분리해서 문제를 바라보도록 하는 것인데, 이 같은 퍼펫놀이를 통한 외재화는 문제를 의인화할 수 있어서 보다 안전하다. 이 사례의 경우 문제의 외재화는 아들과 어머니에게 긍정적 효과를 가져왔다. 퍼펫극의 결말을 위한 대책회의라고 명명된 상담과정에서는 예외 상황, 탄력성을 발견해 가족 스스로가 새로운 가능성을 탐색하도록 도왔다. 이와 같은 상호작용을 통해 퍼펫극은 다음과 같이 재진술되었다.

아빠 늑대와 아기 늑대가 살고 있었는데, 이들은 오랫동안 먹이를 구하지 못해 배가 고팠다. 어느 날 토끼 두 마리가 놀러 나왔다가 길을 잃어서 숲길을 헤매고 있을 때 늑대를 만났다. 토끼 두 마리는 너무 무서워 떨었다. 그런데 늑대들은 마음이 착해서 무서워하는 토끼를 보고 잡아먹을 생각을 하지 못했다. 그런데 갑자기 고릴라가 나타나서 "이 나쁜 늑대야, 왜 어린 토끼를 잡아먹으려고 하니?"라고 야단을 쳤다. 늑대는 "잡아먹으려는 게 아니에요."라고 말했지만, 고릴라는 믿지 않았다. 이때 거북이가 "내가 여기서 계속 보고 있었는데, 이 늑대들은 아주 착한 늑대예요. 토끼를 잡아먹으려 하지 않았어요."라고 변명해 줬다. 올빼미도 덩달아 "맞아요. 정말 그래요."라고 맞장구를 쳤다. 이에 안심한 고릴라는 늑대에게 "내가 의심해서 미안해."라고 말했다. 그리고 고릴라가 "내가 먹이가 있는 곳을 알고 있으니까 우리 모두 함께 가자."라고 하여 모두 그곳에 가서 배불리 먹었다.

이 스토리는 다시 상연되었으며 역시 동영상 촬영을 했다. 가족들은 지난 회기보다 적극적이고 유연한 연기를 했다. 극을 마친 후 상담과정에서도 모두 만족한 반응을 보였는데, 아들은 "만점이에요."라며 기뻐했다. 상담자는 항상 제지하던 어머니가 고릴라로 분리하여 늑대에게 사과하는 은유적인 경험이 아들에게 심리적 만족감을 줄 수 있었다고 추론하였다. 그런데 결말이 애정적 욕구를 충족시키는 은유적 표현인 음식물을 배불리 먹는 것으로 맺고 있다는 점에서 이 가족의 예후는 긍정적이다. 특히 피드백 과정에서 아들과 어머니 사이에 많은 상호작용이 일어나고 있었다.

상담자는 가족에게 예술적 기법을 사용하면 자기표현, 자기지각, 긍정적인 가족 상호작용을 높일 수 있다고 판단해 마지막 회기의 작업으로 가족예술치료를 선택했다. 가족예술치료에는 공동가족화와 같은 회화기법을 비롯해 다양한 방법이 있으나, 이 가족의 경우에는 그림을 그리는 것에 부담을 가지는 부모를 배려해 꾸밀 수 있는 몇 가지 기법을 준비하였다. 자신이 살고 싶은 가정을 꾸미는 가정환경, 가족들을 물고기로 표현하는 가족수족관, 그리고 가족정원이라는 기법을 제시했는데 가족은 가족정원을 선택했다. 정원 가꾸기가 양육의 은유적인 표현이라는 점을 감안하면 시사하는 바가 크다. 가족정원은 가족이 함께 꽃이나 야채가 자라는 정원을 꾸미는 것이다. 각각의 가족들에게 야채 또는 꽃을 만들기 위해 직사각형의 모조지, 색연필, 파스텔 등의 도구를 제시했다. 또한 직접 만드는 것에 부담을 가지는 가족 구성원을 위해 콜라주 작업이 가능한 잡지들도 함께 제공하였다. "이제 여기에 여러분의 정원을 꾸밀 거예요. 우선 각자 자신들이 흥미를 가진 꽃이나 야채를 선택해 만들어 주세요."라고 지시하였다. 각 가족들이 만들거나 오려 낸 작품을 녹색의 커다란 모조지에 붙여서 정원을 꾸몄다. 이 가족의 경우 아버지는 밀밭(잡지에서 오려 냄), 어머니는 사과, 아들은 옥수수, 정희는 포도, 작은딸은 딸기를 그렸다. 각자가 만든 작품을 붙여서 과수원을 만드는 과정에서 아들이 어머니의 사과를 위해 사과나무를 그리는 등 이들 사이에는 이전 회기와는 달리 긍정적인 상호작용이 현저하게 늘어났다. 또한 지금까지 오빠의 이미지를 따라 하던 정희가 오빠를 의식하지 않은 채, 자신의 작품제작에 몰두했다는 점도 인상적이었다. 아버지의 경우에는 이전의 소극적인 태도와 달리 모조지의 많은 부분에 밀밭을 붙였다. 가족 내에서 아버지 역할이 달라진다는 것을 추론할 수 있는 변화였다. 작품을 완성한 후 상담자는 가족들과 '어떻게 하면 이 정원을 잘 유지할 수 있는가?'에 대한 논의를 시작했다. 가족들은 과수원의 식물들이 번성하기 위해 필요한 자원을 많이 발견했다. 예를 들면, 물, 햇볕, 거름이 필요하다는 이야기와 함께 필요에 따라 잡초를 뽑아야 한다는 것, 다른 동물들이 침입하지 못하도록 울타리를 쳐야 한다는 것, 때로는 그늘이 식물의 성장에 도움이 될 수 있다는 등의 활발한 의견교환이 이루어졌다. 상담자는 가족들이 생각해 낸 아이디어들이 풍성한 과수원을 만들 수 있었다는 점을 강조했다. 마지막으로 평화로운 가족 만들기 프로젝트를 성공적으로 마친 행복한 가족임을 증명하는 인정서와 함께 4회기에 만든 퍼펫극의 동영상을 부상으로 전달하였다.

▣ 참고**문헌**

가족치료연구모임 역(1996). 단기가족치료: 해결중심으로 되어가기. 서울: 하나의학사.

김유경(2014). 가족주기 변화와 정책제언. 보건복지포럼(N211).

김유숙(2014). 가족치료-이론과 실제(3판). 서울: 학지사.

김유숙, 고모리야스나가, 최지원(2013). 놀이를 활용한 이야기치료. 서울: 학지사.

김유숙, 박진희, 최지원(2010). 이혼가정의 아동. 서울: 학지사.

김유숙, 전영주, 김요완 공저(2017). 가족평가. 서울: 학지사.

김유숙, 최지원, 김사라(2019). 학대를 경험한 아동. 서울: 학지사.

김장이(2014). 한국인의 의사소통과 자기표현에 대한 연구. 한국콘텐츠학회논문지, 14(8).

김정열, 박수준, 유정욱(2014). 다문화가족의 상담과 실제. 경기: 공동체.

박성덕, 이유경(2008). 정서중심적 부부치료: 이론과 실제. 학지사.

박정희, 김유숙(2009). 가족상담 임상에서 가계도 활용의 다양성 고찰. 한국가족상담학
    회지, 17(1), 31-55.

백찬규(2017). 젊은 노인의 탄생. 서울: 원앤원북스.

보건복지부(2020). 장애인실태조사.

성혜숙, 김희정(2012). 학교상담사례 개념화 요소 목록개발. 교원교육

송성자(2004). 가족과 가족치료(제2판). 서울: 법문사.

여성가족부(2020). 2019 가족폭력 실태조사.

유영주, 김순옥, 김경신(2013). 새로운 가족학(3판). 서울: 교문사.

이선혜(2020). 이야기치료. 서울: 학지사.

이윤주(2007). 상담사례개념화의 영역과 요소. 경기: 한국학술정보

인구보건복지협회(2020). 2019 세계인구현황보고서 한국어판. UN경제사회국.

정수경(1993). 정신분열증 환자의 질병기간에 따른 가족기능의 효과성 연구. 연세대

학교 대학원 박사학위논문.

정현숙, 유계숙(2001). 가족관계. 서울: 신정.

통계청(2021). 2020년도 인구주택총조사.

통계청(2021). 2020년도 여성고용동향.

한국여성정책연구원(2020). 코로나 19로 인한 가정변화의 정책과 실태조사.

함인희, 한정자(2001). 여성의 가족과 일의 조화에 대한 국민체감의식 연구. 여성학논집. Vol. 18.

日本家族研究, 家族治療學會(2013). 家族療法テキストブック. 東京: 金剛出版

龜口憲治(2003). 家族 のイメ-ジ. 東京: 河出書房新社.

飯田眞(1990). 中年期の 精神醫學. 東京: 醫學書院.

佐藤悦子(2004). 夫婦療法: 二者關係 の心理と病理. 東京: 金剛出版.

石原邦雄(1993). 家族生活と ストレス. 東京: 垣內出版株式會社.

American Psychiatric Association (2013). *Diagnostic and Statistical Manual of Mental Disorders 5th edition* (DSM-5). Washington, DC: American Psychiatric Association.

Anderson, H., & Goolishian, H. A. (1988). *Conversation, language, and possibilities: a postmodern approach to therapy.* New York : Basic Books.

Banmen, J. (1995). *A counselling practicum using the Satir Model workshop* 자료집. 서울: 한국가족치료학회.

Barker, P. (2013). *Basic Family Therapy* (6th ed.). New York: Wiley-Blackwell.

Berg, I. K., & De Jong, P. (1996). Solution-Building Conversations: Co-constructing a Sense of Competence with Clients. *Families in Society, 77,* 376-391.

Bovet, T. (1958). *A handbook to marriage.* London: Dolphin books.

Brock, G. W., & Barnard, C. P. (2009). *Procedures in Marriage and Family Therapy.* (4th ed.). London: Pearson.

Bruner, J. S. (1986). *Actual Minds, Possible World.* Cambridge: Harvard University Press.

Crane. D. R. (1996). *Fundamentals of Marital therapy.* New York: Brunner/Mazel, Inc.

de Shazer, S. (1985). *Keys to Solution in Brief Therapy.* New York: W. W. Norton & Company.

de Shazer, S. (1991). *Putting Difference to Work.* New York: W. W. Norton & Company.

DeFrain, J. (2007). *Family treasures: Creating strange families.* Nebraska: University of Nebraska press.

Duhl, F. J. (1981). The use of the chronological chart in general systems family therapy, *Journal of Marital and Family Therapy, 7,* 361-373.

Duhl, F. J., Kantor, D., & Duhl, N. S. (1973). 'Learning, Space and Action in Family Therapy: a Primer of Sculpture'. In Bloch, D. A. (Ed.), *Techniques of Family Psychotherapy.* New York: Grune & Strattion.

Duvall, E. M., & Miller, B. C. (1985). *Marriage and Family Development* (6th ed). New York: Harper & Row.

Epstein, N. B., Bishop, D. S., & Baldwin, L. M. (1982). *McMaster Model of Family Functioning: A view of the normal family.* New York: Guilford press.

Erickson, M. H. (1980). A Teaching Seminar with Milton H. Erickson, MD, ed. Zeig, J. K. New York: Brunner/Mazel.

Estrada, A. U., & Haney, P. (1998). Genograms in multicultural perspective. *Journal of Family Psychology, 9(2),* 55-62.

Fegley, C. (1978). *Stress disorders among Vietnam Veterans: Theory Research and Treatment Implication.* New York: Brunner/Masel.

Franklin, C., Biever, J., Moore, K., Clenons, D., & Scamardo, M. (2001). The Effectiveness of Solution-Focused Therapy with Children in School Setting. *Research on Social Work Practice, 11(4),* 411-434.

Gil, E. (2014). *Play in Family Therapy* (2nd ed.). New York: Guilford Press.

Gladding, S. (2002). *Family Therapy: History, theory, and practice.* New York: Prentice-Hall.

Gold, J. M., Bubenzer, D. L., & West, J. D. (1993). The Presence of Children and Blended Family Marital Intimacy. *Journal of Divorce & Remarriage Volume 19*(3-4), 97-108.

Goldenberg, I., Stanton, M., & Goldenberg, H. (2016). *Family Therapy: An Overview* (9th ed.). Cenage Learning.

Griffin, W. A. (1993). *Family Therapy: Fundamentals of Theory and Practice*. New York: Brunner/Mazel.

Gurman, A., & Kinskern, D. (Eds.) (1981). *Handbook of Family Therapy*. New York: Brunner/Mazel.

Haley, J. (2006). *Strategies of Psychotherapy* (2nd ed.). New York: Crown House Publishing.

Hartman, A. (1995). Diagrammatic assessment of family relationships. *Families in Society, 76,* 111-122.

Hill, R. (1949). *Families under Stress: Adjustment to the Crisis of War Separation and Reunion*. New York: Harper & Brothers.

Hoffman, L. (2001). *Family Therapy: An Intimate History*. New York: W. W. Norton & Company.

Irwin, E. C. & Malloy, E. S. (1994). Family Puppet Interview. In C. E. Schaefer & L. Carey (Eds.), *Family paly therapy*. New York: Aronson, Inc.

Johnson, S. M. (2005). *Becoming an Emotionally Focused Couple Therapist: The Workbook*. London: Routledge.

Kerr, M., & Bowen, M. (2005). 보웬가족치료이론 (*Family Evaluation: An approach based on Bowen theory*). 남순현, 전영주, 황영훈 공역. 서울: 학지사. (원저는 1988년에 출판).

Lambert, M. J.(1992). Psychotherapy Outcome Research: Implications for Integrative and Eclectic Therapists. In J. C. Norcross & M. R, Goldfried (Eds.), *Handbook of Psychotherapy Integration*. New York: Basic Books.

Lewis, K. G. (1989). The use of color-coded genograms in family therapy. *Journal of Marital and Family Therapy, 15(2),* 169-176.

Matin, D. & Martin, M. (1992). *Step by Step: a guide to stepfamily living.* New York: Educational Media corp.

McCubbin, H. I., & Patterson, J. M. (1983). The Family stress Process: Double ABCX Model of Adjustment and Adaptation. *Marriage and family Review 6.*

McGoldrick, M., Carter, B., & Preto, N.C. (2016). *The expanded family life cycle: Individual, family, and social perspectives* (5th ed.). Boston: Pearson Educations, Inc.

McGoldrick, M., Gerson, R., & Petry, S. (2011). 가계도: 사정과 개입 [*Genograms: Assessment and Intervention* (3th ed.)]. 이영분, 김유숙, 정혜정, 최선령, 박주은 공역. 서울: 학지사. (원저는 2008년에 출판).

McNamee, S. & Gergen, K. (Eds.) (2004). 사회구성주의와 심리치료 (*Therapy as Social Construction*). 김유숙 역. London: Sage Publications. 서울: 학지사. (원저는 1992년 출판).

Milewski-Hertlein, K. A. (2001). The use of a socially constructed genogram in clinical practice. *The American Journal of Family Therapy, 29.* 23-38.

Minuchin, S. (2012). *Familes and Family Therapy* (2nd ed.). London: Routledge.

Nichols, M. P. (2016). *Family Therapy: concepts and methods* (11th ed.). Boston: Pearson Educations, Inc.

Olson, D. H. & DeFrain, J. (2003). *Marriages and the Family-Intimacy, Diversity and Strengths.* New York: McGrawhill Company.

Olson. D. H., Russell, C., & Sprenkle, D. H. (1989). *Circumplex Model: Systemic Assessment and Treatment of Families.* London: Routledge.

Papp, P., Silverstein, O., & Garter, E. (1973). 'Family Sculpting in Preventive Work with well Families.' *Family Process, 12,* 197-212.

Patterson, L. et al. (2021). 가족치료의 기술(3판) [*Essential Skills in Family Therpy* (3rd ed.)]. 김유숙, 박주은, 천희선, 이현숙 공역. 서울: 학지사. (원저는 2018년에 출판).

Piercy, F. P., Sprenkle, D. H., & Wetchler, J. L. (1996). *Family Therapy Sourcebook* (2nd ed.). New York: Guilford Press.

Reiter, D. (2016). 가족치료 사례개념화 (*Case Conceptualization in Family Therapy*).

정혜정 역. 서울: 학지사. (원저는 2014년에 출판).

Rotter, J. C., & Bush, M. V. (2000). Play and Family Therapy. *The Family Journal, 8* (2), 172-176.

Satir, V., Banmen, J., Gerber, J., & Gomori, M. (2000). 사티어모델: 가족치료의 지평을 넘어서 (*The Satir Model: Family Therapy and Beyond*). 한국버지니아사티어연구회 역. 서울: 김영애가족치료연구소. (원저는 1991년에 출판).

Sperry, L., & Sperry, J. (2015). 상담 실무자를 위한 사례개념화: 이해와 실제 (*Case conceptualization: Mastering this competency with case and confidence*). 이명우 역. 서울: 학지사. (원저는 2012년에 출판).

Thomlison, B.(2015). *Family Assessment Handbook: An Introductory Practice Guide to Family Assessment* (4th ed.). CA:Brooks/Cole.

Visher, E. B., & Visher, J. S. (1996). *Therapy with Stepfamilies*. New York: Brunner/Mazel.

von Bertalanffy, L. (1968). *General System Theory: Foundations. Development Application*. New York: Braziller.

Walsh, F. (2002). 가족과 레질리언스 (*Stengthening Family Resilience*). 양옥경, 김미옥, 최명민 공역. 서울: 나남출판. (원저는 1998년에 출판).

Watzlawick, P., Weakland, J., & Fisch, R. (2011). *Change: Principles of Problem Formulation and Problem Resolution*(reprint). New York: W. W. Norton & Company.

Walrond-Skinner, S. (2014). *Family Therapy: The Treatment of Natural Systems*. London: Routledge.

White, M. (2001). 이야기치료 워크숍 자료집. 한국가족치료학회.

White, M., & Epston, D. (1990). *Narrative Means to Therapeutic Ends*. New York: W. W. Norton & Company.

Woods, M. D., & Martin, D. (1984). 'The work of Virginia Satir: understanding her theory and technique.' *American Journal of Family Therapy, 12*(4), 3-11.

Zilbach, J. J. (1995). *Young Children in Family Therapy*. New York: Jason Aronson, Inc.

찾아보기

인명

내용

저 자 소 개

김유숙(Yoosook Kim)
서울여자대학교 교육심리학과 졸업(문학사)
일본 동경대학 의학부 정신건강교실 임상심리전공(보건학 석 · 박사)
일본 국립정신건강연구소 가족치료실 연구원
현 서울여자대학교 교육심리학과 명예교수
　　한스카운셀링센터 책임수퍼바이저

주요 저 · 역서
아동과 청소년 심리치료(학지사, 2008)
놀이를 활용한 이야기치료(공저, 학지사, 2013)
가족치료(3판, 학지사, 2014)
가족평가(공저, 학지사, 2017)
가족도 치료가 필요한가요?(지식프레임, 2021)
존엄치료(역, 학지사, 2011)
가족놀이치료(공역, 학지사, 2015)
가족치료의 기술(원서 3판, 공역, 학지사, 2021)
애착 이야기치료(공역, 학지사, 2021) 외 다수

가족상담(4판)

Family Counseling(4th ed.)

2000년 3월 10일 1판 1쇄 발행
2005년 9월 15일 1판 10쇄 발행
2006년 2월 28일 2판 1쇄 발행
2014년 8월 20일 2판 23쇄 발행
2015년 9월 25일 3판 1쇄 발행
2020년 9월 25일 3판 9쇄 발행
2022년 3월 10일 4판 1쇄 발행
2024년 1월 25일 4판 4쇄 발행

지은이 • 김 유 숙
펴낸이 • 김 진 환
펴낸곳 • **(주)학지사**

04031 서울특별시 마포구 양화로 15길 20 마인드월드빌딩 5층
대표전화 • 02) 330-5114   팩스 • 02) 324-2345
등록번호 • 제313-2006-000265호
홈페이지 • http://www.hakjisa.co.kr
인스타그램 • https://www.instagram.com/hakjisabook

ISBN 978-89-997-2634-7 93180

정가 **21,000원**

출판미디어기업 학지사

간호보건의학출판 **학지사메디컬** www.hakjisamd.co.kr
심리검사연구소 **인싸이트** www.inpsyt.co.kr
학술논문서비스 **뉴논문** www.newnonmun.com
원격교육연수원 **카운피아** www.counpia.com